“高速铁路工程技术创新丛书”
专家委员会

“高速铁路工程技术创新丛书”
编委会

国家出版基金项目
NATIONAL PUBLICATION FOUNDATION

高速铁路工程技术创新丛书
国家铁路局组织编写

艰险地区
高速铁路建造技术

朱 颖 等编著
吴克非 主 审

中国铁道出版社有限公司
2021年·北 京

内 容 简 介

本书是高速铁路工程技术创新丛书之一，由国家铁路局组织编写。艰险地区包含了山区地形地质等所有不利因素，地势起伏剧烈、地质构造复杂、斜坡重力作用类灾害突出，加之气候多变、生态脆弱敏感，工程建设条件极差。本书结合渝利、贵广、云桂、沪昆、西成等艰险地区高速铁路设计和工程建设实践经验，全面、系统地总结了艰险地区高速铁路建造技术、经验和最新成果，重点介绍了艰险地区高速铁路区别于其他地区的勘察技术，测绘技术，总体设计与选线技术，路基、桥梁、隧道工程技术，以及监测预警系统，生态保护与修复技术，施工组织设计等。本书内容丰富，代表了我国艰险地区高速铁路建造技术水平。

本书可作为铁道工程领域的科研人员、工程技术人员和管理人员参考用书，也可作为高等院校相关专业教学用书。

图书在版编目（CIP）数据

艰险地区高速铁路建造技术/朱颖等编著.—北京：中国铁道出版社有限公司，2021.6

（高速铁路工程技术创新丛书）

ISBN 978-7-113-27498-6

Ⅰ.①艰… Ⅱ.①朱… Ⅲ.①高速铁路-铁路施工 Ⅳ.①U238

中国版本图书馆CIP数据核字(2021)第079716号

书　　名：艰险地区高速铁路建造技术
JIANXIAN DIQU GAOSU TIELU JIANZAO JISHU

作　　者：朱　颖　等

策　　划：金　锋

责任编辑：陈小刚　陈美玲　　**编辑部电话：**(010)51873193　　**电子信箱：**cxgsuccess@139.com

封面设计：高博越

责任校对：焦桂荣

责任印制：樊启鹏

出版发行：中国铁道出版社有限公司（100054，北京市西城区右安门西街8号）

网　　址：http://www.tdpress.com

印　　刷：北京盛通印刷股份有限公司

版　　次：2021年6月第1版　2021年6月第1次印刷

开　　本：787 mm×1 092 mm 1/16　**印张：**21.75　**字数：**497千

书　　号：ISBN 978-7-113-27498-6

定　　价：128.00元

主要编著者简介

朱颖，男，1963年6月出生。毕业于西南交通大学，获硕士学位。现任中国中铁股份有限公司首席设计大师，全国工程勘察设计大师，享受国务院政府特殊津贴专家，教授级高级工程师，西南交通大学兼职教授，博士生导师，兼任中国铁道学会工程分会线路专委会主任、四川省科学技术协会副主席。主要从事铁路选线与总体设计、无砟轨道技术、高速铁路精密测量的研究。创建复杂艰险山区铁路减灾选线的理论体系和总体设计方法；攻克成区段铺设无砟轨道技术难题，发明具有完全自主知识产权的CRTSⅢ型板式无砟轨道；构建“三网合一”的高速铁路精密工程测量体系和标准，发明轨道基础变形监测与调控技术。主编《复杂艰险山区铁路减灾选线理论与技术》《铁路智能选线理论与方法》等学术专著10部，主编行业标准《客运专线无碴轨道铁路工程测量暂行规定》《高速铁路工程测量规范》。获国家科技进步一等奖1项、二等奖1项，国家技术发明二等奖1项，全国优秀工程勘察设计银奖1项、铜奖2项，省部级科技进步奖和优秀工程设计奖数十项。

序

铁路是国民经济大动脉、关键基础设施和重大民生工程，是综合交通运输体系的骨干和主要交通方式之一，在我国经济社会发展中的地位和作用至关重要。高速铁路集聚了现代工业文明的丰硕成果，以其安全、便捷、舒适、环保等技术经济优势，显示出强大生命力。我国高度重视发展高速铁路，经过几代人的不懈努力，实现了从无到有、从探索到突破、从制造到创造，特别是党的十八大以来，我国高速铁路快速发展，已建成世界上最现代化的高铁网络，成为高铁运营里程最长、在建规模最大、高速列车数量最多、商业运营速度最高、高铁技术体系最全、运营场景和管理经验最丰富的国家。“复兴号奔驰在祖国广袤的大地上”。截至2020年底，我国高速铁路已达3.8万公里，占世界高铁总里程的三分之二以上。四通八达的高铁网，在服务国家重大战略、支撑经济社会发展、满足人民群众美好生活需要、助力“一带一路”建设、推动世界铁路发展等方面做出了巨大贡献。

我国高速铁路借鉴世界高铁发展的成功经验，通过原始创新、集成创新、引进消化吸收再创新，坚定不移地走出了一条符合国情路情、具有中国特色的自主创新道路。系统掌握了艰险山岭、风沙戈壁、黄土湿地、高寒酷热等各种复杂地质及气候条件下高速铁路建造成套技术，建成了一大批世界级标志性工程；创建了成套的高速铁路列车运行控制技术标准体系、认证体系和仿真平台，具备从列控系统设计、生产制造到工程实施的全过程能力；具有成熟的高速动车组设计、制造、测试技术，构建了科学的高速动车组技术标准体系，打造了规模强大的生产基地和完整的产业链；形成了适应复杂路网条件下长距离跨线运行的高铁运营管理成套技术，构建人防、物防、技防“三位一体”的高铁主动安全保障机制。我国高速铁路技术已经走在世界前列，成为推动世界高速铁路发展的重要力量。

习近平总书记指出：“我国自主创新的一个成功范例就是高铁，从无到有，从引进、消化、吸收再创新到自主创新，现在已经领跑世界。要总结经验，继续努力，争取在‘十四五’期间有更大发展。”今年，习近平总书记对发展职业教育做出重要指示。国家铁路局坚决贯彻习近平总书记重要指示精神，牵头组织铁路行业科研和工程技术人员编写了“高速铁路工程技术创新丛书”（以下简称“丛书”），旨在全面梳理创新成果，系统总结建设经验，进一步厚植技术优势，持续推进高质量发展；旨在集聚行业智慧，丰富教学载体，助力高铁专业人才培养；旨在分享我国高铁科技创新成果，促进各国铁路合作交流，服务“一带一路”建设。丛书共31册，涵盖高速铁路规划设计、土木建筑、装备制造、生态保护、运营管理、安全工程等高速铁路工程技术全产业链、全寿命周期。丛书力求全面反映我国高速铁路科技创新发展成就，体现铁路行业科技创新水平；阐述高铁工程基础理论、规律、机理，呈现技术、方法、路径，可验证，可复制，可传承；汇集专业积累和经验积淀，源于实践，指导实践；涵盖高铁主要工程技术领域，内在统一、自成体系。丛书坚持理论与实践、规范与实证、传承与创新相结合，着力构建“理论＋技术＋实践”三位一体的高铁工程技术框架，矢志推动建立反映时代特征、体现中国特色、具有世界高度的高铁工程技术创新体系。丛书得到了国家出版基金的大力支持，已列为2021年度资助项目。

我们深刻地认识到，我国高速铁路科技创新能够取得丰硕成果，是以习近平同志为核心的党中央坚强领导亲切关怀、铁路全行业攻坚克难实干奉献的结果，是集中力量办大事的社会主义制度优势的突出体现，是坚持改革开放强国之路的最好例证；得益于中央各部门和地方政府的协同奋战、通力合作，得益于广大人民群众的广泛参与、大力支持。丛书编著人员来自于我国高铁各领域一线，长期从事高铁技术研究与实践，具有深厚理论功底和丰富实践经验，是我国高速铁路建设发展的亲历者、见证人，是铁路各专业具有代表性和影响力的领军人物。丛书专家委员会由行业内具有崇高威望、为我国高速铁路发展做出重大贡献的资深权威专家组成，全程指导丛书编著，并进行审定把关。丛书既是高铁工作者的智慧和汗水的结晶，更是追逐梦想、奋发有为的写照。

当今世界正经历百年未有之大变局，我国正处于两个百年奋斗目标的历史交汇期，开启了全面建设社会主义现代化国家的新征程，立足新发展阶段，贯彻新发展理念，构建新发展格局，实现高质量发展，铁路面临新形势、新使命。我们必须坚决贯彻习近平新时代中国特色社会主义思想，全面落实《交通强国建设纲要》，不忘初心、牢记使命，传承守正、培元固本，继续推进高速铁路创新发展，高质量建设铁路强国，为全面建设社会主义现代化国家当好先行。

国家铁路局“高速铁路工程技术创新丛书”编委会

2021年6月

前　言

党的十八大以来，我国高速铁路快速发展，取得了举世瞩目的成就。为了全面梳理我国高铁工程技术创新成果、系统总结建设经验、推进高铁持续创新，国家铁路局组织一批具有深厚理论功底和丰富实践经验的科研和工程技术人员编写了“高速铁路工程技术创新丛书”，并请高铁工程领域资深权威专家全程指导、审定把关。丛书共31册，本书为丛书之一。

本书基于渝利、贵广、云桂、沪昆、西成等近年建造开通的西南艰险地区高速铁路项目，对艰险地区高速铁路建造面临的关键技术问题及主要创新成果进行系统梳理总结编制而成。全书共10章，重点介绍了“空天地”一体化地质综合勘察技术、测绘综合技术、总体设计与选线技术、路基工程技术、桥梁工程技术、隧道工程技术、监测预警系统技术、生态保护及修复技术、施工组织设计等。主要章节均有实际工程案例。

本书由中铁二院工程集团有限责任公司朱颖、陈克坚、魏永幸等编著，中国国家铁路集团有限公司吴克非主审。参加编写的人员有王科、王珣、王毅、王晓刚、龙宗明、卢建康、乐重、冯涛、朱勇、刘洋、刘彬、刘超、刘发明、刘金松、许敏、许志艳、严瑾、李刚、李准、李维、李森、李安洪、李明清、李霞明、杨举明、吴军、吴俊猛、何庭国、张广泽、陈明浩、陈柯霖、苟智平、范磊、林华伟、林宗良、罗禄森、庞应刚、郑天池、郑长青、郑杰元、封志军、赵万强、赵银环、胡建平、钟亚伟、姜波、卿伟宸、黄军、黄棋、梅熙、蒋登伟、韩国庆、喻渝、曾永红、曾榜荣、谢毅、谢海清、鄢勇、赖鸿斌、赖紫辉、廖建州(按姓氏笔画排序)。

本书引用了较多参考文献，在此向原作者单位和个人表示感谢。高速铁路技术日新月异，由于编写者视野和水平有限，书中难免存在疏漏和谬误，敬请读者批评指正。

编著者

2021年3月

目　　录

1 绪 论

《铁路主要技术政策》(2013年铁道部令第34号)对高速铁路定义为:高速铁路为新建设计开行250 km/h(含预留)及以上动车组列车,初期运营速度不小于200 km/h的客运专线铁路。

高速铁路具有快捷舒适、运载量大、安全可靠、节约用地、低碳环保、适应性强等技术经济优势,能较好地满足人们对出行的要求。高速铁路可以拉近出行时空距离,有力带动全社会人流、物流和资金流动,加快沿线城市发展进程,促进沿线产业升级,促进区域、地区经济协调发展。自20世纪初,德、法、日等国即开展高速铁路理论研究及试验;20世纪80年代末至90年代中期,世界各国对高速铁路投入极大的关注并付诸实践,目前高速铁路已成为世界交通业发展的重要趋势并获得蓬勃发展。

20世纪90年代初,中国启动了高速铁路技术研究及科技攻关,以既有铁路六次提速改造为突破口,在技术、设备和管理上为中国高速铁路建设事业做好了前期准备。1999年7月,中国首条高速铁路秦皇岛至沈阳客运专线开工建设,并于2003年10月开通运营;2005年7月,世界首条时速350 km高速铁路北京—天津城际铁路开工建设,并于2008年8月开通运营;2008年4月,世界上一次建成路线最长、技术标准最高的高速铁路——北京—上海高速铁路开工建设,并于2011年6月开通运营;2012年12月,世界首条投入运营的新建高寒地区长大高速铁路哈尔滨—大连高速铁路开通运营。截至2020年底,中国已建成高速铁路累计3.8万km,通车里程居世界首位。经多年科学研究、工程建设及运营实践,中国高速铁路列车、工程建造、客站建设、运营维护、系统集成等技术均已达到世界领先水平。

1.1 艰险地区环境特征

中国地形西高东低,呈三级阶梯状下降,艰险地区多集中分布于西南及临近的山区。艰险地区地形复杂多样,山高谷深、地势起伏剧烈,地质条件复杂多样,新构造运动及地震活跃,地质灾害类型多、分布广,加之气候条件复杂多变、生态系统复杂多样、生态环境脆弱敏感,建设条件极为复杂,给高速铁路建设、施工及运营带来了巨大挑战。

1.1.1 地形地貌

中国地形走势西高东低,呈阶梯状下降。地形复杂多样,山地、高原、丘陵占2/3以上,平原、盆地等不足1/3。

西南地区地势西高东低,山川秀丽、景象万千。山地、高原、丘陵、盆地均有分布,主要包括青藏高原、云贵高原、川西山地高原、四川盆地、渝东山地及广西盆地等,从西到东的地貌可划分为三个台阶。

(1)青藏高原为第一台阶,高程以 4 000～5 000 m 为主。高原上有喜马拉雅山、冈底斯山、喀喇昆仑山、昆仑山、唐古拉山、念青唐古拉山等山脉,其中,喜马拉雅山脉的珠穆朗玛峰海拔 8 844.86 m。昆仑山脉、唐古拉山脉和冈底斯山脉、念青唐古拉山脉之间,是一片广阔的高原。冈底斯山脉和喜马拉雅山脉之间为雅鲁藏布江流域的东西向干流。

(2)云贵高原、四川盆地周边及重庆地区属于第二台阶,高程以 1 000～2 000 m 为主。高原西部周边高山高程也在 4 000～5 000 m 以上,主要有玉龙雪山(5 596 m)、哈巴雪山(5 396 m)、梅里雪山(6 740 m)、碧罗雪山(4 553 m)、老君山(4 247 m)、点苍山(4 122 m)、高黎贡山(5 128 m)、白马雪山等。云贵高原自西向东高程降低,昆明一带高原盆地高程为 1 900～2 000 m,至贵阳一带盆地高程降为 900～1 000 m。四川西部山地高原有 4 500 m 高程以上的万年雪山,大雪山主峰贡嘎山高程为 7 590 m,川西北岷山的最高峰雪宝顶高程为 5 588 m。四川盆地四周有龙门山、邛崃山、大相岭、大巴山、大雪山、大凉山、沙鲁里山、雀儿山、华蓥山、龙泉山及云贵高原上的大娄山,高程在 1 000～3 000 m,多为中山地貌。

(3)广西盆地主要属于第三台阶,高程以 1 000 m 以下为主。盆地四周山地环绕,桂西及桂南有大明山、都阳山、高楼岭、十万大山、六万大山、勾漏山、大容山及罗阳山,桂北、桂东北有苗儿山、海洋山、九万大山和大瑶山,其中苗儿山和元宝山主峰高达 2 000 m 以上,其余多在 1 500 m 以下。广西盆地中郁江流域高程在 200～500 m,桂中平原等高程也在 200 m 以下。

1.1.2 气　　候

我国地处东亚大陆的东南部,面积广阔,地形复杂,受东亚季风影响,季节性干湿特征明显,是世界上暴雨发生频率和强度较大的地区之一。我国气候主要划分为热带季风气候、亚热带季风气候、温带季风气候、高原山地气候、温带大陆性气候。

我国夏季暴雨多发生在长江中下游、华南、四川中东部、黄淮地区和华北东部。在全球气候变暖背景下,我国大部分地区极端降水量呈增多趋势,极端降水对总降水的贡献率趋于增加;只有华北及西南地区极端降水量呈减少趋势,主要为内蒙古、四川部分地区的极端降水贡献率趋于减少。

青藏高寒区主要包括青海省和西藏自治区,为高原山地气候。气候特点为全年低温、降水量小,日平均气温低于 10 ℃,最热气温也可能低于 5 ℃,甚至低于 0 ℃;气温日较差大而年较差较小,但太阳辐射强,日照充足。

以秦淮为界的秦淮以南,西至横断山脉的四川、贵州、云南、重庆、广西、湖南、湖北等部分山区,主要为亚热带季风气候。气候特点为夏季高温多雨,冬季温和少雨,最冷月平均气温为 0～15 ℃,是副热带与温带之间的过渡地带,夏季气温较高,冬季气温低。

南岭以南的云南南部、广西、广东等部分山区,主要为热带气候。最冷月平均气温不低于 15 ℃,极端最低气温一般不低于 0 ℃,终年无霜。

我国西南地区东邻中南地区,北依西北地区,包括四川、贵州、云南、西藏、重庆共五个省区市。

西南地区气候主要分三类:四川盆地亚热带湿润季风气候、云贵低纬高原东南亚热带季风气候和高山寒带气候与立体气候分布区。由于青藏高原的隆起,本区从西北至东南的温度和降水均有很大差异，东部年均气温达 24 ℃，西部年均气温最低可达 0 ℃以下；降水量从东南至西北相差上千毫米，时空分布极不均匀。区内气候类型由温暖湿润的海洋气候到四季如春的高原季风气候，再到亚热带高原季风湿润气候以及青藏高原独特的高原气候。

西南地区小雨日数最多，占总降水日数的 75%，其次为中雨日数。但大到暴雨降水量却占全年总降水量的 50%以上。青藏高原以东的西南地区(川、渝、黔、滇)境内分布着众多河流，该地区受季风环流和复杂地理环境的影响，常发生局部强降水，是中国降水局部区域差异最大、变化最复杂的地区之一。

年降水量整体呈“东多西少”的分布形态，四川盆地、重庆大部、贵州大部及云南南部地区都是多雨区。暴雨中心位于青藏高原以东的四川盆地西部雅安附近、高黎贡山和无量山，以及哀牢山以南的滇南地区，年降水量在 1 600 mm 以上。暴雨次中心位于黔西南地区和武陵山西段南侧的黔东北地区，年降水量在 1 300 mm 以上。川西高原地区是整个西南地区的少雨区，年降水量不足 800 mm。

1.1.3 水　　系

艰险地区水系一般由河流、水库、湖泊或沼泽组成，但多数水系仅由河流或河流、水库构成。

我国西南艰险地区主要河流水系有金沙江及长江上游段的岷江、沱江、嘉陵江、乌江、汉江等水系，澜沧江和怒江等西南水系，西江水系。

艰险地区河流是流经山地或丘陵地区的河流，在自然形成过程中河谷横断面一般呈“V”字形或“U”字形，“V”字形河谷较为狭窄，“U”字形河谷的河槽相对较宽，谷底与谷坡无明显界限，大、中、小洪水时河床相对稳定。河谷平面形态受地质构造和岩石性质影响较大，常呈现峡谷段和宽谷段相间的外形。峡谷段河床窄深，岸坡陡峻，基岩裸露，两岸及河心常有巨石突出；宽谷段河面开阔，岸坡平缓，阶地发育，河中常有滩地。两岸溪沟汇入处常形成冲积扇，挤压水流流路。河谷纵剖面多折点，部分河流还存在跌水和瀑布。河流的水流形态十分复杂，河道曲折多变，不同段落的河道宽窄变化也很大，走水时水流的缓急变化大。

艰险地区河流多为大江大河的发源地，河流相对高差大，坡降陡而流速大，水流湍急、冲刷力强，其破坏力也强，流域上形成洪峰所需的集流时间短暂，古人云：“易涨易落山溪水”。洪水暴涨暴落，流量及水位变幅很大，无稳定中水期，推移质多为卵砾石，悬移质沙量多集中在汛期，均可视为冲泻质。艰险地区河床以下切为主，但在宽谷河段也有卵砾石泥沙堆积，有一定冲淤变化；由于地震、山崩、滑坡等特殊的外部因素作用，会引起河床发生剧烈的变化。

不同流域的河流，其汇流特性和对降雨的调蓄作用差异较大，由于山区河流坡度陡，河槽比降大，汇流速度快，因此流域对降雨的调蓄作用极其微弱；流量过程线呈陡涨陡落趋势，其流量过程线的上涨段更是如此。

艰险地区河流普遍具有如下特征：一是流量与水位变幅很大，洪水持续期短，枯水期流量很小，甚至出现断流现象；暴雨之后，山洪暴发，流量猛增。二是水质变化剧烈，枯水期水清见底，暴雨后骤然浑浊。三是河床常为砂、卵石或岩石组成。

艰险地区河流的泥沙输移特性及泥沙组成与平原河流不同，其主要原因：一是流域坡度与河床比降较陡，水流速度快，水流的冲刷和搬运能力强，河床泥沙粒径粗且级配很宽。二是河道内河床多由砂卵石组成，因其水流的特点，使河床质在小水时，粒径范围小；而在大水时，小水中的一部分推移质将变成悬移质，即推移质的粒径级配将随水流的大小发生变化。三是水流强度大，挟沙能力强，而实际的坡面产沙和河床冲刷引起的泥沙补给远不能满足水流的挟沙能力，因而水流的挟沙多为不平衡输沙。四是冲淤特征有其自身的特点，河槽常存在大小不等的浅滩和深槽，小水时冲滩淤槽，大水时冲槽淤滩。

艰险地区河流演变的主要原因是由于降雨，尤其是特大降雨引起的特大径流使河水暴涨，水流携带泥沙向河底、河岸侵蚀引起河道发生强烈冲刷。

某些地区由于乱采滥伐，垦荒种树，采石开矿等行为破坏了植被，导致流域和河流两岸植被逐渐减少，上游雨淋沟壑增多，两岸侵蚀冲淘崩坍，河水含沙量大幅度增加，河底落淤使河底抬高、河面增宽、坡降变小，导致主流摆幅不定。河底落淤使过去窄深式河床渐变成宽浅式河床，使顺直深洼河道逐渐演变成宽浅的游荡性河道，尤其是山前河段，使同等洪水标准的过流断面增宽，淹没面积增大，对国民经济各部门的不利因素增多，危害程度加重。有植被保护的山区流域，其侵蚀程度相对较轻，反之则大，植被的作用不可忽视。

缺乏整体规划地在山区河道上盲目修建拦河坝引水灌溉等农田水利工程，使局部河道形成明显落差，引起水流急剧变化，坝前不断淤高，坝下冲刷，改变天然河道的过流断面和水流形态，甚至出现汛期洪水漫溢坝顶决口，坝体脱溜，引起河流改道，致使河段发生剧烈演变，造成严重的洪水灾害。

缺乏整体规划地盲目对山区河流进行局部河道的裁弯取直或改河造田等农田建设或局部河段治理，使河床缩窄，河段比降增大，改变河流的水流流态，引起下游河流流速增大，冲淘严重，没有可靠措施稳定河势，保证行洪安全，导致河床发生不利的演变，增大危害。

1.1.4　工程地质特征

1. 地层岩性

西南地区处于欧亚板块的东南缘，与太平洋板块和印度板块相接，各地区地质环境差异较大，发展历史各不相同，区域地质各具特点。全区沉积类型多样，地层出露齐全，新生界、中生界、古生界、元古界、太古界的地层均有出露，其间多期岩浆活动强烈，岩浆岩分布广泛，规模巨大，既有岩浆侵入，又有岩浆喷发，演化历史漫长。变质作用类型齐全，变质程度各异，成矿条件优越，矿产资源丰富，是全国乃至全球具有重要地质特色的地区之一，也是全面研究地壳构造演化的重要地区之一。

2. 地质构造

(1)大地构造分区

根据西南及邻区地史演化过程中沉积组合、岩浆活动、变质作用和构造运动等时空发育的总体特征，西南地区大地构造可划分为喜马拉雅褶皱系、冈底斯～念青唐古拉褶皱系、青藏～滇西褶皱系和扬子地台四个地质构造区，各区与相邻区之间均以深、大断裂带为界。

(2)活动构造分区及主要活动断裂分布

西南地区涵盖了5个主要构造块体：喜马拉雅块体（Ⅰ）、西藏块体（Ⅱ）、甘青块体（Ⅲ）、川滇块体（Ⅳ）和华南地块（Ⅴ）。构造块体由几条重要的构造活动带分割而来，雅鲁藏布江带是喜马拉雅块体与西藏块体的分界线，拉竹笼～可可西里～金沙江带是西藏块体与甘青块体的分界线，金沙江～红河带为川滇块体的西南边界，鲜水河断裂～安宁河断裂～小江断裂构成川滇块体的东北边界(丁国瑜，1991)。现今构造格局的形成经历了极其复杂的演化过程，如图 1.1 所示。

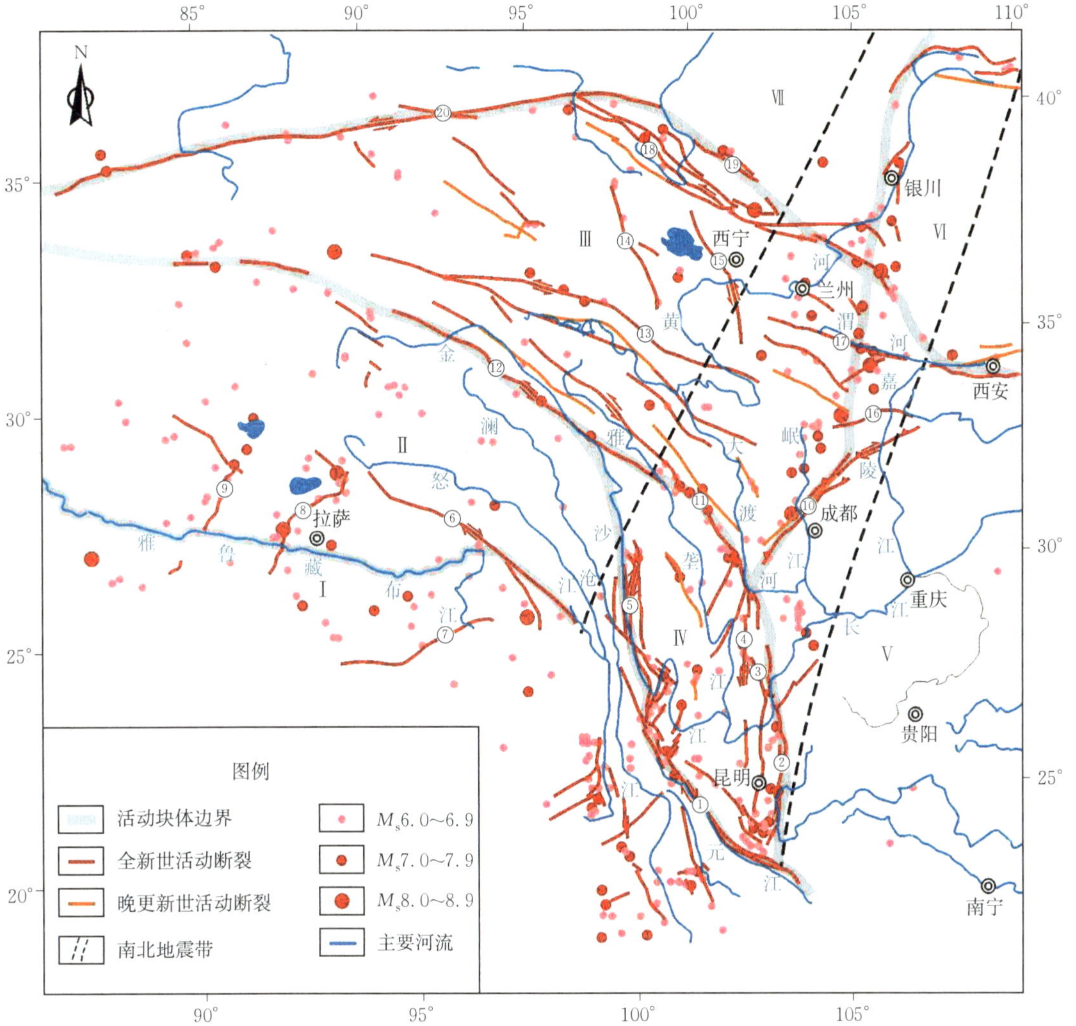

图 1.1 西南地区活动构造分区及主要活动断裂分布图

Ⅰ—喜马拉雅块体；Ⅱ—西藏块体；Ⅲ—甘青块体；Ⅳ—川滇块体；Ⅴ—华南地块；Ⅵ—鄂尔多斯地块；Ⅶ—塔里木块体；
1—红河断裂带；2—小江断裂带；3—则木河断裂带；4—安宁河断裂带；5—金沙江断裂带；6—嘉黎断裂带；
7—喜马拉雅南麓主山断裂带；8—亚东—谷露断裂带；9—甲岗定结断裂带；10—龙门山断裂带；
11—鲜水河断裂带；12—玉树断裂带；13—东昆仑断裂带；14—鄂拉山断裂带；15—日月山断裂带；
16—文县断裂带；17—西秦岭北缘断裂带；18—海原断裂带；19—龙首山断裂带；20—阿尔金断裂带

3. 地　震

西南地区位于青藏高原地震区，主要有雅鲁藏布江、察隅—墨脱、滇西南、腾冲、鲜水河、安宁河、小江、马边—昭通、曲江、中甸—大理、可可西里、托索湖和松潘等 13 个地震带，其分布与新构造活动断裂带基本一致。

据地震资料统计，西南地区历史上发生 $M_s \geq 6$ 级地震 189 次，其中 M_s 6～6.9 级地震 161 次，M_s 7～7.9 级地震 21 次，$M_s \geq 8$ 级地震 7 次（最大震级为西藏察隅地震 8.5 级）。强震的发震频度各地有较大的差别。西藏、云南、川西现今断裂构造活动强烈，因而强震发生频度较高。

4. 水文地质

按地下水的赋存状态和含水岩层结构、构造的不同，西南和邻近地区的地下水可分为四种类型：松散沉积孔隙水、基岩裂隙孔隙水、碳酸盐岩类岩溶裂隙溶洞水和西藏高原多年冻土孔隙裂隙水。这些地下水类型的形成和分布受气候、水文、地形地貌、地层岩性、地质构造的控制。西南各省（市、自治区）地质条件不同，因此各地区的水文地质特征也不同。图 1.2、图 1.3 所示分别为典型岩溶泉点和地下暗河形态。

图 1.2 典型岩溶泉点形态

图 1.3 典型地下暗河形态

西南地区地下水类型一般以 $HCO_3^- - Ca^{2+}$、$HCO_3^- - Ca^{2+} \cdot Mg^{2+}$ 型为主，酸性～弱碱性，软～微硬水，低矿化度，一般对混凝土结构无侵蚀性；但局部地区地下水类型为 $HCO_3^- - Na^+ \cdot Ca^{2+}$、$HCO_3^- \cdot Cl^- - Ca^{2+}$ 型，具碳酸盐侵蚀；煤系地层地下水以 $HCO_3^- \cdot SO_4^{2-} - Ca^{2+}$、$SO_4^{2-} - Na^+ \cdot Ca^{2+} \cdot Mg^{2+}$ 型为主，具酸性侵蚀；个别地区硫酸根离子含量较高，具有硫酸盐侵蚀。

5. 主要工程地质问题

艰险地区广泛发育滑坡、崩塌、岩堆、泥石流、岩溶、采空区、有害气体、高烈度地震、活动断裂、高地应力、高地温等主要工程地质问题，对铁路工程的建设、施工及运营有重大影响。

（1）滑坡

滑坡形成的内在因素，主要受地层岩性和地质构造控制，多分布在各种黏性土、软质岩、软硬相间地层、构造破碎带或软弱结构面发育及降雨量多等地带。软质岩遇水易软化，抗剪强度降低，促使滑坡形成。滑坡形成的外在因素，主要为河流冲刷、水库浪蚀、人工开挖边坡、坡体上加载、地下采空、地下水的浸湿、潜蚀和溶滤、地表水冲蚀和灌入、地震、爆破等。它们改变了斜坡的外形和应力状态，增大了下滑力或减小坡体内的抗滑力，从而引起滑坡。滑坡事件如图 1.4、图 1.5 所示。

图 1.4　南昆铁路八渡滑坡

图 1.5　雅安市汉源县碎屑流滑坡

不稳定的滑坡对工程和建筑物危害性大，运营期间严重威胁行车安全，极易造成行车事故与旅客伤亡。

(2)崩塌

崩塌常发生在高陡山麓斜坡或河谷陡岸地带，尤其是新构造运动剧烈、深大张开卸荷裂隙较多的地段，是斜坡上的张、剪应力超过岩土体的软弱结构面强度而崩落的结果。在地层岩性上，它多发生在软硬交互的砂页岩、中厚层及块状砂砾岩、石灰岩、片理发育的硅质片岩、片麻岩、混合岩及岩浆岩地段；在地质构造上，多发生在褶曲轴部、断层带、断层挤压破碎带、断层交汇带、节理密集带及不整合接触带；其动力来源多是地表水冲刷、潜蚀、差异风化作用使本坡下部支撑力减小，或岩土体中软弱结构面抗剪强度降低，或与人为的边坡开挖、采空、爆破、地震等因素有关。

崩塌落石常突然发生，隐蔽性强、危害性大、性质复杂，应采取防治措施，保证运营安全。图 1.6、图 1.7 所示为典型危岩。

图 1.6　砂泥岩地区典型危岩

图 1.7　灰岩地区典型危岩

(3)岩堆

复杂山区大多山峰高耸，谷深坡陡，河流坡降大，新构造运动使地壳大面积抬升，河流强烈下切，自然山坡或河谷岸坡形成临空面，在一定的构造、岩性条件下，受各种地质营力作用而使岩体失稳产生落石、崩塌现象，在坡脚逐渐形成松散堆积体。图 1.8 所示为典型岩堆地貌。

图 1.8 西南地区典型岩堆地貌

岩堆的形成具多期次性，不同期次的堆积面常成为软弱面，特别是当地下水下渗至这些软弱面或倾斜的基床面时，岩堆体极易沿这些软弱带发生变形、开裂，甚至产生大规模滑动。由于岩堆体所含块碎石极不均一，密实度也相差悬殊，故不均匀沉降明显，一般不宜直接作天然地基的持力层。

(4)泥石流

泥石流是山区的一种特殊洪流，它是在山区一些较陡峻的流域内，由于植被覆盖率低，坡面及沟槽内聚积有较丰富的松散物质，在强大的暴雨、急剧的融雪融冰或水库的溃决作用下，松散堆积物质失稳与汇流水体形成水和泥砂、石块的混相流，具有较大的密度，速度快，惯性大，具有强大的动力。泥石流事件如图 1.9、图 1.10 所示。

图 1.9 东川蒋家沟泥石流

图 1.10 成昆铁路哈尔沟泥石流

泥石流在运动过程中具有极大破坏作用，对铁路工程存在严重威胁，往往携带巨大漂砾，具有大冲大淤的特点，在流通区具极强的冲击危害，在堆积区通常发生淤埋作用。

(5)岩溶

我国南方是碳酸盐岩的主要分布区，尤以西南地区较为集中。仅就滇黔桂三省而言，碳酸盐岩出露的面积即占三省总面积的 1/2 左右。区域范围内气候湿润，雨水充沛，故岩溶极为发育，其类型之多，堪称世界之冠。各种岩溶地貌齐全，主要有岩溶盆地、岩溶谷地、洼地、漏斗、落水洞、峡谷、峰林、峰丛、峰林平原、岩溶干谷等。图 1.11 和图 1.12 所示分别为溶蚀洼地、岩溶大厅。

图 1.11 溶蚀洼地

图 1.12 岩溶大厅

岩溶对铁路工程的影响和危害主要表现在：一是岩溶地面塌陷威胁建筑物安全；二是隐伏岩溶洞穴及其充填物对建筑物基础稳定性的影响；三是岩溶涌水突泥对地下工程造成危害；四是岩溶洼地积水浸泡或淹没路基和其他地面工程。

(6)采空区

西南地区地下矿藏资源丰富，富含煤、铅锌、磷、铜等矿产资源，具有开采历史悠久，采空区普遍分布，大型矿床较多，面积广、规模大、开采深、矿区交叉重叠等特点。铁路通过矿区时，常会遇到大面积采空区，特别是煤矿采空区。地下煤层经大面积采空后，煤层上部地层失去支撑，平衡条件被破坏，随之产生崩落、破裂、弯曲等变形，发展到地表，使地面下沉，随着煤层采空区的不断扩大，发展成为移动盆地。图 1.13 所示为云南昭通煤层露头及煤矿。

图 1.13 云南昭通煤层露头及煤矿

当铁路工程位于采空区影响范围时，极易产生地表塌陷、开裂和不均匀沉降，变形常突然发生，给铁路运营造成严重隐患。

(7)有害气体

西南地区分布古生界至新生界煤系地层及含油气地层，富集大量气体，主要包括硫化氢(H_2S)、甲烷(CH_4)、一氧化碳(CO)、二氧化硫(SO_2)、二氧化碳(CO_2)、氮氧化物(主要代表NO_2)、氨(NH_3)、氮(N_2)等。建设中已有多座隧道发生过煤层瓦斯或天然气瓦斯事故，瓦斯对工程的主要危害是其可燃性和爆炸性，其次为其窒息性和毒性，直接威胁隧道施工和运营安全。

(8)高烈度地震

西南地区位于青藏高原地震区，频发高烈度地震(图 1.1)，据地震资料记载，共发生 7～7.9 级地震 21 次、大于等于 8 级地震 7 次(最大震级为西藏察隅地震 8.5 级)，近年发生的重大地震包括 1973 年四川炉霍 7.6 级地震、2008 年四川汶川 8 级地震、2010 年青海玉树 7.1 级地震、2013 年四川芦山 7.0 级地震、2014 年云南昭通 6.5 级地震、2014 年新疆于田 7.3 级地震、2016 年康定 6.3 级地震等，对人民的生命财产造成了巨大的损失，也对西南地区高速铁路建设形成了巨大的挑战。地震发生后可产生地面开裂、地面错动及诱发山崩、滑坡、泥石流、堰塞湖等次生重力不良地质灾害，导致房屋倒塌、桥梁断落、水坝开裂、铁轨变形等。

(9)活动断裂

西南山区新构造运动强烈，活动断裂广泛分布，活动断裂(带)共包括 19 条(图 1.1)，著名的活动断裂带包括龙门山断裂带、鲜水河断裂带、安宁河断裂带、小江断裂带等。活动断层(裂)有两种基本活动方式：一种是以地震方式产生间歇性的突然滑动，称为地震断层或黏滑型断层；另一种是沿断层面两侧岩层连续缓慢地滑动，称为蠕变断层或蠕滑型断层。活动断层的活动往往伴生或引起地震、地面错动，并对地面建(构)筑物和人民的生命安全造成严重的影响，对高速铁路选址和建设形成巨大的挑战。

(10)高地应力

西南山区构造环境复杂，具有深大活动断裂发育、地震活动频发、新构造运动强烈等构造特征，其地应力场尤其是构造应力场复杂多变。

高地应力对复杂山区长大深埋隧道工程的危害，主要有两个方面：一是硬岩发生岩爆，即高地应力区岩体中聚积的弹性变形能在开挖过程中突然释放使岩石出现爆裂弹射等现象；二是软岩大变形，即地下洞室围岩在高地应力作用下发生显著的塑性变形和位移的现象。围岩强度应力比不同，岩爆与变形的程度也不同。

(11)高地温

西南地区高烈度地震频发、活动断裂广泛分布，导致高地温尤其是水热表现突出。水热的表征形式主要为热水爆炸、沸泉、温泉等(图 1.14、图 1.15)，与活动断裂的分布密切关联，大部分沿活动断裂带呈带状展布。温泉分布呈现与断裂构造以及地震强烈的相关性，温泉分布集中的区域往往也是断裂活动强烈和地震发育所在。

图 1.14 云南保山塘子铺温泉

图 1.15 龙陵县邦腊掌大塘子大滚锅

深埋长隧道可能会遇到高温高压热水(汽)及高温岩体等热害问题,严重影响施工建设安全及工期,亦对运营安全、耐温及防腐蚀性材料提出了更高的要求。

1.1.5 生态环境特征

1. 动植物种类珍稀丰富,自然景观多姿多彩,生态系统复杂多样

艰险地区显著的地理环境孕育了复杂多样的生态系统,原始森林以及野生动植物资源十分丰富,部分山区是珍稀野生动物繁衍栖息、植物生存和生物物种多样性的起源地。随着海拔高程及气候变化,艰险地区既有类型众多的山地森林生态系统,又有绚丽多彩的灌丛、草甸、河谷生态系统,以及高山、高寒稀疏植被生态系统,造就了灌丛、草甸、森林、溪流、江河湖泊、雪山、峡谷等各样自然景观,如图 1.16 所示。根据《中国生物多样性保护战略与行动计划(2011—2030 年)》《中国生物多样性保护优先区域范围》,艰险地区多是我国生物多样性优先保护的重点区域。

图 1.16 艰险地区生态系统复杂多样

2. 生态保护红线范围大,环境敏感区域密集交织,生态环境脆弱敏感

根据《全国主体功能区划》《全国生态功能区划》以及各省市自治区公布的生态保护红线划定方案,艰险地区多被划为生态保护红线范围,自然保护区、风景名胜区、森林公园、自然遗产地、国家公园、地质公园、湿地公园、饮用水水源保护区等各类各级环境敏感区密集广布,且部分区域重叠交织,生态服务功能重要,生态系统敏感脆弱。

1.2 艰险地区高速铁路技术特点及面临的技术难题

艰险地区主要包括中国地形第一阶梯的青藏高原、第二阶梯的云贵高原及斜坡过渡带。艰险地区具有新构造运动极为活跃、岩性极为复杂、高地应力、高地震烈度、高山地灾害风险、高岩溶(水)风险的地质特征,还具有斜坡重力作用类灾害发育、局地暴雨山洪、重大工程地质问题分布广泛且多具复杂性、隐蔽性、随机性特点。常见的不良工程地质问题主要有岩溶、危岩落石、采空区、滑坡、泥石流、岩堆、深厚层软土、高地热、高地应力、瓦斯等。同时,艰险地区生态脆弱敏感,环境保护要求高。

艰险地区修建高速铁路,受地形艰险、地质复杂、气候恶劣及生态敏感等因素影响,面临"勘察难""设计及建造难""监测预警难"等挑战,加之生态系统复杂多样与生态环境脆弱敏

感，国内外均未有成熟经验，是世界性难题。

1.2.1 勘察难

因地形陡峻、交通困难、气候多变，地灾发育且隐蔽性强，艰险地区修建高速铁路面临“勘察难”挑战。

1. 地质勘察

艰险地区地势起伏大、地形高差大、交通条件差，西南山区尤其是西藏地区还具有高海拔、高寒、无人区等特点；同时，艰险地区还具有滑坡、崩塌、泥石流等外生重力不良地质发育以及硬岩岩爆、软岩大变形、高地温等内生动力地质问题突出的特点；另外，艰险地区既有工程稀少，工程经验欠缺，基础研究薄弱。因此，艰险地区高速铁路工程地质勘察面临着勘察难、勘察精细度低、地质选线难等技术难题。受艰险的地形条件限制，部分地段技术人员和勘探设备难以甚至无法抵达，传统的地面接触式勘察手段难以或无法开展，导致勘察工作开展困难；地质条件复杂以及既有工程经验和基础研究不足，在勘察工作不够深入的条件下，难以达到满足设计需求的勘察精度；进而无法为地质选线和工程设置提供科学扎实的技术支撑，导致地质选线决策困难。

2. 测　　绘

艰险地区高速铁路坐标投影分带多，高斯投影在不同中央子午线的坐标投影带间会产生角度变形，对高速铁路线路设计产生不可忽视的不利影响；国家已知平面控制点稀少，难以满足基准控制要求；长大隧道贯通误差不可避免，如何减小横向贯通误差以及进行中线偏差调整和高程贯通误差调整是需要解决的技术难题；沿线地形地貌极其复杂，需要摄影的范围很大，且受云雨等恶劣天气影响较大，常规摄影很难满足要求，难以快速完成多种比例尺地形图测绘；前期方案较多，线路总里程长，造成野外控制点数量多，大比例尺航测制图从工期、质量和人员安全等方面很难保障，要在较短工期内采用常规水准测量方法完成所有方案高程控制测量也是不可能完成的任务；很多地方人员难以到达，部分隧道洞口存在无法近距离接触的高陡边坡危岩体，常规测量设备和测量手段不能完全保障工期、质量和安全；很多地段处于高山峡谷地区，不利于卫星信号接收，单星导航系统可用性低，难以实现铁路勘测精确定位。

1.2.2 设计及建造难

高速铁路线路直、安全性及平稳性要求高，绕避艰险地形及不良地质困难；受山区自然条件制约和自身技术标准的限制，艰险地区高速铁路往往只能以高墩大跨桥梁和隧道（群）克服地形、重大不良地质灾害点等障碍；不可避免地，路基工程会遇到桥隧涵间频繁过渡短路基不均匀变形、斜坡地区路基整体失稳和变形、深切峡谷地段危岩落石、喀斯特地貌区岩溶塌陷、高烈度地震区边坡失稳等问题，桥梁工程会遇到墩高、跨径和抗震设计超出规范的适用范围以及跨越泥石流等问题，隧道工程会遇到隧道多、比重大、埋深大、地质条件复杂、弃渣量大等问题，桥梁高墩大跨无刚度控制标准，抗震、抗风等问题突出；隧道软岩大变形控制难、高压富水隧道突水（泥）风险防控难、长大深埋隧道（群）防灾救援难；路基纵横向不均匀变形控制难，滑坡、危岩落石、泥石流等突发风险防控难，高墩大跨桥梁、长大深埋隧道（群）、陡坡路基等工程要求毫米级变形控制。因此，艰险地区修建高速铁路面临“设计及建造难”挑战。

1. 铁路选线

铁路线路设计是一项关系到铁路设计全局的总体性工作，综合性强，牵涉面广，涉及多学科的综合应用。影响铁路线路方案的因素众多，包括主要技术标准、政治、经济、国防、规划、环境敏感点、地形条件、地质条件、水文及工程经济等。

艰险地区高速铁路综合选线具有“两高、两弱”的特点，“两高”是平面线形要求标准高、线路工程安全要求标准高，“两弱”是区间定线适应地形灵活性弱、绕避障碍（灾害点、自然保护区）灵活性弱。在复杂地形地质条件下，高速铁路区间定线可选余地小，部分艰险地形及地质灾害绕无可绕、避无可避，传统技巧难以施展，导致“选线难”。

2. 路基工程

艰险地区膨胀土、红黏土和沟谷软土等特殊性岩土及岩溶、采空区、滑坡、危岩落石等不良地质条件分布广泛。高速铁路路基不可避免地会遇到桥隧涵间频繁过渡短路基不均匀变形、斜坡地区路基整体失稳和变形、山间洼地及槽谷软土地区的路基沉降及侧向变形、深切峡谷地段危岩落石等异物入侵、喀斯特地貌区岩溶塌陷、高烈度地震区边坡失稳等问题，而山区高速变形要求高，风险容忍度低，稍有不慎轻则影响列车乘车舒适性，重则威胁高速铁路行车安全，可见艰险地区高速铁路路基修建难度大。

3. 桥梁工程

艰险地区地形起伏大、交通不便、场地狭窄、地质复杂、地震频发、活动断层和泥石流广泛分布，加之高速铁路技术标准高、曲线半径大，给高速铁路桥梁设计带来了巨大挑战，主要技术难题有：高墩大跨桥梁合理桥式方案和施工方法选择、大跨度桥梁刚度控制、桥梁抗震与减隔震设计、超厚壁混凝土空心结构温度效应分析、大跨混凝土桥梁徐变变形毫米级控制、泥石流精准整治等。

4. 隧道工程

艰险地区具有地形险峻、地质复杂、环境敏感、地质灾害风险高等特点，而高速铁路具有线形顺直、曲线半径大的特点，艰险地区高速铁路在二者的结合下，极大地增加隧道工程修建难度，主要技术难题有：峡谷型高陡洞口桥隧一体化设计及地质灾害防治，长大深埋隧道高压富水、高地应力软岩大变形、高地温等不良地质处理，长大隧道施工通风设计，长大隧道（群）防灾救援，大规模弃渣及环保，特殊复杂结构设计等。

1.2.3 监测预警难

艰险地区因受板块运动影响，地震频繁、震级大，构造活动强烈，导致地质环境条件相当复杂，高速铁路沿线滑坡、崩塌落石、泥石流、地震等地质灾害发育，对高速铁路建设和运营造成危害。高速铁路具有运行速度快、安全要求高、灾害应急反应时间短等特点，存在“预警预报理论局限”“通信条件弱”“时效性及准确性差”“外部干扰大”“现场维护困难”等技术难题，导致“实时监测预警难”。

1.2.4 生态系统复杂多样与生态环境脆弱敏感

生态保护与恢复是利用生态系统的自我恢复能力，辅以人工措施，使遭到破坏的生态系统逐步恢复或向良性循环方向发展。艰险地区具有生态系统复杂多样、环境敏感区域密集交织、生态环境脆弱敏感、生态环境保护要求高等环境特征，面临生态系统承载力弱、水土流失防治技术难度大等技术难题。

1.2.5 施工组织极具挑战

复杂的地形地质、相对薄弱的基础设施、敏感丰富的生态环境、多变的气象条件、海拔高度等因素对供应方案、辅助工程、施工方案、工期确定的影响是叠加、综合、交叉的，难以完全分割，现场踏勘复杂，材料供应方案多样化，大型临时工程受复杂地形地质、薄弱基础设施、重点桥隧工点影响大，施工方案复杂多样、影响工期因素多等，给施工组织设计带来很大的挑战。

1.3 艰险地区高速铁路建造技术创新成果

为解决艰险地区修建高速铁路勘察、设计、建造、灾害防控、生态环境保护等重大技术难题，确保高速铁路安全可靠、风险可控、经济合理，中铁二院工程集团有限责任公司（以下简称“中铁二院”）依托重庆—利川、贵阳—广州、南宁—昆明、上海—昆明等十余条艰险地区高速铁路建设，历经十余年系统开展了艰险地区高速铁路建造技术相关研究，形成了包括本书在内的一系列成果。

1. 地质勘察

（1）建立了各勘察阶段、各种不良地质、各种工程类型的勘察技术组合原则，形成了各类勘察技术组合模式。

（2）建立了多元异构海量勘察数据综合信息管理与服务平台，提升了各类勘察数据的综合分析和管理水平。

（3）构建了具有广域覆盖、立体化、高时效性的“空天地”一体化综合勘察技术体系，攻克了艰险地区高速铁路工程勘察难、勘察精细度低、选线难等难题，提升了艰险地区高速铁路工程地质理论和综合勘察水平，保障了艰险地区高速铁路安全、高效、按期顺利施工和安全运营。

2. 测 绘

（1）研究了工程独立坐标系的建立方法及高斯投影变形对高速铁路线路设计的影响，提出了优化工程独立坐标投影分带的位置、控制相邻投影带间中央子午线的跨度及角度变形值的大小等办法来减小对高速铁路线路设计的影响。

（2）采用基于 GNSS 精密星历的长基线解算技术建立高精度的 GNSS 框架网来解决缺少坐标起算基准的难题，自主研发了基于精密星历铁路长基线数据处理系统（Common GNSS Office，CGO），解决了艰险地区缺少高精度基准点以及高速铁路精密基准框架网的建立长期依赖国外软件的技术难题。

（3）研究了长大隧道洞内 CPⅡ 自由测站边角交会测量新方法及中线偏差调整技术，减小了长大隧道横向贯通误差，解决了中线偏差调整和高程贯通误差调整难题。

（4）采用北斗/GNSS 定位、卫星影像制图、数码航空摄影、无人机摄影、三维激光扫描等“空、天、地”一体化测绘手段，形成了全生命周期、高精度、非接触、高效率的现代化综合测量技术。

3. 总体设计与选线

(1)基于全寿命周期、风险管理、系统工程理念，提出了艰险地区高速铁路总体设计原则及需要重点关注的事项，实现了艰险地区高速铁路车、机、工、电等众多子系统间的系统考虑、有机结合及统筹协调。

(2)通过对艰险地区选线制约因素的深刻认识及工程实践，凝练提出了减灾选线、地质选线、重大工程选址、环境选线、与既有构筑物协调的安全选线、工程选线等艰险地区高速铁路选线理念与方法，创新了面向滑坡区、高陡边坡段、泥石流区、岩溶区、危岩落石区、高烈度地震区、采空区及煤层瓦斯、环境敏感区等艰险地区典型地区选线技术，从源头上确保了艰险地区高速铁路的安全建设及运营。

(3)研发了智能选线技术，实现了艰险地区高速铁路海量方案的快速筛选与优化。

4. 路基工程

(1)针对西南艰险地区地势起伏较大，桥隧之间短路基数量众多且频繁过渡的实际情况，基于过渡段动力学仿真分析，从保证刚度纵向均匀变化的角度出发，结合施工碾压工艺，提出了频繁短路基过渡段的设计方法，实现了轨下基础刚度和沉降差异逐渐过渡，解决了桥隧间短路基刚度协调设计难题，保证了列车运营安全和乘车舒适性。

(2)提出了膨胀土、红黏土等特殊岩土及岩溶、采空区等不良地质条件的路基设计方法，保证了路基在复杂地质条件下的稳定。

(3)提出了路肩支挡结构侧向变形控制标准，保证陡坡路堤稳定性，减少横向变形位移及消除不均匀沉降，并保证陡坡路堑边坡稳定，解决了陡坡路基横向变形控制设计难题。

(4)提出了基于落石运动轨迹和冲击能级的危岩落石防护设计方法，研发了高能级防护网、柔性防护格栅网、装配式柔性棚洞等落石防护结构，建立了基于系统功能检验的产品防护能力评价方法，提出了产品可修复性的评价指标，形成了危岩落石综合整治技术体系。

5. 桥梁工程

(1)提出了适用于艰险地区高速铁路大跨梁式桥、拱桥、钢桁斜拉桥的合理结构体系和施工方法，形成了艰险地区大跨度梁式桥、拱桥和斜拉桥建造关键技术，极大提升了山区高速铁路选线自由度。

(2)首次提出了 A 形及“人”字形等大跨超高墩新结构、设计参数和施工方法，形成高速铁路超高墩成套关键技术，经济有效地拓展了艰险地区高速铁路梁式桥的适用范围。

(3)揭示了大跨斜拉桥钢桁梁风致涡激振动规律，首创了采用分段导流板抑制桁梁涡振的技术并研发了抑振装置，解决了危及列车运行安全的桁梁涡振难题。

(4)提出了高速铁路高墩大跨梁式桥横(纵)向刚度控制标准、大跨钢桁斜拉桥横(竖)向刚度控制标准、大跨混凝土拱桥横向刚度控制标准，解决了高速铁路大跨度桥梁刚度控制的难题。

(5)揭示了环境温度对高墩大跨混凝土厚壁空心结构的影响规律，提出了其温度场计算方法，解决了混凝土厚壁空心结构温差裂缝控制难题；提出了适用山区高墩大跨桥梁的收缩徐变预测模型，为艰险地区高墩大跨混凝土桥梁的毫米级变形控制提供了技术支撑。

(6)揭示了黏性、稀性泥石流运动特征，建立了荷载作用模式，提出了基于颗粒粒径分布的泥石流冲击力计算公式和泥石流综合防治措施，保障了铁路运营安全。

(7)通过对不同剪跨比、配筋率、轴压比的铁路桥墩抗震试验研究，提出了铁路桥墩弹性与延性抗震设计分界线及损伤状态划分方法，提出了适合我国铁路桥墩合理的延性抗剪强度计算公式及抗剪设计方法，填补了我国铁路桥梁抗震设计规范空白。

6. 隧道工程

(1)创建了艰险地区隧道洞口坡面稳定性的分类和评价方法，提出了一套洞口修建和危岩落石综合防治技术，成功解决了高陡边坡条件下修建隧道的难题。

(2)提出了以“主动控制”技术为核心的高地应力软岩隧道大控制技术，其研究成果纳入了《铁路隧道设计规范》(TB 10003—2016)，提升了高速铁路软岩大变形隧道的修建技术水平。

(3)形成了一套完善高压富水岩溶隧道综合超前地质预报模式，建立了高压富水隧道的防灾减灾设计理念并提出了针对性的工程处理措施，攻克了高压富水条件下隧道修建主要技术难题。

(4)建立了地温带及热害分级标准，提出了高地温隧道综合防治对策。

(5)提出了多种疏散救援模式和新型紧急救援站形式，相关成果已纳入《铁路隧道防灾疏散救援工程设计规范》(TB 10020—2017)，研发了铁路隧道(群)防灾救援设备监控系统，实现了各集成、互联系统协同工作。

7. 监测预警

基于艰险地区高速铁路防灾监控领域的需求，将岩土工程、物联网、大数据云计算等先进技术进行深入融合，取得如下创新成果：

(1)形成艰险地区铁路基础设施与运行环境监测预警技术体系，为艰险地区高速铁路安全运营提供了保障。

(2)创新性地提出双地震计干扰识别方法和地震震源参数估算模型，研发了“高速铁路地震预警监测系统”，实现对破坏性地震能的及时、准确感知及与行车的快速联动。

(3)提出了“崩、滑、流”及线下基础设施监测及预警评估技术，研发了“地质灾害及线下基础设施监测预警系统”，实现了对地质灾害及线下基础设施的监测与评估。

8. 生态保护与恢复

(1)明确了艰险地区铁路工程建设生态保护与恢复的目标和原则，提出了以地表土、工程弃渣、乡土植物等原生材料为主的生态恢复技术路线和方案。

(2)引入了土抗侵蚀纤维、厚层基材、微地形改造等工艺技术和太阳能自动灌溉、节水灌溉等养护技术，解决了岩质边坡创面的恢复难题和生态恢复因子的限制问题。

(3)开展了野生动物保护技术研究，提出了叠图法和生态机理法的识别方法，在总结现有保护措施基础上形成了保护技术方案。

9. 施工组织

基于艰险地区特殊环境因素和工程施工特点，将现场踏勘、物资供应、辅助工程、施工方案、工期确定等作为一个系统进行研究，取得如下创新成果：

(1)从前期施工调查到材料供应、大临工程全过程统筹考虑，小到单项工程施工方案、大到整个项目的总工期，形成了艰险地区高速铁路完整的施工组织设计体系，为艰险地区高速铁路施工提供全周期策略。

(2)明确了预可研踏勘、可行性研究初测、设计定测各阶段调查内容及重点,工作效率得以大为提高。

(3)摒弃传统当地料、厂发料和直发料的供应模式,构建了以市场为导向,综合考虑运输路网、运输途径、运输价格等多要素的运输方案。

(4)研究形成了艰险地区高速铁路各类大临工程设计原则,并与一般铁路进行区分,有利于让专业人员准确甄别研究关键点。

(5)系统总结了艰险地区路基、桥梁、隧道、轨道工程的特殊施工方案,为现场施工提供全面解决策略。

本书以艰险地区高速铁路勘察设计技术工作为主线,以高速铁路各专业的技术特点、功能目标、设计原则、主要设计内容以及采用的设计理论和方法等为主要内容,基于艰险地区区别于其他地区的地理环境特征,主要介绍了"空天地"一体化地质综合勘察技术、测绘综合技术、总体设计与选线技术、路基工程技术、桥梁工程技术、隧道工程技术、监测预警系统技术、生态保护及修复技术、施工组织设计等技术创新成果,较为全面、系统地总结了艰险地区高速铁路的建造技术。

2 “空天地”一体化地质综合勘察技术

地质勘察是铁路工程建造的“排头兵”，地质勘察成果是工程设计的基础，地质勘察工作的科学、合理、高效开展，是建造“百年大计”铁路工程的重要基石。艰险地区地质条件极其复杂、地形条件极其艰险，地形起伏大、相对高差大，部分区域还是高海拔无人区，以地面物探、地面钻探、地面地质调绘为主要手段的接触式常规勘察技术，难以或无法应用，导致勘察难、勘察精细度低、选线难，无法满足工程设计需要；在艰险地区高速铁路工程地质勘察过程中，有必要革新勘察理念，引入并创新应用各类新型勘察技术，针对各勘察阶段、各种不良地质的特点，优化组合各类工程的勘察模式，构建“空天地”一体化地质综合勘察技术，提高勘察效率和勘察精度，查明工程地质条件，稳定线路方案，科学、可靠地支撑工程设计。

2.1 艰险地区高速铁路工程地质勘察特点

近年来，随着西部高速铁路的建设，在武广、贵广、沪昆、云桂等艰险地区高速铁路的勘察设计中，面临的地形地质条件极为复杂，崩塌、滑坡、危岩落石、岩溶、泥石流、采空区、有害气体、高地应力和高地温等工程地质问题分布广泛且多具复杂性、隐蔽性、随机性，加之交通不便，人迹罕至，勘察难度很大，部分地段或区域常规勘察技术和方法难以实施。同时，高速铁路线形直、半径大、速度快，安全性、稳定性和平顺性要求高，沉降控制严，原有勘察技术难以满足高速铁路高精度的勘察设计要求。

工程地质勘察是查明与建设工程有关的场地自然特征、工程地质和水文地质条件，并进行工程地质条件评价的全过程，是铁路工程建设的基础工作。铁路工程地质勘察经历了单一勘察手段、多手段配合、综合手段应用的发展过程，这个过程实际就是不断采用新技术、新方法的过程，采用新技术、新方法是促进勘察技术发展、提高地质勘察精度的主要手段。目前，铁路工程常规勘察技术主要包括卫、航片遥感解译，地质调绘，勘探（物探、钻探）及测试，观测与评价。各常规勘察技术优缺点见表 2.1。

表 2.1　艰险地区高速铁路常规勘察技术优缺点对比表

类　别	特　点	优　势	不　足
卫、航片遥感解译（低分辨率）	按“建立解译标志，分析解译成果，确定调查重点，实地核对与修正，补充解译、复判”的程序开展工作	视野广阔，不受交通、气候条件限制，可以解译测区宏观构造和岩性界线	比例尺小，无法解译细部地貌形态，成果具多解性
地质调绘	紧密结合工程设置，采用远观近察、由面到点、点面结合的工作方法	直观认识地层、岩性、构造、不良地质、特殊岩土等地质特征	受地形、气候、交通等自然条件影响大；难以查明隐伏地质情况

续上表

类　别	特　点	优　势	不　足
物　探	物探是利用地质体的物性差异，间接地探测地质体的结构，具有方法多，勘探深度范围大，易大面积施测，可进行点、线、面相结合的特点	通过物探成果解译，探测对象的地表及地下工程地质特征，能获得一定深度范围内的宏观立体认识	物探成果具有多解性，易受外界干扰
钻　探	钻探是地质勘探中最常用的基本技术手段，可取得工程地质、水文地质参数，为设计施工提供依据，是相对可靠的勘探手段	直观探查钻孔范围内岩土体的垂向地质特征	只能反映钻孔内的地质特征，不能反映区域地质特征
观　测	对随时间变化较为明显的地质条件进行的观测，如不稳定滑坡的蠕滑、地下水位随季节的升降，大规模地表沉降与岩溶地面塌陷严重地段的地面变形和塌陷监测	通过观测，可以比较准确地了解地质条件的发展变化情况，找出主控因素	需结合区域地质资料、地表调绘、物探、钻探成果进行综合分析

在艰险地区高速铁路勘察中，研究创新并应用高分卫星遥感解译、无人机勘察、高分卫星 SAR(InSAR)地面形变监测、三维激光扫描、轻便型动力头式钻探等新型地质勘察技术，将会大大提高勘察效率和精细度；同时，研究不同勘察阶段各种工程类型的综合勘察模式，达到各种勘察手段互相验证、取长补短，构建基于不同视域平台的“空天地”一体化地质综合勘察技术，实现用最少的勘察工作量达到最优的勘察效果的目的，也是十分有必要的。

地质勘察技术开展的视域平台包括卫星平台、航空平台和地面平台，相应地，勘察技术可分为基于太空中运行的卫星平台开展的“天”类地质勘察技术，基于在大气层内低空域飞行的无人机、航空飞机等航空平台开展的“空”类地质勘察技术，和基于与地面直接接触或近地表局部接触的地面平台开展的“地”类地质勘察技术，三类地质勘察技术综合应用，将多源异构地质信息融入地质信息智能化处理与综合管理平台，进行综合分析管理，即构成“空天地”一体化地质综合勘察技术。

“空天地”一体化地质综合勘察技术是指应用了卫星平台、航空平台、地面平台多视域勘察技术，并将多源异构地质信息融入三维实景综合管理平台，实行海量数据智能化处理与综合管理，具有广域覆盖、高时效、立体式特征的地质综合勘察技术，由“天”类地质勘察技术、“空”类地质勘察技术、“地”类地质勘察技术以及地质信息智能化处理与综合管理平台组成。

2.2　新型地质勘察技术

“空天地”一体化地质综合勘察技术中的各类新型地质勘察技术，包括基于不同视域平台开展的“天”类新型地质勘察技术、“空”类新型地质勘察技术和“地”类新型地质勘察技术。

2.2.1 “天”类新型地质勘察技术

“天”类新型地质勘察技术是指基于太空中运行的卫星平台开展的新型地质勘察技术，主要包括高分卫星遥感解译技术、高分卫星 SAR(InSAR)地面形变监测技术、卫星热红外遥感地热异常识别技术以及高(多)光谱卫星岩性识别技术等。在高速铁路勘察中，主要应用于踏勘和初测阶段，获取测区主要(活)断裂、地震分区、地热分区、构造应力场、地质灾害分区、岩性分区等宏观区域地质分布特征，指导方案比选，确定线路安全走廊，稳定宏观线路方案。

1. 高分卫星地质遥感解译技术

该解译技术通过 GeoEye-I、Worldview-2、Pleiades、QuickBird、Spot 等高分辨率卫星探测地面物体的电磁波特性获取光学影像(卫片、航片)，分析、解译揭示出目标物本身的特征、性质及其变化规律，高分卫片空间分辨率为 0.5～120 m。在铁路工程地质勘察中主要用于解译构造、不良地质和主要岩层分界线。

案例：利用高分卫星地质遥感解译技术进行渝利铁路重庆至涪陵段方案比选研究。

渝利铁路重庆至涪陵段地处过渡带(也称斜坡过渡带)岩溶区，预可行性研究阶段存在①经长寿、涪陵方案，②沿既有线增建二线方案，③新建双线方案，④采用方案(经庙坝，沿高速公路，经长寿、涪陵方案)等四大比选方案(图 2.1)。四个方案均横向穿越环山、明月峡、苟

图 2.1 渝利铁路重庆至涪陵段高分卫星遥感地质解译图

家场等3个近南北向的条状中低山背斜，其核部均为灰岩、白云质灰岩等可溶岩。这3个背斜段地表漏斗、落水洞、溶沟、溶槽、溶蚀洼地等岩溶地貌发育，多顺构造线串珠状分布，特别是嘉陵江组地层，岩溶现象最为发育，在地貌上多为岩溶槽谷负地形，槽谷地表水均通过漏斗、落水洞、溶蚀裂隙等转入地下，而未形成地表水系，反映出地下溶洞比较发育，地下岩溶水十分丰富，隧道施工中可能遇较大型溶洞和大规模涌水突泥风险。

为在这3个条状背斜的近南北向几十公里范围内选择较为理想的穿越位置，以达到铁路工程建设与运营安全可靠、技术经济合理的目标，采用数字摄影测量工作站(JX-4)通过一定的数据融合方法，将分辨率可以达到2.5 m的SPOT5高分辨率卫星遥感影像数据与分辨率可以达到0.61 m的高分辨率QuickBird卫星遥感图像数据融合，获得分辨率更高的卫星遥感影像。在充分利用和消化前人既有岩溶地质资料基础上，通过对获得的更高分辨率卫星遥感影像进行处理解译，查明3个背斜区段内可溶岩地层分布、岩性组合特征与产出形态，断裂发育情况；查清3个背斜地表洼地、槽谷、暗河(岩溶泉、溶洞)等岩溶现象分布情况；分析出3个背斜岩溶发育的宏观规律，推测出岩溶相对不发育或发育微弱的部位或地段；推荐岩溶风险最小的方案④(经庙坝，沿高速公路，经长寿、涪陵方案)。该线路于2013年12月顺利建成通车。

2. 高分卫星SAR(InSAR)形变监测技术

该监测技术基于时序PS/DS InSAR技术、山区地形图雷达干涉三维重建技术和SAR最新模式影像处理方法，对高速铁路沿线开展地面变形位移监测。InSAR技术在进行地面稳定性研究方面具有的优点包括：①覆盖范围大，方便迅速；②成本低，不需要布设地面监测网；③空间分辨率高，可以获得某一地区连续的地表形变信息；④可以监测或识别出潜在或未知的地面形变信息；⑤全天候监测能力，不受云层及昼夜影响。在高速铁路勘察中，主要应用于沿线滑坡、不稳定斜坡的形变监测，进行早期隐患识别和预警，指导选线。

案例：利用InSAR技术评价贵南高速铁路引入南宁枢纽二塘煤矿大盘井采空区地面塌陷区稳定性。

新建贵阳至南宁高速铁路武鸣—南宁东段线路从武鸣站自北向南行进再拐向东接入南宁东站的走向，使得线路必须毗邻二塘煤矿大盘井采区通过。根据钻探资料，采空区影响范围为DK509+968～DK510+130、DK510+352～DK510+400，在线路范围内呈品字形，采空区移动盆地影响范围为DK509+820～DK510+454，长约634 m，煤层厚度为0.4～1.4 m，开采深度为60～95 m。在采用资料收集、专题调查、物探、深孔钻探、钻孔测井、对孔透视测试等综合勘察手段的基础上，利用InSAR形变监测技术，进一步评价该采空区地面塌陷区稳定性及对线路方案的影响程度。

通过调取工作区意大利COSMO-SkyMed X波段高分雷达遥感卫星数据(3 m地面分辨率STR-HIMAGE格式)，时间跨度从2011年6月1日至2013年12月19日，2014年1月至2015年12月共61景(期)数据，保证处理的数据每月一次。采用PS-InSAR数据处理算法对采空区及周边长时间间隔SAR干涉图上保持有高相干特性的地面目标点(即PS点，散射特性比较稳定的点，通常分布在植被稀少区，对应着建筑、公路、水利等设施)相位变化进行数据处理，分析沉陷区沉降情况。大盘井采空区PS点年平均沉降情况如图2.2、表2.2所示。

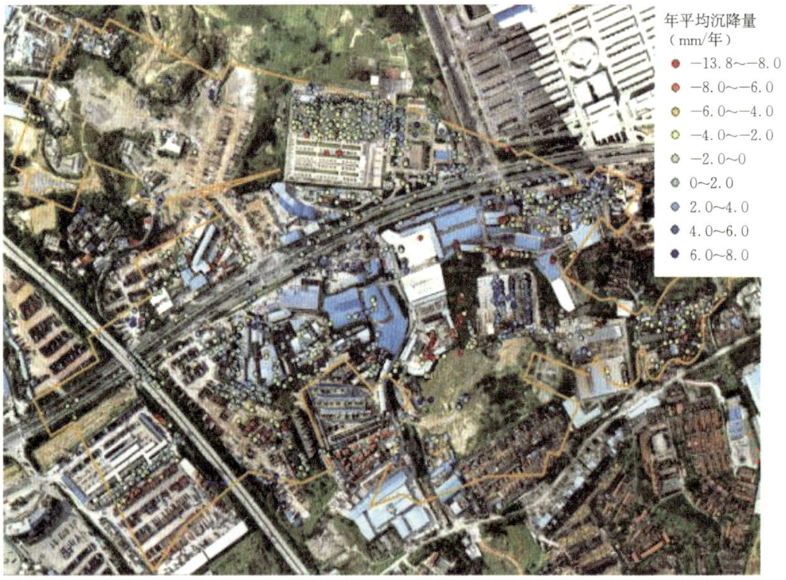

（a）2011~2013年

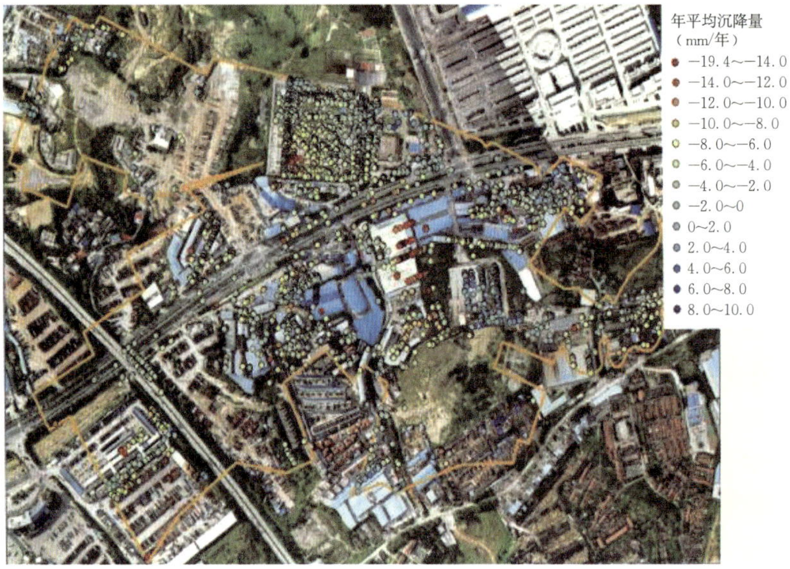

（b）2014~2015年

图 2.2 大盘井采空区 PS 点年平均沉降图

表 2.2 大盘井采空区 PS 点年平均沉降速率统计

2011～2013 年			
年平均沉降速率/(mm·年$^{-1}$)	PS 数量/个	比例/%	备 注
＜−8	104	3.4	
−8～−6	99	3.3	
−6～−4	195	6.4	

续上表

2011～2013 年			
年平均沉降速率/(mm·年$^{-1}$)	PS 数量/个	比例/%	备　注
−4～−2	473	15.5	年平均沉降速率处于−4 mm～+4 mm之间的点占82.8%
−2～0	910	29.9	
0～2	758	24.9	
2～4	373	12.3	
4～6	87	2.9	
6～8	28	0.9	
8～10	14	0.5	
总 PS 点	3 041	100	"−"表示沉降,"+"表示抬升
2014～2015 年			
年平均沉降速率/(mm·年$^{-1}$)	PS 数量/个	比例/%	备　注
<−14	56	1.1	
−14～−12	85	1.7	
−12～−10	105	2.1	
−10～−8	235	4.7	
−8～−6	589	11.8	年竖向位移处于−8 mm～+4 mm之间的点占89.1%
−6～−4	1 110	22.3	
−4～−2	1 539	31.0	
−2～0	740	14.9	
0～2	354	7.1	
2～4	97	2.0	
4～6	23	0.5	
6～8	27	0.5	
8～10	12	0.3	
总 PS 点	4 972	100	"−"表示沉降,"+"表示抬升

检测结果分析：

①数据统计、分析表明,该地面塌陷区大部分点年平均沉降速率处于−8～+4 mm/年之间。

②该地面塌陷区出现少量沉降速率小于−8 mm/年及抬升大于+8 mm/年的点,经实地调查发现,这些点大都处于工厂、仓库临时搭建的工棚和库棚,棚顶为塑料材质,受风吹、日晒雨淋、温度变化的影响极易变形,因此可以断定,地面沉降、变形不是引起这些点塌陷沉降的原因。

③综上所述,该地面塌陷区年平均沉降速率较小,地面塌陷处于稳定。

3. 卫星热红外遥感地热异常识别技术

该识别技术通过对卫星遥感影像热红外波段数据进行反演,剔除太阳辐射、大气、海拔、植被、地物等的影响,解译地表温度异常。在铁路工程地质勘察中,主要用于解译地表地热异常，划分相对低温走廊。某高速铁路卫星热红外地热异常识别成果如图 2.3 所示。

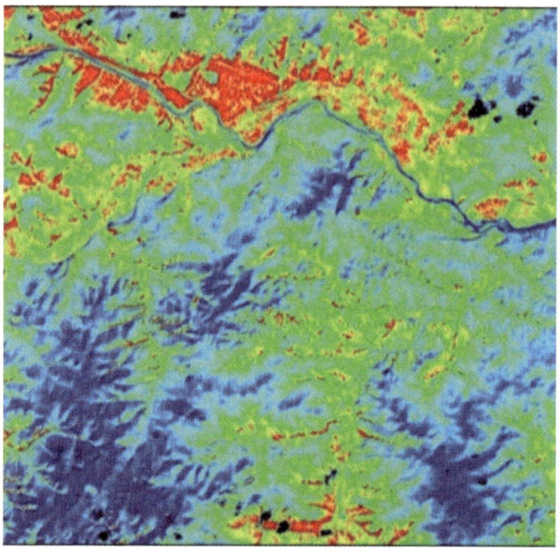

图 2.3 卫星热红外遥感地热异常图像

4. 高(多)光谱卫星岩性识别技术

该识别技术通过光谱卫星、高光谱卫星获取的光谱数据，与野外采集的光谱数据进行对比分析，得到无法进行接触式勘察区域的地层岩性信息。在高速铁路勘察中，主要应用于高海拔、高陡、无人区山体及岸坡的岩性识别。

案例：利用高光谱隧道地层岩性识别技术进行某高速铁路隧道地层岩性识别。

某高速铁路自然环境、地形地质条件极其恶劣，利用高光谱隧道地层岩性识别技术，在对区域地质资料分析的基础上，通过实地采集区域资料上地形平缓地段相同地层岩性样品测定光谱数据，经过系统编号整理并建立野外岩性波谱库，再对区域资料上地形陡峻相同地层岩性地段 Hyperion 高光谱影像图进行岩性匹配从而识别地层及岩性，获取研究区地形陡峻地段的地层岩性如图 2.4、图 2.5 所示。

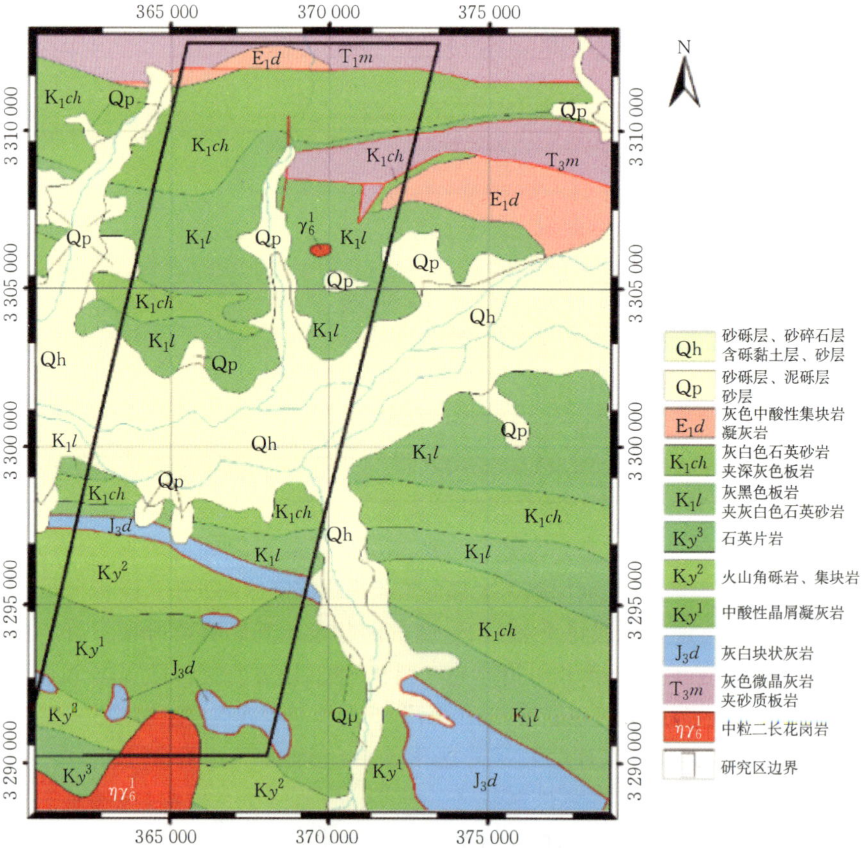

图 2.4 研究区岩性分布图

2.2.2 “空”类新型地质勘察技术

“空”类新型地质勘察技术是指基于在大气层内低空域飞行的无人机、航空飞机等航空平台开展的新型地质勘察技术，主要包括高分无人机勘察技术及无人机机载 LiDAR 勘察技术。在高速铁路勘察中，主要应用于踏勘、初测和定测阶段，进一步查明测区区域地质特征，指导选线和工程设置。

1. 工作原理

(1)技术方法

无人机勘察技术是利用 CCD 或 CMOS 感光传感器的数码相机获取三维物体的二维图像，通过实际空间坐标系和数字影像平面坐标之间的透视变换，采用计算机立体视觉技术，重建生成被摄物体的三维点云坐标数据(图 2.6)；应用于地质勘察中，通过数据处理软件 Pix4D、PolyWorks 等进行数据处理后，可以实现被摄物体的地质填图、立体建模和相关计算。

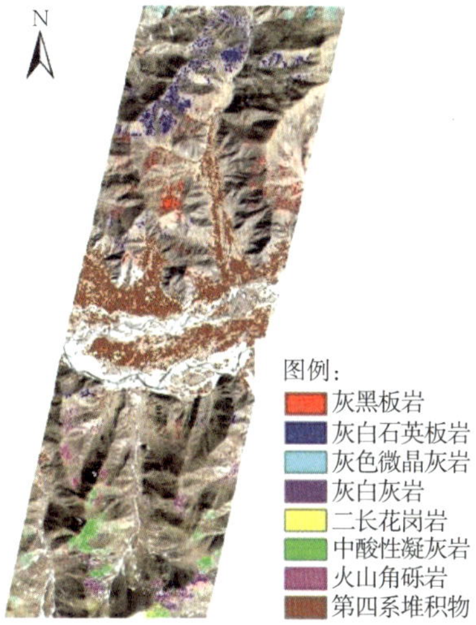

图 2.5 研究区岩性识别图

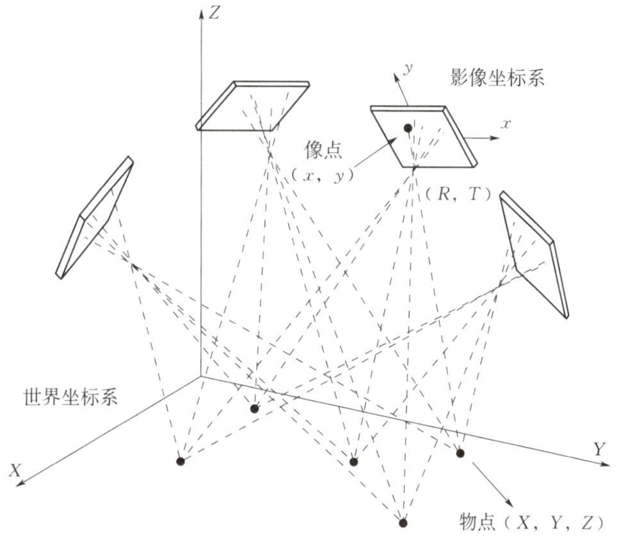

图 2.6 无人机点云构建

(2)技术优势

无人机勘察技术结合遥感数据处理、建模和应用分析技术方法，能够完成滑坡、泥石流、危岩落石等地质灾害调查工作，结合摄影测量技术可完成岩性组合、结构面产状、断层、卸荷带走向、宽度的识别；是采用传统卫片和航片遥感方式解决宏观地质问题的有利补充，在小区域和飞行困难地区高分辨率影像快速获取方面具有明显优势，可以大大提高在复杂地形区域的地质勘察精度和效率。通过研发的岩层产状自动识别软件(识别流程如图 2.7 所示)，针对植被覆盖较稀疏区域，能够实现出露岩体结构面的快速自动识别。能在通用的三维点云处理软件中，在无人工干预处理情况下，自动搜索并提取出岩体结构面，并且具有良好的后检校功能。

2. 工作流程

艰险地区高速铁路工程地质勘察中，在方案比选阶段采用固定翼无人机进行大范围航拍后，结合区域地质资料判释主要的地层界线、地质构造及不良地质分布情况，为地质减灾选线提供依据，大幅缩短勘察周期和提高工作效率；在各阶段具体的不良地质工点，采用多旋翼无人机进行详细勘察，则可查明构造、岩性、产状、地貌形态和危岩落石等不良地质的详细特征，并可实现数字建模和定量计算、评价。无人机勘察流程如图 2.8 所示。常规地质调绘与高分无人机勘察对比分析见表 2.3。

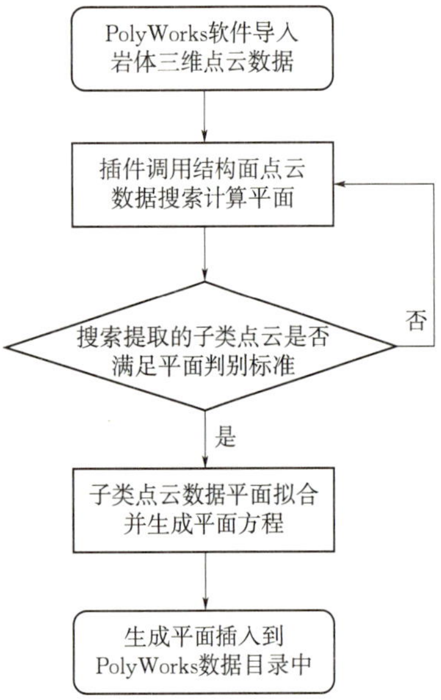

图 2.7 产状自动识别流程

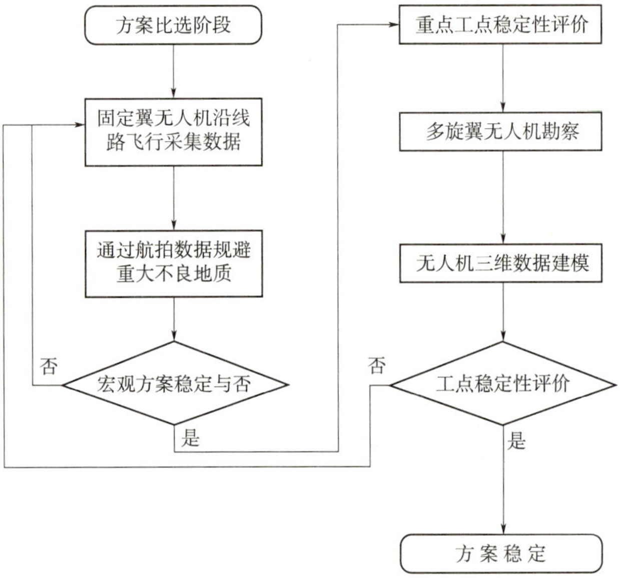

图 2.8 无人机勘察流程图

表 2.3 常规地质调绘与高分无人机勘察对比分析表

类别	项目	常规地质调绘	高分无人机勘察
方案比选		需耗费大量人力进行调绘、效率低、易遗漏	勘察时间短、速度快、效率高，大大缩短勘察周期
工点勘察	地层界线、地质构造识别	需耗费大量人力及时间，效率低，难以宏观把握	可宏观把握地质界线、地质构造分布情况，效果好
	岩溶	地表落水洞、洼地调绘时间长，效率低，精度低、错漏多	(1)耗时少，减少地质人员勘察风险并大大节省人力，及时为选线及隧道工程地质评价提供依据； (2)勘察范围广，可对岩溶形态进行定量评价，提高地表调绘精度
	危岩落石及卸荷裂隙	人员无法到达，全靠估算，定性为主，定量困难	(1)地形控制因素少，基本上无人机都可以进行航拍； (2)勘察精度高，可以对任意危岩进行空间尺寸及结构面产状测量； (3)地质人员勘察风险小，无需对陡坡进行人力攀爬

3. 无人机机载 LiDAR 勘察技术

无人机机载 LiDAR 勘察技术基于无人机勘察技术，在无人机上搭载 LiDAR 设备开展勘察，工作原理和无人机勘察基本相同，区别在于可以进行目标物表面植被等地物剔除，更加直观、准确识别目标物特征。图 2.9 所示为无人机机载 LiDAR 勘察技术植被剔除。

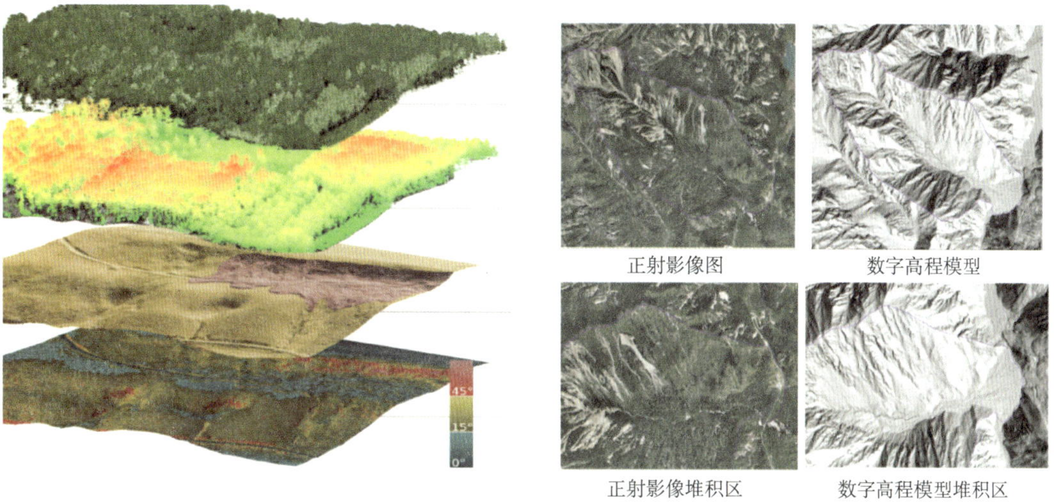

图 2.9 无人机机载 LiDAR 勘察技术植被剔除

在高速铁路工程地质勘察中，无人机勘察技术主要应用于定性揭示基岩裸露隧道进出口、高陡岸坡区域内的危岩落石、卸荷裂隙分布以及定量计算危岩落石方量、评价影响程度等；无人机机载 LiDAR 勘察技术主要应用于揭示植被覆盖隧道进出口、高陡岸坡区域内的滑坡、错落、岩堆、泥石流、卸荷裂隙等不良地质体。

案例：贵阳至兴义高速铁路马岭河大桥危岩落石及卸荷裂隙勘察。

图 2.10 所示为马岭河三维模型。马岭河大桥贵阳端岸坡陡峻，形成高差达 300 m 的灰岩陡崖，人力无法实地地质调绘。采用多旋翼无人机勘察，通过后期数据处理软件进行三维建模，对结构面产状、危岩的位置和几何尺寸进行了准确测量(图 2.11)，为桥台基础的设置和危岩落石防护提供了准确的设计参数，大大提高了对危岩落石危害的判断和防治水平。

图 2.10 由多张照片合成的贵兴高速铁路马岭河大桥贵阳端岸坡危岩三维模型

(a)

(b)

图 2.11 马岭河大桥危岩三维模型中进行岩层产状及危岩尺寸测量

2.2.3 “地”类新型地质勘察技术

“地”类新型地质勘察技术是指基于与地面直接接触或近地表局部接触的地面平台开展的新型地质勘察技术，主要包括地面三维激光扫描技术、等值反磁通瞬变电磁技术、微动探测技术、轻便型动力头式全液压钻探技术等。在高速铁路勘察中，主要应用于定测及补定测阶段，详细查明各类工程地质特征，指导线路方案优化和工程设置。

1. 地面三维激光扫描技术

三维激光扫描技术又称实景复制，能够完整并高精度地收集被扫描实物的三维数据，直接做到将实物转化为三维数据模型，其激光点云都是直接采集目标真实数据，完全真实可靠。三维激光扫描测量技术具有点云的照片纹理贴图的能力，其扫描所得即所见，能够在危岩落石勘察中得到应用。此外，三维激光扫描技术的高效率、高精度、远距离非接触测量等优势弥补了传统地质调查方法的缺点。地面三维激光扫描技术路线图如图 2.12 所示。

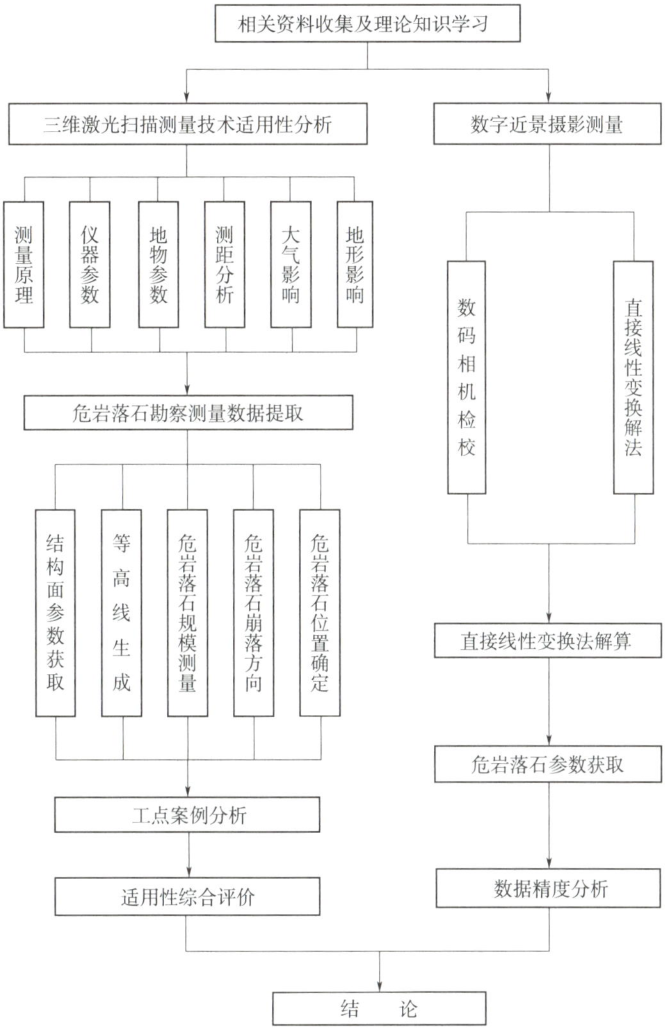

图 2.12　地面三维激光扫描技术路线图

案例：成贵高速铁路南广河大桥。

测区为剥蚀中低山地貌，地形连绵起伏，沟壑纵横，测区绝对高程为 750～1 280 m，相对高差为 100～200 m。自然斜坡坡度为 20°～90°，覆盖层较薄，大部基岩出露，沟内常年有水流。桥位两侧皆为高陡斜坡，分布有较多的潜在危岩落石，由于岸坡陡峻，地质勘察人员无法攀爬进行接触式测绘。图 2.13 所示为南广河大桥工点全貌。

图 2.13　南广河大桥工点全貌

采用地面三维激光扫描测量技术，并结合数字近景摄影测量技术，对该桥两侧岸坡危岩落石分布区的危岩方量、结构面迹线、产状等进行勘测，并进行数字化建模和危岩崩落趋势等危害评价。主要的研究成果如图 2.14～图 2.19 所示。

图 2.14　南广河左岸结构面拟合图

图 2.15　南广河右岸结构面拟合图

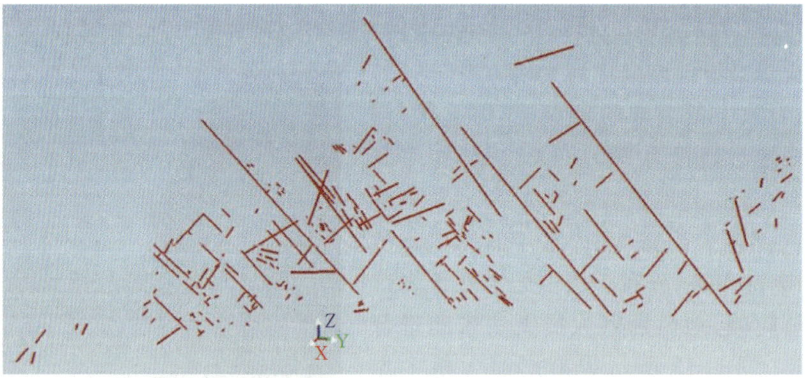

图 2.16　南广河左岸结构面迹线统计图

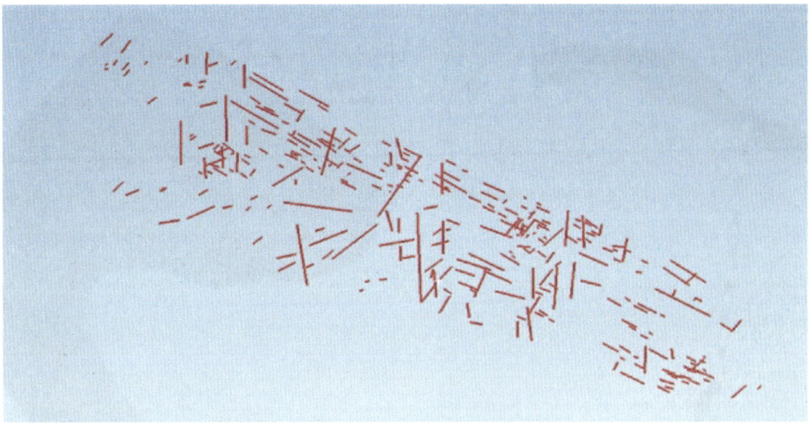

图 2.17 南广河右岸结构面迹线统计图

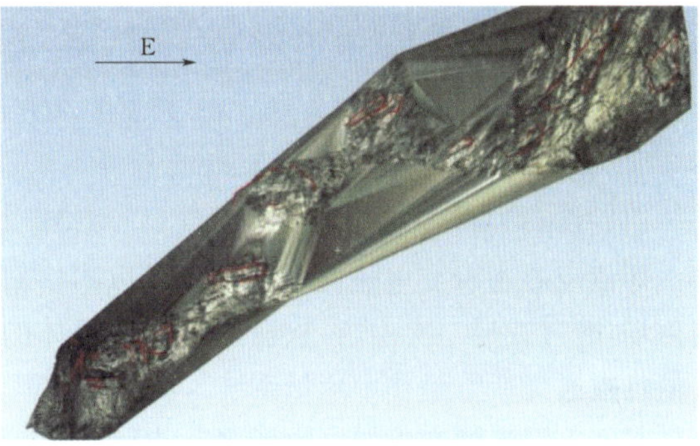

图 2.18 南广河左岸危岩体分布图

图 2.19 南广河右岸危岩体划分

通过识别，南广河左岸划分出 27 个潜在危岩体，右岸划分出 18 个潜在危岩体。对各危岩体进行编号，同时判断潜在危岩体的破坏类型；对各个危岩体的表面尺寸进行测量，同时对危岩体所在坐标范围及中心位置做简要描述。图 2.20 所示为南广河两岸危岩体崩落方向示意图。

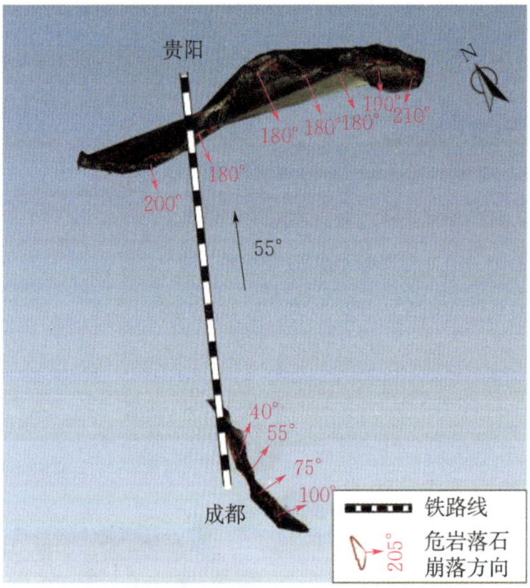

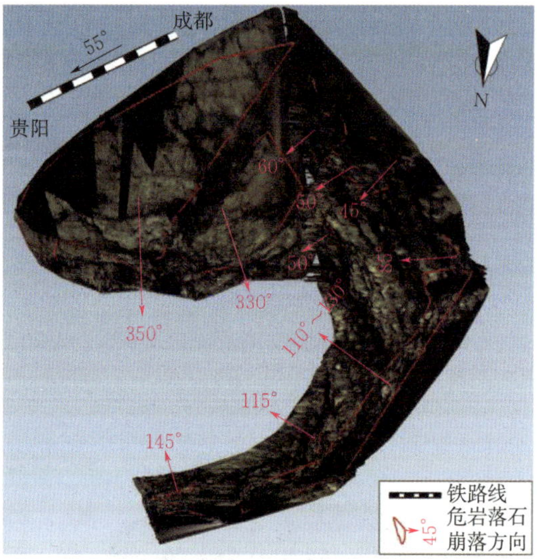

图 2.20　南广河左岸、右岸危岩体崩落方向示意图

2. 等值反磁通瞬变电磁技术

(1)基本原理

等值反磁通瞬变电磁技术(TEM)是以不接地回线或接地长导线供以双极性脉冲电流激发电磁场,通过观测二次磁场,从而确定地下导体的电性空间分布形态的方法。图 2.21 所示为等值反磁通瞬变电磁技术测量系统。由于发射电流关断时,接收线圈本身产生感应电动势,并叠加在地下涡流场产生的二次场之上,因此造成早期信号失真,形成地下浅部 0～20 m 的勘探盲区。为消除接收线圈的感应电动势,席振铢于 2014 年提出基于等值反磁通原理的浅层瞬变电磁技术,即采用上下平行共轴的两个相同线圈通以反向电流作为发射源,且在该双线圈源合成的一次场零磁通面上,测量对地中心耦合的纯二次场(席振铢,2014)。理论计算和物理实验论证表明,该方法能有效消除接收线圈本身的感应电动势,从而获得地质体的纯二次场响应。相对传统设备,其小型化的发射和接收天线,可适应各类工作环境的需要。

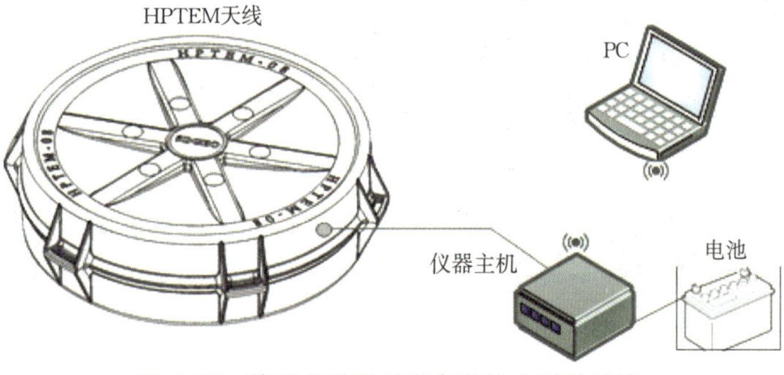

图 2.21　等值反磁通瞬变电磁技术测量系统

(2)特点

采用 HPTEM-08 型高精度等值反磁通瞬变电磁技术系统进行数据采集,该系统主要是针对地下 0～100 m 地质目标体勘探而设计制造的。它基于等值反磁通法原理,创新地运用等值反磁通技术消除收发线圈之间的感应耦合;利用对偶中心耦合原理提高纵横向分辨率;

采用统一标准的微线圈对偶磁源、高灵敏度磁感应传感器、高速 24 位数据采集卡以及高密度测量技术实现了浅层高精度等值反磁通瞬变电磁技术勘探。该系统天线直径为 1.2 m，发射等效边长为 50 m×50 m，克服了山区布置线圈的困难。

(3)工程应用——渝昆高速铁路望乡台隧道煤窑采空区勘察

望乡台隧道出口右侧 130 m 为大溪口煤场，其主巷道洞口高程约 274 m，主巷道 300 m 和 370 m 处左右分布有采煤巷道。结合地质调查，大致垂直采空区布置了 A～F 共 6 条物探测线，测点点距 5 m。使用 HPTEM-08 型仪器采集数据，采用收发一体反磁通天线定点测量方式。选择发送基频 25 Hz，仪器关断时间长度 40 μs，每个测点采样点数 1 250 个，最大发送电流 10 A，发送电压 12 V。

物探资料显示，在几个断面的中上部，埋深 50 m 范围内均存在反演电阻率低于 400 Ω·m 的低阻异常带，结合钻探资料将低阻异常中心位置的下方判释为煤窑采空区，上部为坍塌体。图 2.22 所示为采空区断面成果图。

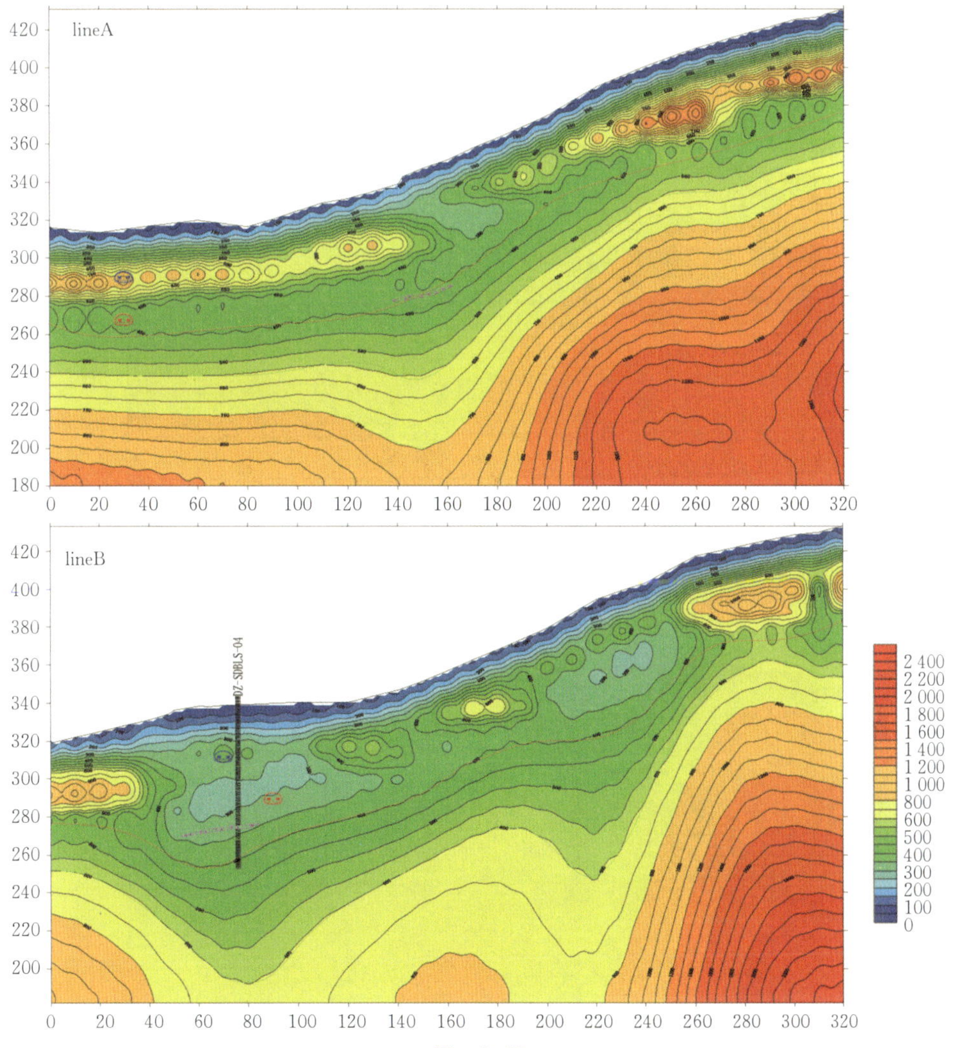

图　2.22

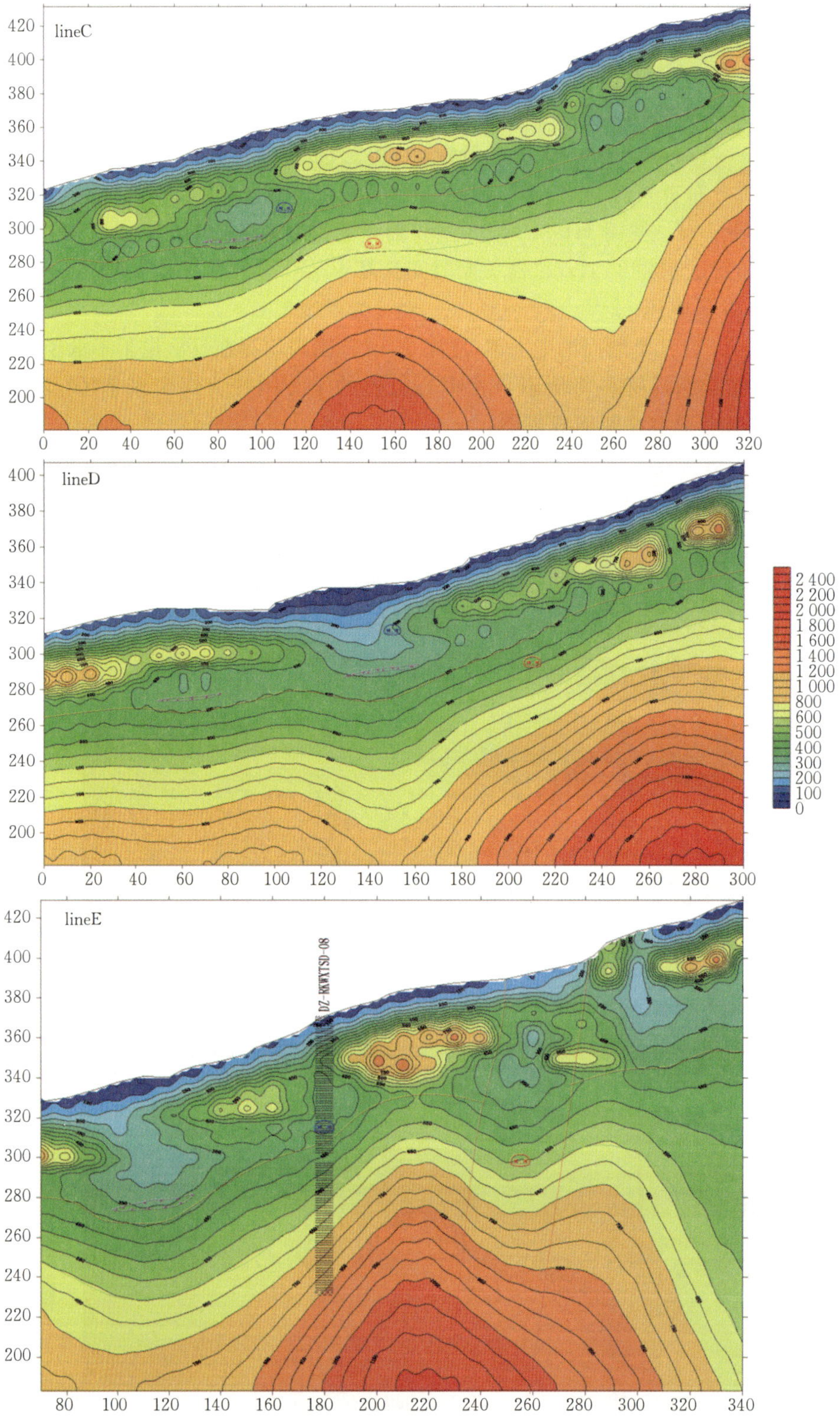
lineC
lineD
lineE
DZ-RKWXTSD-08
2 400
2 200
2 000
1 800
1 600
1 400
1 200
1 000
800
600
500
400
300
200
100
0

图 2.22

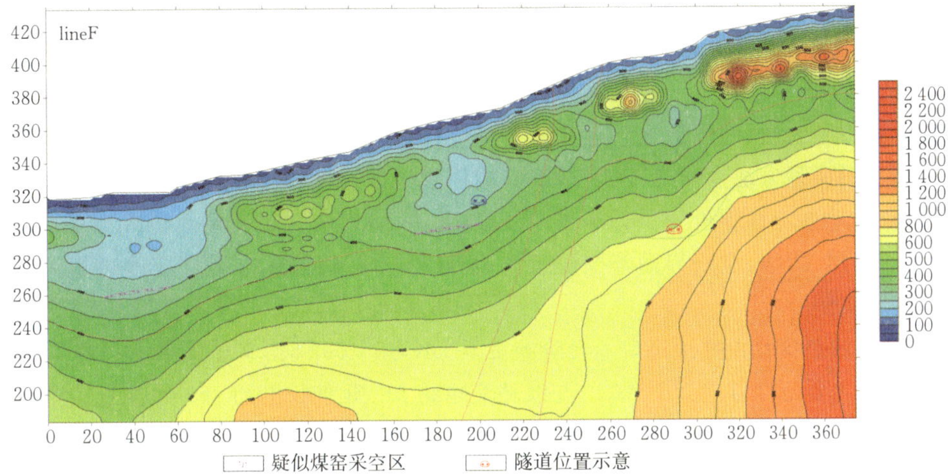

图 2.22 渝昆高速铁路望乡台隧道煤窑采空区断面成果图

3. 微动探测技术

(1)基本原理

地球表面无论何时何地都存在着一种天然的微弱振动称为“微动”,微动的振幅为 10^{-4}～10^{-2} mm,人类感觉不到。其信号频率小于 1 Hz 的低频信号来源于天气、气压、风速的变化以及海浪、潮汐变化等自然现象,信号频率大于等于 1 Hz 的高频信号来源于车辆、机器运行等日常生活、生产的人类活动。微动信号的频率成分的理论范围为 0～20 Hz,实际范围在 0.02～10 Hz。微动探测是采集地表的微弱振动信号,通过数据处理技术提取 Rayleigh 波相速度频散曲线,再对频散曲线进行反演,得到地下介质的横波速度结构。其采集系统如图 2.23 所示。

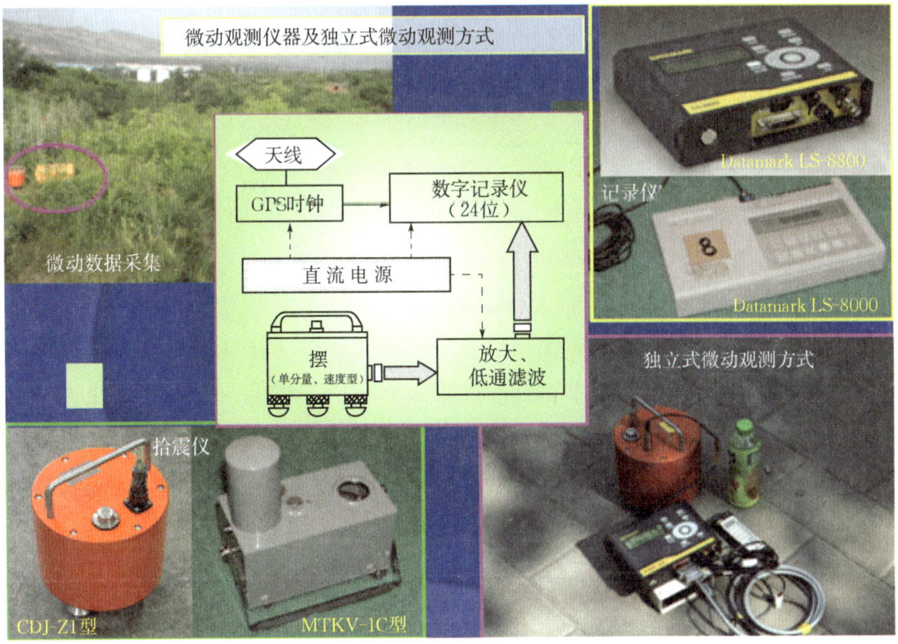

图 2.23 微动探测采集系统

(2)特点

因无需人工源，不受电磁干扰和勘探场地的环境噪声影响，仪器设备轻便，勘探成本低。微动探测技术在日本已有近20年的应用历史，日本的文部科学省、国土交通省等多个部委，东京大学、名古屋大学、北海道大学等多所著名高校以及OYO、清水建设株式会社等很多著名公司，都利用这种方法探测地下介质结构，应用领域涉及地质勘察、城市活断层调查、工程地基勘察和场地稳定性评价等。近年来，我国在北京、济南市轨道交通工程勘察中采用该方法开展了活断层、岩溶、土石界面等探测工作，都取得了显著效果，积累了丰富的探测经验。

(3)应用实例

云桂高速铁路营盘山隧道出口上台阶施工至DK396+632时，掌子面揭示一溶洞，该溶洞规模极大。其主要延伸方向为NW62°，与线路交角约11°，延伸长度约265 m，宽度为8～34 m，溶洞底部充填块石土，空溶洞高度普遍在45～80 m，最高达94 m。为探测溶洞底板以下的钙化层厚度以及下伏基岩是否存在溶洞，采用微动方法在溶洞底部平坦并且无堆积物地段布置一条物探测线，测线长度25 m，测点点距约5 m。

根据视面波速度断面图中的速度背景值、速度梯度、低速异常以及异常形态，把地下断面划分为"钙化层""岩溶强烈发育或富水岩体""岩溶中等发育或含水岩体""岩溶弱发育岩体"和"较完整岩体"(图2.24)，结果显示钙化层厚度为14～19 m，在钙化层下方还有岩溶强烈发育区。

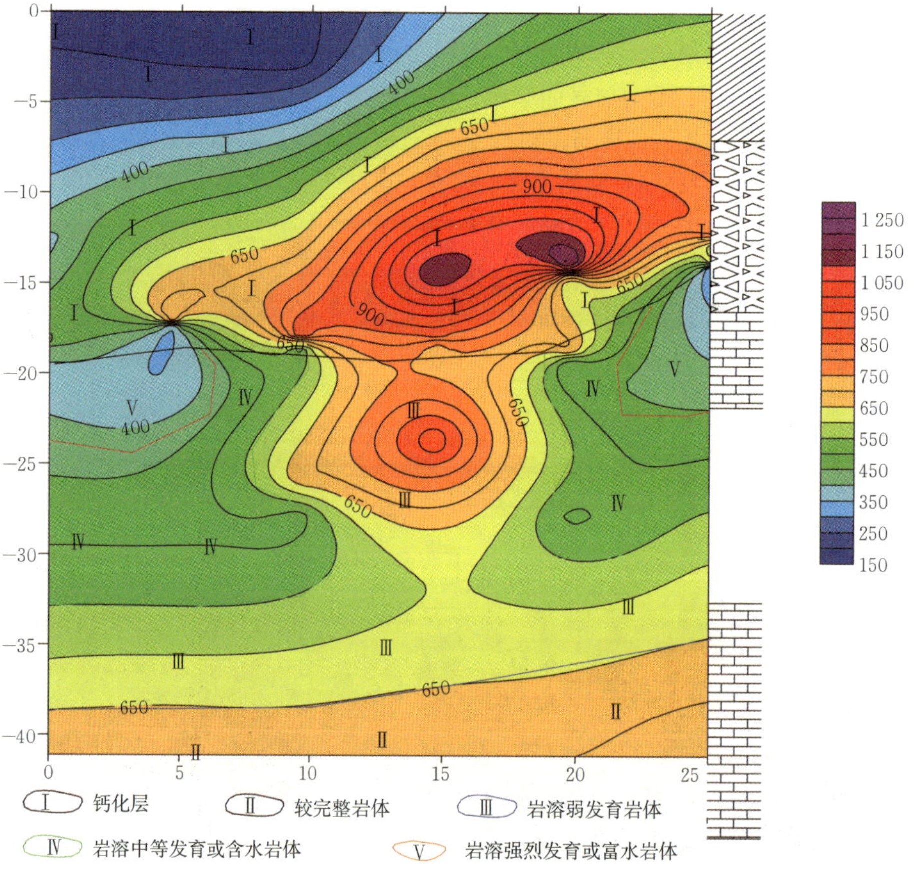

图2.24 微动探测断面成果图

4. 轻便型动力头式全液压钻探技术

多年来，在艰险地区地质勘探时，多采用立轴式岩心钻机，立轴式钻机主机体积大而且重，搬运困难，搬运时间长，辅助成本高，岩心采取率低。与常用的立轴式钻机相比较，全液压动力头式钻机具有的优点包括：给进行程长；工作平稳；孔上钻杆柱导向性好、采用机上加接钻杆；易于实现斜孔钻进；搬运方便；钻进工艺适应性好，可进行绳索取芯。代表性轻便型动力头式全液压钻探钻机为 ROCK-600 全液压动力头式绳索取芯钻机，如图 2.25 所示。

图 2.25 ROCK-600 全液压动力头式绳索取芯钻机

ROCK-600 全液压动力头式绳索取芯钻机（以下简称“ROCK-600 钻机”）是新型的动力头式钻机的一种，以涡轮增压柴油机为动力，采用液压驱动、模块化设计，重量轻，易于安装和拆卸。钻机工作原理是：柴油机组提供动力驱动，液压泵产生液压力，液压力再经控制单元分配传递到钻进单元，驱动液压动力头和油缸，从而带动钻具旋转和钻进。钻具钻取的岩心再由卷扬机经钻杆内孔提升出来从而完成地质钻探取芯工作。

铁路工程地质勘察深孔钻探常用钻机为 XY-2 和 XY-4 型立轴式机动回转岩心钻机，绳索取心，钻探深度分别可达到 300 m 和 1 000 m；ROCK-600 钻机中钻探深度可达 600 m。对比分析情况见表 2.4。

表 2.4 常规 XY-2 和 XY-4 型深孔钻机与 ROCK-600 钻机参数对比分析表

钻机型号	XY-2	XY-4	ROCK-600
钻井深度/m	300	1 000	600
给进方式	机械传动，液压给进	机械传动，液压给进	涡轮增压全液压驱动
钻机重量（不含动力机）/kg	950	1 500	1 200（裸机）
最大部件重量/kg	950	1 500	150
钻机外形尺寸（长×宽×高）/mm	2 500×1 100×1 700（主机）	2 640×1 100×1 750（主机）	3 326×1 800×5 250（含塔高，整机）
机台尺寸/m	8×10	10×15	4×4
变径/mm	150-130-110-91-75-59	150-130-110-91-75-59	110-75.3-59.5

对比分析表明，ROCK-600 钻机应用于铁路勘察，相比于传统的深孔钻机具有的优势包括：轻（易于拆卸、单个部件轻、易于搬运、机台尺寸小）、快（钻机动力强、钻进效率高）、安全

性增强(全孔跟管钻进、不易出现垮孔等孔内事故)、勘探质量高(在破碎地层、基岩风化层、土层中的岩心采取率高)以及可适应高寒高海拔地区勘探。

案例:弥蒙铁路白沙坡隧道深孔 ROCK-600 钻机钻探。

弥蒙铁路白沙坡隧道深孔 DZ-BSP-03 设计孔深 215 m,采用 ROCK-600 钻机施工。2015 年 7 月 28 日上午设备及人员到达现场,下午组织进行搬家,人工搬运 300 多米,天黑前完成搬运工作;7 月 29 日设备安装调试一天;8 月 1 日开钻。全孔采用钻钢石双管绳索取芯工艺钻进,并用化学浆液对钻孔进行冷却护壁,每天进度为 20 m,所钻地层为白云岩,岩性极破碎,护壁取芯难度较大,钻孔冲洗液漏失严重,多次采用堵漏材料进行堵漏(水泥、801 随钻堵漏材料等);8 月 7 日在孔深 125 m 处发生了钻探埋钻事故(实为泥壁垮孔),事故处理采用透钻及液压上顶等方法处理无明显效果;8 月 10 日对钻孔事故段进行水泥封孔处理,同时换直径 75 mm 薄壁钻具钻进,采用泥浆及植物胶护壁,并加用孔口注水及钻杆油对钻具进行冷却,以保证钻孔的安全性;8 月 20 日,孔深 215.8 m 终孔,该孔共用 20 d,基岩中纯钻时间为 13 d,事故处理及其他因素 7 d,全孔岩心破碎,采芯取样极为困难,孔深 201～210 m 水文压水试验二次。

2.3 “空天地”一体化地质综合勘察技术

“空天地”一体化地质综合勘察技术包括“天”类地质勘察技术、“空”类地质勘察技术和“地”类地质勘察技术,各类勘察技术又包括新型地质勘察技术和常规勘察技术。

艰险地区高速铁路综合勘察技术研究,就是针对主要工程地质问题,根据不同的勘察阶段和工程类别,结合各种勘察技术方法的适用条件,在地质调绘的统筹下,充分发挥各种勘察方法的优势,合理选用多种勘察方法,以最佳的方法组合,密切配合,取长补短,通过相互验证和综合分析,达到提高地质勘察质量,缩短地质勘察周期和降低地质勘察成本的目的,促进艰险地区高速铁路地质勘察技术整体水平的提高。

2.3.1 主要勘察技术特点及适用条件

1.“天”类地质勘察技术

“天”类地质勘察技术包括新型地质勘察技术和常规勘察技术,“天”类常规勘察技术主要为卫星遥感解译技术(低分辨率),而高分卫星地质遥感解译技术、高分卫星 SAR(InSAR)形变监测技术、卫星热红外遥感地热异常识别技术及高(多)光谱卫星岩性识别技术等“天”类新型地质勘察技术,则是在工程实践中对常规勘察技术的创新成果。各类技术方法的技术特点及适用范围见表 2.5。

表 2.5 “天”类地质勘察技术特点与主要适用范围

类　别	技术方法	特　征	主要适用范围
新技术	高分卫星地质遥感解译技术	图幅覆盖范围较大,空间图像分辨率较高(可达亚米级)	适用于分析工作区地质背景、构造格架、地形地貌、地表水系,区域工程地质条件评价

续上表

类　别	技术方法	特　征	主要适用范围
新技术	高分卫星 SAR(InSAR)形变监测技术	基于时序 PS/DS InSAR 技术、山区地形图雷达干涉三维重建技术和 SAR 最新模式影像处理方法进行边坡位移变形适时监测	能获取三维动态监测模型
	卫星热红外遥感地热异常识别技术	是一种热图像,图像的色调系反映地物热辐射的差异	对于寻找地热、地下水、充水断层、岩溶等有一定的效果,特别是在干旱、半干旱地区,进行水文地质调绘效果较好
	高(多)光谱卫星岩性识别技术	通过光谱分析识别岩性	得到无法进行接触式勘察区域隧道洞身段地层岩性
常规技术	卫星遥感解译技术(低分辨率)	图幅覆盖范围大,图像分辨率低	适用于分析工作区宏观地质背景、构造格架、宏观地貌、地表水系,概略评价工程地质条件等

2."空"类地质勘察技术

"空"类地质勘察技术包括新型地质勘察技术和常规勘察技术,"空"类常规勘察技术主要包括各类航空遥感解译技术(低分辨率),而高分无人机(机载 LiDAR)勘察技术等"空"类新型地质勘察技术,则是在工程实践中对常规勘察技术的创新成果。各类技术方法的技术特点及适用范围见表 2.6。

表 2.6 "空"类地质勘察技术特征与主要适用范围

类　别	技术方法	特　征	主要适用范围
新技术	高分无人机(机载 LiDAR)勘察技术	分为固定翼无人机和多旋翼无人机两种:固定翼无人机续航时间差、辐射范围大、适合线状区域航拍,在方案比选阶段优势明显;多旋翼无人机飞行姿态可控,适合点状区域航拍,在工点详细勘察方面优势突出	可以实现地质调绘、地表调查,立体建模和相关计算
常规技术——航空遥感解译技术(低分辨率)	机载激光雷达	数据波谱范围从红外至紫外光,数据的获取有"快速、全天候、高精度"的特点,数据费用昂贵	适用于工作区区域构造分析、地形地貌、岩性单元识别及岩溶塌陷、地面沉降等地表变形的监测
	全色航空黑白像片	比例尺为 1∶1 万至 1∶5 万,几何分辨率高,图像质量稳定,成本低,专业判释与测制地形图均可使用	用于判释地质构造、地层(岩性)、地形地貌、不良地质、岩溶地下水点、植被等内容
	天然彩色航空像片	比例尺为 1∶1 万至 1∶5 万,色彩鲜艳,影像色彩与天然色彩一致,对色彩鲜艳的地物有较强的表现力	适用于判释裸露良好且色彩鲜艳的岩石分布地区,或植被作为间接判释标志的地层

续上表

类　别	技术方法	特　征	主要适用范围
常规技术——航空遥感解译技术（低分辨率）	黑白红外航空像片	比例尺为1∶1万至1∶5万，图像较全色黑白像片清晰，立体感强	运用于雾天严重地区的摄影以及对水体和植被有关的地质现象判释效果显著
	彩色红外航空像片	比例尺为1∶1万至1∶5万，光谱信息丰富，色彩鲜艳，视觉分辨力高	适用于判释地貌、地层岩性、地质构造、不良地质、水体、植被等，特别适用于第四系松散沉积物含水情况的判释
	热红外航空扫描图像	比例尺为1∶5万左右，它是一种热图像，图像的色调系反映地物热辐射的差异	对于寻找地热、地下水、充水断层、岩溶等有一定的效果，特别是在干旱、半干旱地区，进行水文地质调绘效果较好，若与其他片种配合，可确认像片上点状热异常影像在现场的具体位置
	多波段航空图像	比例尺同其他航片，分别有多个波段图像	可见光波段对地层岩性有明显区别，可划分地层岩组。远红外波段对地下水及伏隐构造判释效果较好

3.“地”类地质勘察技术

“地”类地质勘察技术包括新型地质勘察技术和常规勘察技术，“地”类常规勘察技术主要包括常规地面地质调绘、物探、钻探、观测与测试、超前地质预报等，而地面三维激光扫描技术、等值反磁通瞬变电磁技术、微动探测技术以及轻便型动力头式全液压钻探技术等“地”类新型地质勘察技术，则是在工程实践中对常规勘察技术的创新成果。

2.3.2　各勘察阶段综合勘察模式

1. 踏勘阶段综合勘察模式

踏勘阶段，主要采用搜集、分析区域地质资料，与卫星遥感解译技术（低分辨率）、航空遥感解译技术（低分辨率）及地质调绘相结合的工作方法，宏观了解地质条件。

2. 初测阶段综合勘察模式

初测阶段，充分发挥高分卫星地质遥感解译技术、卫星热红外遥感地热异常识别技术、高（多）光谱卫星岩性识别技术等“天”类新型地质勘察技术及高分无人机（机载LiDAR）勘察技术等“空”类新型地质勘察技术的优势，开展详细的地质调绘，针对性地开展钻探和代表性物探、观测与测试；查明不良地质及特殊岩土发育规律，初步查明影响线路方案的重大路基、桥梁、隧道工程的主要工程地质问题；应用多源地质信息集成系统，对勘察资料进行综合分析，为各类工程位置选择和工程设计提供地质资料，进而提出方案比选减灾选线意见。

3. 定测阶段综合勘察模式

定测阶段，结合工程类型，采用高分无人机（机载 LiDAR）勘察技术等“空”类新型地质勘察技术，以及地质调绘、详细钻探和物探、代表性观测与测试等多种“地”类地质勘察技术开展综合勘察工作，视勘察需要适时采用地面三维激光扫描技术、等值反磁通瞬变电磁技术、微动探测技术以及轻便型动力头式全液压钻探技术等“地”类新型地质勘察技术；详细查明各类不良地质发育特征，各类铁路工程的工程地质及水文地质条件等，初步评估隧道涌突水危险性，获取初步设计需要的物理力学参数，并应用多源地质信息集成系统，对勘察资料进行综合分析。

4. 补定测阶段综合勘察模式

补定测阶段，主要采用地质调绘、物探、钻探、观测与测试等“地”类常规勘察技术，视勘察需要适时采用轻便型动力头式全液压钻探技术等“地”类新型地质勘察技术，对定测阶段勘察工作进行完善，补充地质调绘、钻探、观测与测试；进一步查明地下水补径排特征、不良地质发育特征等，详细评估隧道涌突水危险性，获取施工图设计需要的物理力学参数，补充各类工程的场地工程地质条件和工程地质问题，并应用多源地质信息集成系统，对勘察资料进行综合分析。

5. 施工阶段综合勘察模式

施工阶段，主要采用地质调绘、物探、钻探、观测与测试及超前地质预报等“地”类地质勘察技术；针对施工揭示的地质条件变化开展补充地质调绘、物探、钻探、观测与测试等勘察工作，以及对地质复杂隧道掌子面前方进行的超前地质预测预报工作，对岩溶复杂的隧道必要时还需补充水文长期观测，应用多源地质信息集成系统，对勘察资料进行综合分析。

2.3.3 各种不良地质综合勘察模式

1. 综合勘察模式

不良地质的内容主要有滑坡（错落）、危岩落石、岩堆、泥石流、岩溶、人为坑洞、水库坍岸、（高烈度）地震区、高地温（地热）、放射性地区等。不良地质选线原则和综合勘察重点，详见表 2.7。

表 2.7　各种不良地质综合勘察模式一览表

不良地质类型	地质选线原则	主要勘察方法	勘察重点	
			初　测	定测及补定测
滑坡（错落）	线路应绕避巨型、大型（古）滑坡（错落）和滑坡（错落）群；对规模小、边界条件清楚的滑坡（错落），整治方案技术可行、经济合理时，线路可选择在有利于滑坡（错落）稳定的部位通过	采用资料收集、遥感解译、地质调绘、物探、钻探、测试及室内试验等综合勘察方法	查明巨型、大型（古）滑坡（错落）和滑坡（错落）群的分布范围、地质背景，以稳定线路方案。针对需治理中小型滑坡（错落），布置适量的勘探和测试工作，评价其稳定性，初步提出设计参数及措施建议	需治理中小型滑坡（错落），针对其地质特征，结合工程设置，布置必要的勘探和测试工作，评价其稳定性，提出设计参数及措施建议

续上表

不良地质类型	地质选线原则	主要勘察方法	勘察重点	
			初　测	定测及补定测
岩　堆	线路应绕避补给源丰富、结构松散、处于发展阶段或地面和基底横坡较陡、极易产生变形且工程处理困难的大型岩堆；当规模小、边界清楚，整治方案技术可行、经济合理时，线路可选择在有利于岩堆稳定的部位通过	采用收集资料、卫片和航片解译、地质调绘、物探、钻探、测试及室内试验等综合勘察方法	查明线路巨型、大型岩堆(群)的分布范围、地质背景，以稳定线路方案。针对需治理中小型岩堆，布置适量的勘探和测试工作，评价其稳定性，初步提出设计参数及措施建议	需治理中小型岩堆，针对其地质特征，结合工程设置，布置必要的勘探和测试工作，评价其稳定性，提出设计参数及措施建议
危岩落石	首先应贯彻绕避优先、治理可行的原则。应绕避山高坡陡岩层受结构面切割严重、危岩密集分布、可能产生大规模崩塌或治理难度极大的危岩、落石地段，且不应设置在不稳定的陡崖下；规模小，防治方案技术可行、经济合理时，线路可选择在有利部位经整治后通过	资料收集、地质调绘、测量、摄影	重点收集地形图、区域地质资料、气象资料，既有落石调查、观测资料，以及地震史料中有关落石灾情的记载；地质调绘应包括危岩落石分布范围、规模、类型及稳定程度；摄影可采用全景摄影、局部放大摄影等	查明岩体结构面性质，并结合不利结构面的发育状况，对危岩落石隐患工点逐一进行稳定性评价，对有松动迹象的危岩，尤其是突兀或倒悬的危岩进行实测编号，在平面图上标注落石集中区范围
泥石流	绕避特大型、大型泥石流或泥石流群和大面积分布山坡型泥石流地段，远离泥石流堵河影响范围；以大跨度桥梁、明洞或隧道通过泥石流沟	遥感、调绘、访问、勘探、测试	采用遥感图像地质解译为主，与野外地质调绘、访问、资料收集相结合，辅与少量勘探测试，基本查明泥石流的规模、发展史、周期和危害程度	通过综合勘探和测试，重点查明形成区松散固体物质储量，流通区沟床纵坡特征，堆积区泥石流的厚度与沉积速率及泥石流相关设计参数
岩　溶	线路应绕避或以大角度通过岩溶强烈发育地带，构造发育带，地表塌陷、土洞分布密集地带，可溶岩与非可溶岩的接触带，岩溶水富集区及排泄带。峰林谷地、峰丛洼地及溶丘洼地区线路宜绕避垭口并高于岩溶水的洪水位。河谷地区线路宜选择在岩溶发育较弱的一岸通过，并应高于岩溶水排泄带。越岭地区线路宜选择在岩溶负地形之间、地下水分水岭附近，长大隧道宜设置人字坡，平行导坑应设在地下水上游方向	地质调绘、物探、钻探、水文试验、水质分析	岩溶发育地区，初测阶段宜通过收集区域地质、水文地质，地形图等资料，开展遥感工作，分析岩溶发育特征。对于控制和影响线路方案的岩溶地段，应通过地质调绘查明测区地层、岩性、地质构造、岩溶发育特征，调绘范围宜包括完整的水文地质单元。查明与线路有关的暗河与岩溶大泉的流量变化及补给、径流、排泄特征	路基工点应先开展综合物探圈定异常范围，再采用钻探验证，查明基底岩溶洞穴、溶蚀破碎带和土洞。隧道采用物探结合钻探，查明隧道可溶岩段落、岩溶发育程度与隧道岩溶水涌水部位与涌水量。岩溶发育的桥梁工点，应根据墩台位置进行勘探，一般采用钻探，岩溶特别发育的地段可采用孔间 CT 和综合测井等物探手段

续上表

不良地质类型	地质选线原则	主要勘察方法	勘察重点	
			初　测	定测及补定测
人为坑洞	线路应绕避大型、重要矿区或规划矿区，宜设置在采空区范围外一定距离；线路宜绕避密集分布的小型采空区和时间久远难以查明的古代采空区密集地带；线路通过规划矿区(未来采空区)时应了解矿区具体规划，分析对铁路工程的影响；线路必须通过采空区时，应绕避采空区地表变形活跃、移动盆地边缘地带和因地表移动、变形可能引起边坡失稳的地段	资料收集，采矿情况、地表及建筑物调查，地质调绘、勘探、原位测试与室内试验等	通过收集资料、工程地质调查、采矿情况及采空区调查、地表变形和建筑物变形调查识别采空区规模，绕避大巨型采空区和稳定线路方案	加深地质调绘，采用综合勘探方法，物探先行，根据物探异常和调绘成果合理布置钻孔，进行综合测井、水文地质试验、水泥浆灌注试验等原位测试，取样进行室内试验，必要时进行定位观测，最终进行综合分析评价，达到查明矿层及采空区空间状态、移动盆地及地表变形规律，评价稳定性，提出处理措施意见和设计施工所需地质参数的目的
水库坍岸	线路应选择在水库预测坍岸范围安全距离以外通过，当难以绕避时，可选择在岸坡稳定、浸水变形较小的一侧通过，绕避有软弱夹层倾向水库一侧的岸坡	地质调绘、钻探、岩土室内试验等	初测应收集区域地质、水文地质资料与水库设计有关的数据，布置代表性地质断面，通过钻探、土工试验，查明地质条件，预测水库坍岸范围	定测与补定测阶段应根据工程设置与要求布置地质断面与勘探点，一般采用钻探并采取相应的土样与石样，进一步细化水库坍岸线
(高烈度)地震区	线路应绕避全新活动断裂带，难以绕避时，应在断裂带较窄处以简易工程大角度通过；不宜在逆断层上盘迂回展线；沿河线路选择合理线位高程，避免地震诱发大型滑坡形成堰塞湖及堰塞湖溃决衍生的洪水灾害；峡谷地段线路宜内移以隧道通过，避开崩塌、滑坡、错落等不良地质发育地段；线路应选择在非液化土层或液化土层埋藏较深、范围较窄的地段通过	联合具地震安评资质部门或单位开展工程场地地震安全性评价。以收集资料、卫片和航片解译、地质调查为主，辅以适当的物探和少量的钻探及测试工作	依据地震安全性评价资料划分沿线地震动峰值加速度及地震动反应谱特征周期分区；开展全线活动断裂鉴定，以稳定线路方案	核查地震安全性评价资料，确定沿线地震动峰值加速度及地震动反应谱特征周期；开展重点工程场地地震安全性评价；查明液化地层的性质、埋深、厚度与范围

续上表

不良地质类型	地质选线原则	主要勘察方法	勘察重点	
			初　测	定测及补定测
有害气体	线路应绕避地质复杂、具有突出危险的地段，当难以绕避时，应选择矿床较薄，构造简单，突出危险性小的地段以短距离通过	地质调绘、勘探、瓦斯参数测试与煤样试验	初测阶段通过收集资料与钻探工作，确定含煤、含气层及储气构造，现场测定有害气体压力、含量，采用室内试验确定煤与瓦斯的相关参数，油页岩的矿化，有机物和沥青含量，气体成分与水的侵蚀性，评价煤与瓦斯突出危险性	定测阶段结合有害气体类型按工程设计需要布置勘探工作，勘探工作一般采用钻探与孔内测试，有条件时可选择在线路附近的矿井内开展现场测试与取样工作
高地温（地热）	线路应绕避可能大范围出现严重热害的高地温地区，选择在常温带或地温相对较低地带通过；线路宜以桥梁或路基形式通过高地温地区；隧道通过高地温地区时，宜减少隧道埋深	采用收集资料、卫片和航片解译、地质调查、勘探、测试及室内试验等手段。复杂地区开展专题地质研究	查明水热活动特征，地热异常区范围，导水和控热构造特征。进行地热水成因机制分析和水热活动构造分区。布置适量的物探、钻探及测试工作，查明地热梯度变化规律，为线路方案比选初步划分地温带分布特征	位于高地温地区的隧道工程，针对其地质特征，结合工程设置，布置必要的勘探和测试工作，确定热害类型，分段评价热害对工程的影响程度，提出工程处理措施建议
放射性地区	线路应绕避已知或可能存在放射性矿床地区、放射性异常地段、退役核设施及放射性物质超过限制浓度地区；线路无法绕避铀矿床或规模较大的放射性地质体时应选择矿床隐伏地带，放射性强度较低、构造简单地段以大角度通过	以收集资料、地质调查、钻探和测试为主，根据勘察阶段合理布置物探、钻探及测试工作。复杂地区开展专题地质研究	为稳定线路方案提供放射性矿床地区，放射性异常地段，退役核设施、放射性物质超过限制浓度地区分布范围及线路部位放射性变化特征	结合线路位置和工程类型布置必要的勘探和测试工作，获取放射性参数，提出工程处理措施建议

2. 工程应用——裁缝岩滑坡

(1)滑坡的工程概况

裁缝岩滑坡地貌属浅中切割侵蚀—构造中低山；滑坡位于官田寺背斜的北西翼，为单斜构造；滑坡区主要出露地层有第四系全新统坡残积层(Q_4^{dl+el})、滑坡堆积体(Q_4^{del})、崩坡积层(Q_4^{dl+dol})、侏罗系中统上沙溪庙组(J_2s)。图 2.26 所示为裁缝岩滑坡无人机航拍全景。

如图 2.27 所示，滑坡长 460 m，宽 90～100 m，整体呈不规则四边形，滑坡体平均厚度为 5～20 m，总方量为 162×10^4 m^3。滑体后部以岩体滑动为主，下伏基岩为侏罗系沙溪庙组二段(J_2s)紫红色中厚层～厚层泥岩夹灰白色中厚层砂岩，产状 320°∠20°，发育两组优势结构面(JL1、JL2)，产状分别为 182°∠75°和 55°∠82°；中前部为土体滑动，主要为第四系滑坡松散堆积物(Q_4^{del})粉质黏土夹碎石。

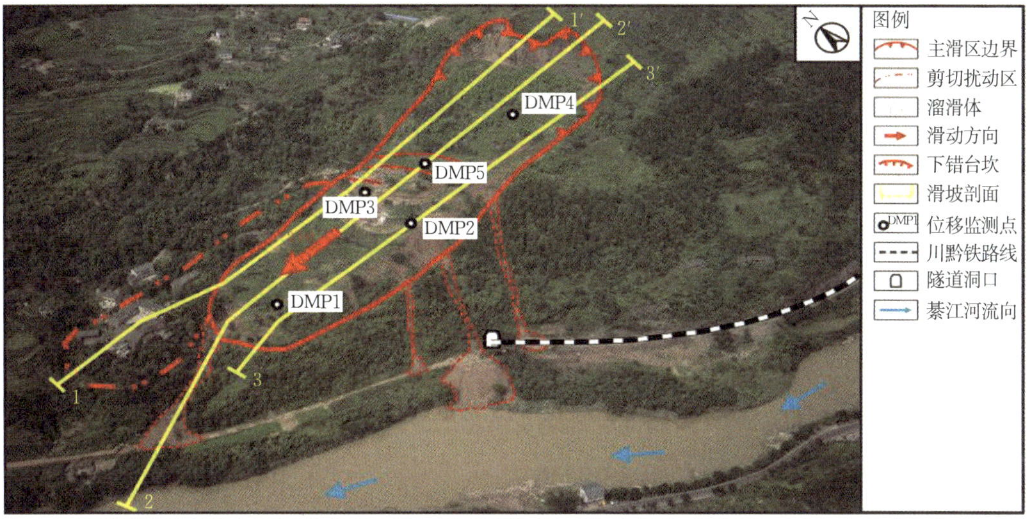

图 2.26 裁缝岩滑坡无人机航拍全景

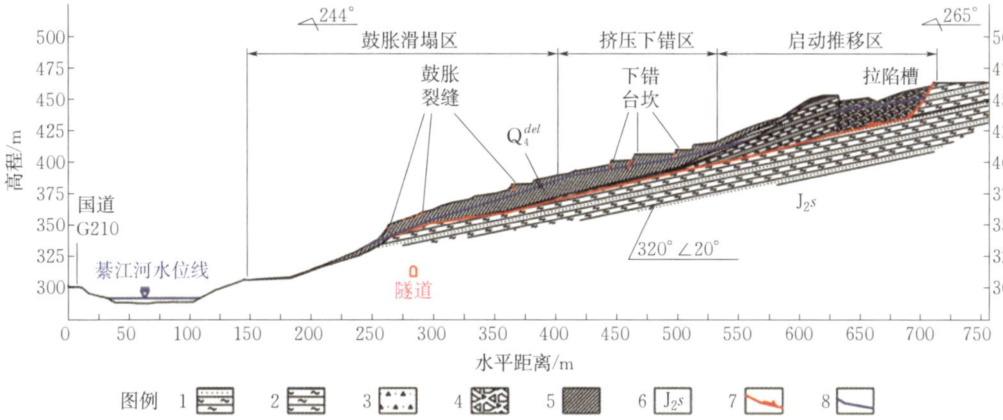

1—紫红色中厚层～厚层泥岩夹灰白色中厚层砂岩；2—紫红色薄～中厚层泥岩；3—碎石土；
4—块石土；5—粉质黏土夹碎块石；6—沙溪庙组二段；7—滑带；8—水位线

图 2.27 裁缝岩滑坡 2—2′纵剖面图

滑体前部临空，中部平缓，后部陡斜；由于斜坡沿南侧临空面崩塌剥蚀且岩层倾向北西，使滑体北侧厚，南侧薄。根据滑坡的变形特征及无人机航片，可将滑坡划分为主滑区、剪切挤压区。其中，主滑区又可以分为启动推移区、挤压下错区、鼓胀滑塌区。滑坡区内地表水主要以大气降水补给为主，通过无人机航拍解译及调查发现，滑坡壁后部存在 3 条季节性水沟，在滑坡后缘易形成点状入渗的季节性基岩裂隙水，基岩裂隙水沿滑带流动至前缘鼓胀滑塌区，最后以泉的形式沿坡脚岩层面渗出排泄于冲沟。

(2)勘察

在无人机航拍和现场地质调绘测绘的基础上，通过滑坡触发因素分析、位移监测、稳定性计算以及数值模拟的方法综合评价了裁缝岩滑坡的稳定性，认为滑坡在暴雨条件下处于不稳定状态。

(3)滑坡的稳定性评价

①滑坡触发因素分析及降雨阈值分析

裁缝岩滑坡发生于 2016 年 6 月 28 日下午 7 时 30 分，通过搜集距离滑坡点 2.1 km 的岔滩站及距离滑坡点 5.1 km 赶水站两处降雨统计资料分析，可以发现日降雨量、3 日累计降雨量、5 日累计降雨量、7 日累计降雨量中只有 3 日累计降雨量峰值与滑坡失稳时间点耦合度最高。此外，滑坡发生前，岔滩站达到大雨级别，赶水北站达到暴雨～大暴雨级别，这表明滑坡失稳是由强降雨导致的。

当滑坡失稳时，岔滩站的 3 日累计降雨量峰值为 48.7 mm，赶水站的 3 日累计降雨量峰值为 151.5 mm。由于赶水站、裁缝岩滑坡点、岔滩站正好在一条直线上，因此通过内插法计算获得滑坡失稳时三日累计降雨量的阈值为 78.7 mm。

根据重庆市綦江区气象局提供的赶水镇雨量站于 2009 年 1 月 1 日至 2017 年 12 月 31 日统计日降雨量资料获得的赶水站三日累计降雨量统计曲线发现，9 年间三日累计降雨量超过阈值的次数共计 5 次。故通过触发因素确定裁缝岩滑坡年发生概率为 56%。

②位移监测

滑坡失稳后，为保障抢险安全对岸设置全站仪稳定观测基点对滑坡的变形位移开展了应急监测。如图 2.28 所示，在 47 d 内，DMP1 累计变形量为－2.9 mm，DMP2 累计变形量为－36.3 mm，DMP3 累计变形量为 3.7 mm，DMP4 累计变形量为－42.4 mm，DMP5 累计变形量为－4.3 mm。滑坡左前缘 DMP2 监测点在暴雨条件下滑塌破坏表明在抢险过程中滑坡发生了进一步变形失稳，暴雨后滑坡后缘 DMP4 监测点发生了持续蠕变，同时滑坡左后缘也在暴雨条件下发生了进一步拉裂(图 2.29)，直到抢险结束滑坡变形才趋于稳定。

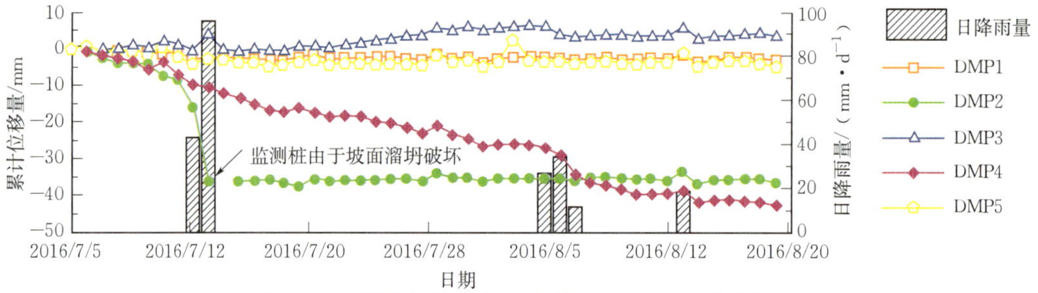

图 2.28　滑坡监测点的变形(降雨量)—时间曲线图

注："＋"值表示该监测点相对观测基点斜距增大，"－"值表示该监测点相对于观测基点斜距减小。

③稳定性计算

从表 2.8 可以看出当滑带土处于饱和状态时，c、φ 值分别大幅度降低 75.3%和 53.7%，可以说滑带土软化、泥化是导致滑坡失稳的决定性因素。

表 2.8　裁缝岩滑坡岩土体物理力学参数

岩土体名称	密度/(g·cm^{-3})	弹性模量/MPa	泊松比	内摩擦角/(°)	黏聚力/kPa
砂　岩	2.57	2 100	0.28	43.35	5.66
泥　岩	2.52	1 900	0.32	37.67	1.38
滑带土(天然)	1.96	—	—	13.46	24.30
滑带土(液限饱和)	2.02	—	—	6.25	6.00

根据物理力学参数的取值，用传递系数法对滑坡在自重(无地下水)、降雨(含地下水)、暴雨(滑带100%软化)和地震工况(含地下水)下进行稳定性计算。滑坡稳定性计算结果如图2.30所示。

计算结果表明滑坡前缘的稳定性要好于滑坡后缘。当滑带处于饱水极端状态时，滑坡稳定性大幅降低，三个滑坡剖面计算结果皆处于不稳定状态。此外，对滑坡后缘进行削坡减载并不能大幅提高滑坡的稳定性。因此，可见滑坡在大雨～暴雨条件下处于不稳定状态，滑带饱水软化是该滑坡失稳的关键。

图2.29 滑坡左后缘拉裂缝

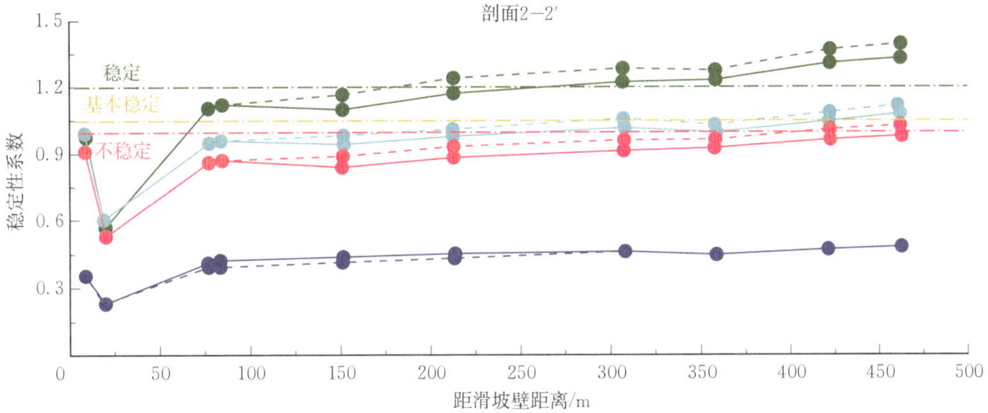

图2.30 滑坡稳定性计算

●—自重工况；●—降雨工况；●—暴雨工况；●—地震工况；———未削坡；-----—削坡

④数值模拟分析

在定性分析的基础上，使用3DEC数值模拟软件，采用离散单元法模拟滑坡在暴雨条件下，再次失稳后可能造成的破坏进行定量分析。

基于对裁缝岩滑坡工程地质特征，将模型划分为主滑区、剪切挤压区及非滑坡区。模型滑面为岩层层面，后部滑体为岩体，主要发育两组优势结构面(JL1、JL2)，而前部滑体在饱水状态下为松散块体，因此，对滑体按照岩层层面和两组优势结构面进行切割。模型材料采用莫尔—库仑模型计算，节理材料选用节理面接触—库仑滑移模型计算，并在滑坡上设置了7个监测点(图2.31)，以获得滑坡不同部位的滑动距离和滑速。

为计算滑坡失稳后破坏的最大范围，主滑区滑带考虑其在暴雨工况下处于饱和状态，故取滑带土液限饱和状态下的物理力学参数；由于主滑区和剪切挤压区间冲沟的排水作用，剪切挤压区滑带未处于饱水状态，因此剪切挤压区块体间依照滑带土天然力学强度计算；下伏基岩为不可变形的刚体。

数值模拟试验结果表明：若滑坡再次失稳，溜滑体将堵塞铁路面积约452 m^2，平均厚度为1.6 m，体积约723 m^3；滑坡堵塞河道面积约20 139 m^2，宽度为40～102 m，最大高度为

14 m,前缘滑块入水速率为 20 m/s,最高水位高程达 304 m,水位未超过川黔线铁路运营高程 310 m,可能形成的堰塞湖不会影响铁路运营。如图 2.32 所示,从数值模拟监测结果可以发现,剪切挤压区前缘(监测点 6)滑动距离最大达 185 m,而滑坡左中前缘(监测点 4)的瞬时滑动速率最快达 124.5 m/s,同时左中前缘(监测点 4)的平均滑动速率也是最大的,达 4.5 m/s。总的来说,滑坡后缘滑动距离和速率小于滑坡前缘,滑坡左侧的滑动距离和速率大于右侧。可以说计算结果与现场的监测变形结果相一致。

图 2.31 滑坡模型监测点分布

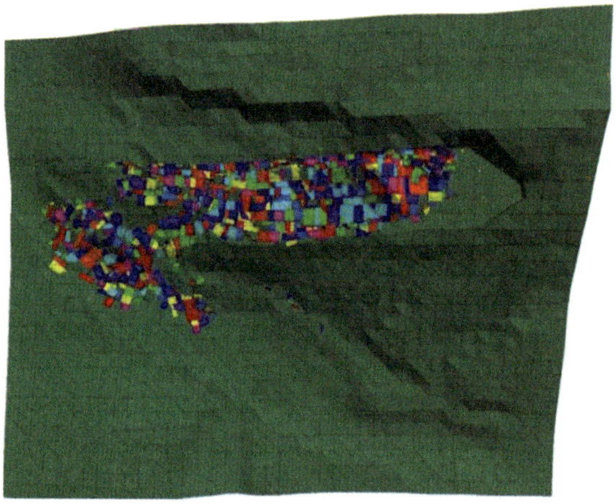
图 2.32 数值模拟计算结果

通过以上分析,滑坡失稳后主要破坏对象为:剪切挤压区居民,雷吼洞隧道洞口铁路、滑坡前缘便道。

2.3.4 地质信息智能化处理与综合管理平台

1. 概　　述

随着信息技术的飞速发展,各种新技术、新方法,例如 3S 技术、航空物探技术、三维建模与可视化技术等不断在工程建设中得到广泛的应用,并已取得了可喜的成绩。地质勘察涉及的数据信息种类繁多、形式多样,且包含的信息巨大,其数据有地质、地形、遥感、物探等多方位图形及地学数字信息,与之相应的还有大量的地质文本资料和大幅面地质图件。如何能将这些多源数据更有效地存储、管理、集成以及用于分析、评价、建模则是当前现代信息技术在铁路地质勘察中研究和应用的重要内容,亦即需要开发构建地质信息智能化处理与综合管理平台。

地质信息智能化处理与综合管理平台是指将各类地质勘察技术获得的多源异构地质信息,集成于融入了 GIS 技术、BIM 技术的数据处理软件,进行智能化处理与综合管理的信息化平台。

2. 技术路线

多源地质信息集成应用采用二次开发技术,以 GIS 为技术平台,组件式开发为应用程序开发模式,采用 VC、C# 等编程语言开发子模块的功能,完成遥感、基础地理、地质数据采集、试验测试数据、物探等数据集成管理系统的研制。进而以此为基础,基于 BIM 技术开发了进行长大隧道工程地质建模与可视化系统，实现隧道超前地质预报计算机辅助决策系统的研制。系统总技术路线框架如图 2.33 所示。

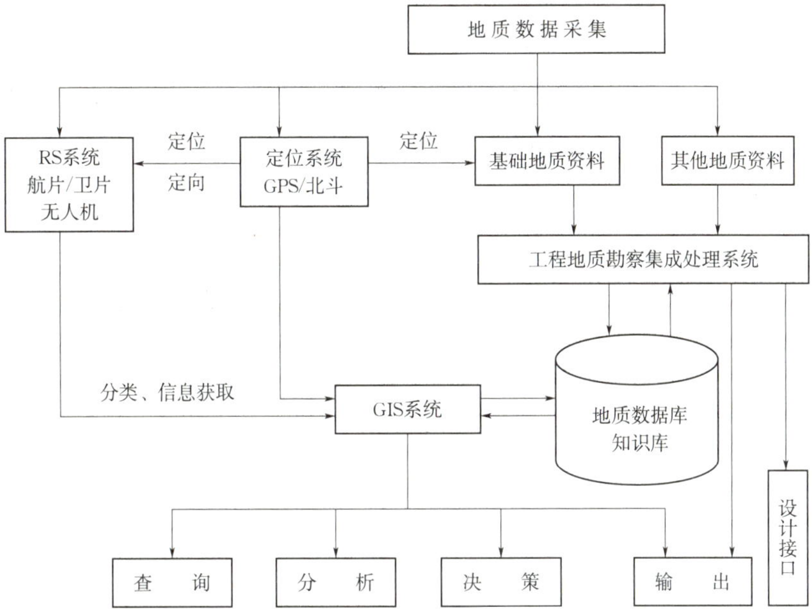

图 2.33　系统技术路线框图

3. 特色创新

本研究的特色与创新主要表现在以下方面：

(1)针对地质勘察数据的空间特性和复杂结构属性，开发以 GIS 技术为核心的多源数据库系统，实现地质勘察信息的集成管理，使铁路工程地质勘察信息朝科学化、系统化发展的重要探索。

(2)基于多源地质信息和网络环境，开发具有远程操作能力的分布式地质建模与可视化分析系统；并应用自动化初始剖面生成技术与人机交互的精细剖面解释技术实现精细三维地质建模。

(3)在传统工程地质数据采集的基础上，采用服务器—客户端模式管理数据，可以实现数据上传、下载、比较、合并，实现地质专业人员之间协同工作。

(4)基于 BIM 技术开发铁路长大隧道超前地质预报计算机辅助决策系统具有前瞻性和开创性。

4. 综合应用

(1)工程地质勘察集成处理系统应用

自 2005 年 2 月起在深圳地铁项目中全面采用工程地质信息管理系统。深圳地铁项目工期紧，工作量大，若完全采用传统的资料整理工作模式，不仅不能按时完成工作，而且设计中容易出现“差、错、漏、碰”现象，设计质量得不到保证。在全面采用工程地质信息管理系统后，数据管理方便有效，地质成图准确快速，工作效率得到了很大的提升，设计质量也得到了保证，产生了显著的经济效益与社会效益。图 2.34 所示为工程地质勘察集成处理系统界面。

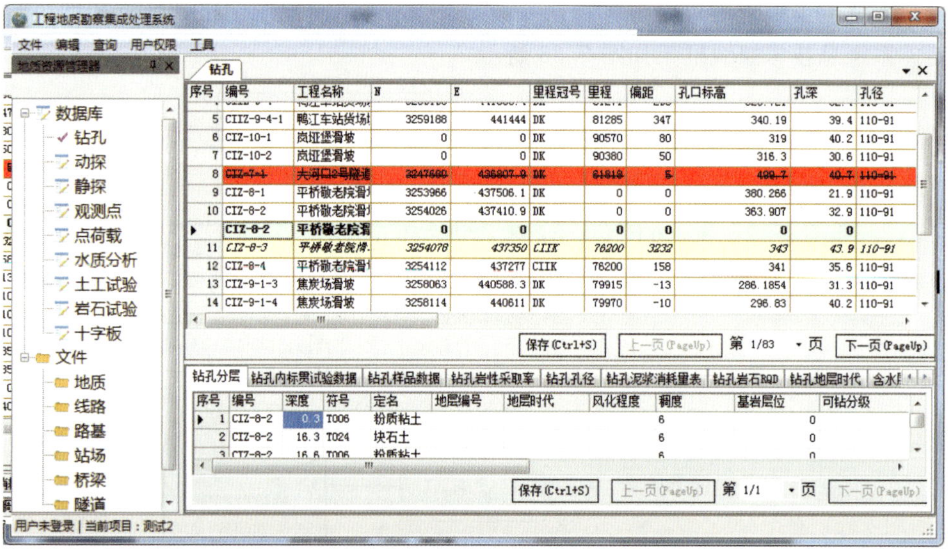

图 2.34　工程地质勘察集成处理系统界面

(2)BIM 技术在成贵高速铁路千斤磅隧道的应用

在成贵高速铁路千斤磅隧道勘察过程中，基于“空天地”一体化地质综合勘察技术获取的海量遥感解译、无人机勘察、地质调绘、钻探、物探、孔内测试以及室内试验成果，应用 BIM 技术进行三维建模，构建了地质 BIM 模型，可以高精度、立体化、透视化的直观展示该隧道的工程地质条件，如图 2.35 所示。

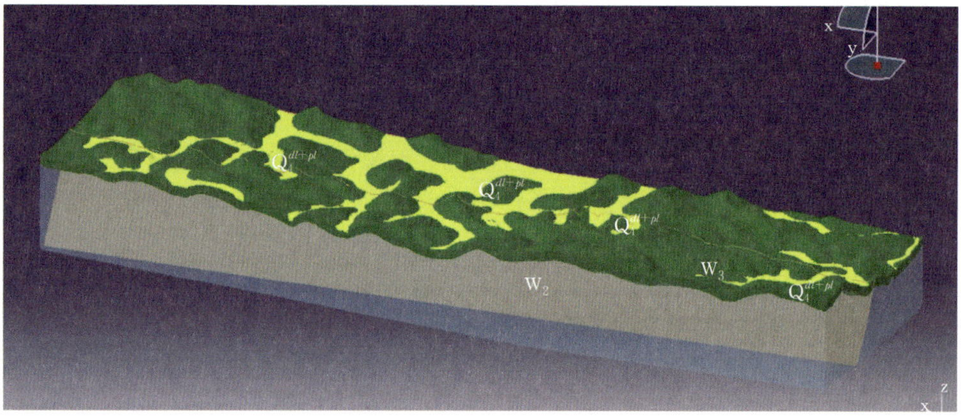

图 2.35　BIM 技术应用地质三维模型建立

(3)以 GIS 为集成平台的综合应用

①实现对多源地质信息及其他相关信息的集成。该系统将 1∶20 万区域地质、水文地质、矿产地质、1∶400 万地震烈度区划图、遥感、地面测绘、勘探、土石试验等图像、图形、参数、文本信息以及行政区划、铁路线路、相关专业等其他相关信息有机地集成在一个系统平台上。

②实现对各种地质信息的管理。对于集成的各种地质信息，进行有效的管理，自动实现对各种地质信息按照特定的要求进行分类、统计和管理；实现对各种地质信息的即时查询。

③运用各种地质信息，自动生成不同主题、不同比例的地质平面图。

④实现与 AutoCAD 的无缝链接。该系统能识别 AutoCAD 格式的图形文件,所生成的图形文件也可按 AutoCAD 的格式输出。

图 2.36 所示为 GIS 集成平台综合应用实例。

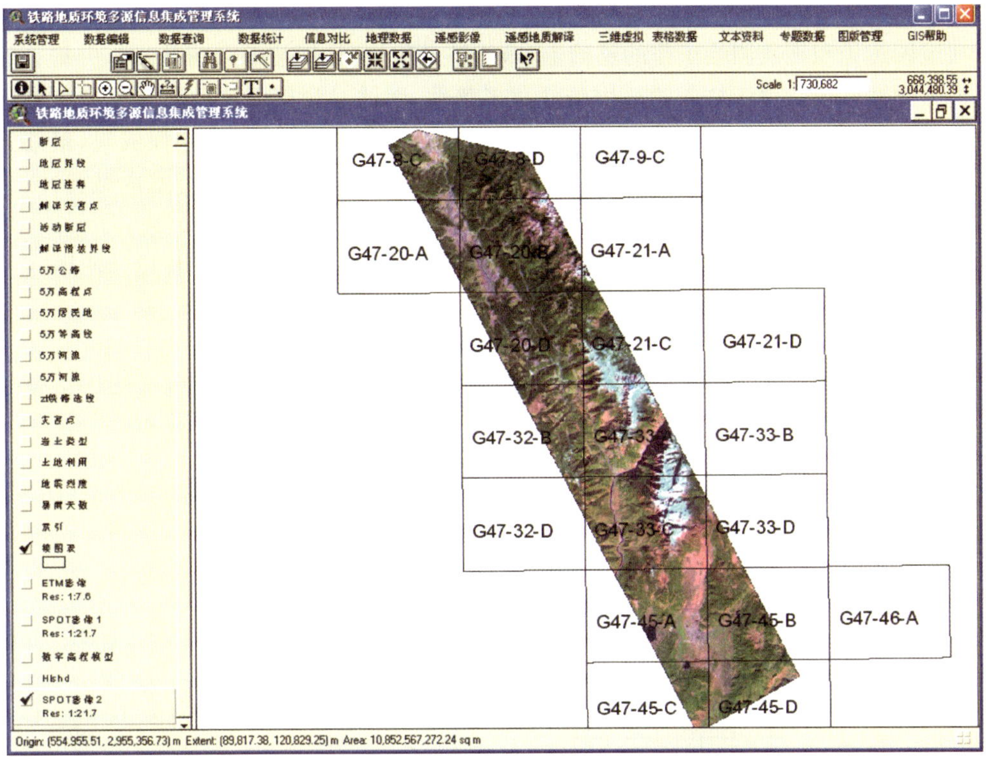

图 2.36 GIS 集成平台综合应用实例

2.3.5 地质综合勘察原则及流程

1. 综合勘察原则

艰险地区高速铁路综合勘察模式是在诸多勘探手段中研究对于不同勘测阶段、各类工程的最佳勘察方法组合方式,进而建立有一定通用性和指导性的组合模式。该模式在勘探方法的选择上,要体现从面到点,从宏观到微观,从定性到定量的过渡,解决综合勘察技术在高速铁路工程地质勘察中的有效应用,使之成为整体工作中的有机组成部分。

各类勘察技术的组合原则:实施过程中原则上应遵循“先天、后空、再地”的顺序,选取相应技术,开展协同勘察,并相互验证综合分析。

2. 综合勘察工作流程

艰险地区综合勘察技术在工序安排上要实现各勘探方法的有机衔接,还要在资料综合分析上实现各勘探成果资料的综合利用、相互利用和印证。一般情况下,综合勘察可采用图 2.37 所示流程,并根据不同勘察阶段的具体要求择优选择勘察方法。

在收集、分析区域地质资料的基础上,首先要运用遥感解译技术,查明工作区宏观地质背景。应用遥感技术在作业程序上,遥感图像解译必须安排在地面调查之前,要留有充分的预判时间，做好预判工作，提高解译质量，编制解译图件，以遥感成果指导地面调查工作，只有这样才能达到预期效果。

在遥感解译基础上，开展地质测绘，结合已有的地质、水文地质资料，经过综合分析研究，有目的地核实和修正遥感解译成果，编制相应比例尺的地质图件，以指导和布置全局工作。

在遥感解译和地质测绘工作的基础上，布置综合物探（常规技术和新技术），并配合钻孔取得岩土物性参数。由于物探的适用条件和多解性，因此对物探圈定的异常体和控制性工程地段，必须经钻探（常规技术和新技术）验证。用钻探资料修正、补充物探成果，最终达到提高勘探质量和精度的目的。根据工程设计需要钻探采取岩土试样进行室内试验，或进行原位测试，确定岩土物理力学指标。

对各种勘探资料进行地质综合分析，编制工程地质成果报告，提供工程设计使用。

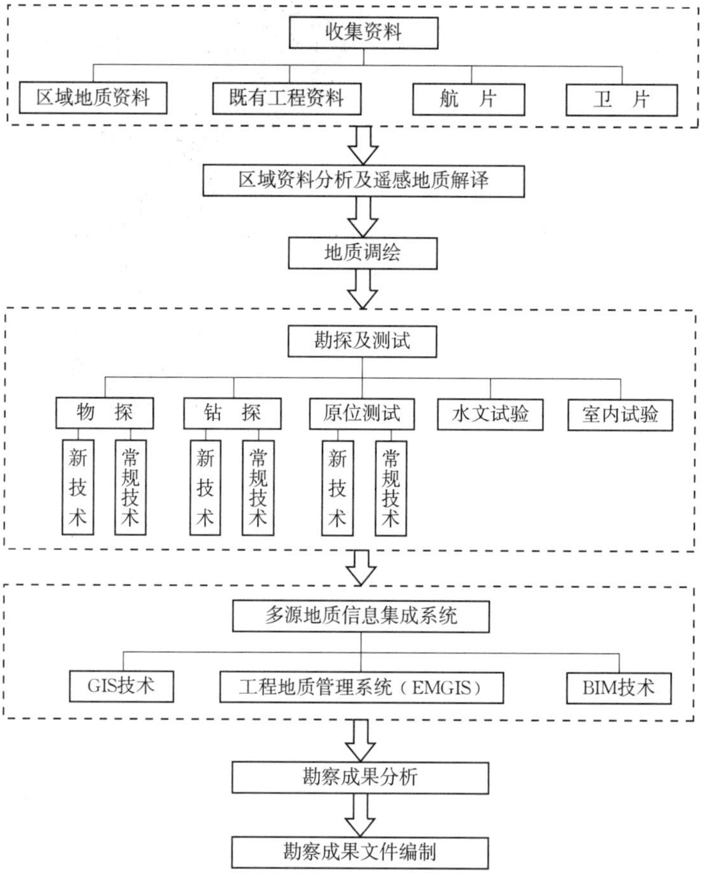

图 2.37　综合勘察工作流程

2.3.6　地质综合勘察技术体系

如前所述，通过分析“空”类、“天”类、“地”类各种新型地质勘察技术及常规勘察技术的特点及适用条件，建立“空天地”一体化地质综合勘察技术的组合原则和工作流程，构建艰险地区高速铁路各勘察阶段各种工程的综合勘察模式，创建艰险地区高速铁路“空天地”一体化地质综合勘察技术体系，如图 2.38 所示。

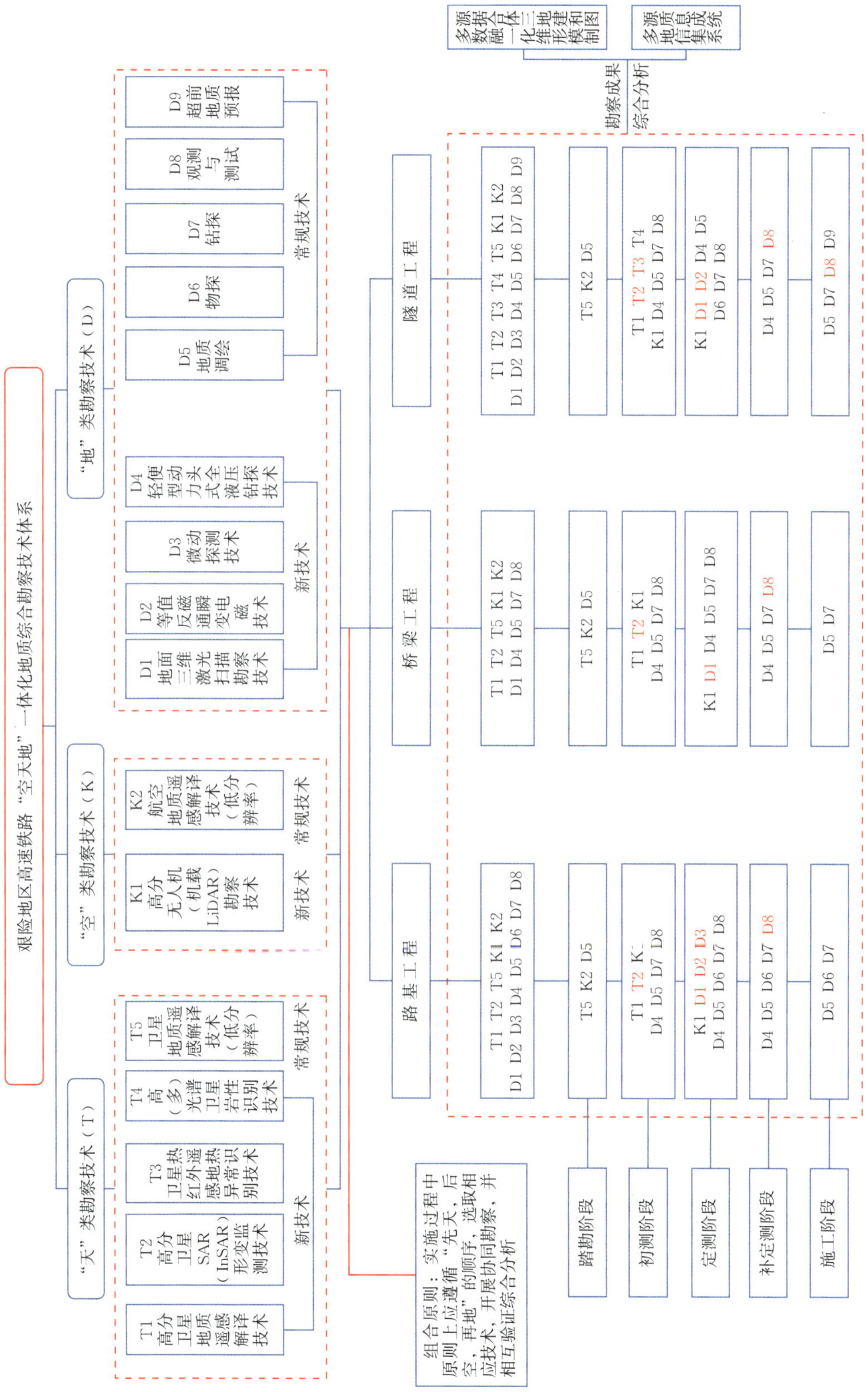

图2.38 艰险地区高速铁路“空天地”一体化地质综合勘察技术体系

注：框内红色标识勘察技术必要时采用。

2.4 艰险地区高速铁路工程地质综合勘察

高速铁路工程类型主要有路基、桥梁、隧道、站场、房屋建筑及各类附属建筑物。

2.4.1 路基工程

1. 工程类型及勘察重点

路基包括路堤、路堑，以及路基防排水、路基防护和路基支挡建筑物。与普速铁路路基相比，高速铁路路基具有更严格的工后沉降控制要求，因而需要更高的勘察精度。针对地基、边坡的复杂性和填料性质的变异性，必须通过地质调绘和足够的勘探、测试工作，详细查明其工程地质和水文地质条件，在取得可靠地质资料的基础上开展设计工作。

2. 综合勘察模式

在地质调绘的基础上，结合路基所处的地形、地貌和工程地质特征，合理选用原位测试(静力触探、标准贯入试验、动力触探试验、十字板剪切、载荷试验等)、钻探、坑(槽、平硐)探、水文地质试验、室内试验等相结合的综合地质勘察方法，对地质条件复杂、严重影响工程安全的不良地质，如岩溶、采空区、地面沉降等进行专项地质勘察。各种勘察手段合理应用，相互补充，相互印证，综合分析评价，为路基设计提供充分、翔实、可靠的地质资料。

由于高速铁路对路基基底变形控制要求高，需要基底下伏土层详细、精确的分层及对地质参数进行沉降控制检算。基底土体地质参数的获取，宜以原位测试方法为主，并应与其他勘探、试验手段获取的地质参数进行对比、分析，综合确定合理的地质参数提供设计使用。

2.4.2 桥梁工程

1. 工程类型及勘察重点

桥梁包括大中桥、高桥、特大桥及小桥涵。桥基勘察应重点查明场地各层岩土的类型、厚度、分布、工程特性和变化规律。查明基岩的岩性、构造、风化程度，确定其坚硬程度、完整程度，判定有无洞穴、临空面、破碎岩体或软弱夹层；查明水文地质条件，评价地下水对桩基设计和施工的影响，判定水质对建筑材料的腐蚀性；查明不良地质作用，可液化土层和特殊岩土的分布及其对基础的危害程度，并提出防治措施的建议；论证基础施工条件及其对环境的影响。

2. 综合勘察模式

地质条件复杂的高速铁路桥梁宜开展综合勘探，应以钻探为主，辅以坑探、原位测试和物探方法。勘探点一般沿桥址纵断面方向并结合墩台位置，在墩台基础轮廓线以内沿周边或中心布置。当桥址发育不良地质或特殊岩土，并可能影响桥梁墩、台稳定时，勘探点的布置范围应酌情扩大。桥基地层为粉土及砂类土时，其密实程度及地基强度的确定宜以原位测试方法为主；桥基地层为黏性土时，其压缩性和承载能力的确定宜采用室内试验与原位测试相结合的方法。地震动峰值加速度为 $0.1g$ 及以上地区的饱和粉土、砂土层，还应判定其地震液化的可能性。遇砂土、粉土、混合土和残积土时，应进行标贯试验并利用其采取的扰动土样测定土的颗粒组成。当需要估算桩的侧阻力、端阻力和验算下卧层强度时，宜进行三轴剪切试验或无侧限抗压强度试验；三轴剪切试验的受力条件应模拟工程的实际情况；对于需要估算沉降的桩基工程，应进行压缩试验，试验最大压力应大于上覆自重压力与附加压力之和。当桩端持力层为基岩时，应采取岩样进行饱和单轴抗压强度试验，必要时还应进行软化试验；对软岩和极软岩，可进行天然湿度的单轴抗压强度试验。对无法取样的破碎和极破碎的岩石，宜进行原位测试。

3. 工程应用——云桂铁路南盘江特大桥

云桂铁路南盘江特大桥位于云南省丘北县和弥勒市交界处，为跨越南盘江峡谷而设，为云桂铁路重难点控制性工程，是全线技术复杂的关键工程，主桥为 416 m 上承式钢筋混凝土拱桥，全长 852.43 m。建设中及主体工程完工后的南盘江特大桥分别如图 2.39 和图 2.40 所示。

图 2.39 建设中南盘江特大桥

图 2.40 主体工程完工后的南盘江特大桥

勘察过程中，采用遥感解译、地质调绘、钻探、物探、平硐勘探、平板载荷试验、岩石试验、高陡岸坡稳定性评价与预测专题研究等综合勘察方法，查明了桥址区的地质条件，确定各层岩土的设计参数，为设计提供了较为完整的地质资料。

地质调绘贯穿整个勘察过程，初测阶段主要提供线路方案和桥位方案的比选，南盘江属深切峡谷，桥梁位置及高度受新哨隧道越岭方案的控制，勘察期间进行了多方案的比选、优化，采用大面积的地质调绘，查明了桥位处的地质条件、不良地质及对桥位的影响，稳定了桥位方案。在桥位方案稳定的基础上，进行现场工点地质调绘，查明了两岸斜坡岩体的不利结构面，查明了 5 号主墩(南宁端拱座)受断层影响形成的挤压破碎带及贯通的张性卸荷裂隙，保证了地质资料的真实性、准确性。图 2.41 所示为南盘江特大桥工程地质纵断面示意图。

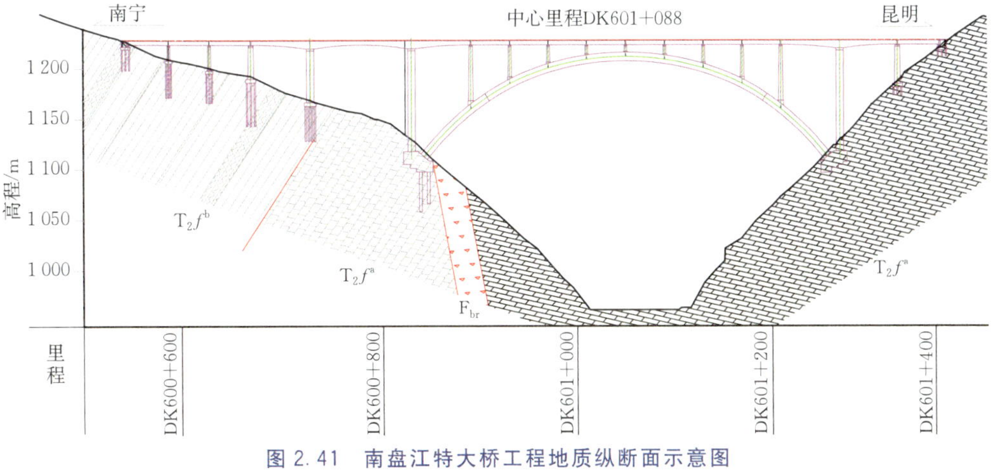

图 2.41 南盘江特大桥工程地质纵断面示意图

针对南盘江两岸高陡岸坡及地质极端复杂的情况，勘察阶段开展了“南盘江特大桥高陡岸坡稳定性评价与预测”专题工作，通过赤平极射投影分析及有限元数值模拟的计算，得出了自然状态下，南盘江两岸斜坡的稳定性较好的结论，为稳定桥位提供了科学依据。

物探采用四极对称直流电测深法、地震反射波法和跨孔电磁波层析成像法（电磁波 CT）的综合物探手段对南盘江特大桥进行勘探，探测地面以下 100 m 范围内风化层、软弱层、岩溶发育情况及岩体完整程度，为桥梁设计提供基础资料。

钻探工作始于方案比选阶段，通过钻探，进一步确定了桥梁位置，在桥位稳定后，根据桥梁孔跨布置，逐墩钻孔，查清了各墩台处岩土体结构、类型、成因、性质及分布规律。

针对南宁端，特别是 5 号主墩附近极端复杂的地质条件且岩层露头少的情况，勘察阶段在南宁端 5 号墩（南宁端拱座）以下斜坡开展了 3 个平硐（深度分别为 113 m、70 m、145 m）的勘探工作，查明了影响桥梁基础设置的江槽—三家断层位置、规模、断层破碎带及断层影响带的宽度，并在平硐内开展了承载板静载荷试验。为了进一步核实 5 号墩（南宁端拱座）基底岩体力学性质，在施工单位进场基坑开挖后，再次开展了平板载荷试验，查明了 5 号墩（南宁端拱座）下伏岩层的力学参数，为桥梁基础设置及基底处理提供了可靠依据。

2.4.3 隧道工程

1. 工程类型及勘察重点

由于建设标准的不断提高，铁路隧道的长度、埋深、跨度不断加大，穿越地区的自然条件越来越复杂，建设工程的规模和难度不断加大，面临的新问题越来越多，铁路隧道地质勘察工作面临越来越艰巨的挑战。

隧道勘察重点主要位于的地质灾害及特殊地质地段包括：深埋长隧道高压水、岩溶突泥涌水、软弱围岩大变形段；中、浅埋隧道破碎岩体大塌方、顺层偏压、老黄土崩塌、第三系弱胶结岩突泥、塌方与流砂、岩溶地面塌陷段；特殊地质为有害气体、高地温与高温热水等。高速铁路的隧道工程除具有普速铁路隧道的特点外，还具有开挖断面大、防水及变形要求高、洞内设施复杂等特点，须开展综合地质勘察。

2. 综合勘察模式

(1)高速铁路隧道地质勘察工作坚持宏观定性与微观定量相结合的原则。工序为先搜集、熟悉区域地质资料，再进行遥感图像地质解译、地质调绘，而后分阶段、分步骤进行各种勘探、原位测试及室内试验，最后综合分析、整理资料。

(2)大力贯彻复杂山区铁路地质选线原则，合理选择隧道位置。

加深地质工作安排在初测前，为线路方案比选进行大范围的区域地质调查和地质选线工作，以航测遥感、综合物探和地质调绘为主要手段，以提供 1∶5 万和 1∶1 万工程地质资料为主要成果，对所有可能的线路方案进行工程地质条件比选，合理选择隧道位置。

初测阶段，对长大隧道和地质条件特别复杂的隧道进行深入的地质调查，布置足够数量的物探测线，必要时进行地质钻探，开展地质综合选线，合理确定隧道通过的位置与高程。对于地质条件特别复杂的困难山区及特长铁路隧道，应开展专门的地质勘察与研究工作，在初测阶段初步勘察的基础上开展地质专题研究工作，从宏观上为隧道的设计与施工创造有利的条件。如郑万铁路花庄至兴山段、大瑞铁路高黎贡山越岭段高黎贡山隧道。

(3)对地质特别复杂的地段和控制线路方案的重大工程地质问题,视需要开展地质专题研究工作达到稳定线路方案与工程设置的目的。

地质专题研究工作主要针对不同地区的特殊、重大的疑难工程地质问题,研究其发育规律及解决的工程措施,优化线路和工程设计方案。如郑万铁路隧道岩溶突水、大瑞铁路高黎贡山越岭段水热活动特征研究、成兰铁路活动性断裂研究、渝利铁路岩溶水文地质研究、云桂铁路岩溶水文地质研究、兰渝铁路软岩大变形研究等。

(4)隧道进行详细工程地质勘察阶段,切实选用恰当的地质勘探手段,并布置既合理又充足的勘探工作量,使地质勘察资料能够充分满足规程规范要求和真实反映现场实际情况。

3. 工程应用——沪昆高速铁路大独山隧道

大独山隧道是沪昆高速铁路最复杂的长隧道之一,位于黔西高原向黔中丘陵过渡地带,属构造侵蚀、溶蚀中低山地貌,隧道全长 11 860 m,最大埋深 368 m,属Ⅰ级高风险可溶岩隧道,为沪昆客专重点控制性工程。

大独山隧道勘察期间,采用了遥感解译、地质调绘、钻探、物探(大地电磁法、综合测井等)、水文地质试验、室内试验、岩溶隧道涌突水危险性专题研究等综合地质勘察方法,查明了隧址区的区域地质特征与洞身的工程地质条件。大独山隧道地质纵断面及水文地质单元划分如图 2.42 所示。

地质测绘主要提供线路方案和隧道方案的比选。大独山隧道穿越可溶岩地层,勘察期间进行了多方案的比选、优化,采用大面积的地质测绘,查明了隧址区的地质条件、不良地质及对隧道的影响,为优化及稳定线路方案提供了可靠的依据。在线路方案稳定的基础上,进行现场工点地质测绘,保证地质资料的真实性、准确性。

岩溶隧道专题研究工作主要针对大独山隧道为可溶岩隧道,施工难度大、风险高的特点开展的,通过采用 THK 系统对隧道分段涌突水的危险性进行分级评价,完成了"新建沪昆客专高风险隧道涌突水危险性评价成果——大独山隧道"专题研究报告,确定了隧道各段涌突水危险分级,为隧道防、排水设计提供科学依据,为隧道施工提供指导性意见和建议。

物探(大地电磁法)工作在线路方案稳定的基础上开展,通过全隧道的物探工作,查明了隧道洞身围岩的完整程度、岩溶发育程度,对突泥突水风险进行了预测。对后期钻孔的布置及隧道设计提供了依据。

钻探工作在线路方案及隧道方案稳定的基础上进行,根据地质测绘及物探结果,对正洞及辅助坑道洞口、沟谷等洞身浅埋地段、大型物探异常带、主要地质界线及构造带等开展了钻探工作。通过深孔 12 孔、浅孔 18 孔的钻探工作,查明了隧道岩土体结构、类型、成因、性质、分布规律及不良地质特征。

在进行钻探工作的同时,进行了孔内声波测井、综合测井、水文地质试验、取样室内试验等测试、试验工作,为设计提供了准确的地质数据支撑。

大独山隧道于 2009 年 5 月～2010 年 12 月完成各阶段勘察,于 2010 年 8 月开工建设,2016 年 5 月全隧贯通,施工揭示地质情况与施工图基本吻合,施工顺利,缩短了隧道施工工期,表明勘察方法选择合理,勘察结论依据充分。

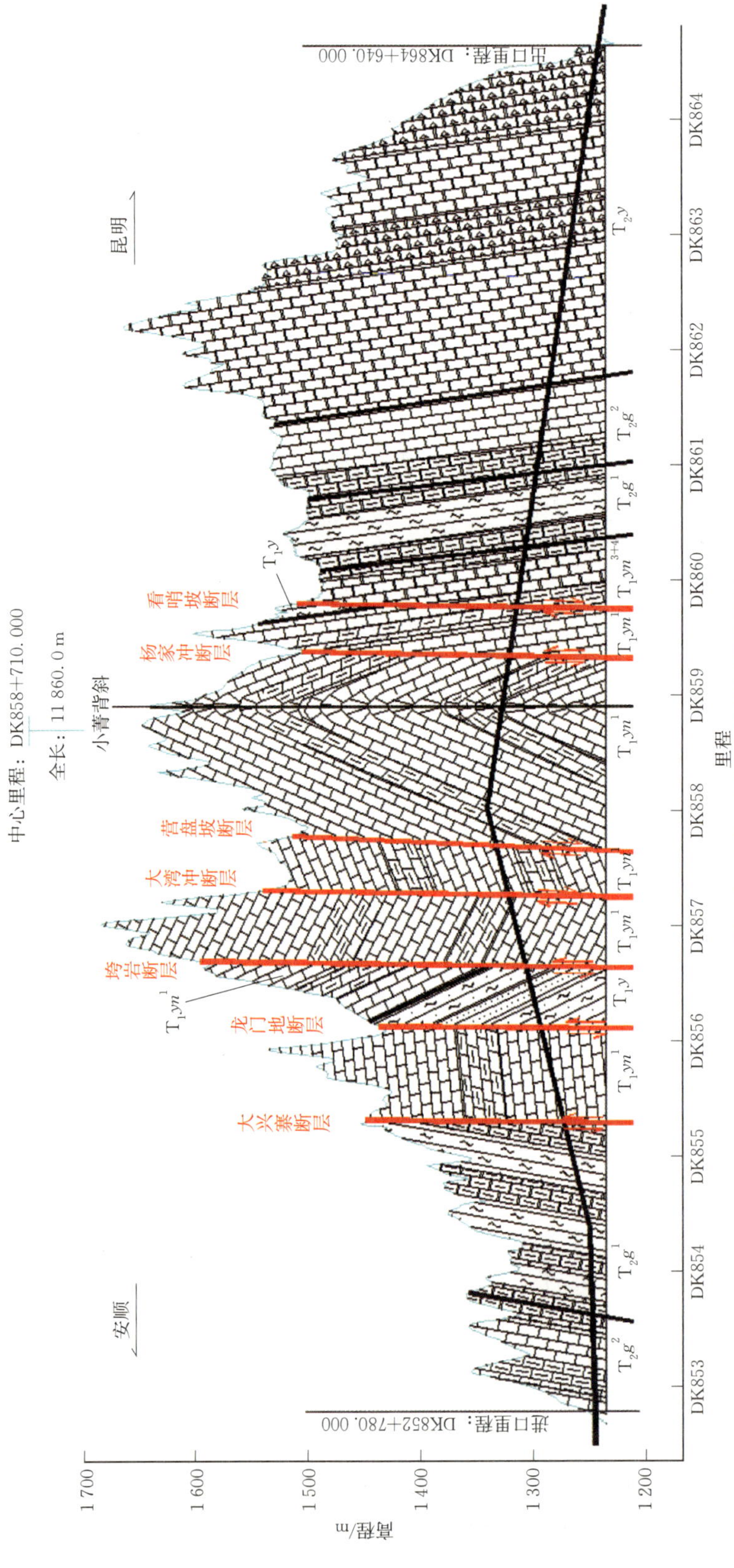

图2.42 大独山隧道地质纵断面示意图

3 测绘综合技术

艰险地区高速铁路地形起伏大、环境复杂，对控制测量、坐标投影变形、隧道贯通误差控制、地形图测绘、勘测、施工测量、运营测量等内容及精度提出极高要求，采用常规测量设备和测量方法进行测绘存在非常大的困难，甚至难以完成。

为此，研究了工程独立坐标系的建立方法及高斯投影变形对高速铁路线路设计的影响，提出了解决方案；采用基于GNSS精密星历的长基线解算技术建立高精度的GNSS框架网来解决坐标起算基准的难题，解决了艰险地区缺少高精度基准点以及高速铁路精密基准框架网的建立长期依赖国外软件的技术难题；研究了长大隧道洞内CPⅡ自由测站边角交会测量新方法及中线偏差调整技术，减小了长大隧道横向贯通误差，解决了中线偏差调整和高程贯通误差调整难题；采用高分辨率光学卫星影像、雷达影像、数码航空摄影、机载LiDAR、倾斜摄影、无人机摄影、三维激光扫描等综合测量技术，形成空天地协同全要素多尺度地理空间信息快速获取及处理技术，测绘不同比例尺数字地形图、断面图，并生成实景三维地形模型，减少外业工作量，提高测绘工作效率；对于人员难以到达的高陡边坡危岩体，综合采用倾斜摄影、机载LiDAR、地面三维激光扫描等测量方式，进行多源数据采集和处理分析，获取高精度实景三维模型，为重要工点方案设计提供基础数据支撑；进行了北斗/GNSS多星导航定位系统静态定位、实时动态定位等研究，并结合地球重力场模型进行高程转换，提高了高山峡谷区导航系统的可用性，满足艰险地区铁路勘测要求。

3.1 艰险地区高速铁路控制测量

3.1.1 精密控制测量体系

高速铁路运行速度高，为了达到在高速行驶条件下旅客列车的安全性和舒适性，要求高速铁路必须具有非常高的平顺性和精确的几何线性参数，精度要保持在毫米级的范围以内。要实现高速铁路的平顺性，除了对线下工程和轨道工程的设计施工等有特殊的要求外，必须建立一套与之相适应的精密工程测量体系。纵观世界各国高速铁路建设，都有一套适合于自身轨道结构形式的测量技术标准体系，并在测量技术标准体系基础上建立了满足施工、运营维护需要的精密测量控制网。德国睿铁公司（RailOne）执行副总裁巴哈曼先生在总结高速铁路建设经验时说：要成功地建设无砟轨道，就必须有一套完整、高效且非常精确的测量系统，否则必定失败。这充分说明了高速铁路精密工程测量在高速铁路工程建设中的重要作用。

我国自2004年起，根据高速铁路轨道平顺性的精度要求，并结合遂渝铁路无砟轨道试验段建设，开展了《无砟轨道测量技术的研究》《无砟轨道控制测量理论和方法研究》以及《客运专线无砟轨道铁路工程测量控制网精度标准的研究》。对无砟轨道施工控制网精度设计的有关问题，包括控制网设计的精度准则、精度阈值以及精度计算方法等专题进行了研究论证，为无砟轨道测量技术标准的制定提供了理论依据；根据高速铁路无砟轨道铁路线下工程工后变形监测和无砟轨道平顺性的施工要求，反演推算各级控制测量的精度要求，取得了一系列的成果。基于上述科研成果，编制完成了《客运专线无碴轨道铁路工程测量暂行规定》(铁建设〔2006〕189 号)，初步形成了我国高速铁路工程测量技术标准体系。随后结合我国高速铁路建设特点和现代测绘技术的发展，开展了《高速铁路 CPⅢ测量标准及软件研制》和《基于自由测站的高速铁路 CPⅢ高程网测量及其标准的研究》，编制完成了《高速铁路工程测量规范》(TB 10601)，建立了我国高速铁路精密控制测量体系。

高速铁路精密控制测量体系具有如下主要特点：

(1)“三网合一”的测量原则

高速铁路工程测量的平面、高程控制网，按施测阶段、施测目的及功能不同分为勘测控制网、施工控制网、运营维护控制网。我们把高速铁路工程测量的这三个控制网，简称“三网”。为构建和保持高速铁路轨道空间几何形位，必须建立基于同一基准的勘测、施工、运营维护的精密工程测量体系，三阶段的平面、高程控制测量采用同一测量基准，简称为“三网合一”。高速铁路的勘测控制网、施工控制网、运营维护控制网平面测量应以基础平面控制网(CPⅠ)为平面控制基准，高程测量应以二等水准基点为高程控制测量基准。

(2)高速铁路工程测量控制网采用分级布网的原则

①平面控制测量应在框架控制网 CP0 的基础上分三级布网布设。平面控制网第一级为基础平面控制网(CPⅠ)，其作用是为勘测、施工、运营维护提供坐标基准；第二级为线路平面控制网(CPⅡ)，其作用是为勘测和施工提供控制基准；第三级为轨道平面控制网(CPⅢ)，其作用是为轨道施工和运营维护提供控制基准。高速铁路平面控制网分级布设示意如图 3.1 所示。

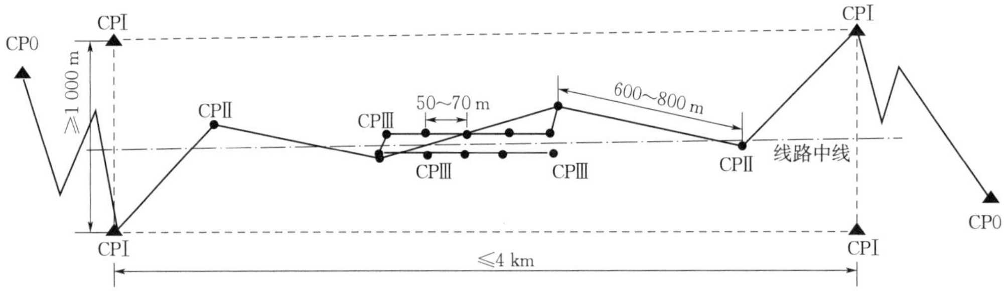

图 3.1 高速铁路平面控制网分级布设示意图

②高程控制网分二级布设。高程控制网第一级为线路水准基点控制网，其作用是为高速铁路工程勘测设计、施工提供高程基准；第二级为轨道高程控制网(CPⅢ)，其作用是为高速铁路轨道施工、维护提供高程控制。

(3)高速铁路工程测量平面坐标系统应采用工程独立坐标系，线路设计高程面上的边长投影变形值不宜大于 10 mm/km。

(4)高速铁路轨道施工应采用绝对定位与相对定位测量相结合的铺轨测量定位模式。

3.1.2 工程独立坐标系建立及坐标转换

1. 高速铁路工程独立坐标系建立方法

高速铁路工程独立坐标系所对应的参考椭球体，我们称之为工程椭球体。工程椭球体的建立通常采用椭球膨胀法，即选择 CGCS2000 椭球为参考椭球，在椭球中心位置不变、椭球定向不变、椭球其他元素不变的前提下仅改变长半轴的方法。这实质上是改变了地球椭球，重新构造了一个工程椭球，形成了一个新的坐标系，这里称为工程独立坐标系。设参考椭球的长半轴为 a，新构造的工程椭球的长半轴为 $a_{新}$，椭球的长半轴的改变量为 Δa，则有如下关系：

$$a_{新}=a+\Delta a \tag{3.1}$$

若要求投影面为某一高程面 h，改变长半轴的方法有以下三种：

(1)长半轴的改变量直接取为 h，即 $\Delta a=h$。

(2)法线方向改变法。测区中心的卯酉圈曲率半径为

$$N=\frac{a}{\sqrt{1-e^2\sin^2 B_m}} \tag{3.2}$$

式中 e——椭球偏心率；

B_m——测区平均纬度。

设长半轴的改变是沿测区的法线方向的，有

$$N_{新}=N+h \tag{3.3}$$

代入上式得

$$a_{新}=N\sqrt{1-e^2\sin^2 B_m}+h\sqrt{1-e^2\sin^2 B_m}=a+\Delta a \tag{3.4}$$

即长半轴改变量为

$$\Delta a=h\sqrt{1-e^2\sin^2 B_m} \tag{3.5}$$

(3)平均曲率半径改变法。椭球面上任一点的平均曲率半径为

$$R=\sqrt{MN}=\frac{a\sqrt{1-e^2}}{1-e^2\sin^2 B} \tag{3.6}$$

式中 M——子午圈曲率半径；

N——卯酉圈曲率半径。

若取测区平均纬度 B_m，则计算出的 R 代表纬度是 B_m 的点的平均曲率半径，用 R_m 表示。若要求投影面为某一高程面 h，则有

$$R_{m新}=R_m+h \tag{3.7}$$

代入上式得

$$a_{新}=R_{m新}\frac{1-e^2\sin^2 B_m}{\sqrt{1-e^2}}=R_m\frac{1-e^2\sin^2 B_m}{\sqrt{1-e^2}}+h\frac{1-e^2\sin^2 B_m}{\sqrt{1-e^2}}=a+\Delta a \tag{3.8}$$

即长半轴改变量为

$$\Delta a=h\frac{1-e^2\sin^2 B_m}{\sqrt{1-e^2}} \tag{3.9}$$

当椭球中心位置不变、椭球定向不变、椭球其他元素不变，仅改变长半轴时，由大地坐标

微分公式可知，点位大地经度 L 不变，纬度 B 改变量为

$$\Delta B=\frac{e^2\sin B\cos B}{MW}\times\Delta a \tag{3.10}$$

$$W=\sqrt{1-e^2\sin^2 B} \tag{3.11}$$

从上述公式可看出，法线方向改变法和平均曲率半径改变法均需要确定平均纬度，而高速铁路为带状工程，也常常进行工程项目延伸，不容易确定平均纬度，因此高速铁路工程独立坐标系工程椭球体的构建应采用参考椭球长半轴直接加投影面大地高并保持扁率和定向不变的方法。此方法能够满足边长投影变形值计算精度的要求。而国家测绘部门通常采用法线方向改变法来构建工程椭球，因此在高速铁路坐标转换中应明确改变长半轴的方法，否则坐标转换可能出错。

2. 高速铁路线路设计坐标换带计算

高速铁路工程长度一般都在几百公里以上，为了满足这一要求，通常需要将高速铁路分为若干个坐标投影带。而各投影带之间的衔接就是高速铁路线路设计坐标换带计算要解决的问题。

(1)投影长度变形

由于地球面是个椭球曲面，地面上的测量数据需投影到施工平面上。曲面上的几何图形投影到平面时，不可避免会产生变形。投影长度变形包括高程归化变形、高斯投影变形。

①高程归化变形

设归化高程为 ΔH，ΔD 为高程引起的长度变形，其关系式为

$$\frac{\Delta D}{D}=\frac{\Delta H}{R_A} \tag{3.12}$$

$$\Delta H=H_0-H_m \tag{3.13}$$

式中 D——测距边两端平均高程面上的平距，m；

H_0——投影面高程，m；

H_m——测距边两端的平均高程，m；

R_A——参考椭球体在测距边方向的法截弧曲率半径，m。

从上式可看出，高程归化变形是随测距边平均高程面至投影面的高度呈线性变化的，引起的长度变形对角度没有影响。

②高斯投影变形

归化到参考椭球面上的边长 S，再投影至高斯平面时，其长度将会伸长 ΔS。设该边两端点的平均横坐标为 y_m，则其关系式为

$$\frac{\Delta S}{S}=\frac{Y_m^2}{2R_m^2}+\frac{\Delta y^2}{24R_m^2} \tag{3.14}$$

式中 Y_m——测距边中点横坐标，m；

Δy——测距边两端点横坐标增量，m；

R_m——测距边中点处在参考椭球面上的平均曲率半径，m。

从上式可看出，高斯投影变形是与该边距中央子午线的距离呈非线性变化的，高斯投影引起的长度变形对角度有一定影响。

(2)高速铁路相邻投影带间的角度变形分析

高速铁路工程独立坐标系统是由若干个投影带组成的,相邻投影带间必然会产生坐标换带问题。坐标换带计算是按高斯正反算公式完成的。由于存在高程归化变形和高斯投影变形,在坐标投影换带计算中,同一直线上的两个点所构成的直线段,在相邻投影带中长度不一致;同一直线上的三个点转换到相邻带中两两连线不仅长度不一致,而且两两连线可能会出现一个小的偏角(即三个点不在一条直线上)。相邻投影带选用不同的中央子午线时,投影后向量之间的角度有小的改变,这是高斯投影中的一个问题。

通过计算分析对比,一条直线上三个点换带投影时角度变形具有以下特点:

①直线为南北向时相邻坐标投影带进行坐标换带计算后角度变形最大;直线为东西向时相邻坐标投影带进行坐标换带计算后角度变形最小;直线为其他方向时角度变形介于南北向角度变形与东西向角度变形之间。

②相邻坐标投影带间中央子午线跨度越大,方位角差值(角度变形)也越大,即三点间的折角越大。

③直线边越长,方位角差值也越大。

④中央子午线不变、投影面高度变化对角度没有影响。

(3)换带投影角度变形对线路设计的影响

高速铁路线路初步设计和施工图设计均采用工程独立坐标,特别是艰险地区铁路坐标投影分带多,也必然会产生坐标衔接及换带问题。一般情况下,坐标投影分带衔接处选择在直线路基段。由于同一条直线在相邻分带间存在距离和角度变形,因此在线路设计中应引起重视,特别是高速铁路直线边较长,此影响不能忽视。线路设计如何从一个坐标投影带过渡到另一个坐标投影带是线路测量需要解决的问题。

如图 3.2、图 3.3 所示,A、B 为跨相邻投影带的两个交点,C 为坐标分带衔接点。在投影带 1 中,A、B、C 为同一条直线上的三个点,当把此三点转换到投影带 2 中时,A、B、C 三点已不在一条直线上,产生了一个小的折角。如果仅仅利用 A、B 两个交点在相邻投影带中的两套坐标进行坐标转换衔接,那么施工单位利用精密控制点进行施工放线时,在投影带 1 中坐标分带衔接点放在 C 位置处,而在投影带 2 中坐标分带衔接点放在 C_1 位置处,两点并不重合,产生了纵向和横向偏差。横向偏差的大小与相邻投影带坐标转换后的角度变形大小以及 C 点距 A、B 两点的距离有关。

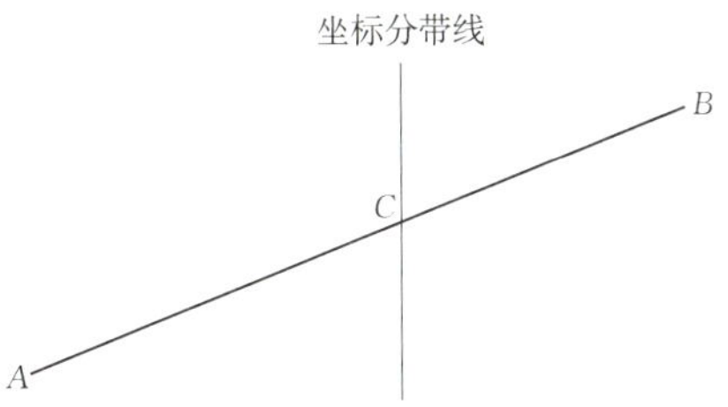

图 3.2 投影带 1 中的直线示意图

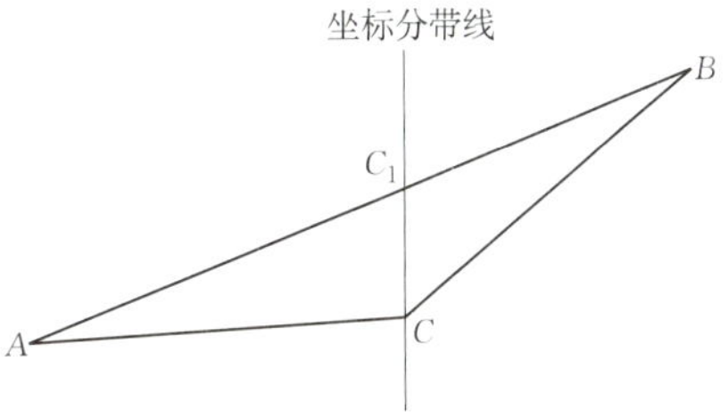

图 3.3 转换到投影带 2 中的直线示意图

(4)解决方案

为了减弱高斯投影变形对高速铁路线路设计的影响,并解决不同中央子午线的相邻投影带间的线路衔接问题,宜采用如下解决方案:

①优化工程独立坐标投影分带的位置，尽量选择在东西方向直线段分带。

②相邻投影带间中央子午线的跨度不宜过大，尽量控制在0.5°以内。

③线路坐标换带应采用统一的专业软件进行严密坐标转换。转换点包括线路交点及坐标换带衔接点。当交点距坐标换带衔接点太远时，应在交点与坐标换带衔接点间取一个直线点进行坐标转换，目的是控制投影角度变形值的大小。交点（或直线点）距坐标换带衔接点的距离应根据投影角度变形值的大小来控制，根据计算经验，相邻投影带间角度变形值最好控制在0.5″内。

④根据坐标分带处的交点或直线点、线路坐标换带衔接点在相邻两个投影带中的坐标，固定坐标换带衔接点的里程，将坐标换带衔接点作为前一带的终点和后一带的起点，并以此为依据开展线路设计。这样做的结果是相邻两个带衔接处的直线边即使产生了一个小的折角，但可控制在误差范围内，避免了两个带衔接处的横向偏差。

⑤线路坐标换带衔接点宜选择在直线路基地段，不宜选择在曲线上和车站里，并尽量避免选择在桥梁上和隧道里。

⑥当线路方案调整，引起坐标换带衔接点和相邻的交点变化时，应分析两边的设计线路，以改动最小为原则，固定换带边在一带中的线路设计，然后将坐标转换到相邻带中，与相邻带的另一条边相交，得到一个新交点，并据此修改该曲线的线路设计。

3.1.3 艰险地区高速铁路GNSS长基线数据处理技术

艰险地区高速铁路国家已知平面控制点稀少，难以满足基准控制要求。以国际IGS参考站为起算基准，采用基于GNSS精密星历的长基线解算技术建立高精度的GNSS框架网CP0，可解决平面坐标起算基准的难题。由于我国IGS站分布较少，IGS站到艰险地区CP0控制点的距离常高达上百甚至上千公里。对于此类长基线的数据处理，一般的基线处理商用软件已经无法满足实际所需的精度要求，需采用GNSS精密星历长基线数据处理软件进行基线处理。目前国际上著名的GNSS精密星历长基线数据处理软件有瑞士伯尔尼大学的BERNESE软件，美国MIT的GAMIT/GLOBK软件和JPL的GIPSY软件，德国GFZ的EPOS. P. V3软件等。由于国外软件操作过程复杂，参数设置多，自动化程度低，需要高水平专业人员经长时间培训才能掌握，不利于推广应用，严重制约了数据处理效率。同时，其结果数据的输出以及精度评定的内容，在格式和形式上与我国的国家规范和铁路行业规范不相符合，通常需要对结果文件进行二次编辑和加工才能得到符合我国国标和行业标准的结果文件。因此，在艰险地区高速铁路建设过程中，需要开展GNSS长基线数据处理技术研究，并研制相应GNSS长基线数据处理软件。

1. 长基线数据处理误差分析

高精度长基线数据处理首先必须建立精确的数学模型，与短基线相比，长基线解算需要考虑各类误差影响，GNSS双差相位观测方程可表达为如下形式：

$$\nabla\Delta\phi=\frac{1}{\lambda}(\nabla\Delta R+\nabla\Delta T-\nabla\Delta I+\nabla\Delta O+\nabla\Delta t)+\nabla\Delta N+\nabla\Delta\varphi+m+\varepsilon \tag{3.15}$$

式中 $\nabla\Delta$——双差运算；

R——卫地几何距离；

ϕ——相位观测值；
λ——对应载波波长；
T——对流层延迟；
I——电离层延迟；
O——卫星轨道误差；
t——潮汐效应；
N——初始整周模糊度；
m——多路径效应；
φ——天线相位中心改正；
ε——观测噪声。

高精度长基线 GNSS 观测网中一般都采用双频接收机采集数据，那样可消除对流层延迟。电离层延迟则可结合映射函数，作为未知参数进行估计。多路径效应由于模型复杂，目前尚无有效方法进行建模或估算，一般通过选择合适的观测地点和硬件技术削弱其影响。对于卫星轨道误差、地球潮汐影响和天线相位中心偏差，在长基线数据处理中将采用一定方法来消除。

(1)卫星轨道计算

短基线 GNSS 相对定位解算中，由于双差计算可大大削弱卫星轨道误差对基线解算结果的影响，采用卫星导航星历可满足高精度的坐标解算。然而，随着基线长度的增加，卫星轨道误差对定位结果的影响逐渐增大。对于长基线而言，卫星轨道误差是 GNSS 定位的重要误差源之一，米级定位精度的导航星历不能适用。若假定基线的允许误差为 1 cm，容许的轨道误差见表 3.1。

表 3.1　基线长度与轨道容许误差关系表

基线长度/km	基线相对误差/$\times 10^{-6}$	容许轨道误差/m
1.0	10	250.0
10.0	1.0	25.0
100.0	0.1	2.5
1 000.0	0.01	0.25

由表 3.1 可以看出，当基线长度达上千公里，或要求的基线相对误差更小时，导航星历明显不能很好满足此类定位需求，此时需要使用精度更高的卫星精密星历。IGS 上提供的卫星星历有 3 种不同类型的精密星历，其定位精度和时延见表 3.2。

表 3.2　IGS 提供的精密星历类型

项　目	星历类型		
	预　报	快　速	最　终
精度/m	1	0.03	0.025
时延	实时	3～9 h	12～18 d

(2)相位中心改正

GNSS 观测值的瞬时参考点并不位于天线的几何中心，且随着卫星高度角和方位角的变化而不同，其模型示意如图 3.4 所示，PCO 和 PCV 分别代表天线相位中心偏移和相位中心变化。对于高精度的 GNSS 定位应用，常需要考虑天线相位中心改正，尤其是使用不同的天线进行基线解算时，相位中心偏差不再能通过双差的形式有效消除。天线相位中心的改正计算式为

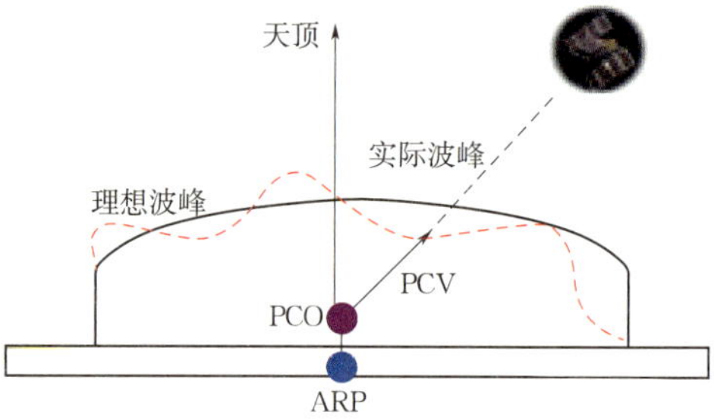

图 3.4 天线相位中心模型

$$\Delta\phi(\alpha,z)=\Delta\phi'(\alpha,z)+\Delta\boldsymbol{r}\cdot\boldsymbol{e} \tag{3.16}$$

式中 α,z——卫星的方位角和高度角；

$\Delta\boldsymbol{r}$——平均天线相位中心偏移到天线参考点的向量；

$\boldsymbol{e}$——天线至卫星向量的单位向量；

$\Delta\phi'$——与卫星高度角和方位角有关的天线相位中心变化模型；

$\Delta\phi$——总的天线相位中心改正。

GNSS 天线相位中心改正模型对基线解算结果的具体影响如图 3.5 所示，可以看出基线的 U 方向受模型改正的影响可以达到厘米级，必须进行天线相位中心改正。

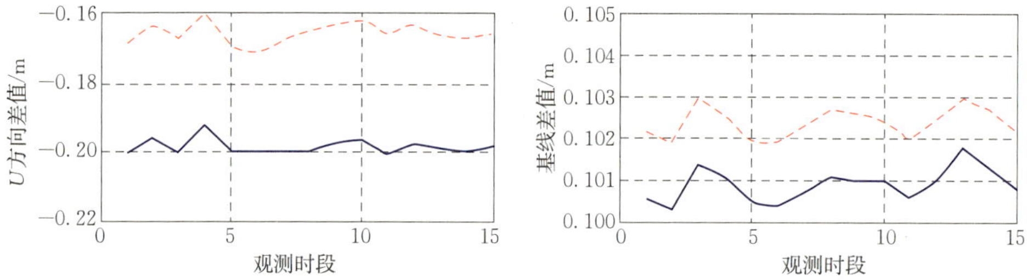

图 3.5 天线相位中心模型改正对基线解算结果的影响

(3)地球潮汐改正

地球表面并不是一个完全的刚体，具有一定的弹性，它受日月引力等外力的作用而发生形变，这种形变称为地球潮汐形变，包括固体潮、海洋潮和极潮。高精度 GNSS 数据处理工作中，由于受地球固体潮和海洋潮的共同作用，测站垂向位移量最大可达 80 cm，导致不同时间的 GNSS 定位结果存在周期性变化。因此，大范围高精度相对定位中，必须进行地球潮汐改正。目前潮汐形变已经建立了较为精确的计算模型，在 GNSS 观测数据处理中已做了相应的改正。

2. 长基线数据处理软件实现

中铁二院与西南交通大学在长期深入研究长基线数据处理关键问题的基础上，通过详细分析长基线高精度基线处理中的各类误差源的影响及其改正方法，联合研制了高速铁路 GNSS 长基线数据处理系统(CGO)，实现了 GNSS 长基线数据的高精度解算并成功应用于成渝、沪昆、渝昆等十多条铁路的框架控制网(CP0)建设中，从而摆脱了长期依赖国外 GAMIT 和 BERNESE 软件开展长基线数据处理的局面。

3.1.4 艰险地区高速铁路长大隧道控制测量综合技术

近几年,随着我国铁路交通事业的不断发展,高速铁路修建已由平原微丘区延伸到艰险地区,修建长大隧道已成为改善艰险地区高速铁路线形、缩短里程、节省造价的重要手段。如目前已开通运营贵广高速铁路、沪昆高速铁路的三都隧道、岩山隧道和壁板坡隧道等,当前在建郑万高速铁路的小三峡隧道以及当前正在勘察设计渝昆高速铁路彝良隧道、炳辉隧道等,其隧道的长度均超过 10 km,渝昆高速铁路彝良隧道的长度甚至达到 24.4 km。众所周知,艰险地区高速铁路长大隧道工程从勘察设计开始一直到工程施工结束,均离不开控制测量工作,其主要目的是确保相向开挖的隧道能够精确贯通。要保证长大隧道顺利贯通,控制测量是关键。控制测量综合技术可行性和先进性将直接影响长大隧道控制测量的精度高低,从而决定着隧道贯通的效果。

1. 长大隧道洞内平面控制测量新方法

艰险地区高速铁路长大隧道控制测量包括洞外控制测量和洞内控制测量。目前国内外铁路隧道洞外控制测量,已从传统的导线网或三角网方式改变为 GNSS 测量方式,使得由洞外控制测量误差引起的横向贯通误差大大减小;但洞内控制测量仍采用传统导线网形式,使得隧道实际贯通误差主要由洞内导线网的测量误差引起。因此采用全新的洞内控制测量方式代替传统的洞内导线网,对减小隧道横向贯通误差和提高洞内控制测量的效率,具有非常重要的意义。

(1)长大隧道洞内 CPⅡ 自由测站边角交会测量新方法

与 CPⅢ 控制网相比,常规的铁路隧道洞内导线网多余观测量少、图形强度低、点位精度不均匀,同时采用在仰拱上布点,易受施工扰动,在设站点和目标点上均需架设脚架,存在对中误差,这些都对提高隧道横向贯通精度不利。

借鉴高速铁路轨道控制网 CPⅢ 平面测量方法,在长大隧道洞内 CPⅡ 测量过程中,推荐采用自由测站边角交会测量新方法对长大隧道洞内 CPⅡ 进行施测,其测量网形如图 3.6 所示。

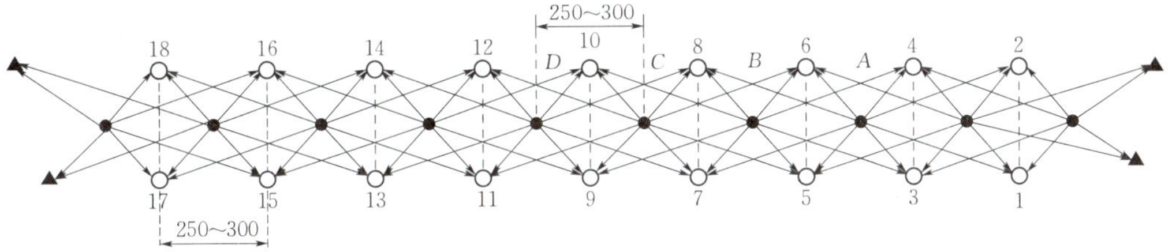

图 3.6 隧道洞内 CPⅡ 自由测站边角交会网示意图(单位:m)

●—自由测站点;○—洞内控制点;▲—洞外控制点

(2)长大隧道洞内 CPⅡ 自由测站边角交会测量新方法优势分析

与传统长大隧道洞内导线网相比,长大隧道洞内 CPⅡ 自由测站边角交会测量新方法具备的优势为:①控制点布设在二衬后的双侧壁上,点位稳定且容易永久保存;②采用自由测站观测且观测点采用特制强制对中标志,没有全站仪的对中误差和目标对中误差,提高了测量精度,特别是横向测量精度;③自由测站边角交会网网形规则对称,各控制点点位精度均匀;④自由测站边角交会网每一测站观测 8 个控制点,且每一个控制点被连续的多个自由测站的多个方向和多个距离交会,多余观测数多,可靠性强;⑤自由测站边角交会网采用自由测站方式自动观测,测站位置的选择灵活、自动观测的精度和效率高。

2. 长大隧道线路中线偏差调整技术

在铁路长大隧道建设过程中，可将工程建设分为隧道贯通前的开挖施工和隧道贯通后的轨道施工两个阶段。铁路长大隧道开挖施工阶段，其测量基准采用的是施工单位布设的隧道施工控制网；而后续轨道施工的测量基准则是隧道贯通后设计单位布设的洞内 CPⅡ平面控制网以及在此基础上布设的轨道控制网 CPⅢ。由于测量方法、网型、阶段等不同，加上隧道内测量条件差、测量误差易于累积等原因，导致两个控制网的测量成果不完全兼容，从而影响了隧道施工中线与后续轨道铺设、精调及维护中线的一致性，易出现隧道内线路侵界现象。为此在长大隧道贯通后洞内 CPⅡ控制网测量时，需对长大隧道线路中线偏差进行调整，调整的方法有：

(1)联测施工控制点以减少施工中线偏差

为了使长大隧道施工中线(基于隧道施工控制网)和后续长大隧道轨道铺设及精调线路中线(基于隧道洞内 CPⅡ平面控制网)更加吻合，减少两者之间的偏差，除了在进行两者控制网测设时，要严格按照甚至高于规范要求执行外，在进行隧道洞内 CPⅡ控制网测量时，还应联测保存完好的隧道洞内施工导线控制点，并将满足洞内 CPⅡ控制精度的洞内施工导线控制点作为约束点参与洞内 CPⅡ导线网约束平差。这样得到的 CPⅡ控制网，既可满足 CPⅡ控制网本身的精度要求和控制 CPⅢ平面网的精度要求，还能够使线路中线与隧道中线的错位量控制在最小的范围内，从而保证隧道现状尽可能满足行车的限界要求，减少了后续线形调整的工作量。

例如在进行某山区铁路某长大隧道(长度 13.3 km)隧道洞内 CPⅡ导线网的测量中，除了联测该隧道进、出口处的 CPⅠ点对外，还联测了洞内 11 个保存完好的原施工导线控制点。在进行隧道洞内 CPⅡ平差计算时，分别采用两种方法进行平差计算。第一种方法是仅约束隧道进、出口处的 CPⅠ点对，进行洞内 CPⅡ导线网平差计算；第二种方法是在联测的 11 个原施工导线点中，选择 2 个兼容性较好的隧道洞内施工导线点，将隧道进出口处的 CPⅠ点对和这 2 个施工导线点作为约束点进行洞内 CPⅡ导线网平差计算。两种不同方法与施工坐标差值见表 3.3。

表 3.3　不同方法得到的施工控制点坐标差值统计表

点　号	第一种方法坐标差值		第二种方法坐标差值	
	ΔX/mm	ΔY/mm	ΔX/mm	ΔY/mm
CJ18	156.0	−50.2	39.5	−18.2
CJ19	149.7	−59.4	23.0	−20.5
CJ22	190.2	−85.8	40.5	−32.5
CJ23	203.4	−95.4	46.2	−37.1
CJ27	250.8	−121.5	79.8	−53.7
CJ28	261.8	−129.8	89.2	−61.0
176308	134.6	−47.0	−15.2	14.8
179590	46.8	−15.5	3.4	1.2
179905	38.8	−15.1	2.8	−3.4

从表 3.3 可知：相对于第一种方法，采用第二种方法平差后，计算出来的原施工导线点的新坐标成果与施工单位提供的坐标成果差值要小得多，且经验证该成果能满足后续轨道控制网 CPⅢ测量、轨道铺设和精调精度要求，从而达到长大隧道线路中线偏差调整的目的。

(2)根据断面测量结果进行 CPⅡ控制网数据处理以减少施工中线偏差

由于隧道施工控制点在隧道开挖、隧道仰拱施工及隧道后续施工过程中极易遭破坏，因此，在隧道贯通后进行洞内 CPⅡ控制测量时，极易出现联测不到隧道施工控制点，或联测的隧道施工控制点不在合适的位置上，或联测出来的隧道施工控制点无法满足洞内 CPⅡ控制测量精度。在这种情况下，可根据断面测量结果进行 CPⅡ控制网数据处理(图 3.7)，即可通过检核线路中线与隧道断面中线偏差量，对偏差量超限处附近的 CPⅡ点坐标进行适当调整，并将调整后的 CPⅡ点作为约束点参与洞内 CPⅡ控制网平差，相当于构建了“CPⅡ虚拟控制点”，这样可有效解决长大隧道线路中线偏差问题。从而保证隧道的净空尽可能满足行车的限界要求，减少了后续线形调整的工作量。

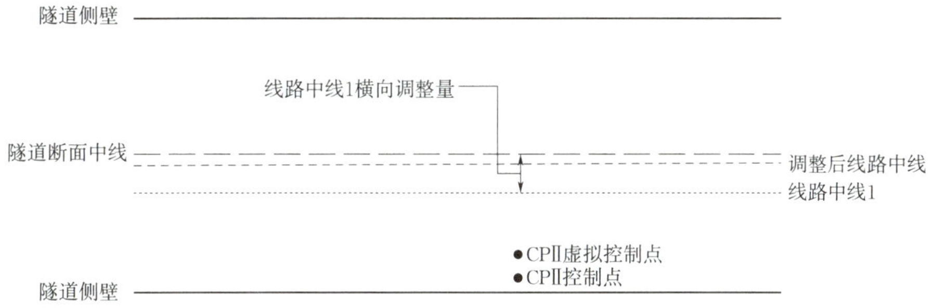

图 3.7 隧道断面中线与 CPⅡ控制的线路中线的关系示意图

(3)其他调整方案

前面介绍的两种隧道线路中线偏差调整方法主要是从隧道洞内 CPⅡ控制测量的角度出发，进行线路中线偏差调整。由于当前铁路隧道越建越长，隧道施工控制网的测量误差和隧道线路的中线偏差也随着隧道长度的增加而增大。某些情况下，采用前面介绍的两种方法能减小但无法消除长大隧道线路中线偏差。此时，除了利用上述方法减小长大隧道线路中线偏差外，在迫不得已的情况下，还可在保障隧道行车安全、满足现行设计规范要求以及避免或减少废弃工程的前提下，采用隧道中线拟合、隧道线路纵断面调整等方法从设计上加以调整，以消除或减小隧道线路的中线偏差，从而消除或减少侵界段落。

3. 铁路长大隧道高程贯通误差调整技术

铁路长大隧道高程控制测量的方法和途径主要有两种，第一种是采用最普遍、最广泛的二等水准测量，第二种是二等三角高程测量。不管是采用二等水准测量方式，还是采用二等三角高程测量方式进行隧道贯通前的高程控制测量，其测量的路线长度将不可避免存在绕行现象。通常情况下，隧道越长、山越大、交通条件越差，则高程控制测量的路线绕行情况越严重，洞外水准路线的长度越长。

由于高程控制测量存在系统误差和偶然误差，高程控制测量路线绕行越长，其测量累积的误差可能就越大。长大隧道贯通后，隧道洞内二等水准测量的两洞口控制点间的高差，与隧道贯通前绕行所测的高差必然不一致，其差值(即隧道洞内水准贯通闭合差)可能大也可能小。当隧道洞内水准贯通高差闭合差≤$6\sqrt{L}$时，可以隧道进出口两端稳定的二等水准点为固定点进行高程平差；当隧道洞内水准贯通高差闭合差>$6\sqrt{L}$时，则应将水准路线向两头延伸，使之≤$6\sqrt{L'}$（L'为延长后的附合水准路线长度），再固定两端水准点高程，对该段水准路线进行约束平差，并调整平差范围内的二等水准点高程，从而达到长大隧道高程贯通误差的调整，消除隧道断高。

3.2 艰险地区高速铁路多源数据制图及建模

3.2.1 高分辨率卫星可见光及高分辨率SAR影像制图

1999年9月，美国Space Imaging公司成功地将IKONOS卫星送入预定轨道并接收卫星影像，标志着高分辨率卫星遥感时代的到来。近年来，国际上高分辨率卫星遥感系统相继发射升空，可见光卫星成像（被动遥感）系统的空间分辨率达到0.5 m，合成孔径雷达（synthetic aperture radar，SAR）卫星成像（主动遥感）系统的空间分辨率达到1 m。影像分辨率的提高必然会带来测图精度的提高，加之高分辨率卫星影像测绘地形图具有摄影范围大，且不受国境线、摄影审批及地面条件等因素的制约的明显技术优势，这为艰险地区高速铁路的大比例尺地形图测绘和更新提供了极为有利的条件。

1. 高分辨率卫星可见光影像制图

（1）有理函数模型（RFM）

出于技术保密原因，商家一般不会向用户提供传感器的方位元素信息，因此，一种独立于传感器的通用模型——有理函数模型RFM（rational function model）应运而生。

有理函数模型是在多项式变换模型的基础上进一步延伸出现的，它采用两个多项式的比值来实现像方到物方坐标的变换。RFM不仅有着优于多项式模型的精度，而且在一定程度上模型的内插误差及震荡现象都有明显改善。

设P和Q是多项式函数，且$Q(x)\neq 0$，那么函数$R(x)$是有理函数。

$$R(x)=\frac{P(x)}{Q(x)}=\frac{a_0+a_1x+\cdots+a_nx^n}{b_0+b_1x+\cdots+b_nx^m}\quad(a_n\neq 0,b_m\neq 0)\tag{3.17}$$

RFM模型作为一种广义的新型遥感卫星传感器成像模型，是一种能获得与严格成像模型近似一致精度的、形式简单的概括模型，被广泛应用。为了优化RFM模型，在像方空间引入简单的补偿模型，以消除系统误差。可以采用定义在影像面的仿射变换、平移变换、比例变换等来校正此类误差。

根据有理函数模型（RFM）求解出90个系数，装入RPC参数文件中，这个是卫星影像粗略定位文件，由卫星影像销售公司提供。但它的定位精度不高，而且多景影像绝对精度不一致，直接利用RPC参数定向，会引起接边误差，因此需先实施空三加密、区域网平差等手段，达到重新纠正RPC参数的目的。

（2）高分辨率卫星影像空三加密技术

高分辨率卫星影像须做降位及灰度拉伸处理。降位可以减少影像数据量，方便测图工作站快速打开影像，实施漫游测图；灰度拉伸可以提高影像的亮度和对比度，增强人眼辨识度。

在无像控条件下，全区域多像对可以通过自动匹配完成相对定向，利用 RPC 参数作为已知条件进行解算，完成自由网平差，并做高程异常改正，实现影像绝对定位。

通过在贵广、沪昆等铁路项目中的试验可知，在少量控制点条件下，即每景像对 4 个控制点，两景像对重叠处布设 2 个控制点(尽量共用)，有的 1 景影像跨度较大，应保证 15～20 km 有 1 对像控点。利用控制点作为已知条件，增加控制点平差权重，减小 RPC 参数的权重，剔除控制点中的错误点，完成区域网平差，并对 RPC 参数实施纠正。

(3)高分辨率卫星影像测图

铁路制图由于考虑长度变形的影响，按线路里程设计多个投影分带，而卫星影像为了保证定向精度的可靠性，在空三加密时，把控制点平面坐标纳入卫星影像 RPC 参数坐标系，高程规定为大地高。而成图必须是工程独立坐标系，高程为正常高，这样对卫星立体模型需进行投影转换。采用的方法是平面坐标投影转换法和高程大地水准面精化法。

另外，由于卫星影像覆盖范围较大，分辨率较高，伴随着数据量也较大，1 景影像往往高达数吉字节(GB)，测图工作站根本无法打开，所以必须对影像及参数做分割处理，测图工作站才能实施漫游。

(4)高分辨率卫星影像测图精度统计

经多个艰险地区高速铁路项目试验，在无像控条件下，对 GeoEye、WorldView、Pleiades 等卫星立体像对采用 RPC 参数直接求解定位坐标，并做高程异常改正，完成自由网空三加密工作，测制了 1∶10 000 地形图，将该地形图与 1∶2 000 地形图作比较，平面、高程中误差优于 5 m，满足 1∶10 000 制图精度要求。在少量像控条件下，即每景像对 4 个控制点，并保证 15～20 km 有 1 对像控点。采用区域网空三加密方法，测制了 1∶2 000 地形图，通过外业实测散点检查，平面中误差优于 1.2 m，高程中误差优于 0.8 m，满足 1∶2 000 制图规范要求。利用 1.5 m 分辨率的 SPOT6/ SPOT7 卫星影像，在少量像控条件下测制了 1∶10 000 制图，经散点检查满足测图精度要求。

2. 高分辨率 SAR 影像制图

艰险地区高速铁路制图区域时常被云雨所覆盖，基于被动成像的航空摄影与卫星遥感均无能为力，这就迫切要求为这种困难天气条件下的地形测绘探索主动遥感测图技术，高分辨率 SAR 影像制图技术应运而生。与可见光被动传感器相比，SAR 成像具有全天候、全天时的工作特性和几乎不受云雨制约的技术优势。

雷达的侧视成像模式，导致 SAR 影像斜距向地面分辨率是不均匀的，呈现典型的近斜距压缩、远斜距拉伸现象。与光学遥感和摄影测量的成像结果相比，雷达影像的成像几何更为复杂，几何畸变更加明显。雷达传感器是通过微波电磁脉冲进行主动成像的，成像机理决定了其无法避免斑点噪声效应的出现，与光学遥感图像相比，雷达影像受噪声影响严重且信噪比较低。此外，雷达影像记录了雷达波作用在地面的反射信号的强度，缺少地表覆盖的纹理信息也成为影响 SAR 测图精度的主要原因之一。

(1)SAR 卫星遥感影像有理函数模型优化

对于 PRC 解算误差来说，主要受轨道误差影响，由于解算过程没有任何地面真实值改正，会出现线性的偏移差，基于此，Hanley 于 2004 年提出了像空间补偿间接优化模型，采用两个偏差改正数对传感器平台在两个垂直方向的横向漂移进行补偿。然而，作为像空间补偿间接优化模型无法直接被商业软件所识别，因此，在此基础上构建了像空间补偿直接优化模型。

假设在像空间的改正值为($\Delta r,\Delta c$)，其补偿模型为

$$\begin{cases} r_n=\dfrac{P_1(X_n,Y_n,Z_n)}{P_2(X_n,Y_n,Z_n)}+\Delta r=\dfrac{P_5(X_n,Y_n,Z_n)}{P_6(X_n,Y_n,Z_n)} \\ c_n=\dfrac{P_3(X_n,Y_n,Z_n)}{P_4(X_n,Y_n,Z_n)}+\Delta c=\dfrac{P_7(X_n,Y_n,Z_n)}{P_8(X_n,Y_n,Z_n)} \end{cases} \tag{3.18}$$

式中 P_1,P_2,P_3,P_4——基于地形无关解算 RPC(记RPC_0)的有理多项式；

P_5,P_6,P_7,P_8——待求 RPC 的有理多项式；

(X_n,Y_n,Z_n)——规范化的地面点坐标；

(r_n,c_n)——规范化的像方坐标。

通过控制点计算像空间补偿，直接优化 RPC 参数。

(2)SAR 卫星遥感影像测图

高分辨率 SAR 影像成图方法主要有两种，一是将其转化为有理函数模型立体测图，二是三维重建方法(干涉相位生成 DEM 的方法)成图。

有理函数模型立体测图是将 SAR 影像转化为光学影像，并利用优化后的 RPC 参数，在测图工作站中完成定向、坐标转换以及测图工作。将雷达影像转化为光学影像，视觉上分辨率不高，人眼辨识度较低，所以立体测图的精度较低。SAR 影像制图主要考虑采用三维重建的方法，自动生成 DEM 数据，剔除 DEM 中粗差点，利用编辑后的 DEM 数据内插等高线和高程点，形成制图需要的地形数据。地物可采用光学卫星影像修测得到。

(3)SAR 卫星遥感影像匹配与干涉图生成

首先选定主影像为目标空间，将从影像地理空间配准到主影像的地理空间完成粗配准，计算出两幅 SAR 图像间的坐标偏差值；再选取一定大小(3×3)的配准窗口和适当的相关算法完成精配准。将精配准结果进行重采样和多视处理，计算出每个像素点对的相位差值和干涉相位图。

这里生成的干涉相位既包含参考椭球面的相位信息，又包含地形起伏引起的相位，因此需要去除参考面干涉相位和平地效应相位。由于干涉相位中每个像素都存在整周模糊度，因此需要对缠绕的干涉相位图进行相位解缠，从而计算出干涉像对的绝对相位差值。通常使用基于路径控制的积分法或者基于最小二乘的整体求解算法计算每个像素的相位差整周数。

根据每个像素点的相干系数、非缠绕相位差值和轨道参数，计算出对应地面点的高程 H，并对该像素点的像素坐标(x,y)进行地理编码，转换为地理坐标(L,B)，从而生成干涉 DEM。图 3.8 所示为干涉相位图和干涉生成的 DEM 图。

(4)SAR 卫星遥感影像成图精度

在某艰险地区高速铁路采用 SAR 卫星遥感影像制图，经统计，基于有理函数模型 3 m 分辨率的 SAR 影像立体测图，采用人工立体测图方法，X 中误差为 9.84 m，Y 中误差为 5.34 m，高程中误差为 12.86 m；通过三维重建法，X 中误差为 4.91 m，Y 中误差为 5.42 m，高程中误差为 4.46 m，三维重建法精度高于人工测图方法。SAR 立体影像成图采用三维重

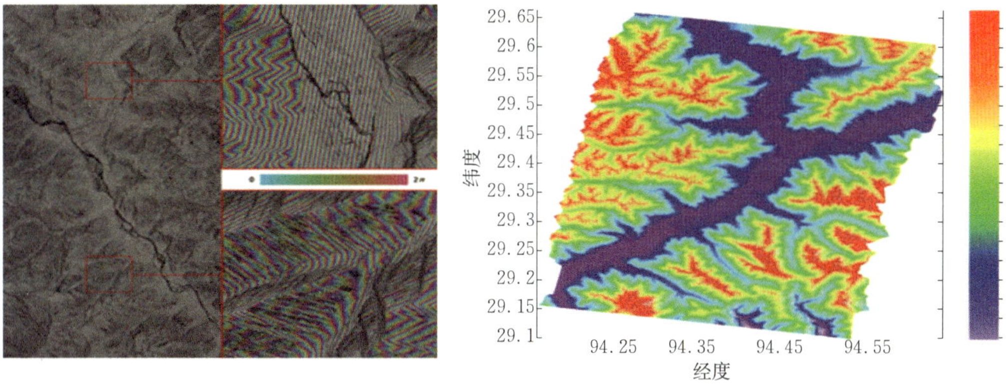

图 3.8　干涉相位图及干涉 DEM 图

建方法满足 1∶10 000 制图精度要求。

利用 2 m 分辨率 TerraSAR-X/TanDEM-X 干涉生成的 DEM 与 1∶2 000 地形图生成的 DEM 作比较，高山峡谷地区统计高程中误差为 3.03 m，满足 1∶5 000 制图精度要求。

3.2.2　航测地形测绘新技术

艰险地区高速铁路地形测绘（1∶2 000 地形图、1∶500 工点地形图和 1∶200 断面图）非常困难，IMU/DGNSS 辅助航空摄影测量技术、机载 LiDAR 测量技术、航测法测绘 1∶500 工点地形图和 1∶200 横断面技术、三维断面采集技术的研究和应用，将大量野外工作转移至室内完成，大大减少野外测量工作量，保证工期、质量和人员安全。

1. IMU/DGNSS 辅助航空摄影测量测绘大比例尺地形图

（1）直接定向测图

利用高精度的 POS（position and orientation system，定位定姿系统）系统辅助摄影完成后，结合事后 DGNSS 及 IMU 数据处理成果，可以得到曝光瞬间传感器的精确位置和姿态参数。通过检校场数据的处理可以对系统差进行改正，得到每张像片的高精度外方位元素，利用外方位元素在数字摄影测量工作站上恢复立体，直接测绘地形图。

艰险地区高速铁路勘察设计前期，利用直接定向测图测绘 1∶10 000 地形图，在航空摄影完成后不需要地面像控点的情况下，可有效满足选线对地形图的需要。特别是地面控制点获取困难的情况下，直接定向法就体现出很大的技术优势，而且精度也能得到保证。

（2）IMU/DGNSS 辅助空三制图

直接定向测图方法在精度上不能达到 1∶2 000 大比例尺制图的要求，但将 IMU/DGNSS 中获取的外方位元素作为初始值代入到空三运算中，利用像片匹配的连接点和地面控制点等辅助数据，平差计算后可以获得更高精度的结果。

通过大量试验证明，仅用 4 个地面控制点（测段四角）能达到较高的精度，在艰险地区高速铁路 1∶2 000 制图时，每个测段均布设 6 个地面像控点，以保证制图精度。在渝昆铁路、郑万铁路等艰险地区高速铁路的勘察设计中广泛采用 IMU/DGNSS 辅助空三制图，有效克服了地面像控点难以选刺的困难，减少野外工作量，提高了作业效率。

2. 利用航测方法进行工点地形图和横断面图测绘

(1)航测法测绘 1∶500 工点地形图适用条件

在Ⅱ、Ⅲ、Ⅳ级地形地区，利用 1∶8 000～1∶12 000 摄影比例尺的航片，外控点全野外布设；大于 1∶8 000 摄影比例尺的航片，外控点按航线网布设，内业电算加密。

(2)航测法测绘 1∶200 横断面图适用条件

利用不小于 1∶8 000 摄影比例尺的数码航空摄影成果，在数字摄影测量工作站上，测绘 1∶200 数字化横断面图(图 3.9)，将外业实测中桩高程替换内业采集中桩高程后，能满足艰险地区高速铁路勘测设计的精度要求。

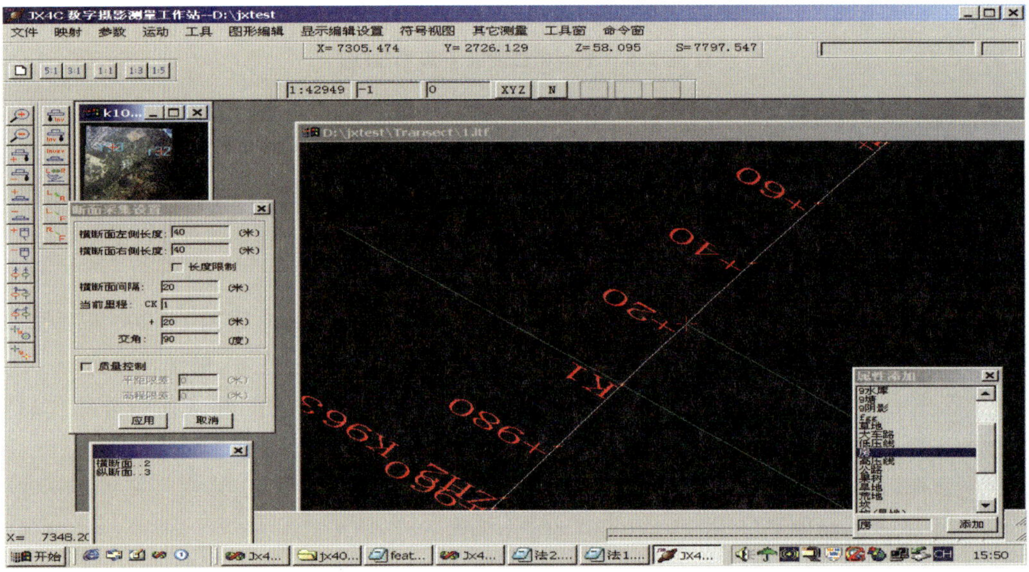

图 3.9　航测横断面采集示意图

3. 艰险地区高速铁路机载 LiDAR 测量技术

艰险地区高速铁路穿行于崇山峻岭之间，地形陡峻，植被茂密，野外测量工作开展困难，传统的测量手段无法保证测量成果的质量，也无法保证测量任务的按时完成。机载 LiDAR 对植被有一定的穿透性，能够快速、准确地获取地表三维空间信息。

机载 LiDAR 摄影同时获取高精度和高密度的“点云”和高分辨率的数码影像。“点云”数据经过滤波分类将植被、房屋等非地面点剔除后得到大量的地形点，基于地形点生成高精度的数字地面模型 DEM。再利用 DEM 对高分辨率影像进行正射纠正，镶嵌得到高精度和高分辨率的数字正射影像 DOM。

利用 DEM 自动生成等高线和高程注记点，利用 DOM 采集房屋、道路、水系等地物。将等高线、高程注记点和地物套合后进行编辑修改，生产出满足高速铁路勘察设计需要的 1∶2 000、1∶500 地形图。

利用虚拟现实技术把 DEM、DOM 重新构建成三维地形模型后，直接从三维地形模型上进行横断面采集，并同步采集断面点属性。三维断面采集已在云桂铁路、贵广铁路等艰险地区高速铁路项目中广泛应用，如图 3.10 所示。

图 3.10　利用 LiDAR 三维数据采集纵横断面

3.2.3　无人机低空摄影测量技术及应用

近年来，随着低空无人机技术的快速发展，无人机低空摄影测量得到快速发展。无人机低空摄影测量具有快速、灵活和低成本的优势，在艰险地区高速铁路地形测绘中作为常规摄影测量的一种有效的补充技术手段，应用越来越广泛。低空无人机摄影测量在原理上与常规摄影测量并无区别，但无人机平台由于本身尺寸较小，重量较轻，在开展低空摄影过程中易受外界因素影响，稳定性较差；摄影使用的民用相机像幅较小，镜头畸变较为严重等因素决定了无人机低空摄影测量与常规摄影测量有所区别，在使用过程中需特别注意。

1. 无人机低空摄影测量

(1)无人机低空摄影测量技术流程

无人机航测技术流程如图 3.11 所示，由无人机低空摄影测量系统获取数码影像、POS 及相机参数，再利用测量的外业像控点，采用空三加密、立体测量等方式内业处理获得 DOM、DEM、DLG 以及三维产品。

(2)无人机低空摄影测量特点

①排列不整齐

无人机受顺风、逆风和侧风影响大，加上俯仰角和侧滚角的影响，航带的排列不整齐，主要表现在重叠度(包括航向和旁向重叠度)的变化幅度大，甚至可能出现漏拍的情况，如图 3.12 所示。

②旋偏角大

受侧风和不稳定气流影响，相邻两张影像一般容易出现旋偏角变化特别大(远超传统航测规范要求)的情况，如图 3.13 所示。

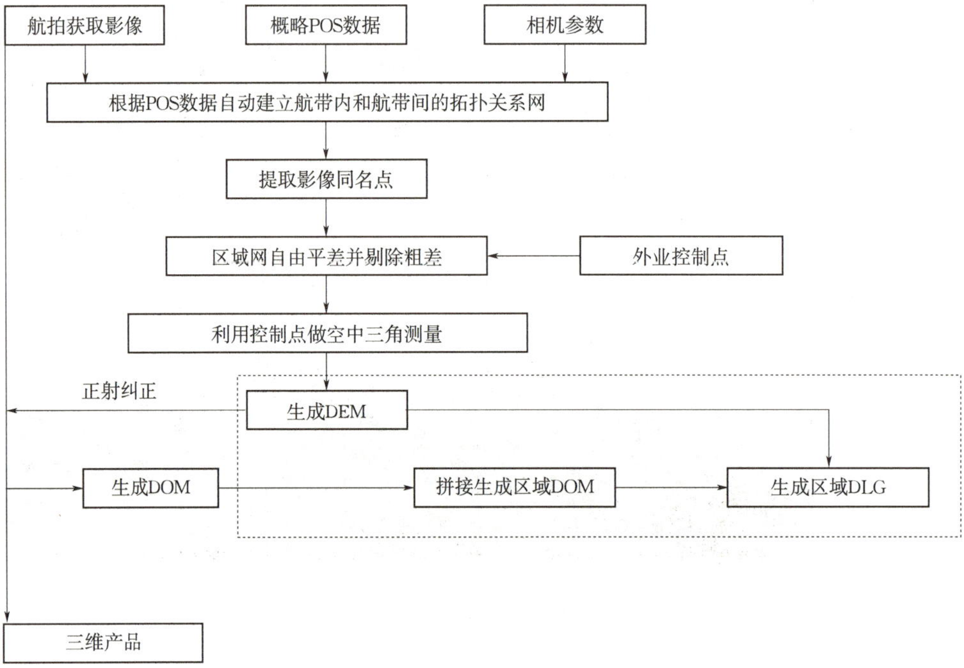

图 3.11 无人机航测技术流程

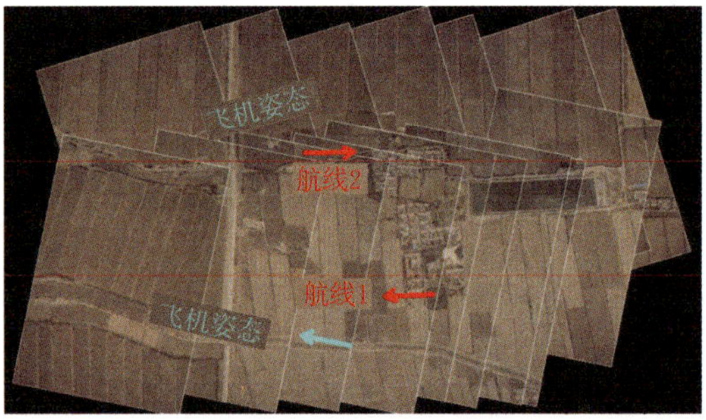

图 3.12 影像排列不整齐示意图

③影像畸变大

相对专业航摄仪来说，小数码影像(普通数码相机拍摄的)畸变大，边缘地方畸变可达数十个像素以上。

2. 无人机低空摄影测量关键技术

(1)GNSS 辅助无人机低空摄影像控点布设方案

在贵广、沪昆等艰险地区高速铁路无人机低空摄影像控点布设时，针对约 6 km×6 km 的区域，分别采用了区域网四点法、六点法、九点法、二十六点法进行像控点布设和制图，并对各种像控点布设方案所制的地形图进行实地散点检查，确认各种像控点布设方案所制地形图精度。结果表明：对于 1∶2 000 地形图，采用区域网六点法进行布点比较经济合理，点对间距离为 3 km 左右，制图精度满足规范要求。

(2)无人机低空摄影影像去畸变

无人机低空摄影系统所携带的相机一般为非专业量测相机，畸变较大，对高速铁路大比例尺地形图制图精度有较大影响。研究证明，无人机低空摄影获取的航片经过去畸变后，能明显提高空三加密的速度和质量。

①无人机低空摄影影像去畸变方式

无人机低空摄影航片去畸变有两种方式：传统的检校场检校去畸变和飞行检校去畸变。其中检校场检校结果可靠，但需严格测定标志点物方三维坐标，且需定期复测，建设及维护

图 3.13 影像旋偏角大示意图

成本高。而飞行检校(自检校)是根据飞行的影像,采用匹配平差的方式检校出准确的相机参数,其灵活性强,操作简单,但影像质量、地物类型对检校结果有一定的影响。

②无人机低空摄影影像去畸变模型

无人机所携带的相机在出厂前均会进行相机的室内检校,每架飞机都带有对应的相机编号的检校报告(倾斜相机除外,仅具有一套通用的相机畸变参数)。但在使用过程中,因携带运输、温度等影响,其相机参数仍然会发生变化,因此在数据处理过程中需要进行相机的自检校。自检校主要通过空三自检校的方式进行正射影像的畸变处理,如图 3.14 所示。

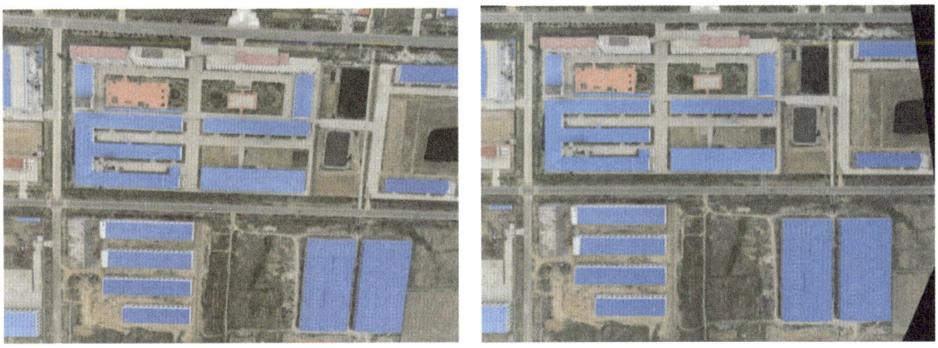

(a) 原始影像　　(b) 校正影像

图 3.14 原始影像及去畸变后影像

获取的无人机影像包含内方位元素和外方位元素,数码相机的检校主要是针对内方位元素。根据光学原理,相机的物镜畸变可通过如下数学模型来纠正:

$$\begin{cases} x_u = x - x_0 \\ y_u = y - y_0 \\ x_d = x_u(1 + K_1 r^2 + K_2 r^4 + \cdots) + [P_2(r^2 + 2x_u^2) + 2P_1 x_u y_u](1 + P_3 r^2 + P_4 r^4 + \cdots) \\ y_d = y_u(1 + K_1 r^2 + K_2 r^4 + \cdots) + [P_1(r^2 + 2y_u^2) + 2P_2 x_u y_u](1 + P_3 r^2 + P_4 r^4 + \cdots) \end{cases} \tag{3.19}$$

式中 (x, y)——无畸变像点在以左上角为原点的像平面坐标系下的坐标；

(x_u, y_u)——以像主点(x_0, y_0)为原点的像平面坐标系下的坐标，是在(x_d, y_d)的基础上除影像畸变后的像素坐标；

(x_c, y_c)——畸变中心；

K_n——径向畸变参数；

P_n——切向畸变参数；

r——(x_u, y_u)的径向距离，$r = \sqrt{(x_u - x_c)^2 + (y_u - y_c)^2}$。

③无人机低空摄影航片曝光延迟改正

无人机低空摄影时，飞控系统同时将信号发送给相机和 GNSS 模块，由于相机从接收信号到曝光需要一定的反应时间导致曝光延迟，并且由于相机每次从接收信号到曝光所需时间不相同导致同步误差波动较大。这种延迟会导致 GNSS 记录位置与相机实际曝光位置存在差异。结合无人机摄影测量作业的特点，考虑相机的曝光延迟时间以及各个曝光瞬间的位置偏移，需要针对各个曝光点的曝光延迟误差进行逐点曝光补偿。

相较于传统方法，顾及曝光延迟的无人机 GNSS 辅助光束法平差模型更侧重于对各个曝光点的曝光延迟误差进行逐点曝光补偿，更适合于无人机的 GNSS 辅助光束法平差方法。在模型解算过程中，可将曝光延迟作为求解未知量与其他系统误差代入方程组内进行统一求解，消除由于曝光不同所带来的误差影响，从而提高 GNSS 辅助空三平差精度。图 3.15 所示为相机曝光延迟原理。

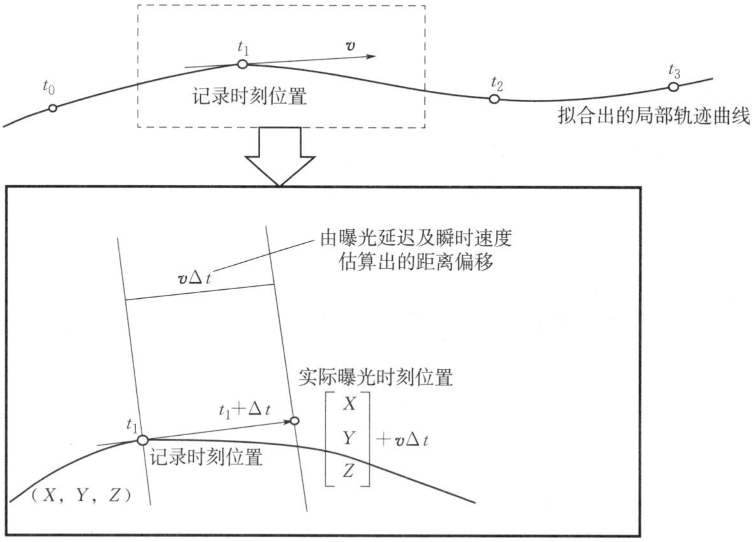

图 3.15 相机曝光延迟示意图

④无人机低空倾斜摄影三维地形建模

通过在同一无人驾驶飞行平台上搭载多台传感器(目前常用的是五镜头相机),同时从垂直、倾斜等不同角度采集影像,获取地面物体更为完整准确的信息。无人机低空倾斜摄影的关键技术包括多视影像联合平差、多视影像密集匹配、数字表面模型生成和真正射影像纠正等。

高冗余度的航摄影像重叠,为高精度的影像匹配提供了条件,使得基于人工智能的三维实体重建成为可能。通过后处理可以生产高精度实景三维地形模型,并在高精度实景三维地形模型上精确量测模型的长度、宽度、体积等信息。图 3.16 所示为某隧道建立的实景三维地形模型及裂缝量测情况。

图 3.16　某隧道实景三维地形模型及裂缝量测

3.2.4　地面三维激光扫描测量技术及其应用

1. 地面三维激光扫描测量技术

地面三维激光扫描测量技术是利用激光测距的原理,通过记录被测物体表面大量密集点的三维坐标、反射率和纹理等信息,快速复建出被测目标的三维模型及线、面、体等各种图件数据。在地面三维激光扫描测量技术的基础上,增加以列车、汽车或轨道小车等移动载体、全景相机和惯导定位定姿传感器,发展形成了三维激光扫描移动测量技术。三维激光扫描系统具有测量精度高、采集空间点的密度大、数据获取速度快、自动化程度高、操作方便等特点,且其融合了激光反射强度和物体色彩等信息三维激光影像数据,为测量目标的识别分析提供了进一步的研究内容。地面三维激光扫描测量技术使传统的单点测量采集数据变为密集、连续的自动获取面状数据,大大增加了信息量,提高了工作效率,拓宽了测绘技术的应用领域。

2. 地面三维激光扫描测量系统组成

地面三维激光扫描测量系统包括三维激光扫描仪、靶标、仪器支架和电源。此外,三维激光扫描移动测量系统还包括 POS 系统和高分辨率 CCD 相机。三维激光扫描仪是整个系统的核心,包括激光测距系统、激光扫描系统、控制及内部校正等部件。通过仪器内的芯片和存储器,将直接测量得到的极坐标数据转换为三维空间坐标数据,形成原始点云数据。

3. 地面三维激光扫描作业过程

地面三维激光扫描作业过程包括现场踏勘、扫描站点布设、标靶布设和测量、扫描测量等。

(1)现场踏勘

了解整个测区概况,初步划分扫描作业面;收集测区内可能存在的已有控制点,以便于将扫描坐标转换至外部坐标系下。

(2)扫描站点布设

扫描站点应选择在平坦、稳定的地方;在保证精度的情况下,每个扫描站点应能最大范围地扫描到目标场景。

(3)标靶布设和测量

一般在扫描测量作业中,应根据测量要求和实际情况,在测区内布设标靶。例如,当标靶用于点云配准时,应将标靶布设在重叠区域内,并且至少需要布设三个或三个以上的标靶,布设标靶时应注意不能将其布设在一条直线上。靶标布设后,应根据测量要求,利用常规测量方法测取靶标和反射标志几何中心的坐标。

(4)扫描数据的采集

扫描时可通过控制软件或直接对扫描设备设定扫描参数,包括扫描距离、扫描间隔(水平间隔和垂直间隔)、重复采样次数等。扫描间隔较大时称为粗扫;扫描间隔较小时,获取的点云数据较为密集,称为精扫。扫描数据采集过程中,可以先进行粗扫,获取扫描区域的草图,再进行精扫采集草图中指定区域的高分辨率点云数据。

4. 地面三维激光扫描数据处理

(1)噪声去除

原始点云数据中包含大量的噪声。噪声来源很多,如周围振动的影响使得获取的数据不能表示真实的研究物体;此外,由于激光光束的离散度,使得一个发射光束可能接收到不同物体返回的反射光束而产生噪声,这种噪声在物体边缘十分明显。噪声可以通过不同的方法去除,如人工选择删除;设置扫描仪至研究对象大概的距离范围进行删除;通过研究一些算法进行删除等。

(2)标靶定位

标靶是地面三维激光扫描仪必不可少的辅助工具之一,可以用于点云配准或点云定位。标靶靶心坐标的提取一般都是利用软件自带的标靶识别功能完成。

(3)点云配准

由于每一站所获得的点云数据坐标是处于当前扫描站坐标系下,且每一站坐标系是相对独立的,为了得到整个研究对象的完整表示,必须将每站扫描坐标系下的点云数据转换至同一坐标系下,这个坐标系可以是某一站的扫描坐标系,也可以是某一局部坐标系,或者是地面测量坐标系。

(4)点云简化

地面激光扫描获取的是海量的点云数据,海量点云数据一方面能详细描述物体特征,但另一方面也为数据处理带来了很大的困难。同时这些数据中,有很多是多余的。这些多余的数据不利于后续的三维建模,因此需要将数据进行简化,尽可能用最少的点最好地表达研究区域。

(5)特征提取

特征提取是指从点云数据中提取有用的点、线、面、体等几何信息并识别这些信息的过程,它是三维建模的基础,因此也成为激光扫描数据处理的重要内容之一。特征提取常与点云分割、点云拟合联系在一起。

(6)三维建模

目的就是重建实物的数字模型,建立真实的三维模型,实现在数字模型上进行各种量测与分析工作。

5. 在艰险地区高速铁路勘测设计的应用

地面三维激光扫描技术在铁路工程测量中具有很强的工程适用性。特别是在艰险地区高速铁路勘测中应用三维激光扫描技术具有重要现实意义和巨大的应用潜力。将三维激光扫描技术引入到艰险地区高速铁路的隧道洞口、桥梁、滑坡坍塌、危岩落石、岩土、地质工程等勘测调查中,有着传统勘测方法难以比拟的优势。

在某艰险地区高速铁路进行危岩体测绘,通过地面三维激光扫描非接触式主动测量,获取危岩体三维模型,配合高分辨率数码影像,实现室内岩体结构面获取、断面提取和危岩体几何尺寸量测等,为艰险地区高速铁路地质灾害整治措施的设计提供高可靠性的基础数据,如图 3.17~图 3.19 所示。

图 3.17　现场勘测及标靶布设

图 3.18　隧道进出、口影像的获取

图 3.19　危岩石体俯视图显示、激光点提取及立面图测绘

除此之外，随着近些年地面三维激光扫描技术的不断成熟和完善，铁路相关单位在铁路三维扫描移动测量系统方面也做了大量的研究、探索、尝试和应用。以移动载体作为观测平台，不间断地获取施工现场、运营铁路轨道及附属设施的高精度点云数据，通过一系列的后处理运算之后，得到更加精确、有效、完整的施工现场构筑物及运营铁路的相关信息（图 3.20）。在既有线勘测设计、运营维护管理、变形监测及高速铁路施工等项目中成功应用此技术，从而推动了铁路工程测量技术进步，取得了良好的社会及经济效益。

图 3.20　三维激光扫描移动测量

3.2.5　多源数据融合的三维建模

1. DEM＋DOM 三维地形建模

DEM 数据是工程三维设计的重要支撑数据，DEM＋DOM 三维地形是图形化的三维模型，具备多角度观测、可分析的特点，如利用 DEM 模型进行坡度分析、汇水分析、泥石流模拟等，如图 3.21 所示。

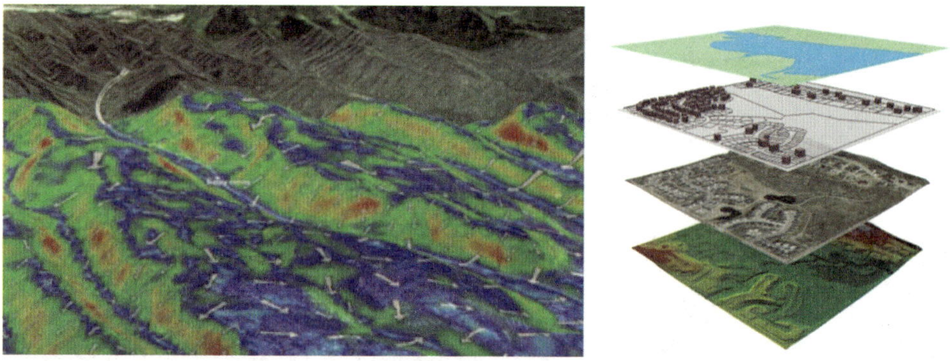

图 3.21　三维地形制作

DEM 的制作时间和成本随精度要求的提高快速增长。根据比例尺精度要求的不同，DEM 和 DOM 的制作可采用卫星遥感、航空摄影、LiDAR 激光扫描等多种方式。

采用机载激光雷达技术不仅能够提供高精度的三维地形地貌，同时机载雷达具有多次回波可“穿透”地面植被，通过滤波算法有效去除地表植被的影响，获取真实地面高程数据信息，如图 3.22 所示。特别是一些古滑坡，必须通过 LiDAR 才可识别。这些滑坡在长期重力或外界因素作用下（如河流侵蚀、强降雨等），容易重新发生滑坡，成为重大地质灾害隐患点。

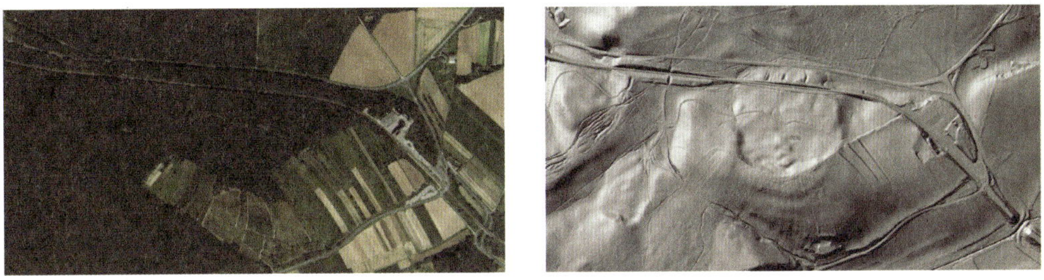

（a）高植被覆盖区光学影像　　（b）过滤植被后的DEM

图 3.22 过滤植被后的 LiDAR 影像使植被覆盖下的古滑坡清晰可见

传统 DEM 生产需要大量的人工干预，效率低，成本巨大，无法满足实际工程的需要；特别是艰险地区铁路沿线地形结构错综复杂、高差起伏大，高山峡谷人迹罕至地区，卫星影像和大飞机航空影像的精度与分辨率对沟底区域的感知和反映细节不够，需融合无人机低空甚至地面采样等多源遥感数据，因此将发展空天地一体的精细化 DEM 重建方法，构建顾及多边界约束的泊松智能滤波与编辑框架，实现铁路沿线精细化 DEM 的智能重建。

2. 基于倾斜摄影测量的高精度三维模型构建

桥梁、路基、隧道进出口等工点设计必须建立精度达到 1∶500 的高精度精细化三维模型。倾斜摄影测量是建立大范围复杂地形地物高精度单体化实景三维模型的有效途径，无人机倾斜影像地面分辨率最高可达 1 cm，可为精细化工程勘察和 BIM 设计提供详细的地形及地物数据，也可为征地拆迁调查和工程经济估算提供可靠的科学依据。

(1)倾斜影像空三平差

由于倾斜影像具有较大的倾角，不同影像之间存在显著的几何变形，导致类 SIFT 特征描述符匹配性能严重下降，使得空三平差不可靠。航空倾斜摄影系统在影像采集时，可通过 POS 系统实时获取相对可靠的初始位置姿态信息，利用该信息对原始影像实施几何粗纠正可在一定程度上减轻、消除几何变形，如图 3.23 所示。

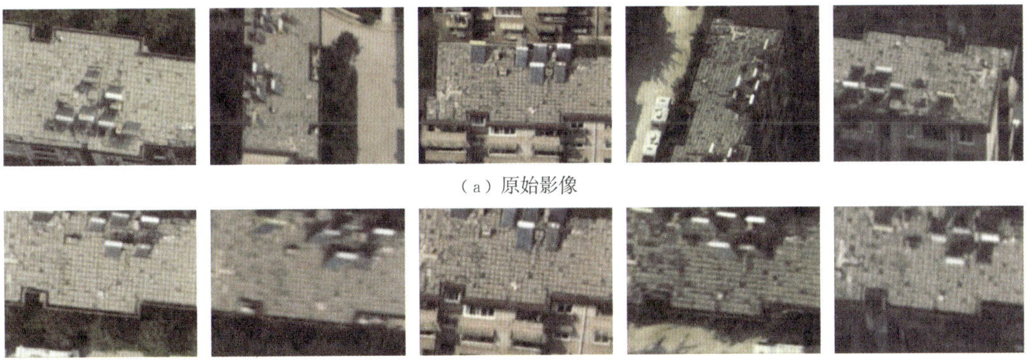

（a）原始影像

（b）粗纠正后影像

图 3.23 多视角倾斜影像几何粗纠正

具体方法步骤如下：首先，基于 POS 数据建立倾斜影像关系图。其次，对任意两幅关联影像，基于 POS 数据等先验信息估计两影像间的相对平移与旋转，得到两影像间的单应变换关系，以此对倾斜影像进行几何粗纠正，从而减轻或消除几何变形影响。然后，利用 SIFT 方法对纠正后影像进行特征匹配，同时结合最小二乘匹配对匹配点进行亚像素定位。重复该步骤直至完成所有关联倾斜影像之间特征匹配。最后，利用增量式 SFM 方法实现倾斜影像空三平差。

(2)纹理感知的倾斜影像密集匹配点云生成

获取视差图之后，不同视角影像之间可能会存在微小的不一致性，可采用基于可见性的融合策略对点云进行融合：首先，利用倾斜影像两两匹配视差图，获取影像深度图；然后，根据点云法向将其投影至相容的影像中，如果该距离小于对应深度图的深度值，则将该点标记为遮挡点，并根据精度信息决定是否将其留下；最后，给定重采样间距，对点云进行基于三维格网的均匀采样。

当前，半全局匹配 SGM 方法已经广泛应用于工业界。SGM 实质是在视差连续性假设下的视差值离散优化方法，其连续性约束通过参数来控制。参数的选择对最终的匹配结果有较大的影响。当参数较大时，视差越平滑，但是在视差断裂区域可能无法保留边缘信息；反之当参数过小时，匹配代价权重将增大，可能由于噪声影响，导致视差粗糙，相邻像素的视差差异增大。由于航空影像包含地物错综复杂，仅依靠梯度调整参数难以顾及实际复杂的视差变化。通过分析影像纹理信息，定量表达纹理丰富程度，使得参数随纹理信息自适应调整，在纹理缺乏区域施加较大视差连续性约束，而在纹理丰富区域，保留更大的匹配代价权重，以保留边缘信息，如图 3.24 所示。最后通过纹理信息计算得到的匹配参数，采用 SGM 算法获取立体像对视差图。

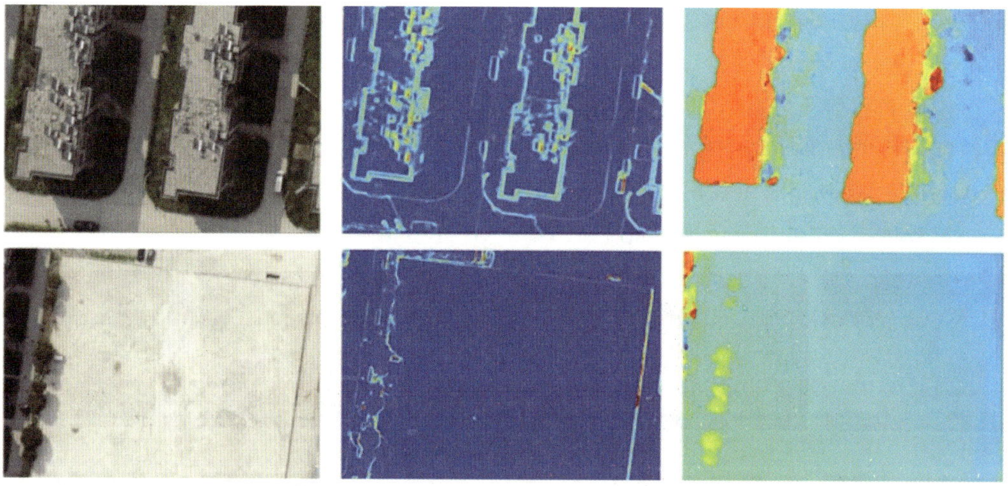

图 3.24　纹理感知的半全局匹配示意图

(3)多级语义关联的点云分类

航空倾斜影像地面分辨率通常在厘米级，顾及多角度、多视重叠的影响，最终通过逐像素密集匹配生成的三维点云密度通常在 100 点/m^2 以上，单个点云提取特征通常不足以获取可靠的语义标识信息。通过点云相似性约束、聚类连接性约束和类别知识约束来获取单个地物可靠的点云类别信息。以点云滤波得到的地面点与非地面点作为输入，通过约束条件将非地面点分为人工目标、植被和杂物三类，最后结合地面点得到最终的单体化地物分类结果。

具体步骤为：首先，进行点云滤波，基于地面点为局部区域最低点的假设，构建点云金字塔。在滤波过程中，逐级利用地面点，内插获取 DEM，并逐级对地面点进行加密，获取可靠的地面点。其次,进行点云分割,基于"具有相似空间分布、颜色、法向量信息的点云具有相同语义类别"的假设前提,采用区域增长的策略,对点云进行区域分割,获取超体素,并结合DEM信息,提取单个超体素的特征值。然后,进行MRF分类,利用聚类连接性约束,基于"相邻超体素之间应具有相似的语义类别"的假设前提,通过半径搜索构建超体素对象临界关系图及其能量函数,采用图割法(GC)快速逼近全局能量的最优解,实现超体素对象的初始分类。最后,进行类别知识约束优化。定义多个超体素对象之间的相互语义关系为一个聚簇,并对不符合某语义知识的聚簇施加一定的惩罚值,从而构建最终的优化目标能量函数,采用混合整数法得到可靠的全局最优解,获取最终的点云分类信息。此外,对于人工目标,采用聚类算法实现其单体化。

(4)拓扑重建和纹理映射

利用模型驱动方法,结合获取的语义信息,快速重建场景中大量的地物对象。对大型复杂对象,结合精细化面片提取与拓扑关系重建,融合数据驱动方法,从有限的基元模型中抽象出通用的结构知识信息,包括共面、平行、正交、对称等结构关系,利用结构知识优化面片提取结果,从而恢复场景对象几何结构。采用面元法向量与影像之间夹角关系,获取备选映射影像,并根据Z-Buffer算法计算遮挡区域,选择不包含遮挡的影像。将面元投影到影像之上,获取对应范围,并将不规则多边形区域重采样成矩形,提高纹理质量,实现精细模型的三维重建。

3.3 基于北斗定位系统的艰险地区高速铁路勘测技术

北斗卫星导航系统(BeiDou navigation satellite system,BDS)(以下简称"北斗系统")是中国正在实施的自主研发、独立运行的全球卫星导航系统。与美国的全球定位系统(GPS)、俄罗斯的格洛纳斯卫星导航系统(GLONASS)、欧盟的伽利略卫星导航系统(Galileo satellite navigation system)并称全球四大卫星导航系统。北斗系统具有的特点包括:一是北斗系统空间段采用三种轨道卫星组成的混合星座,抗遮挡能力强;二是北斗系统提供多个频点的导航信号,能够通过多频信号组合使用等方式提高服务精度;三是北斗系统创新融合了导航与通信能力,具有实时导航、快速定位、精确授时、位置报告和短报文通信服务五大功能。

长期以来,我国铁路勘测主要依赖GPS导航系统进行控制测量工作,受美国GPS政策的影响,在"非常时期"存在一定程度上的安全风险,如果美国限制某些地区卫星导航定位使用,就会导致终端用户无法正常使用该系统。北斗系统由我国自主研发实施,我国拥有完全的知识产权,不受国外政策的影响。因此利用北斗系统及多卫星系统融合定位技术可摆脱只能应用GPS定位测量的局面,提高卫星系统的可用性和可靠度。此外,艰险地区高速铁路地形险峻,很多地段处于高山峡谷地区,不利于GPS卫星信号接收,严重影响控制测量及线路勘测,北斗空间段对我国覆盖率的独特优势,有利于高山区卫星信号接收,北斗系统与GPS联合定位将展现很大优势,成为艰险地区高速铁路建设的优先选择。

3.3.1 北斗卫星定位控制测量

1. 北斗系统铁路勘测数据处理

BDS系统在卫星结构、时间系统与坐标框架方面与GPS系统不同,具有差异性,因此联合基线解算时需考虑其影响。与 GPS 不同,BDS 包含三类卫星:中轨卫星(MEO)、倾斜同步卫星(IGSO)和同步轨道卫星(GEO)。前两者可采用与 GPS 相同的方法计算卫星坐标,但 GEO 在计算卫星坐标时还需进行坐标旋转。时间系统方面,BDS 和 GPS 分别采用北斗时(BDT)和 GPS 时(GPST)作为其时间系统,两者存在固定的 14 s 偏差,因此解算前需统一时间系统。坐标框架方面,BDS 和 GPS 分别采用 CGCS2000 和 WGS-84 坐标系,坐标框架造成的影响小于 1 mm,因此在联合系统解算的过程中,可忽略坐标框架的影响。

为了尽量消除和减弱基线解算中存在的各项误差源(如大气折射误差,接收机钟差,卫星钟差,以及其他误差的影响等),北斗系统铁路勘测数据处理时采用双差作为基线的解算模型。由于 BDS 与 GPS 卫星导航系统间的差异性,在联合解算时着重考虑系统间硬件延迟与接收机钟差的影响。系统硬件延迟通过在不同的卫星导航系统下,选择不同的参考卫星,利用星间差分予以消除,其载波相位双差模型为

$$\begin{aligned}\Delta\nabla\Phi_{\mathrm{S1S2}}^{\mathrm{C1C2}}&=\boldsymbol{B}_{\mathrm{C}}X+\boldsymbol{A}_{\mathrm{C}}N_{\mathrm{S1S2}}^{\mathrm{C1C2}}+V_{\mathrm{S1S2}}^{\mathrm{C1C2}}\\\Delta\nabla\Phi_{\mathrm{S1S2}}^{\mathrm{G1G2}}&=\boldsymbol{B}_{\mathrm{G}}X+\boldsymbol{A}_{\mathrm{G}}N_{\mathrm{S1S2}}^{\mathrm{G1G2}}+V_{\mathrm{S1S2}}^{\mathrm{G1G2}}\end{aligned}\tag{3.20}$$

式中 S1,S2——表示测站;

C1,C2——表示北斗卫星;

G1,G2——表示 GPS 卫星;

$\Delta\nabla\Phi$,$\boldsymbol{N}$,$\boldsymbol{V}$——双差载波观测值、模糊度和残差向量;

$\boldsymbol{X}$——未知参数向量(包含基线分量或基线分量+对流层湿延迟);

$\boldsymbol{B}_{\mathrm{C}}$,$\boldsymbol{B}_{\mathrm{G}}$,$\boldsymbol{A}_{\mathrm{C}}$,$\boldsymbol{A}_{\mathrm{G}}$——系数矩阵。

构建双差模型后,还需探测与修复周跳,解算模糊度,才能获取高精度的基线固定解。采用抗差估计的切比雪夫多项式拟合法及 MW-GF 组合法处理周跳,可有效避免钟跳影响。采用 Lambda 方法快速固定整周模糊度,之后利用 Kalman 滤波便可估计出高精度的基线分量。

2. 北斗/GPS 静态定位测量试验

采用能够接收北斗和 GPS 信号的 Trimble R10 GNSS 接收机在某艰险地区高速铁路进行 CPⅠ控制网测量,沿线大多为高山深沟。对控制网数据进行高精度的数据处理,对比分析了 BDS、GPS 与联合系统的解算精度,并对其中的各项指标进行了比较与分析。

测量结果表明:北斗基线解算精度 X、Z 方向优于 1 mm,Y 方向优于 2 mm;北斗重复基线较差、环闭合差的合格率与 GPS 相当;北斗基线解算能够达到与 GPS 相当的水平,满足高速铁路 CPⅠ控制网建设的要求。北斗与 GPS 双系统联合后,能显著改善基线的解算精度,从而提升基线环的稳定性及平差后的点位精度。北斗与 GPS 联合系统无论是在基线解算精度,还是可靠性方面,均明显优于单独系统,因此在铁路特别是艰险地区高速铁路控制网建设中,应尽量加入 BDS 联合解算。

3. GPS 卫星数不足时联合 BDS 卫星解算性能分析

艰险地区高速铁路很多地段处于高山峡谷地区,不利于卫星信号接收。某艰险地区高速铁路测量表明,当观测到 2~3 颗 BDS 卫星和 3 颗 GPS 卫星,此时由于卫星个数不足,无论单独采用 BDS 系统,还是单独采用 GPS 系统均不能进行定位,而采用双系统进行融合则能实现精确定位。

(1)单历元定位性能分析

表 3.4 为单历元定位时模糊度固定成功率统计表。由表 3.4 可知,在采用单历元定位时,相比于 3 颗 BDS 卫星和 3 颗 GPS 卫星的情况,2 颗 BDS 卫星和 3 颗 GPS 卫星融合解算时模糊度固定成功率稍低,但二者模糊度固定的成功率均达到了 95%以上。虽然卫星个数较少,导致卫星的空间结构较弱,但其对模糊度固定成功率的影响较小,且基线向量 X、Y、Z 方向单历元的定位结果均可达到厘米级。

表 3.4 模糊度固定成功率统计

卫星系统	卫星数/颗		有效历元数/个	成功历元数/个	成功率/%
	BDS	GPS			
BDS&GPS	3	3	4 918	4 917	99.98
BDS&GPS	2	3	4 918	4 757	96.68

(2)Kalman 滤波静态定位结果分析

采用静态 Kalman 滤波进行处理时,基线三个分量的偏差均在 5 mm 内。与 3 颗 BDS 卫星和 3 颗 GPS 卫星的情况相比,使用 2 颗 BDS 卫星和 3 颗 GPS 卫星时,基线各方向收敛至 5 mm 内所需时间较长。

3.3.2 北斗卫星定位动态测量

利用基于 Internet 的增强 VRS 网络 RTK 服务平台,在某艰险地区高速铁路进行单系统与双系统 RTK 定位测量。

采用 GPS、BDS、GPS+BDS 模式进行 RTK 测量,定位精度均可以达到厘米级,各项指标满足高速铁路测量规范要求;在观测条件差且组合定位可以获得固定解的情况下,其 GPS 可获得固定解的比例占 56%,BDS 可获得固定解的比例占 58%,组合定位固定解较单星模式提高约 1 倍。

GPS 和 BDS/GPS 系统观测条件下,接收机观测到的卫星数平均值分别为 6.7 和 14.9,增加了约 122%;PDOP 均值分别为 3.5 和 1.6,降低了 54%;X、Y、Z 方向上的中误差分别为 18 mm、6 mm、37 mm 和 4 mm、3 mm、8 mm,定位结果精度显著提升。双系统观测条件下,RTK 定位精度均有改善,BDS 系统对提供更可靠的动态位置服务效果显著。

3.3.3 北斗/GNSS 高程测量

1. 北斗/GNSS 高程测量

高程系统中最常用的有正高系统(以大地水准面为参考基准面)和正常高系统(以似大地水准面为参考基准面),我国使用的高程系统是正常高系统。采用北斗/GNSS 测量技术测定地面点的高程是以地心坐标的地球椭球面为基准的大地高 H,大地水准面和似大地水准面相对于地球椭球面有一个高度差,分别称为大地水准面差距 N 和高程异常 ζ。

大地高 H、正高 H_g 和正常高 H_r 之间的高程关系为

$$H=H_g+N \text{ 或 } H=H_r+\zeta \tag{3.21}$$

北斗/GNSS 定位的普及,提供了直接测定地面点大地高的精密技术,目前精度可达厘

米甚至毫米级。为了能精确测定地面点的正常高，需精确地确定地面点的高程异常。目前确定地面点高程异常的方法主要有大地水准面模型法、重力测量法、几何拟合法、区域似大地水准面精化法等。不管采用哪种方法，均是利用已知点数据，建立高程异常的改正模型，从而计算待求点的高程异常。

2. 利用观测高差法进行北斗/GNSS高程转换

所谓利用观测高差进行北斗/GNSS高程转换指的是观测少量北斗/GNSS向量的正常高差（以下简称"高差"），计算出高程异常差 $\Delta\zeta = \Delta h - \Delta H$，选用一种拟合函数，将高程异常差作为观测值开列误差方程，求解拟合函数的待定参数，从而求出全部北斗/GNSS向量的高程异常差及高差，当测区内有一个已知高程点时，即可推求全部北斗/GNSS控制点的正常高程（以下简称"高程"）。

如果测区内仅有一个已知高程点，为了求得拟合函数的待定参数，观测高差的个数应多于拟合函数参数的个数。当测区有一个已知高程点时，即可求出全部控制点的高程。由于观测高差有误差，北斗/GNSS测得的大地高之差也有误差，因而求得的拟合函数有误差，这种误差在逐点推算过程中呈现系统误差性质。因此，当一个已知点在测段一端，推算出另一端的高程误差就比较大。为了解决这个问题，最好在测段两端各有一个已知高程点。

在生产中常有这种情况，在测段两端找到水准点时便可获得若干个已知高程点，但在测段中间没有一个已知高程点，希望在测段中间观测若干个高差，以弥补已知高程点之不足。当测段两端各有一个已知高程点时，观测高差的个数应多于拟合函数参数的个数；当使用较多的已知高程点时，观测高差的个数与已知高程点个数减1之和应多于拟合参数的个数。

3. 地球重力场模型进行北斗/GNSS高程转换

（1）地球重力场模型EGM2008

EGM2008地球重力场模型为2008年4月美国国家地理空间情报局在充分利用地面重力、卫星测高、卫星重力等最新数据的基础上研制并发布的新一代超高阶的地球重力场模型。GM2008地球重力场模型阶次分别为2 190、2 159，基本格网分辨率为 $5'\times5'$，地面数据覆盖率达83.8%，部分重力数据空白区主要集中在南极，用卫星重力数据补充。EGM2008地球重力场模型是目前全球公开精度最高的大地水准面模型，虽然我国有CQG2000和新一代似大地水准面模型CNGG2013，但由于重力资料属国家机密，尚不能推广应用，因此能利用的大地水准面模型为EGM2008。

（2）数学模型

用地球重力场模型计算高程异常的公式为

$$\zeta = \frac{GM}{\gamma\rho}\sum_{n=2}^{N}\left(\frac{a}{\rho}\right)^{n}\sum_{m=0}^{n}(\overline{C}_{nm}^{*}\cos m\lambda + \overline{S}_{nm}\sin m\lambda)\,\overline{P}_{nm}(\cos\theta) \tag{3.22}$$

式中 GM——万有引力常数和地球质量的乘积，$GM=3.986\,005\times10^{14}$；

γ——计算点正常重力值；

ρ——计算点向径；

a——椭球长半轴长度；

N——计算的阶数；

λ——计算点地心经度；

θ——计算点余纬，$\theta=90°-\varphi$，φ 为地心纬度；

$\overline{C}_{nm}$，$\overline{S}_{nm}$——完全规格化的球谐系数，也称位系数；

$\overline{P}_{nm}(\cos\theta)$——完全规格化的勒让德函数；

$\overline{C}_{nm}^{*}$——从 $\overline{C}_{nm}$ 中扣除了正常引力位中相应系数之后的位系数。

由于我国似大地水准面和地球重力场模型确定的大地水准面既不会重合，也不会平行，用式(3.22)求得的高程异常值和北斗/GNSS 观测求得的高程异常值肯定不会相等，因此，用地球重力场模型进行北斗/GNSS 高程转换时，仍需要已知高程点。

(3)艰险地区高速铁路北斗/GNSS 高程测量

选择某艰险地区高速铁路高程异常变化较大、已知点分布不理想的地区作为试验区，以没有参加拟合计算的二等水准点为检核点，拟合结果见表 3.5 和表 3.6。

表 3.5　观测高差法 GNSS 高程拟合数据统计表

分区长度/km	已知点(首尾各 1 个)+已知高差(2 段)拟合法		已知点(首尾各 1 个)+已知高差(3 段)拟合法		检核点个数
	外符合精度/mm	检核点最大差值/mm	外符合精度/mm	检核点最大差值/mm	
30	30.8	53.9	39.1	−62.8	14
50	68.9	−137.0	72.4	−127.2	24
70	103.7	−186.1	91.1	−194.2	34

表 3.6　地球重力场模型法 GNSS 高程拟合数据统计表

分区长度/km	EGM2008+高程异常法		EGM2008+高程异常差法		检核点个数
	位系数法(首尾各 1 个已知点)		位系数法(首尾各 1 个已知点)		
	外符合精度/mm	检核点最大差值/mm	外符合精度/mm	检核点最大差值/mm	
30	84.0	62.8	18.7	−40.4	14
50	71.0	129.0	49.6	98.9	24
70	65.0	117.8	62.4	116.5	34

从表 3.5、表 3.6 中可知：采用观测高差法，在北斗/GNSS 测量的基础上，每 50 km 首尾各联测一个已知水准点，并在测区中间采用常规方法加测 2～3 段高差，可满足高程成果优于 10 cm 的要求；采用基于 EGM2008 地球重力场模型法，每 50 km 首尾各联测一个已知水准点，采用高程异常之差的处理方式满足高程成果优于 10 cm 的要求。因此，在艰险地区高速铁路前期制图和勘测过程中，考虑到所在测区高程异常变化较大、已知点少且分布可能不理想，可采用观测高差法和地球重力场模型法开展北斗/GNSS 高程测量，以满足艰险地区高速铁路勘测要求。

4　总体设计与选线技术

艰险地区地质灾害分布广泛，高速铁路安全要求高且曲线半径大，线路绕避所有灾害十分困难。设计是建设的龙头，选线是设计的总师，做好总体设计及选线是艰险地区高速铁路建设的首要环节。本章针对艰险地区地形地质条件复杂的特点，重点介绍艰险地区高速铁路总体设计、选线制约因素、选线理念及方法、典型灾害区选线技术、线路平面及纵断面设计要点、智能辅助选线技术等。

4.1　艰险地区高速铁路总体设计

高速铁路是复杂的系统工程，由车、机、工、电等多个子系统构成。各系统既自成体系，又相互关联、相互影响；必须重视总体设计，在完成铁路工程建设项目的总体目标和实现目标的技术路径的设计过程中，需要通过多层面、多专业的统筹协调来完成。

高速铁路设计应统一规划、整体构思、逐步深化，以总体设计统筹专业设计，科学合理地实现建设意图。高速铁路总体设计应在充分研究项目需求和各相关因素基础上，合理选定主要技术标准、线路走向和建设方案；确定系统构成并选定系统集成方案；确定工期、投资和其他控制目标。应满足旅行时间与最高运行速度、旅客舒适度、节能与环保、安全与防灾、旅客列车开行原则与开行方案、系统及接口设计等目标要求。

艰险地区高速铁路面临复杂的地形地质特征，做好总体设计至关重要，除满足上述要求外，还应重视在艰险地区环境条件下的安全保障与防灾能力、合理确定线路走向和工程设置、长大坡道地段统筹考虑运输能力、动车组末速度、下坡制动、过电分相、养护维修等因素。

1. 重视在艰险地区环境条件下的安全保障与防灾能力

安全与防灾是高速铁路正常运营、确保旅客安全的根本前提和保证，贯穿高速铁路系统规划、设计、施工、运营的全过程。随着列车运行速度的提高、行车密度的增大，系统中所蕴含的不安全因素也相应增加，对于艰险地区高速铁路设计来说，除了保证单个列车、区间设备本身的质量和安全外，更要高度重视复杂条件下的安全保障与防灾能力，如长大隧道群防灾救援设计等。

2. 合理确定线路走向和工程设置

艰险地区高速铁路站点设置应服从线路走向（站位服从线位），对于高墩大跨桥梁和长大隧道工程应按重大工程优先选址原则，合理确定。

3. 长大坡道地段需统筹考虑运输能力、动车组末速度、下坡制动、过电分相、养护维修等

艰险地区高速铁路不可避免地需要采用较大的坡度和较长的坡段来克服高程障碍，为了更好地满足山区高速铁路的运营和养护维修工作需要，要求在总体设计中统筹考虑长大坡道地段运输能力、动车组末速度、下坡制动、过电分相、养护维修等因素。

4.2　艰险地区选线制约因素

高速铁路选线需考虑的因素繁多，如线路的政治、经济、国防意义及在路网中的作用，运输需求，所采用的铁路主要技术标准及与相邻线标准的协调，行经地区的地形、地质等自然条件，环境敏感区，沿线城镇、交通、通信和电力、水利建设、军事区等相关部门的分布及规划协调等，这些都直接影响铁路选线决策。铁路选线应紧紧围绕满足运输需求的目的，正确处理整体与局部，建设标准与投资效益的矛盾，需要特别注意的是，艰险地区高速铁路选线主要制约因素是复杂的地形地质条件、保护生态环境、重大工程风险。

4.2.1　复杂的地形地质条件

艰险地区具有地形切割极为强烈、新构造运动极为活跃、岩性极为复杂、高地应力、高地震烈度、高山地灾害风险、高岩溶（水）风险的环境特征。不良地质广泛分布，线路曲线半径大，完全绕避不良地质极为困难导致选线难，如地形造成设站困难；有些深切河谷还无法直接跨越，需大范围调整线位或降低跨越高度，但低线位区通常又面临地灾发育等问题。因此，复杂的地形地质条件是艰险地区高速铁路选线最主要的控制因素。

4.2.2　保护生态环境

西南山区环境敏感区较多，是铁路选线的重要制约因素之一。当环境敏感区与线位发生冲突时，线位要满足环保要求。如部分线路需调整走向以绕避或者选择对其影响较小的地段通过。对于一级水源保护区等法律禁止穿越的环境敏感区须予以绕避；对于国家级自然保护区、国家级湿地公园等环境敏感区有时需以隧道工程或大跨桥梁工程通过。因此，环境敏感区控制或者影响线路走向方案和局部线路方案以及工程设置，也是一个主要控制因素。

铁路选线应秉承人与自然和谐相处的观念，符合环境保护法律法规、生态保护红线管控、各级各类环境敏感区法定规划等要求，充分利用既有廊道，优先绕避生态保护红线、环境敏感区的禁止开发建设区域；确因自然条件、技术标准等限制因素无法避让时，应尽量以隧道下穿、桥梁上跨等“无害化”方式通过，且应进行多方案比选论证，强化保护措施，并依法取得行政许可手续。

4.2.3　重大工程风险

重大工程风险在工程设计中主要表现为高墩大跨桥梁无刚度控制标准，抗震、抗风等问题突出；隧道软岩大变形控制难、高压富水隧道突水（泥）风险防控难、长大深埋隧道（群）防灾救援和工期控制难；路基纵横向不均匀变形控制难，滑坡、危岩落石、泥石流等突发风险防控难。因此，重大工程风险也是艰险地区高速铁路选线制约因素之一。

4.3　艰险地区高速铁路选线理念与方法

艰险地区高速铁路由于地形、地质及环境条件的复杂多样，选线应坚持地形地质选线、减灾选线、重大工程优选选址、环境选线、与既有构筑物协调的安全选线、工程选线等理念。选线应遵循以下原则。

4.3.1 地质选线

地质选线的目的是选择经济合理的线路方案，避免线路通过严重地质不良地段，防止发生严重工程地质病害，以规避重大工程风险，确保工程建设技术可行，安全可靠。高速铁路由于线形标准高，适应地形困难，同时安全要求高，对灾害的防范更为严格，因此，在地形、地质复杂地段，选线更应贯彻“坚持地质选线的原则”。

(1)线路应选在比较稳定的地基上，地下水埋藏较深地区或地形开阔，平缓和稳定的山坡上。

(2)线路尽量以简单工程通过全新活动断层，避免以高路堤、深路堑、陡坡路基或高桥通过，如以长隧道穿越全新活动断层，选择最窄部位大角度通过，具体位置不宜距洞口过远，顺坡排水，埋深不宜过大，结合隧道救援方案合理确定穿越位置，并根据断层活动速率的百年预测值，采取扩大直径、预留变形缝和加强结构强度等措施，以应对断层发展可能产生的位移变形。

(3)尽可能控制桥高和路基填方及切坡高度。不设傍山短隧道群，减少展线，预留坡度调整余地，最大限度地减轻地震次生灾害的危害和创造抢修条件。

(4)隧道应“早进晚出”，确保在山区稳定部位设置洞口，并综合考虑地形和岩土的地震动放大作用，合理定位和设防隧道出口；路基高程应高出可能出现的堰塞湖水面最大高程，避免被淹没。

(5)线路应避免进入煤矿采空区，尤其是无资料记录的小煤窑。灰岩地区要注意避开溶洞、暗河等，平坦地区注意避开松软地基。

(6)随着高桥长隧修建技术的提高，多年来形成的沿河选线原则需重新思考。河谷是内外地质动力相互作用的产物，是重力地质作用引起的不良地质发育地区。线路应绕避构造坡岸或利用高桥长隧修建技术快速通过。

总之，线路通过地形地质复杂地段，应采用大面积选线，多方案比较，由面到线，由线到点，逐步接近的方法，选线中应尽量绕避不良地质，避免出现高边坡、高挡墙、深路堑、长拉沟、短隧道群，坚持“早进晚出、宁洞勿堑、遇水搭桥、宁长勿短、宁宽勿窄”的设计原则。

4.3.2 减灾选线

1. 减灾选线定义

应用全寿命周期、风险管理和系统工程的原理，通过识别、评估地质灾害及其风险，从工程设计源头，做好地质灾害风险的规避、防控、监测工作，以保证铁路的设计、建设和运营安全，最终选择出全寿命周期风险可控、系统最优的线路方案。

2. 减灾选线的必要性

传统的地形、地质选线是以查明和绕避艰险地形、地质灾害为主来选择线路方案。目前，由于含铁路网在内的山区基础设施的加密，加之高速铁路线路工程还面临平面线形要求标准高、线路工程安全标准高和区间定线适应地形灵活性弱、绕避灾害灵活性弱的“两高、两弱”问题，艰险地形/不良地质绕无可绕、避无可避，单纯以绕避艰险地形/不良地质为出发点的山区选线十分困难，往往只能抓大放小。因此，从设计源头选好线，以规避建设、运营期风险，兼顾项目安全性和经济性的减灾选线就尤为重要。

3. 减灾选线理论与技术

为确保艰险地区高速铁路安全可靠、风险可控、经济合理，依托贵广、云桂、沪昆、渝利等十余条艰险地区高速铁路建设，中铁二院联合中国铁路经济规划研究院有限公司、西南交通大学、中南大学、成都理工大学、高速铁路建造技术国家工程实验室、重庆理工大学等单位，以“全寿命周期风险系统防控”为核心思想，历经十余年“产—学—研—用”协同攻关及工程实践，形成了以“一套减灾选线理论与方法”+“三大减灾选线支撑技术”为核心的艰险地区高速铁路减灾选线设计成套技术。

(1)减灾选线理论与方法

①减灾选线理论：以规避、防范铁路全寿命周期可能发生的地质环境灾害为根本出发点，以地质灾害风险识别、评估与调控为手段，以灾害识别与防控新技术为支撑，以实现风险源头控制、系统控制为目标，实现铁路全寿命周期风险系统防控的选线理论。

与传统选线理论相比，减灾选线将灾害风险管理放在更加突出的位置，更加强调基于铁路全寿命周期的灾害风险防控，更加强调防灾减灾工程的总体设计。减灾选线首先引入了风险管理理论，并应用于灾害识别、灾害评估与灾害控制；其次，引入全寿命周期设计理论，将铁路划分为建设与运营两个阶段，减灾选线不仅考虑铁路建设期间的灾害风险防控，还要考虑运营期间的灾害风险防控；第三，引入系统工程理论，以灾害风险为对象，围绕风险源、风险事件及风险损失，将铁路空间线位和路基、桥梁、隧道等构筑物布设，以及监测、预警等管理措施，视为相互关联、相互作用的子系统，通过子系统的统筹、协调，达到系统上避免或减小灾害风险的目的。

②减灾选线基本工作方法：“全面快速识别风险、选线规避重大风险、工程措施防范一般风险、监测预警潜在风险”的四大作业程式。

减灾选线首先要全面识别地质灾害与环境风险，从不同尺度、用不同手段，从地貌轮廓、形成机理、区域分异等推究灾害本源，从形成机理、演化规律、破坏特征等判识灾害风险；在识别风险的基础上，运用全寿命周期管理和系统工程方法，研究在全寿命服役期内的工程耐久性、失效模式和机理，风险孕育机理、防灾治理和预测预警，准确估算在铁路服役全寿命周期的时间范围内，灾害风险造成的期望损失及风险成本，从而合理选择规避或防控灾害的措施或工程方案，选择对潜在灾害进行监测预警。

③线路方案定量评价方法：以“技术＋经济＋风险”为主控目标。

艰险地区高速铁路经过地区自然环境的不确定性及地质状况的复杂性，决定了其全寿命服役期内受灾害威胁的巨大风险性。“技术＋经济＋风险”为主控目标的线路方案定量评价方法，把在铁路选线中遇到的不确定自然灾害因素(地震、山地灾害等)转化为工程运营费用指标，进而可以直观地进行线路方案的比选。

(2)减灾选线三大支撑技术

①“三阶段、三维度、三层次”地质灾害识别技术

将地质灾害识别划分为区域宏观识别、沿线系统识别、区段详细识别三个阶段，综合应

用“天域”卫星平台、“空域”航空平台、“地域”地面平台三个维度识别技术，分阶段开展灾害特征、致灾机理、灾害风险三个层次的识别，创新了灾害识别模式与方法，形成的一套艰险地区地质灾害广域高效识别技术，如图 4.1 所示。

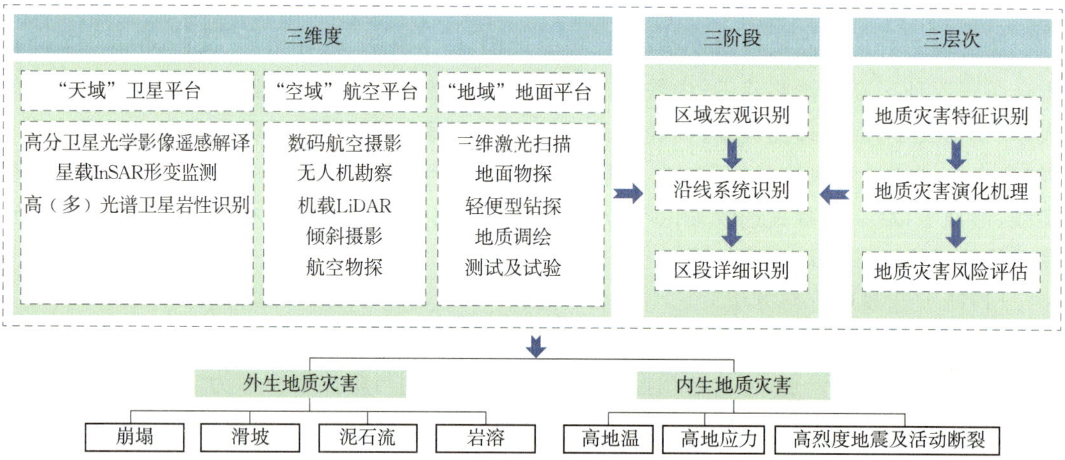

图 4.1 “三阶段、三维度、三层次”地质灾害识别技术

“三阶段、三维度、三层次”地质灾害识别技术为铁路减灾选线及工程防灾提供了技术支撑。

②点线协同智能辅助减灾选线技术

基于山区选线经验的升华，建立了减灾选线专家智库及知识图谱，构建了点线协同优化模型，发明了具有全局态势感知能力的智能选线搜索方法，研发的智能选线系统实现了宽廊道、多目标、多约束、千公里级线路方案群快速创建与优化，提高效率 3～5 倍。图 4.2 所示为点线协同智能减灾选线技术。

③桥隧路构筑物防灾设计技术

图 4.3 所示为灾害风险防控技术。创新了超高墩长联大跨梁式桥、大跨度拱桥设计关键技术，大幅提升了立体绕避灾害能力；创新了岩溶、高压富水构造带、非煤瓦斯等复杂环境长大隧道设计关键技术，建成了千余公里高风险高速铁路隧道；创新了桥隧间短路基、陡坡支挡路基和“斜坡软土”路堤等特殊路基毫米级变形控制及“崩滑流”灾害防控技术。支撑了减灾选线，突破了高速铁路建设禁区。

4.3.3 重大工程优先选址

艰险地区，必须坚持“重大工程优先选址”的选线原则。

复杂地质环境条件下的峡谷地区选线，在首先进行多方案比选确定重大桥梁、隧道工程的位置处于优势工程地质、水文地质、环境地质条件的前提下，再进行两端连接线路方案的综合性技术经济比选，这样选择确定的线路方案才具有可行性、可靠性。特别要防止单纯依靠地形图先选定线位，再进行工程地质勘察的做法，避免重大工程一旦存在难以克服的工程地质问题时，再进行重大工程重新选址确定线路方案的弊端，有利于缩短勘察工期和节省勘察费用。

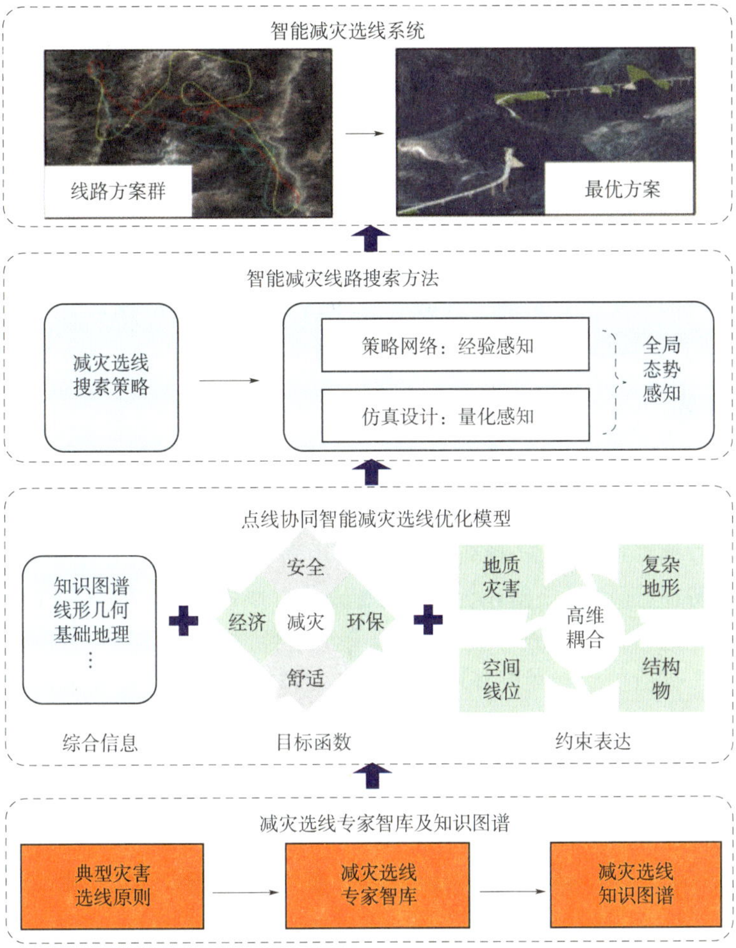

图 4.2 点线协同智能减灾选线技术

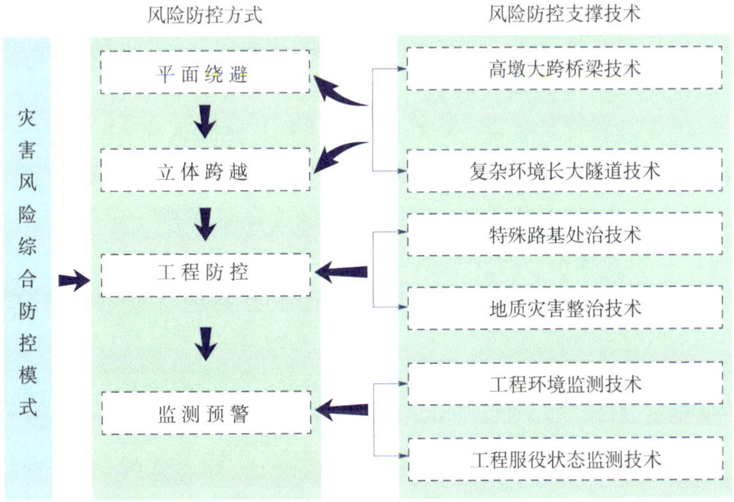

图 4.3 灾害风险防控技术

跨越大江大河和技术复杂及重要的特大桥应以桥位来控制线位，应在国家宏观研究确定大方向的前提下，根据河流形态、地形地质特点、通航条件、地面设施、施工布局以及当地工农业发展的关系等因素，在较大范围内做多个桥位方案，从中选择一个既适应河流自然特征，又满足各方面需求的合理桥位。而对于一般特大桥和重要大桥则以线路定线为主确定桥位，并充分考虑河流水文条件，尽量使桥梁轴线与水流流向正交，减少桥渡对河道自然特征的干扰。沪昆高速铁路北盘江特大桥线路方案比选的研究成果，显示了重大工程优先进行工程地质选址的成功经验。

隧道进洞位置的选定要根据洞口处的地形、地质状况而定，避免为了缩短隧道的长度而拉槽偏压进洞，使洞口处挖深过大，破坏山体坡面的稳定和植被。

4.3.4 环境选线

在新时代生态文明建设要求下，为实现铁路建设与环境保护的协调发展，必须坚持贯彻“环境要求一票否决”的选线原则。

艰险地区具有地形地貌复杂、地质灾害频发、生态功能重要、生态环境敏感脆弱、环境敏感区交织密布等特征，而高速铁路作为线性工程，具有规模大、跨度广、建设周期长等特点，其建设将不可避免地进行土石方作业，改变原有土地性质，破坏地表植被，对沿线生态环境等产生不利影响。铁路工程对周围环境产生的污染和破坏有的可以在工程设计和施工中采取相应的环保措施来解决，有的则可以在工程设计的选线阶段就可以解决。因此，在山区线路选线阶段应注重生态环境保护，以避免选出的线路方案与国家法律法规及相关法定规划相冲突。建设一流的铁路不仅要求有一流的工程质量、一流的行车速度，同时也要求实现铁路建设与自然环境高度的和谐与统一。

4.3.5 与既有构筑物协调的安全选线

高速铁路选线中还需重点注意本线与其他铁路、公路、管道等的立交原则。新建高速铁路（含客运专线铁路及城际铁路）与已建或在建客货共线铁路（含货运专线铁路）以桥梁方式交叉跨越时，应优先采用高速铁路（含客运专线铁路及城际铁路）上跨已建或在建客货共线铁路（含货运专线铁路）；新建高速铁路（含客运专线铁路及城际铁路）与既有公路以桥梁方式交叉跨越时，应优先选择高速铁路（含客运专线铁路及城际铁路）上跨公路方案；高速铁路与输油、输水、输气管道等其他设施以桥梁方式交叉跨越时，应选择高速铁路上跨方案。

高速铁路线路应与易燃、易爆物的储存场所、输送管路保持一定的防火间距，具体要求可查阅铁路工程防火相关规范。对不能满足防火间距要求的，需迁改易燃、易爆物的储存场所、输送管路，若迁改费用巨大，在对绕避方案和迁改方案进行技术经济比较后确定推荐方案。

4.3.6 工程选线

铁路选线在做好地质选线、减灾选线、重大工程选址、环境选线、安全选线的基础上，还必须做好“工程选线”。

所谓工程选线，是指满足工程设置条件的选线，从工程实施角度，选择出各专业综合评价相对较好的线路位置。在工程地质资料的基础上，从工程技术经济以及风险控制角度，提出适宜工程设置的建议，如：对于路基工程尽量避免高填深挖，顺层路基段宁填勿挖等；对于桥梁工程跨沟谷及河流时尽量正交，跨度和墩高满足通航及防洪要求，注意在现有修建技术条件下的可行性，高烈度地震区桥梁尤应控制桥梁高度等；对于隧道工程宜选择等高线与线路正交的洞门，尽量避免或者减少洞身浅埋段落等。

4.4 艰险地区高速铁路选线技术

为了确保高速铁路安全可靠、风险可控、经济合理，依托贵广、云桂、沪昆、渝利等十余条艰险地区高速铁路建设，历经十余年系统开展了高速铁路减灾选线研究和实践，针对艰险地区典型的不良地质地段，如滑坡地区、高陡边坡地段、泥石流地区、岩溶地区、危岩落石地区、高烈度地震区、采空区、环境敏感区等，研究总结提出了选线设计原则和选线相关技术。

4.4.1 滑坡地区

1. 滑坡地区铁路选线设计原则

为节省工程投资，高速铁路在艰险地区要充分利用河谷地区有利地形，但这也给铁路带来一定的风险，因为河谷地区两岸的自然边坡在水的作用下，往往存在大量滑坡、崩塌、泥石流等不良地质体。如果选择不当会给施工及运营造成较大风险，而且会产生高额的费用。中国山区已有的铁路建设的实践证明，铁路沿线对滑坡的防治应从勘测设计阶段入手，防灾于未然。

(1)滑坡区高程选择原则

从源头上避灾是提高铁路抗灾能力的最高层次，铁路选线及设计方案选择绕避或躲避大型复杂立体分布的灾害，比之提高铁路结构物自身的抗灾能力，更为经济和有效。

①河谷地区走高线位原则

在高山峡谷地区和山地丘陵地带，铁路一般沿河谷布线。但是这些地区外动力地质作用强烈，有些河流还是沿断裂带发育的。由于在断裂带的附近往往会伴生次一级的构造，因而沿河谷或在河流一侧形成的断裂带宽度较大，延伸较远，直接控制着河谷的地貌和各种不良地质现象的形态和发展。在勘测期间容易忽略，而不能及时发现，往往到施工时才暴露出来，造成灾害。因此，艰险地区高速铁路选线不能像一般地区那样首选工程貌似简易的河谷线，而应尽早脱离灾害四伏的河谷，提前起坡、线位走高。

②存在巨型滑坡堵江风险时线位高程选择原则

在我国长江、金沙江、岷江、怒江、大渡河等多条江河流域的两岸分布着很多巨型滑坡，这些巨型滑坡一旦发生，上万方的土石就会轻易滑下，迅速堵塞江、河，形成堰塞湖，据不完全统计中国西部地区滑坡堵江多达 147 处。巨型滑坡堵江可造成多种危害，线路高程选择时应考虑：a. 滑坡发生未全部堵塞江河时，会使水位抬高，河流冲击滑坡对岸，淹没对岸村庄或者铁路、公路。b. 滑坡发生并完全堵江，使得上游回水，淹没上游地区；造成下游溃坝洪水。c. 支沟发生大滑坡时对沿主河选线的影响，因为支沟发生滑坡形成溃决洪水也会影响到沿主河行进的线路。

(2)对大型滑坡或滑坡群平面绕避的选线原则

已建成运营通车的选线经验表明:对于铁路通过地质复杂的大型滑坡(滑坡群)及其他不良地质时,综合考虑修建成本与运营减灾费用,绕避滑坡工点可能比通过工点总体上更为有利。所以在选线设计时应尽可能绕避,使线路过河到对岸或采用隧道穿越滑坡(图 4.4)。在选择绕避方式时可采用如下不同绕避方式,根据线路具体情况具体分析,将以下三种绕避方式作比较,选择出一条最好的方式。

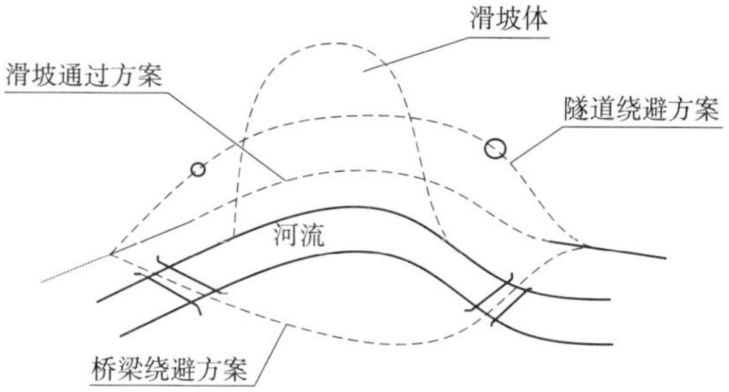

图 4.4 铁路绕避滑坡通过方案

①隧道绕避方式

当线路绕避滑坡时,如果线路的高程在滑坡的滑动面以下,最佳的绕避方式是选择隧道方式,隧道方式可以避开大范围的滑坡等不良地质而且可以缩短线路的长度。

②桥梁跨河绕避方式

在河谷的滑坡地区选线时,线路一岸遇到滑坡时,如果另一岸的地质条件更好而且线路的平纵面线形满足条件的前提下,可以选择桥梁方式跨河绕到河的另一岸通过。

③跨越滑坡方式

对于一些范围较小、宽度较窄的滑坡可以利用桥跨间的净空使桥梁跨越滑坡方式通过。但是对于这样的滑坡容易给以后的运营带来安全隐患。因此在选择桥梁跨越滑坡方式时,要对该滑坡工点进行更加详细的地质勘查,并选用合适的跨度。

(3)对中、小型滑坡工点的选线原则

①处于较稳定状态滑坡选线原则

线路通过处于较稳定状态滑坡时,选线原则是不破坏其稳定状态,在滑坡前缘以填方通过起到反压的作用;在滑坡后部以浅挖方通过,起到减载作用,进一步增强滑坡的稳定性。图 4.5 所示为线路通过滑坡体方位。

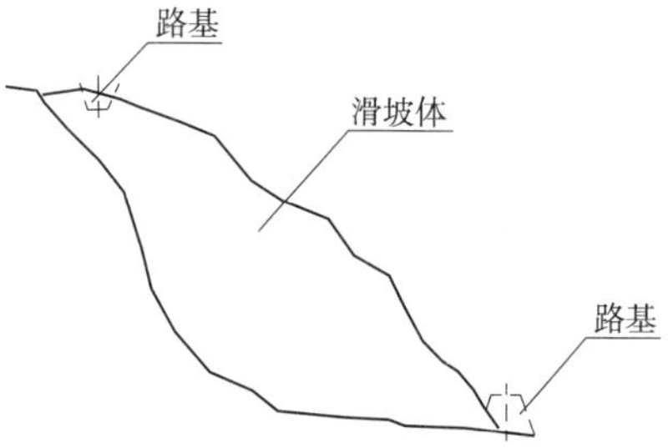

图 4.5 线路通过滑坡体方位

②处于不稳定状态滑坡选线原则

对于一些规模较小、较孤立的滑坡的稳定性不满足要求时,但在治理后能够保证稳定安全的情况下,当线路绕避困难、无法绕避或在治理滑坡方案的经济评价占优的情况下,应“一次性治理,不留后患”,然后选择有利的工程措施通过滑坡体。

例如贵广客专 DK51+900~DK52+120 平寨滑坡,铁路选线受两端隧道控制,需要经过滑坡影响区域,滑坡前缘长期受大冲沟冲刷临空影响,产生局部蠕变及滑移,且富水性很好,地下水及地表水入渗对滑体稳定性有较大影响。滑坡整治充分考虑了前缘冲沟影响,在冲沟侧设置了混凝土防冲刷挡墙,同时考虑了地下水和地表水入渗对滑坡演化的不利影响,路基采用桩板结构通过,采用了 3 排抗滑桩加固滑坡,滑坡抗滑桩在施工过程中均采用加强型锁口护壁,还增加了施工过程中的变形监测预警,从而避免施工风险和长期运营风险。滑坡加固代表性主轴断面如图 4.6 所示。

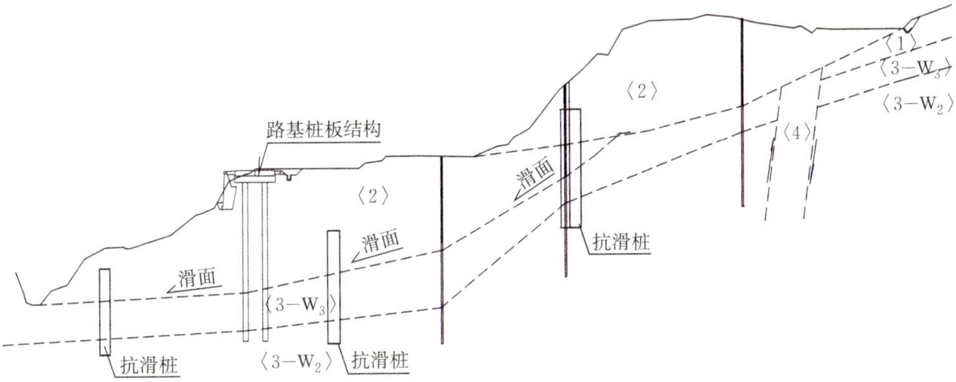

图 4.6 平寨滑坡代表性主轴断面

2. 滑坡区铁路选线作业技术框架与程式

滑坡区铁路选线作业技术是从宏观到微观、从整体到局部，直至确定线路的具体位置三个层次入手绕避或整治通过滑坡，具体的选线作业技术框架如图 4.7 所示。

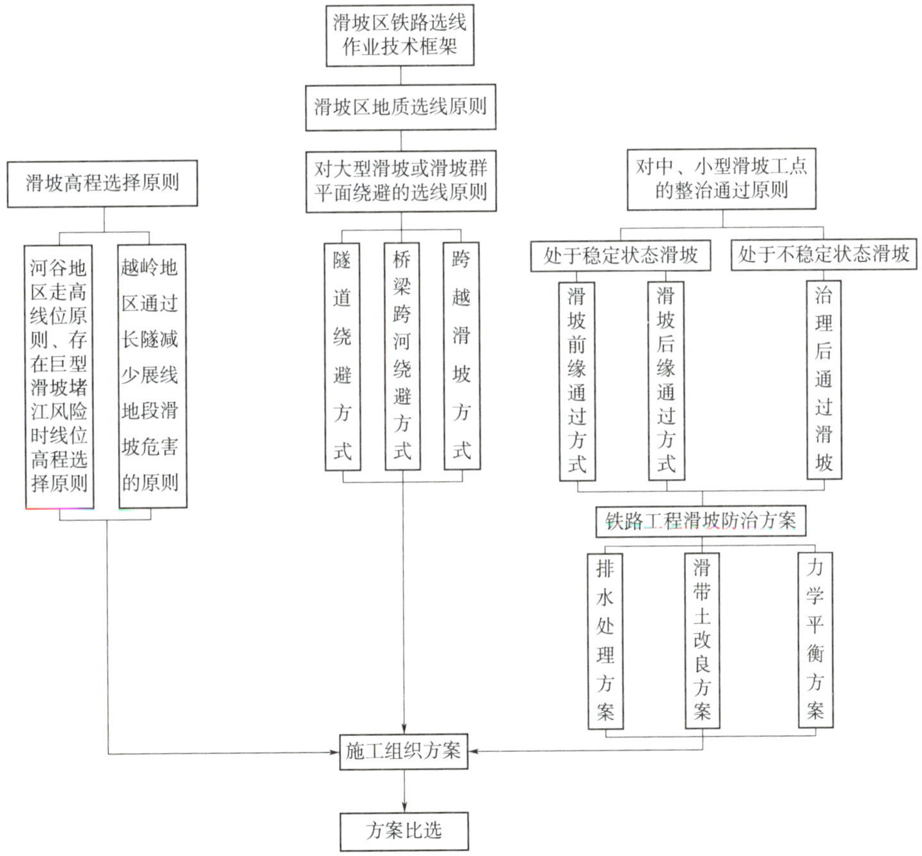

图 4.7 滑坡区铁路选线作业技术框架

在线路宏观走向确定以后，局部方案的比选则成为滑坡区铁路选线作业的关键阶段。滑坡区铁路选线的作业程式主要从滑坡的绕避方案和整治通过方案两个层次来完成滑坡区的铁路选线，从而减少滑坡引起的铁路安全隐患。

4.4.2 高陡边坡地段

1. 高陡边坡地段主要工程问题

(1)路基工程

陡坡地段路堑边坡以上自然山体高度大,运营期间受强降雨、人为活动等因素引起的溜坍、崩塌等地质灾害威胁大。

陡坡地段填方多设置大悬臂支挡结构,控制由支挡结构侧向位移引起的墙后土体沉降变形是当前陡坡地段高速铁路路基面临的问题。

(2)桥梁工程

陡坡地段桥梁工程主要存在施工条件差、基坑开挖及防护工程数量大和后期运营管理及养护维修难度大等问题。

(3)隧道工程

陡坡地段隧道工程主要存在施工条件差、进洞困难、洞身浅埋偏压等问题。

2. 陡坡段铁路选线原则

(1)选线时不能紧靠高陡山体,要移出做桥或内移做隧道。

(2)难以避免以路基通过时,应尽量避免高路堤、深路堑,且要有防护措施。

(3)选择岩层产状有利于线路的地段通过,尽量避免顺层工程。

(4)高陡边坡地段不宜设置傍山桥梁,减少基坑开挖及防护工程,降低工程风险。

(5)高陡边坡地段尽量避免设置浅埋偏压隧道,以降低施工风险。

4.4.3 泥石流地区

1. 泥石流区存在的工程问题

泥石流是山区的一种特殊洪流,它是在山区一些较陡峻的流域内,由于植被覆盖率低,坡面及沟槽内聚积有较丰富的松散物质,在强大的暴雨、急剧的融雪融冰或水库的溃决作用下,松散堆积物质失稳与汇流水体形成水和泥砂、石块的混相流,具有较大的密度,速度快,惯性大,具有强大的动力。泥石流在运动过程中具有极大破坏作用,它可以淹埋路基与车站、淤塞涵洞,逐年降低桥下净空甚至冲毁桥梁,对铁路工程具有严重威胁。

2. 泥石流区选线原则

穿越地质条件复杂的泥石流地区,线路走向与工程布置应遵循如下的原则:

(1)绕避处于发育旺盛期的特大型泥石流、大型泥石流和泥石流群,以及淤积严重的泥石流沟;冰湖溃决泥石流地段和泥石流堵河地段,线路要远离堵河范围的河岸;必要时宁可增加跨越大河的桥梁工程以绕避重点泥石流沟;若沿河线两岸均有泥石流沟时,应"避重就轻"。

(2)宽谷河段据沟(河)床淤涨率和主河摆动趋势,确定线路位置与高程。在变迁性河段,铁路离河应宁远勿近。

(3)必须通过泥石流地段时,线路尽量与流向正交,线路尽可能从流通区跨越泥石流沟,跨越流通区时,线位选择要有利于泄洪防冲,避开沟床纵坡由陡变缓的转折处和平面上的急弯部位。

(4)跨越泥石流沟时,桥跨应遵循宁宽勿窄的原则,尽可能单孔跨越;若线路从洪积扇漫流区通过时应按漫流通道,分别设桥,不强行改沟,不开挖降低沟床。桥下净空应根据泥痕高度、残留层厚度、输移大漂石所需高度、淤积速度和地形条件确定，并留有必要的余量。

(5)在沟口或扇顶通过时，要注意出山口可能的淤积或下切，以及扇顶的可能上伸或下移。

4.4.4 岩溶地区

1. 岩溶地区存在的工程问题

岩溶是艰险地区高速铁路建设中的主要工程地质问题之一。岩溶发育具高度不均一性、随机性、隐蔽性、复杂性，因此勘察难；岩溶涌水突泥、地面塌陷等灾害具突发性，控制因素多，评估预测难；高速铁路线形直、半径大、速度快，具有"三高"(高安全性、高稳定性、高平顺性)和毫米级沉降要求，选线和设计难。岩溶地质问题是工程界的世界性难题，岩溶对铁路工程的影响和危害主要表现在四个方面：一是岩溶地面塌陷威胁建筑物安全；二是隐伏岩溶洞穴及其充填物对建筑物基础稳定性的影响；三是岩溶涌水突泥对地下工程造成危害，并袭夺地下水，造成岩溶泉点与暗河失水和地面岩溶塌陷地表等环境问题；四是岩溶洼地积水浸泡或淹没路基和其他地面工程。

2. 岩溶地区选线原则

研究岩溶及岩溶水发育规律，选择岩溶发育相对弱的地带通过，是铁路工程岩溶地区选线的基本原则和出发点。通过对大量铁路工程选线实践，对岩溶地区选线原则可归纳如下：

(1)线路宜选择在非岩溶化地区或岩溶发育微弱、范围最窄、层数最少、顶板稳固、受岩溶水影响小的地带通过。

(2)线路应绕避或以大交角通过岩溶强烈发育地带、地表塌陷、土洞分布密集地带、可溶岩与非可溶岩的接触带及岩溶水富集区。

(3)河谷地区线路宜选择在岩溶发育较弱的一岸并尽量靠近河谷通过，线路高程应高于岩溶水排泄带。

(4)线路高程应尽量拔高，线路宜在垂直渗流带中，不宜在水平径流带中。

岩溶垂直渗流带相对水平循环带岩溶发育较弱，而且主要为雨季下渗的"过路水"，地下水集水面积小，突水突泥可能性大大降低。有条件时岩溶隧道应抬高线路高程，从岩溶垂直渗流带内通过。

渝利铁路丰都至石柱段线路穿越方斗山背斜，控制该段线路方案的主要地质问题是方斗山背斜段的岩溶和岩溶水。北线、中线方案位于岩溶水水平循环带，据测算隧道最大静水压力达 4 MPa。地表有较多岩溶大泉与三个大型水库，施工堵水难度极大，隧道开挖吸夺地表水，将影响两个镇 7 个村，约 16 000 人的生产生活用水，引起较大的环保问题。靠近龙河(南线)方案，线路位于岩溶垂直渗流带，根据深孔测试，隧道最大静水压力约 0.67 MPa，岩溶突水的风险大大降低，故采用靠近龙河(南线)方案。方斗山线路方案优化示意如图 4.8 所示。

(5)岩溶水发育的隧道应避免反坡排水施工，长隧道不宜设单面坡，尽量设"人"字坡，以利排水。必须设单面坡时，应考虑泄水洞或平导贯通，泄水洞和平行导坑应设在地下水上游一侧。

(6)线路应避免与暗河并行，必须与暗河立体交叉时，应以大交角相交，并保证暗河安全顶、底板厚度。

(7)峰林谷地、峰丛洼地及溶丘洼地区线路宜绕避垭口并高于岩溶水的最高洪水位，可能受岩溶水危害的地段，宜采用桥梁通过。

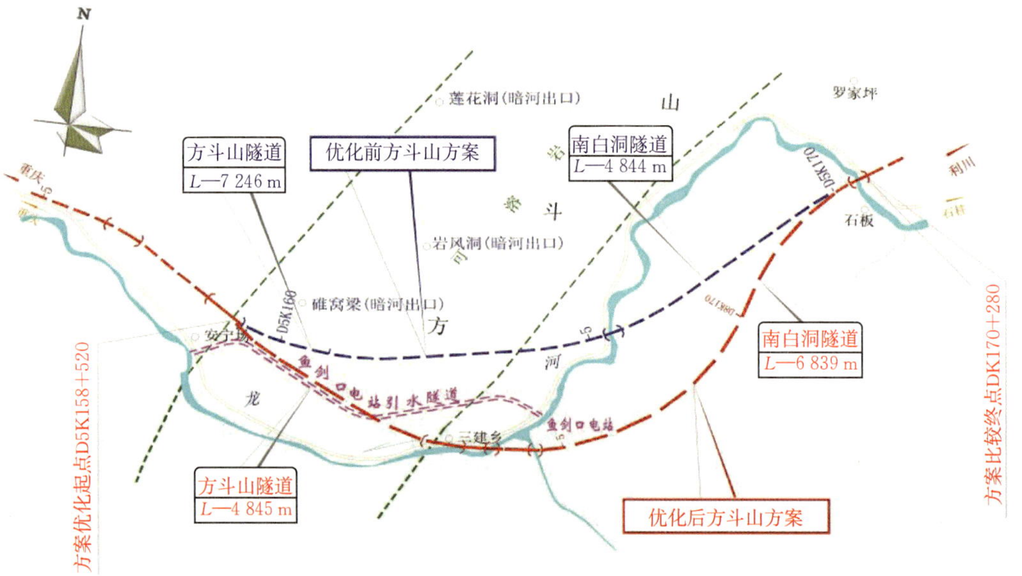

图 4.8 方斗山线路方案优化示意图

(8)线路尽量靠近既有工程。

线路尽量靠近既有工程，可充分利用已建成和在建既有公路隧道、引水隧道等资料，并且线位尽量靠近既有隧道形成的降水漏斗内，减小隧道工程遭遇岩溶及涌突水(泥)的风险。

渝利铁路施工图阶段，经过线路方案优化后，方斗山隧道尽量靠近了已建成的鱼剑口水电站的引水隧道，余家隧道尽量靠近了在建沪蓉西高速公路齐耀山隧道，减小隧道工程遭遇岩溶及涌突水(泥)的风险。余家隧道线路方案优化示意如图 4.9 所示。

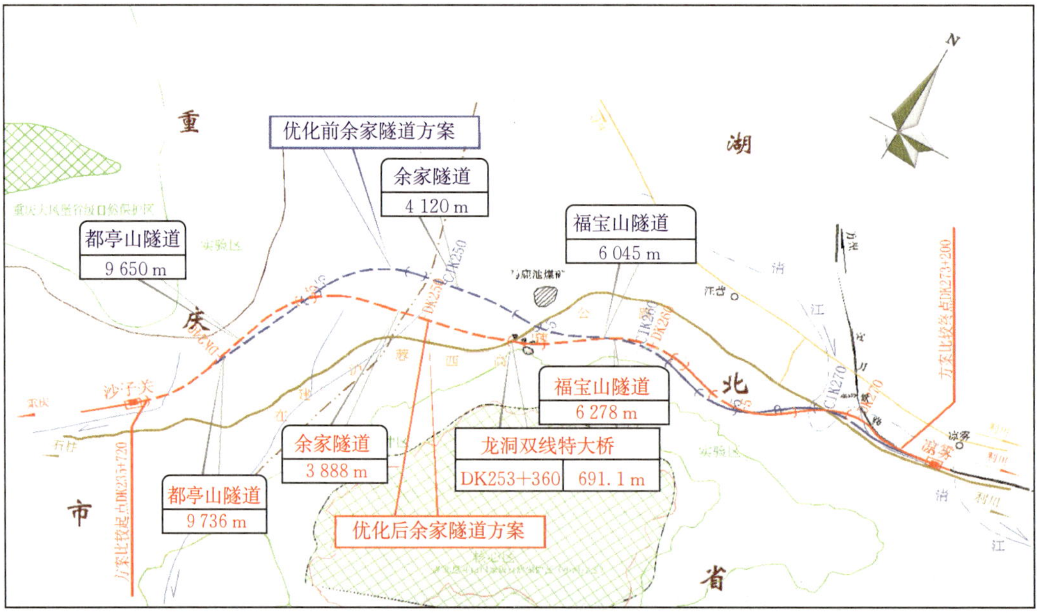

图 4.9 余家隧道线路方案优化示意图

(9)岩溶斜坡地区线路应选择在岩溶安全带通过。

斜坡地段的岩溶水总是以最短的途径向河流等排泄基准面排泄,因而斜坡地段以横向岩溶水为主。岩溶斜坡地带存在一个岩溶安全带,即岩溶水最低排泄点与山顶面靠河谷最外侧的洼地、竖井等垂直岩溶形态之间的地带。安全带内的岩溶水的发育程度相对微弱,是隧道通过的最佳位置。

尽量靠近岩溶水的主要排泄区,易于查清岩溶及岩溶水的发育情况,走行在岩溶水垂直循环带相对安全区。

郑万铁路巫溪地区选线,沿大宁河绕行方案虽然线路绕长 7.3 km,但线路在排泄区行进,走行在岩溶水垂直循环带相对安全区,与“白龙过江”暗河交叉处铁路已高出暗河近 70 m。郑万铁路沿大宁河绕行方案如图 4.10 所示。

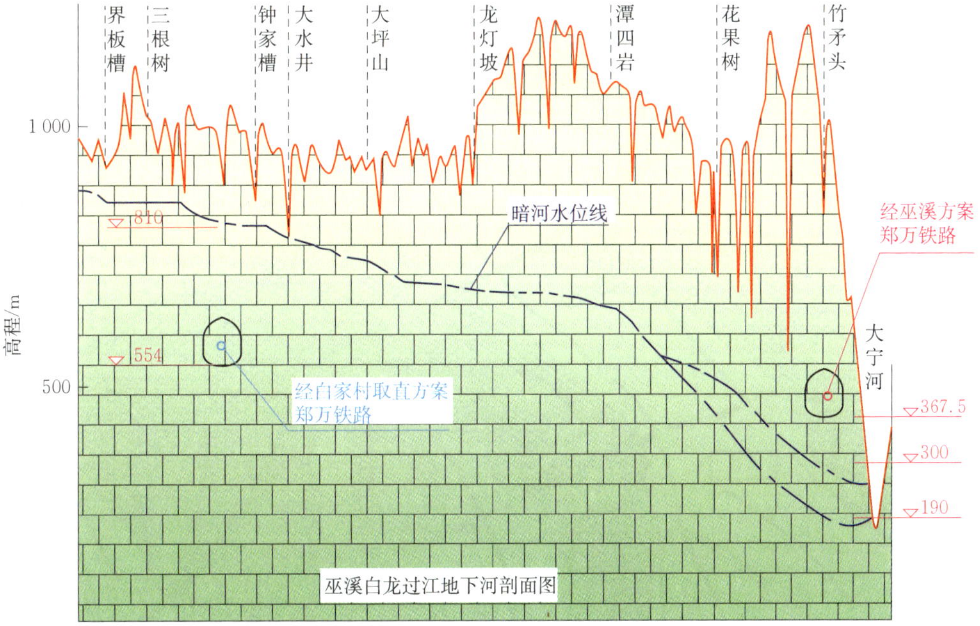

图 4.10　郑万铁路沿大宁河绕行方案

(10)从岩溶相对不发育地层通过。

岩溶的发育主要受地层岩性和地质构造控制。一般可溶岩含量越多,受构造影响越大,岩溶越发育。通过地质调绘分析,选择洞身从岩溶相对不发育地层通过,降低岩溶突水突泥风险。

武广客专大瑶山区红岩至乐昌武江峡谷段线路有武江左岸短隧(AK)、两跨武江短隧(A_2K)及两跨武江长隧(A_1K)3 个方案,如图 4.11 所示。通过遥感判释和现场调查,在基本掌握地质构造与岩溶的发育规律,特别是岩溶水的补给、径流、排泄条件的基础上,确定本区可大致以南北向的武江为界,分为东、西两区。区内的控制性构造——瑶山复背斜、瑶山断裂带为主体的经向构造带主要分布于西区,且自西向东构造影响及岩溶发育程度逐渐减弱;而东区燕山期“诸广山岩体”受构造影响自东向西逐渐减弱。这样,就形成了一个以南北流向的武江为轴线,宽 4~8 km 的构造相对较为简单的带状区域(下称 H 区)。这个带状区域内，岩性以浅变质砂岩石为主，虽有碳酸盐岩分布，但岩溶不发育，地下水天然排泄条件好，无区域断层与溶蚀槽谷形成的不利组合，地质条件明显优于其两侧地区，有利于越岭隧道通过。A_1K 方案与既有大瑶山隧道(包括京珠高速公路粤北段)均位于 H 区外，受地质构造及岩溶影响较为严重，且 A_1K 方案隧道较既有大瑶山隧道的长度更长，通过斑古坳岩溶发育区的段落也更长，工程地质、水文地质条件相对更差；AK、A_2K 方案均位于 H 区内，受地质构造及岩溶影响较轻，地质条件相对较好，但 A_2K 方案两跨武江，且桥位与武江斜交，又与坪乐支线(老京广线)干扰严重，故从工程地质、水文地质条件比较，以 AK 方案为优。大瑶山区是武广客专的控制性工程地段，本段线路方案的确定，是地质选线工作在武广客专方案竞选中发挥重要作用的体现，推荐方案已在勘察设计中采纳并得到施工验证。

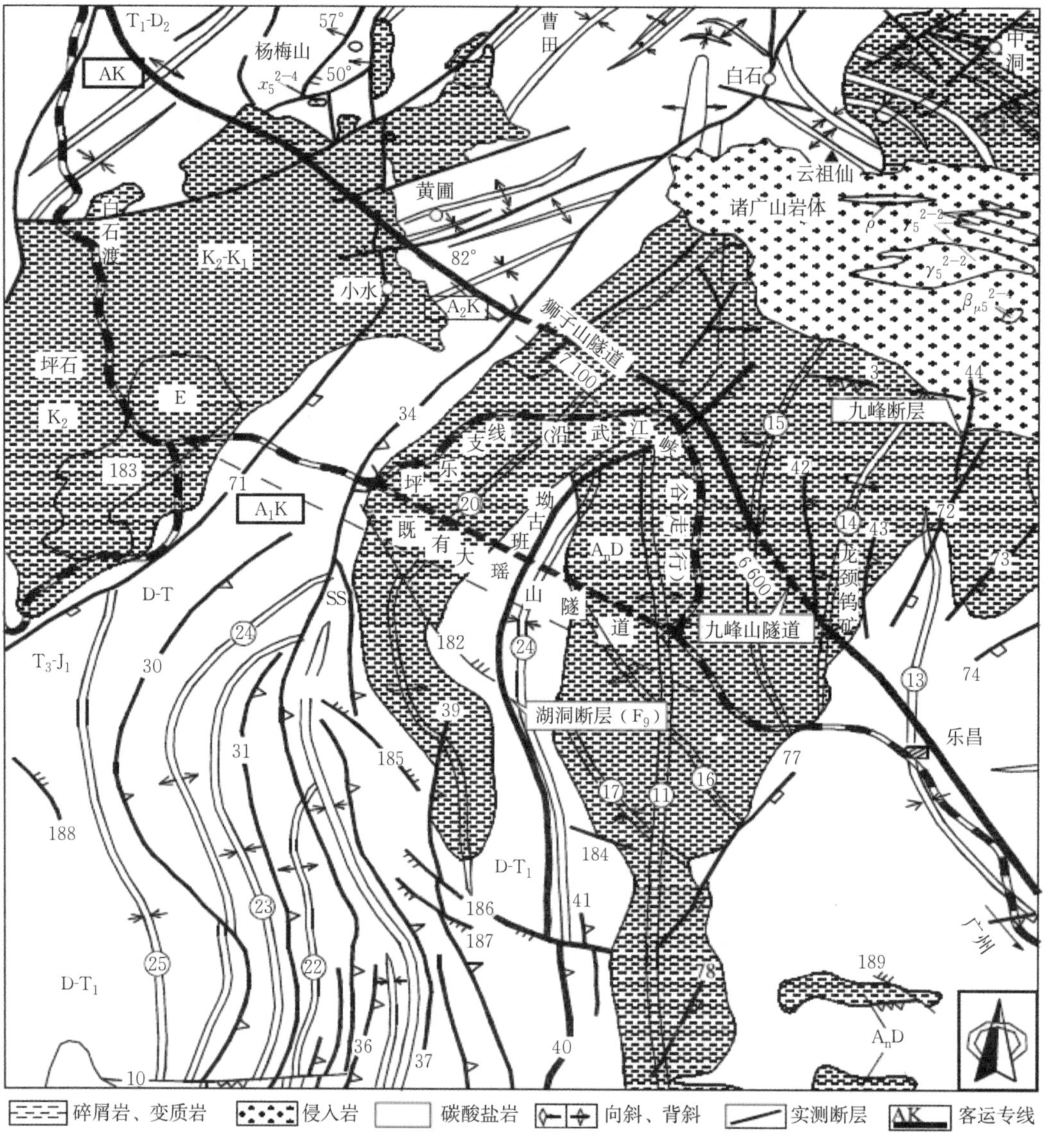

图 4.11　大瑶山地区地质及线路方案图

综上，得出岩溶区选线二十四字原则为“先绕避、短通过、抬高程、傍河边、靠既隧、顺坡排、浅覆盖、防崩滑”。

4.4.5 危岩落石地区

1. 危岩落石地区主要工程问题

山区地形地质条件复杂，崇山峻岭、沟壑纵横，在坡度较陡地段经常会形成崩塌、落石、岩堆现象；同时在修建铁路时许多路堑高边坡及隧道进出口的边、仰坡极其高陡，地质条件恶劣，在雨水、地震等自然灾害以及施工刷坡、爆破等作用下，也会形成危岩、落石、崩塌等，对铁路线路造成危害，危及行车安全。

2. 危岩落石地区选线原则

结合大量铁路工程选线实践，线路穿越危岩落石地区选线原则主要有：

(1)对大型危岩落石区域及危岩落石集中地段，线路应予以绕避，或以隧道、明洞等方式通过。

(2)必须通过危岩落石地段时，线路尽可能从危害相对较小地段通过，并辅以相应的危岩防治措施。

(3)隧道洞口应选择地形较缓的位置，贯彻“早进晚出”的原则，采取“无仰坡进洞”，桥隧相连地段，如果有条件，隧道尽量延长或洞口明洞接长，并遮盖桥台，避免落石对线路造成的损害，影响运营安全风险。

3. 长昆客专贵州段坝陵河危岩落石案例

坝陵河为珠江水系北盘江支流，河谷深切宽缓，河床宽 6～20 m，水深不足 1 m，河谷沿岸两侧不良地质发育，主要为岩溶、滑坡、岩堆及危岩落石，线路方案很难完全绕避不良地质。初步设计阶段，经综合比较，选择线路从克地 1 号滑坡边缘和陡崖边缘通过的方案。图 4.12 所示为坝陵河特大桥全景图。

图 4.12 坝陵河特大桥全景图

在 2010 年 12 月现场质量安全核查中，发现坝陵河特大桥昆明端危岩落石对运营安全威胁较大，且防护十分困难，代价高，耐久性差，建议对线路方案进行优化。结合坝陵河昆明端危岩落石、克地 1 号滑坡及在建工程的情况，进行了 5 个方案的综合研究比较。

(1)原位整治方案

该方案是在维持初步设计线路平、纵断面设计的基础上，对坝陵河特大桥昆明端桥台左侧高陡危岩落石进行整治。经现场调查测量，认为1～5号危岩体对工程影响极大，整治后仍存在较大风险，不宜采用。

(2)完全绕避危岩落石方案

根据现场调查和测量资料，线路左侧(下游)为高陡危岩落石体，右侧350 m范围为克地1号滑坡，滑坡体右侧为高陡危岩落石体，线路平面线位向右偏移约140 m可以完全绕避危岩落石，但坝陵河特大桥正穿滑坡主轴(滑体厚约30 m)，滑坡整治工程量大，桥梁工程仍然存在安全风险，研究后予以放弃。

(3)绕避高陡危岩落石体方案

该方案线位调整的原则是绕避高陡危岩落石体，而同时控制滑坡的整治规模和桥梁工程风险。根据现场实地测量，要避开大规模的高陡危岩落石体，坝陵河昆明端桥台至少向上游偏移40 m以上；若向上游偏移过多，将会加大滑坡体整治难度和桥梁安全风险。为此，分别研究偏移45 m、60 m和80 m三个方案。各方案取舍关键是危岩落石处理及滑坡处理，经综合比较，线路向右偏移60 m方案危岩落石及滑坡整治后，综合安全度最高，施工难度最低，工程投资最省，因此，最终采用在初步设计线偏移60 m方案。

4.4.6 高烈度地震山区

1. 高烈度地震山区主要工程问题

“5·12”汶川地震铁路工程震害现象表明：近场高烈度区，特别是断裂带、不良地质区段工程震害突出，傍山路基及隧道洞口段遭受崩坍落石袭击，傍山线路潜在地震堰塞湖的威胁。这些突出灾害，对铁路构成巨大威胁且难以采用工程加以克服，需要在铁路规划和选线阶段加以解决。

(1)路基工程

傍山路基遭受崩塌落石袭击而损毁，松散土体在地震作用下产生坍塌或滑坡，地震烈度Ⅷ度及以上地区填方路基普遍出现下沉，部分位于陡坡地段的挡土墙出现破坏。

(2)桥梁工程

近场区的桥梁出现纵向、横向移位，甚至落梁；近场区高度较高的桥墩出现破坏；桥梁支座损坏严重。

(3)隧道工程

隧道洞口边仰坡坍滑或崩塌，位于断层附近的隧道局部开裂。

2. 高烈度地震山区选线原则

“5·12”汶川地震，破坏和改造了龙门山断裂带的地质环境，突出的地震及地震次生地质灾害，给高烈度地震山区铁路选线设计敲响了警钟，提出了新的挑战。通过开展地震次生地质灾害特征及分布规律、高地震烈度山区铁路综合选线关键技术等课题研究，分析了地震及地震次生地质灾害对铁路、公路的影响，提出了必须重视具有“生命线”意义铁路工程的规划和选线、基于预防地震次生地质灾害的综合选线、地震近场效应及近场区工程选线的高地震烈度山区铁路综合选线三大原则，总结提出高地震烈度山区铁路选线原则意见16条。

(1)高烈度地震山区铁路选线，应综合考虑地质、地震因素，重视活断层、不良地质等特殊场地的地震放大效应及近场区的地震近场效应。线路应绕避大型不良地质发育地段、绕避地震及地震次生震害严重地段；必须通过时，应以简单易修复的工程形式通过。

(2)对于活断层，线路应绕避，无法绕避时应选择活动性相对较弱的安全岛通过，或在断层宽度较窄处以大角度通过。

活动断裂，地震作用下容易产生破裂，地震及地震次生地质灾害往往沿活动断裂呈带状分布。因此，铁路选线首先应绕避活动断裂，无法绕避时则应选择活动性相对较弱的“安全岛”通过，或在断层宽度较窄处以大角度通过，尽量降低地震及地震地质灾害对铁路的影响。

(3)铁路重大、复杂工程应尽量躲开绕避断裂束，线路不宜在断裂束，特别是断裂密集处、交会处及活动断裂的端点、拐角处，设置大中桥、高桥、隧道、高填深挖等难以修复的大型建筑物。

活动断裂的一些特殊构造部位是强震发生的处所，如不同方向的活动断裂的交会部位，活动断裂的拐弯段，活动断裂的端点等都是强震发生的可能部位，其中以不同方向的活动断裂的交会部位发震的概率最高。因此，应尽量避开这些地段。同时在此段内不宜修建重大的或难于修复的建筑物，如隧道、大桥和高桥等，最好以易于抢修的低填浅挖路基通过。

(4)对于宽大的活动断裂带，线路应在查清区域性活动断裂结构和稳定性差异的基础上，选择相对稳定的部位通过，重点工程必须置于“安全岛”内。

活动断裂带内不同构造部位具有不同的活动性，应在查清区域性活动断裂结构和稳定性差异的基础上，选择相对稳定的部位通过，重点工程必须置于“安全岛”内，降低地震对重点工程的影响。

(5)线路不应在活断层主动盘迂回展线，工程应尽可能布置于构造被动盘。

受发震断裂主动盘效应影响，断裂主动盘地震效应大于被动盘，断裂主动盘地震灾害重于被动盘，地震地质灾害密度也远远大于被动盘，断裂主动盘水平应力大于被动盘。而地震构造被动盘相对稳定，震动、位移相对较小，不仅可减小对工程的破坏性，而且，还可大大降低因地震引起的山体崩塌、滑坡、泥石流等地震次生灾害对铁路工程的危害性。因此，线路应避免在断裂主动盘迂回展线，降低地震及地震地质灾害对铁路的影响，线路与活动断裂平行时应将线路置于构造被动盘，减小地震及次生灾害对铁路的破坏。

(6)线路应绕避潜在地震诱发次生地质灾害的地段，尽量选择在工程地质条件相对良好、地形开阔平坦或缓坡地段。

地震地质灾害主要为崩塌、滑坡、泥石流等重力不良地质现象。地形陡峻，形成临空面是形成重力不良地质现象的必要条件。线路选择在工程地质条件良好、地形开阔平坦或缓坡地段，可预防地震地质灾害对铁路的破坏。

(7)线路应选择在非液化土层或液化土层范围较窄的地段通过。

饱和砂与饱和粉土在地震时可能产生液化现象，而使其承载力大幅度降低，甚至完全消失，如通海、昭通、海城及唐山地震，都有许多实例说明这一点。所以应尽量选择在非液化地段或液化层埋藏较深及最窄地段通过，并且不应将液化层直接作为建筑物的持力层。

(8)线路应避免短隧道群，洞口位置的选择应贯彻“早进晚出”的原则，洞口宜接长明洞。

隧道洞口是崩塌落石多发地段，在地震力的作用下极易发生斜坡重力地质灾害，而且一旦因地质灾害造成隧道内列车出轨、翻车事故，抢险救灾困难极大，极易形成灾害链。线路应避免短隧道群，洞口位置的选择应贯彻“早进晚出”的原则，应采取“无仰坡进洞”，洞口宜接长明洞。

(9)峡谷地段，线路应尽量避免以傍山明线方式通过。

地震地质灾害具有沿沟谷呈线状分布的特点，顺河傍山地段，在地震力作用下极易诱发崩塌、滑坡、泥石流等地震地质灾害。为避免地震次生地质灾害对铁路的破坏，峡谷地段，线路应避免以傍山明线方式通过，线路内移以隧道通过。

(10)河谷地段应选择合理线路高程，避免地震形成堰塞湖衍生洪水灾害对铁路的破坏。

在河谷地段应研究地震诱发大型古(老)滑坡复活和产生大型滑坡的可能性，预测大型滑坡堵塞河流形成堰塞湖的可能性。评估堰塞湖造成上游水位上涨和堰塞湖溃决衍生洪水灾害对铁路的系统破坏，选择合理线路高程，避免堰塞湖衍生洪水灾害对铁路工程的系统破坏。

(11)线路应绕避潜在产生大型滑坡、崩滑的顺层地段。

在地震力的作用下，顺层地段极易大范围发生顺层滑坡、崩滑，而反倾地段大多发生浅表崩塌、岩屑流，相对破坏性较弱。因此，线路应尽量走反倾坡。

(12)线路通过泥石流发育区时，应选择合理平面位置和高程，从有利部位以合理工程类型通过，避免地震诱发泥石流灾害对铁路的破坏。

地震形成大量松散堆积物，为泥石流的发生提供了丰富的松散固体物质，在强降雨的作用下极有可能形成泥石流。线路应选择合理平面位置和高程，从泥石流有利部位以合理工程类型通过，避免地震形成泥石流灾害对铁路的破坏。

(13)线路应绕避潜在不稳定斜坡、松散的山坡堆积层，以及可能发生大规模滑坡、崩塌的不稳定悬崖深谷、高耸孤立山丘等易发生地震次生地质灾害地段。

山坡严重变形、不稳定的悬崖深谷地段自然边坡稳定性差，在地震力的作用下极易失稳，发生滑坡、崩塌、泥石流等重力不良地质灾害。易塌陷的地下坑洞在地震力的作用下极易发生震陷。高耸孤立的山丘对地震波有放大作用。这些地段均为易发生地震次生地质灾害地段，线路应绕避。

(14)隧道洞口应避开崩塌、滑坡、错落等不良地质发育地段和单薄的山脊、孤立山头等不利地段，洞口宜选择在坡面顺直，岩体完整地段。

隧道洞口一旦因地质灾害造成隧道内列车出轨、翻车事故，抢险救灾困难极大，极易形成灾害链。所以隧道洞口应避开崩塌、滑坡、错落等不良地质发育地段和单薄的山脊、孤立山头等抗震不利地段，洞口宜选择在坡面顺直，岩体完整地段。

(15)以隧道穿越活动断裂时，从有利于救援角度，应选择合理位置通过，双线铁路宜分修。

活动断裂不宜处于长大隧道洞身段，以免救援困难，不得已以隧道穿越活动性断裂时应考虑调整线位使其处于洞口附近以利于破坏后的修复及救援。

(16)特殊结构、高墩、大跨桥梁不得跨越活动性断裂。

地震地表破裂大多沿着活动断裂发生。地表破裂产生位错可造成桥梁断裂、落梁等重大灾害。特殊结构、高墩、大跨桥梁修复困难，因此，特殊结构、高墩、大跨桥梁不得跨越活动性断裂。

4.4.7　采空区及煤层瓦斯

1. 采空区选线原则

(1)绕避开采范围广、开采面较深,或者开采年代久远不易查清的小型开采区域。

(2)当线路必须穿越采空区或开采范围时,宜选择在矿井洞口的巷道通过,或者在安全边界(根据实际勘探数据)外围通过。

(3)当线路通过开采面较浅的坑洞时,宜结合工程处理措施以桥或挖方路基形式通过。

2. 煤层瓦斯区选线原则

(1)对于分布范围广、埋藏深度浅、瓦斯浓度较高、危害大的区域应进行绕避。

(2)对于线路无法绕避的区域,应选择在瓦斯强度、浓度较低,分布范围较窄的区域通过。

(3)通过瓦斯区域时,宜采用桥梁、路基工程,当条件受限以隧道形式通过时宜采用浅埋、短隧工程通过,隧道宜采用单面坡,以有利于隧道通风避免瓦斯在隧道内聚集。

4.4.8　环境敏感区

艰险地区环保选线是高速铁路创新设计的关键点及难点,困难与挑战在于从生态环境保护角度进行科学合理的选线选址,从建设源头上进行规划控制,最大限度地避免或减缓对生态环境的不利影响。

1. 艰险地区高速铁路环保选线原则

(1)遵循保护优先、预防为主、依法合规原则,优先绕避相关保护区的禁止开发建设区域。

艰险地区高速铁路线路选线应符合环境保护法律法规和环境敏感区法定规划,优先绕避生态保护红线、自然保护区的核心区和缓冲区、风景名胜区的核心景区、世界文化和自然遗产地的核心区和缓冲区、饮用水水源地的一级保护区、森林公园的珍贵景物、重要景点和核心景观区、地质公园的地质遗迹保护区、湿地公园的湿地保育区和恢复重建区、水产种质资源保护区的核心区、国家公园的严格保护区和生态保育区以及其他类型禁止开发建设区域。

(2)贯彻生态优先、绿色发展原则,尽可能选择"无害化"方式通过。

高速铁路属于国家重大基础设施项目,其选线确因自然条件、技术标准等限制因素无法避让的,应合理选择高速铁路敷设方式,尽量以隧道下穿、桥梁上跨等"无害化"方式通过相关环境敏感区域,尤其是野生保护动物栖息地,避免对动物通道造成阻隔及植被的占用与破坏;尽量采用大跨度桥梁跨越水生生物保护区,减少水中墩、减少对保护区内水生生物的影响;优化调整环境敏感区域内的辅助工程,避免或减少在保护区范围内设置斜(竖)井、横洞、施工道路、施工营场地等地面工程,尽量降低对保护区的生态系统影响,落实生态优先、绿色发展理念。

(3)落实建设与保护并重的原则,充分论证、履行许可手续,强化保护对策措施。

涉及生态保护红线及环境敏感区的路段,应依据国家及地方对于生态保护红线及环境敏感区法定管理规定与相应规划功能分区,开展环保选线选址专项专题论证,履行相应批准许可手续,结合项目可能对环境敏感区域和保护对象产生的影响,提高防治标准、优化工程方案、合理安排施工组织、调整施工方案(工艺)等,提出有针对性的预防、保护、恢复、补偿、监测、监控等对策措施，确保工程建设符合环境敏感区保护要求。

2. 艰险地区高速铁路环保选线技术流程

环保选线技术流程如图 4.13 所示。

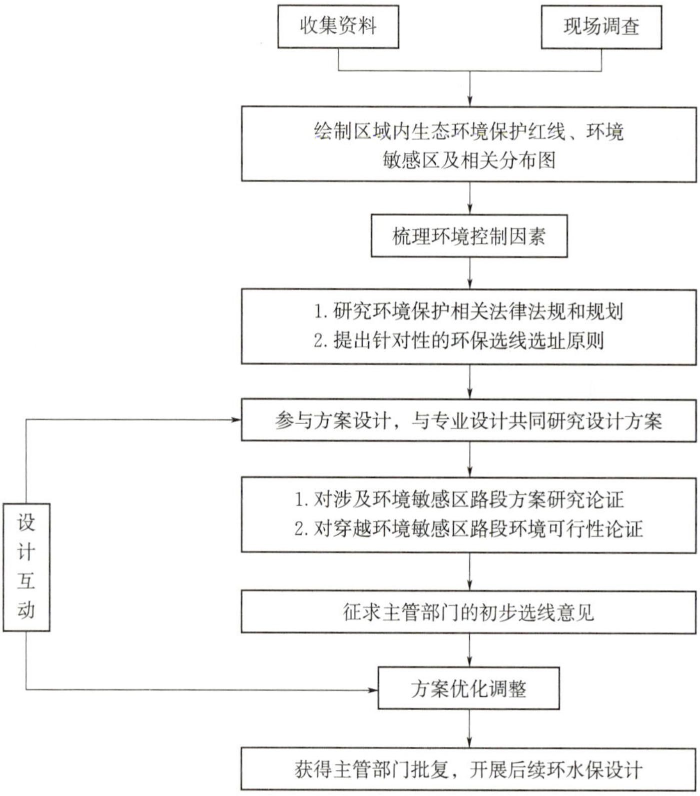

图 4.13 环保选线技术流程

3. 艰险地区高速铁路环保选线选址技术要求

(1)环保选线选址工作应先期介入、全过程参与。

环保选线选址应先期介入，与主体设计专业紧密配合，全过程参与工程选线选址设计。无论是宏观廊道选择，还是局部方案比选、优化，均应即时互动，提出有针对性的环境比选结论，为工程选线选址提供有力的环保支撑。

(2)全面收集相关资料，利用 GIS 等技术进行生态制图分析，初步比选环境影响范围及程度。

全面收集研究范围内生态保护红线及相关环境敏感区分布资料，采用 GIS 等空间图层叠置技术和方法，形成规范的生态制图，核查制约线路方案的各环境因素，综合分析生态环境影响范围和程度；依据生态环境保护要求，初步比选出环境最优、影响最小的廊道走向和线路方案。

(3)充分征求主管部门及专家意见，开展专题研究论证，优化调整设计方案。

针对环保选线选址初步成果，向主管部门征求项目建设的环境保护意见，然后开展由专门专业机构、专家学者主持的专题研究论证，完善设计方案；最终以主管部门批准的环保选线为依据开展相关设计，落实相关环境保护对策措施。

4. 环保选线在贵南高速铁路的应用

（1）概况

贵南高速铁路位于贵州省东南部和广西壮族自治区西北部，正线全长约480 km，速度目标值为350 km/h，全线设14个车站。区域地势北高南低，地形崎岖不平，山岭纵横交错。区内河流纵横，地理环境复杂，生态环境多样。

区域内分布有环境敏感区44处，其中自然保护区10处、世界自然遗产地2处、风景名胜区7处、森林公园7处、地质公园1处、国家湿地公园4处、城市饮用水源区13处。经地质、环境、技术、经济等综合比选绕避了34处，无法绕避的10处开展了同精度局部线路比选。其中，黔桂两省交界处涉及贵州省荔波县、广西壮族自治区河池市、环江县区段约100 km长度，沿线分布有以荔波南方喀斯特世界自然遗产保护区为核心保护的诸多环境敏感区，区内存在断裂带发育、暗河出露、采空区等不良地质广布。因此，对于该段线路开展了宏观廊道及局部线路比选。

（2）方案比选

①宏观廊道比选

宏观廊道选线进行了东侧（蓝线方案）、西侧（紫线方案）绕避荔波世界遗产地缓冲区和中线穿越（红线方案）世界遗产地缓冲区的方案比选，具体如图4.14所示。东侧绕避遗产地方案（蓝线方案）采空区规模大，严重影响线路施工及运营安全；西侧绕避遗产地方案（紫线方案）线路所经大、小七孔及世界自然遗产地核心区水源补给区，线路主要以隧道形式穿越，隧道施工可能影响地下暗河系统，从而影响核心区大、小七孔水量，环境风险极大。因此，最终选择了主要以隧道方式中线（红线方案）穿越世界遗产地缓冲区的线路方案。

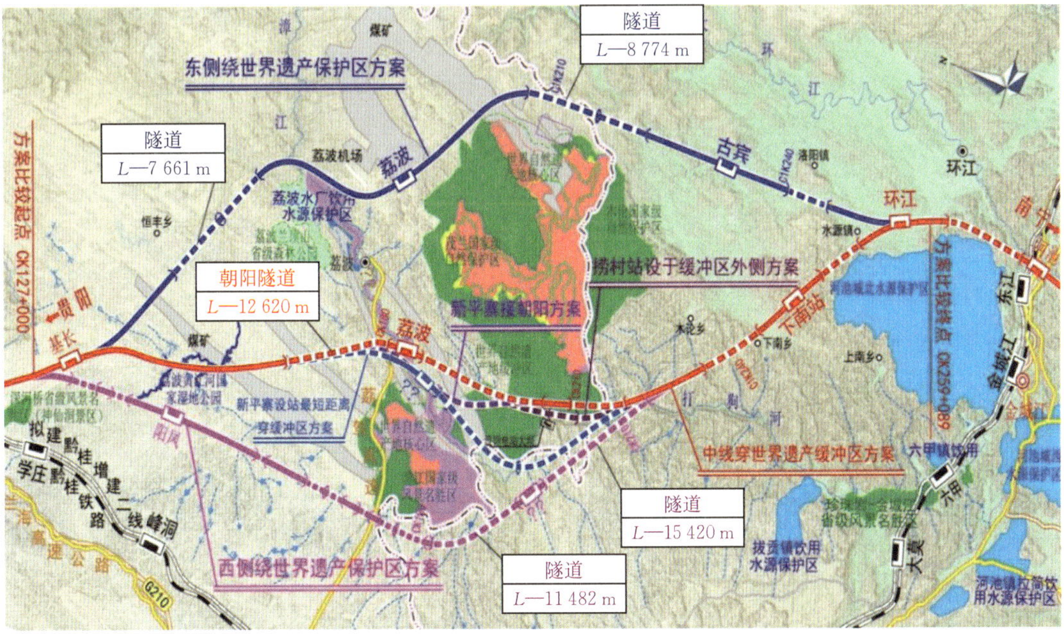

图4.14　贵南铁路涉及荔波世界自然遗产线路比选方案

②局部选线、选址比选

局部选线、选址研究了新平寨设站最短距离穿越缓冲区方案(淡蓝线方案)、新平寨接朝阳方案(深紫线方案)、捞村站设于缓冲区外侧方案(褐线方案)和中线穿世界遗产缓冲区方案(红线方案)4个线路方案。根据地质条件和生态环境影响比选采用了中线穿世界遗产缓冲区方案(红线方案),具体比选分析详见表4.1和图4.14。

表4.1 贵南铁路涉及荔波世界自然遗产地线路比选方案分析

比选要素	新平寨设站最短距离穿越缓冲区方案(淡蓝线方案)	新平寨接朝阳方案(深紫线方案)	捞村站设于缓冲区外侧方案(褐线方案)	中线穿世界遗产缓冲区方案(红线方案)
穿越遗产地缓冲区形式及长度	5.6 km(全为隧道)	16.8 km(隧道两座15.9 km,桥梁0.9 km)	16.4 km(隧道两座15.6 km,桥梁0.8 km)	穿世界自然遗产地缓冲区15.9 km(隧道两座13.8 km,桥梁两座1.5 km,路基0.6 km)
地质条件	位于电站库区淹没区,施工风险较大,危岩落石对线路(后期运营安全)影响不可控	危岩落石对线路(后期运营安全)影响可控	施工风险较大,危岩落石对线路(后期运营安全)影响不可控	危岩落石对线路(后期运营安全)影响可控
生态环境影响	线路穿越打狗河峡谷,该区分布有多种国家级保护动植物,对生态环境的影响较大	荔波站挖方19~40 m段落共计750 m,且均为顺层,清方边坡、弃土对环境影响大	线路穿越打狗河峡谷,该区分布有多种国家级保护动植物,对生态环境的影响较大	地面工程所经捞村段,为退耕地和农用地,物种较单一,群落结构简单,生态环境的影响一般可控

(3)调整优化及保护措施

在初步稳定线路方案、征求主管部门及相关专家意见后,随即开展贵南高速铁路环境影响评价工作,并委托专业机构开展了专题影响论证工作,中线穿世界遗产缓冲区方案经专家审查,再次局部微调,加强保护措施后最终获得了主管部门的批准。

①优化调整

将捞村站调整出世界遗产地缓冲区外,优化在环江县下南乡境内设站,减少工程占地和对生态环境影响,从源头上控制二次开发带来的不利影响。

②保护措施

位于遗产地缓冲区内的隧道均采用“早进晚出”方式,避免了对山体的大开挖和洞口处的深挖,保护了原有的地貌和植被。

遗产地内施工所需的弃渣场、施工场地、营地等均设置在遗产地缓冲区范围外的打狗河右岸,位于遗产地缓冲区范围以外,施工便道利用既有道路。

对于少量工程产生的裸露面,及时采用当地乡土原生物种进行绿化和植被恢复,实现景观美化和植被防护的同时保持了生态系统的原始性。

加强施工期及运营期的监督管理,督促有关单位采取有效措施,确保对世界自然遗产地的不良影响降到最低。

4.5　艰险地区高速铁路智能选线

由于高速铁路的建设运营安全性、经济性要求高，以及艰险地区选线控制、影响因素多，导致线路方案多。目前选线设计方法主要是在人机交互环境或图纸环境中，人工解读出地形、地物、地质、社会经济等地理信息，结合项目的运输和技术要求，通过人工选出的有限方案，再结合工程条件、经济要素比选确定优选方案。该方法对设计者的综合选线能力要求较高，同时存在设计者劳动强度大、设计周期长、研究方案有限、评价指标单一等缺点。

随着社会信息化、智能化的发展，铁路智能选线已经逐步使用，利用铁路线路智能优化技术，根据地形、地质、社会经济环境，结合项目的运输和技术要求自动优选铁路线路，将极大地缩短选线设计周期，提高选线的效率与质量。

铁路智能选线的总体思路是将铁路选线原理与数学、地理信息和计算机信息技术相结合，开发面向艰险地区环境的铁路智能选线系统。

一是建立集成数字地上与地下空间信息的综合地理信息模型。

建立数字地形、数字地质和数字地物模型，并实现三者的集成，建立集成数字地上与地下空间信息的综合地理信息模型，同时建立高效的空间索引机制，实现对任意位置处地理信息数据的快速提取。

二是建立线路—结构物—环境耦合约束模型。

通过线路、结构物、环境三者间的耦合约束关系和动态特征，建立数学模型对这种复杂的耦合约束关系进行刻画。

三是建立考虑线路—结构物—环境耦合约束的铁路多目标点线协同优化模型。

建立以表征线路走向和车站布设参数为设计变量，以线路—结构物—环境间的耦合约束关系为约束条件，以工程代价、运营代价、安全评估、环境影响为目标函数的铁路点线协同优化模型。

四是复杂耦合约束条件下铁路多目标点线协同搜索。

研究利用线路—结构物—环境耦合约束下铁路多目标点线协同搜索算法，基于综合地理信息模型，实现由“面”及“带”到“线”的多层次高效智慧寻优搜索。

五是建立铁路三维虚拟仿真模型。

建立高维、非均质、多尺度的外观与拓扑结构整体连续的铁路三维模型，实现铁路场景模型的实时交互式动态可视化。图 4.15 所示为三维空间地质体模型。

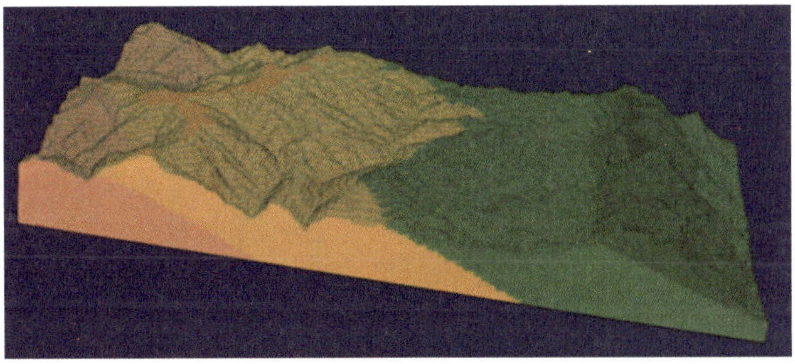

图 4.15　三维空间地质体模型

4.5.1 建立综合地理信息模型

综合地理信息模型是智能选线的基础。以空间地理格网为载体，构建出集成数字地形、地质、地物以及工程单价、结构物设计参数、规范参数等信息的综合地理信息模型。并将这些地理信息数字化，建立描述地形、地物、地质、地价、工程单价等信息空间分布的综合地理信息模型 CGIM(comprehensive geographic information model)，如图 4.16 所示。

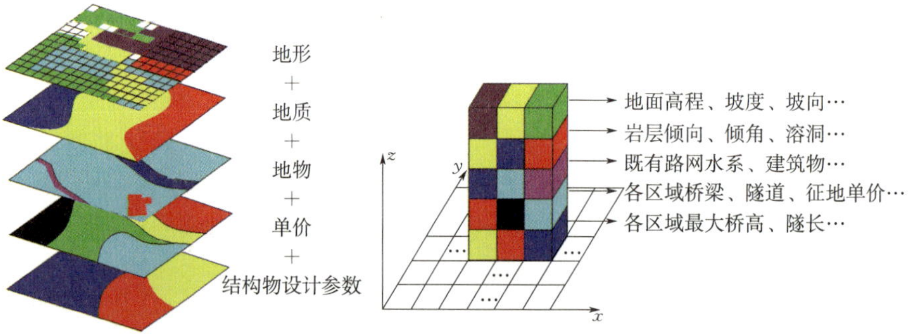

图 4.16 综合地理信息模型

CGIM 将线路搜索相关的各类信息均离散存储到覆盖整个选线研究区域的规则方格网中，可通过格网索引快速获取线路行径区域的地理环境属性，包括：

(1)地形：地面高程、坡度、坡向；

(2)地质：地层信息、是否采空区、溶洞等；

(3)地物：既有道路、水系等地物，必经或绕避区域；

(4)工程单价：不同区域的路基填挖方、桥梁、隧道、征地、拆迁等单价；

(5)结构物设计参数：不同区域的路基边坡系数、最大桥高、最大隧长等设计标准。

4.5.2 建立铁路线路—结构物—环境耦合约束模型

线路—结构物—环境耦合关联的复杂性和动态性是铁路点线优化不可回避的关键问题，特别是在复杂山岭地区，平面障碍和高程障碍并存，桥隧等结构物大量增加，耦合约束变得更为复杂，智能选线的最终目标是满足这些约束的条件下，自动搜索出线路与结构物的最佳配合方案，因此建立线路—结构物—环境耦合关联的约束模型是智能选线的基础。

首先对线路—结构物—环境的耦合约束关系进行系统的分析和聚类(图 4.17)；然后对线路、结构物的属性进行语义描述，并采用图的结构对相互间的约束关系进行组织，形成结构物空间子图和线路空间子图；再对给定的地形、地质、地物等环境因子进行识别和空间剖分，提取其空间的语义关联关系，进而建立环境因子的空间语义描述模型，形成一个描述环境关系的环境空间子图；最后，对上述三个空间子图进行叠加，对每个子图的关系进行遍历，符合约束条件的子图的边进行匹配和合成，构建描述线路—结构物—环境耦合约束的超图语义模型。

根据各项约束特征，将铁路点线协同优化过程中的约束条件分为几何约束、结构物约束和区域约束，并将其抽象成数学表达式，建立数学模型，分治于线路搜索的各个阶段。

几何约束：根据《铁路线路设计规范》(TB 10098—2017)，铁路线路须满足以下几何约束要求：最小曲线半径约束、最小圆曲线长约束、最小夹直线长约束、最大限制坡度约束、坡度代数差约束、最小坡段长约束。此外，处于站内的线路还需满足线路—车站耦合约束，包括站内平面约束和站内纵断面约束。

结构物约束：考虑工程建设的可行性，铁路线路结构物须满足相应的约束要求，包括最大桥高约束、最大隧长约束。此外，结构物间也存在着复杂的约束关系，包括：站间的距离要满足通过能力的需要，车站的位置宜避免与桥梁、隧道或其他结构物重叠等。

区域约束：无论是线路位置还是桥隧站等结构物选址均需要考虑地形、地质、河流、交通等环境约束的影响，适应地形的变化，绕避不良地质地段，同时也应尽量减少对环境的不利影响。将线路所经地区分为禁区约束、必经区约束、跨越约束及高程趋势约束。

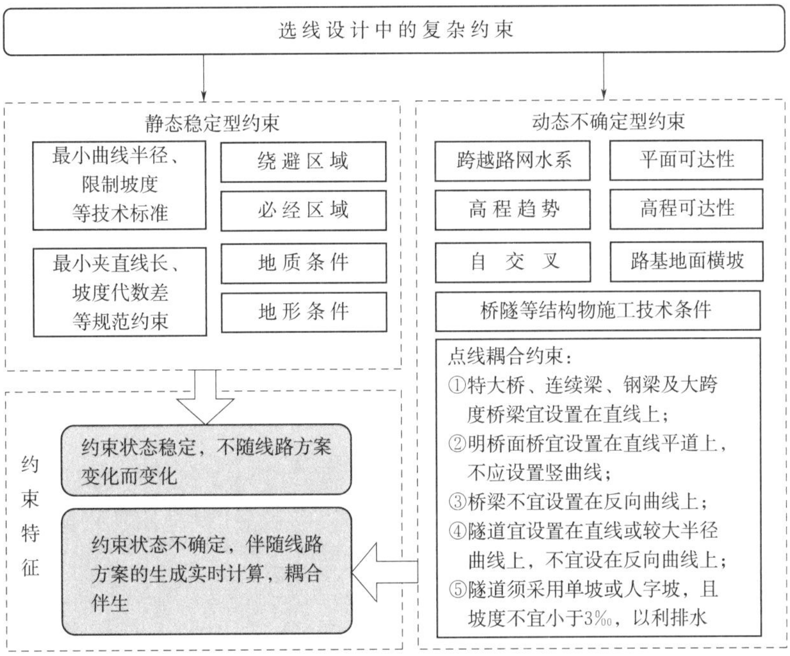

图 4.17 线路—结构物—环境耦合约束模型

4.5.3 建立考虑线路—结构物—环境耦合约束的铁路多目标点线协同优化模型

铁路选线设计不仅需要线路空间几何线位、车站的良好布置，合理设置桥隧等结构物，同时也应考虑铁路建设、运营全生命周期的安全保障问题，应尽量避免线路通过地质条件复杂、地质灾害频发地区，并最大限度地减少对自然生态环境的破坏。多目标点线协同优化模型包含铁路工程代价目标函数模型、运营代价目标函数模型、安全评估目标函数模型、环境影响评估目标函数模型，并集成四项目标函数建立铁路多目标综合代价评估目标函数模型。

$$\min f(\mathbf{AP},\mathbf{TP},\mathbf{BP},\mathbf{SP})=[w_c \quad w_o \quad w_s \quad w_e]\begin{bmatrix}C_c\\C_o\\A_s\\E_e\end{bmatrix}$$

$$\text{s.t.}\begin{cases}\text{几何约束 } g_i(\mathbf{AP},\mathbf{TP},\mathbf{BP},\mathbf{SP})\geqslant 0 & i=1,2,\cdots,n\\ \text{结构物约束 } s_i(\mathbf{AP},\mathbf{TP},\mathbf{BP},\mathbf{SP})\geqslant 0 & i=1,2,\cdots,n\\ \text{禁区约束 } a_i(\mathbf{AP},\mathbf{TP},\mathbf{BP},\mathbf{SP})\geqslant 0 & i=1,2,\cdots,n\end{cases}$$

式中 $\mathbf{AP}$——空间线位决策变量矩阵，$\mathbf{AP}=[\boldsymbol{X},\boldsymbol{Y},\boldsymbol{R},\boldsymbol{I}_0,\boldsymbol{K},\boldsymbol{H}]$；

$\mathbf{BP}$——桥梁决策变量矩阵，$\mathbf{BP}=[\boldsymbol{B}_{\mathrm{S}},\boldsymbol{B}_{\mathrm{E}}]$；

$\mathbf{TP}$——隧道决策变量矩阵，$\mathbf{TP}=[\boldsymbol{T}_{\mathrm{S}},\boldsymbol{T}_{\mathrm{E}}]$；

$\mathbf{SP}$——站址决策变量矩阵，$\mathbf{SP}=[\boldsymbol{S}_{\mathrm{S}},\boldsymbol{S}_{\mathrm{E}},\boldsymbol{L}_{\mathrm{S}},\boldsymbol{W}_{\mathrm{S}}]$；

$w_{\mathrm{c}},w_{\mathrm{o}},w_{\mathrm{s}},w_{\mathrm{e}}$——工程代价、运营代价、安全评估、环境影响评估的权重；

$C_{\mathrm{c}},C_{\mathrm{o}},A_{\mathrm{s}},E_{\mathrm{e}}$——工程代价、运营代价、安全评估、环境影响评估的归一指标值；

$\boldsymbol{X},\boldsymbol{Y}$——线路平面交点坐标；

$\boldsymbol{R}$——线路平面圆曲线半径；

$\boldsymbol{I}_0$——线路平面缓和曲线长；

$\boldsymbol{K}$——线路纵面变坡点里程；

$\boldsymbol{H}$——线路纵面变坡点里程高程；

$\boldsymbol{B}_{\mathrm{S}},\boldsymbol{B}_{\mathrm{E}}$——桥梁起终点里程；

$\boldsymbol{T}_{\mathrm{S}},\boldsymbol{T}_{\mathrm{E}}$——隧道起终点里程；

$\boldsymbol{S}_{\mathrm{S}},\boldsymbol{S}_{\mathrm{E}}$——站坪起终点里程；

$\boldsymbol{L}_{\mathrm{S}},\boldsymbol{W}_{\mathrm{S}}$——站坪长度、站坪宽度。

4.5.4 复杂耦合约束条件下铁路多目标点线协同搜索

利用双向广义距离变换算法(DT)与改进粒子群算法(PSO)相结合的铁路多目标点线协同搜索算法，在线路搜索过程中，可权衡线路安全、经济、环保等诸多因素，实现铁路线路由"面"及"带"到"线"的多层次、多目标的高效智能寻优搜索。

1. 线路廊带搜索

针对艰险地区铁路选线的特点，利用双向广义距离变换(DT)算法用于搜索线路廊带及车站位置，生成线路方案群(图 4.18)。总体流程如图 4.19 所示。

2. 空间线位搜索

生成线路廊带后，为进一步优化 DT 算法生成方案，利用一种基于分步 & 混合 PSO 算法的铁路空间线位多目标搜索算法，可在连续空间内进行线路智能搜索，并权衡多项评价指标，得到综合最优线路方案，提高线路方案质量。总体流程如图 4.20 所示。

4.5.5 建立铁路三维虚拟仿真模型

为了直观评价智能选线成果，需要建立铁路三维仿真模型。铁路场景中包含现状景物和虚拟景物实体两大类。现状景物中包含地形、地物。虚拟景物中包含路基、线上构造物(如桥、隧、涵等)及沿线设施(如铁路的道床、轨道、里程碑等)等。由于铁路三维模型的复杂性，将整个铁路三维实体划分为不同类型分别处理，线上构造物、地物、沿线设施等采用表面模型进行分别建模，地形采用三角网建模，通过高效的组织管理方法将所有模型构建为一整体。

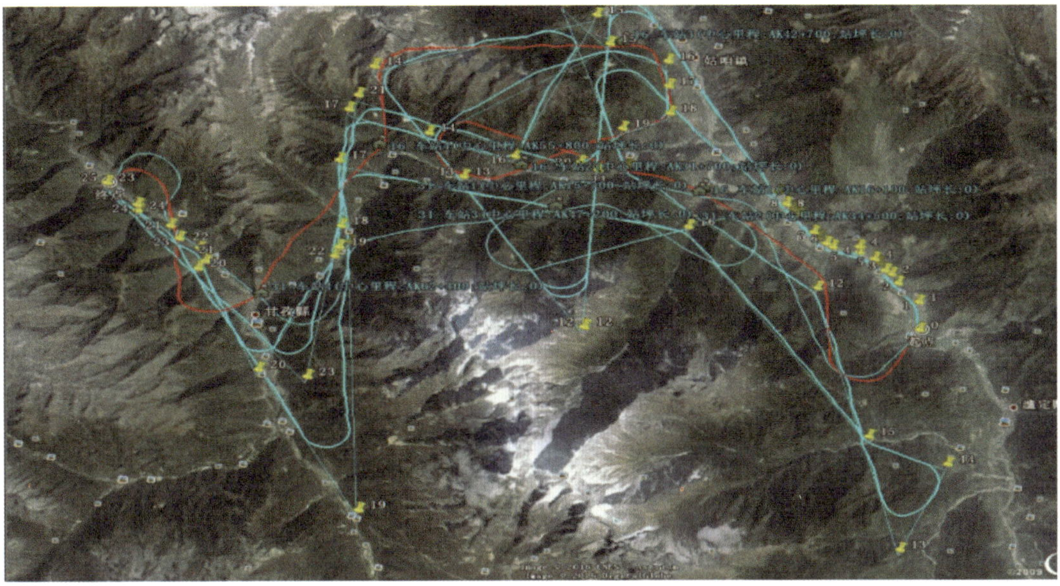

图 4.18 自动生成线路方案群

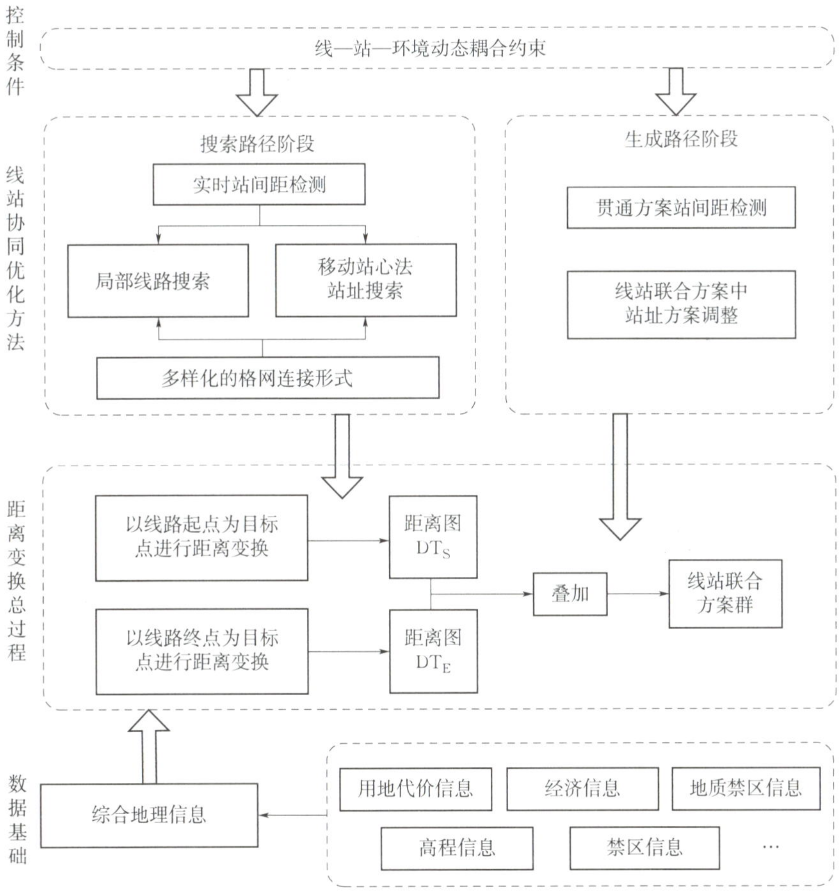

图 4.19 线路廊带搜索流程图

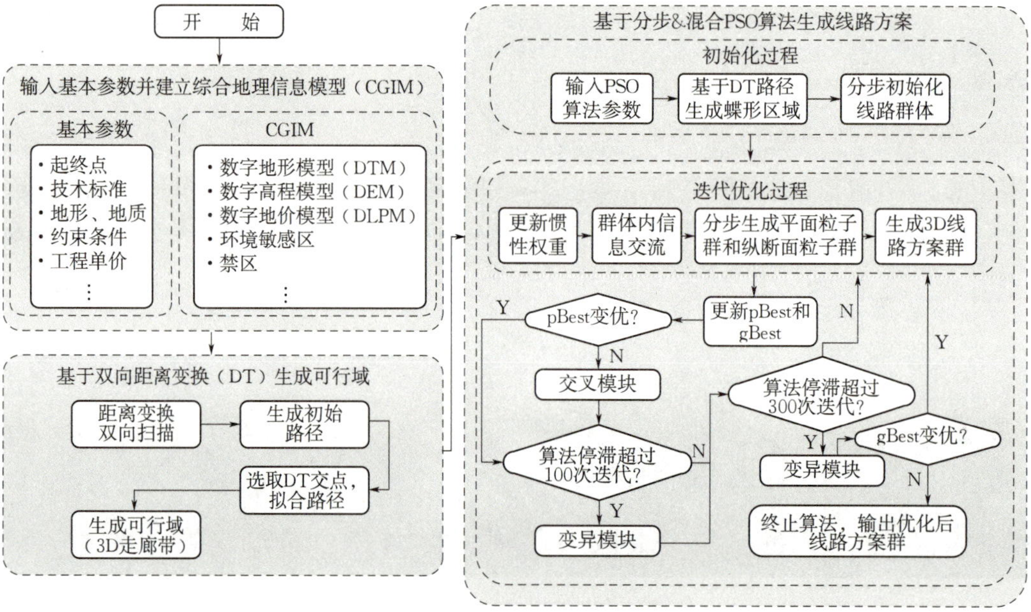

图 4.20　空间线位搜索流程图

通过铁路三维整体建模，地形建模，桥梁、隧道、涵洞和沿线设施等构筑物快速建模技术以及铁路三维场景可视化组织、仿真技术，快速建立了融合地形模型和铁路模型的三维仿真场景，为设计者综合评价智能选线成果优劣、进一步优化设计方案提供直观的平台，如图 4.21 所示。

图 4.21　铁路三维虚拟仿真

5　路基工程技术

高速铁路对轨道平顺性要求极高，变形控制是路基工程设计的主要控制因素，不但需要有强度高、刚度大的路基基床，沉降很小或没有沉降的地基，还需要沿线路方向平缓变化的刚度。

我国西南山区地形地貌复杂，地震频发，膨胀土、红黏土和沟谷软土等特殊性岩土及岩溶、采空区、滑坡、危岩落石等不良地质条件分布广泛（图 5.1），增加了修筑高速铁路的难度。针对西南艰险地区地势起伏较大，桥隧之间短路基数量众多且频繁过渡的实际情况，基于过渡段动力学仿真分析，从保证刚度纵向均匀变化的角度出发，结合施工碾压工艺，提出了频繁短路基过渡段的设计方法。针对山区斜坡路堤、半填半挖路基及陡坡路堑等陡坡路基，提出了路肩支挡结构侧向变形控制标准，解决了桥隧间短路基刚度协调和陡坡路基横向变形控制设计难题。针对西南山区危岩落石广布的情况，提出了基于落石运动轨迹和冲击能级的危岩落石防护设计方法，形成了危岩落石综合整治技术体系。

（a）短路基

（b）陡坡路基

（c）危岩落石

（d）高烈度地震

图 5.1　山区高速铁路典型路基工程

5.1 艰险地区路基一般技术要求

5.1.1 路基结构要求

稳定、沉降小且沉降均匀是高平顺性轨道的基础。稳定性好的路基，主要是靠控制路基工后沉降和不均匀沉降。这正是高速铁路路基设计、施工与普速铁路的主要区别，即高速铁路主要以“变形”控制路基的设计、施工，而普速铁路则主要以“强度”控制路基的设计与施工。

1. 控制路基变形

高速铁路对轨道的平顺性提出了更高的要求，对轨道不平顺管理标准要求非常严格。路基是铁路线路工程的一个重要组成部分，是承受轨道结构重量和列车荷载的基础，它也是线路工程中最薄弱最不稳定的环节。路基几何尺寸的不平顺，自然会引起轨道的几何不平顺。因此，高速铁路路基除应具备一般铁路路基的基本性能之外，还需要满足高速铁路轨道对基础提出的性能要求。不仅要求静态平顺，而且还要求动态条件下平顺。

一般铁路路基是以强度控制设计，而对于高速铁路，变形控制是路基工程设计的主要控制因素。因为在强度破坏前，可能已出现了不容许的过大变形。日本东海道新干线的设计时速为 220 km，由于在设计中仅仅采取了轨道的加强措施，而忽略了路基的强化，以至从1965 年开始，因为路基的严重下沉，使路基病害不断，线路变形严重超限，不得不对线路以年均 30 km 以上的速度大举整修，10 年内中断行车 200 多次，列车的平均速度也降到 100～110 km/h。

2. 路基刚度的均匀性

列车速度越高，要求路基的刚度越大，弹性变形越小。弹性变形过大，高速运行就得不到保证，就像车辆在松软的沙滩上无法快速行驶一样。当然，刚度也不能过大，过大了会使列车振动加大，也不能做到平稳运行。路基刚度的不平顺则会给轨道造成动态不平顺，研究表明，由刚度变化引起的列车振动与速度的平方成正比。列车速度越高，刚度变化越剧烈，引起列车振动越强烈。轻则使旅客舒适度降低，重则影响列车运行安全。所以，要求路基在线路纵向做到刚度均匀、变化缓慢，不允许刚度突变。

3. 在列车运行及自然条件下的稳定性

在列车运营时，路基不仅承受轨道结构和附属构筑物的静荷载，还要承受列车荷载的长期反复作用。同时，由于路基直接暴露在自然条件下，需要抵抗气温变化、雨雪作用、地震破坏等不良因素的影响。路基工程必须保证在这些条件的长期作用下，其强度不会降低，弹性不会改变，变形不会加大，真正做到长寿命，少维修。只有这样，才能高速行车，减少维修费用，并增加运行的安全性。

以上的几点要求，目前的普通铁路路基结构是无法满足的，而高速铁路必须在路基结构、路基材料及路基施工工艺等方面采取一系列与普通路基不同的技术标准才能实现。具体表现在有一个强度高、刚度大的路基基床，沉降很小或没有沉降的地基以及沿线路方向平缓变化的刚度三个方面。

5.1.2 路基结构形式

路基结构形式及尺寸要求主要考虑路基表层、路基底层、路基本体、路肩等部分组成的路基断面形式,以及路基结构厚度、路基宽度、路肩宽度、边坡坡度等尺寸。

路基基床是铁路路基最重要的关键部位,为确保列车的安全平稳运行,基床应该具备的功能要求包括基床有足够的强度、基床具有足够的刚度、基床具有良好的排水性、基床有防冻等特殊作用。

国外高速铁路的基床表层一般采用两层结构:上层较薄,多为 0.2～0.3 m,要求变形模量高,其次为了提高该层的刚度,颗粒的最大粒径可适当提高,粗颗粒含量增加;下层的作用偏重于保护,颗粒粒径应与基床填料匹配,使基床底层填料不能进入基床表层,同时要求渗透系数小,至少要小于 10^{-4} m/s。

德国铁路路基断面结构在道砟和路基之间设置了路基保护层,路基保护层下为基床表层,由细粒含量小于 5%的级配碎石和级配砂砾石组成,压实参数 $K_L=1.00$,底层 $E_{v2}=$ 60 MPa。路基保护层和基床表层合在一起,基床总厚度不小于 2.0 m。日本新干线基床底层厚度为 2.30～2.65 m,法国基床底层厚度不小于 2.0 m。

我国高速铁路路基基床由表层和底层组成,表层厚度无砟轨道为 0.4 m,有砟轨道为 0.7 m,基床底层厚度为 2.3 m。

5.1.3 路基横断面设计

路基横断面宽度要考虑路基稳定、养护维修、安全、线间距、轨道结构形式、曲线超高设置、通信信号和电力电缆槽布置、接触网立柱基础位置、声屏障基础等因素的影响。

1. 路基面形状

无砟轨道支承层(或底座)底部范围内路基面可水平设置,支承层(或底座)外侧路基面两侧设置不小于 4%的横向排水坡。有砟轨道路基面形状应为三角形,由路基面中心向两侧设置不小于 4%的横向排水坡。曲线加宽时,路基面仍应保持三角形。

2. 路基标准横断面

我国高速铁路实践中采用了"路堤式"路堑横断面形式,该形式的采用,对于保证基床条件较为有利,尤其适用于基床排水困难地段。路基标准横断面示意如图 5.2～图 5.7 所示。

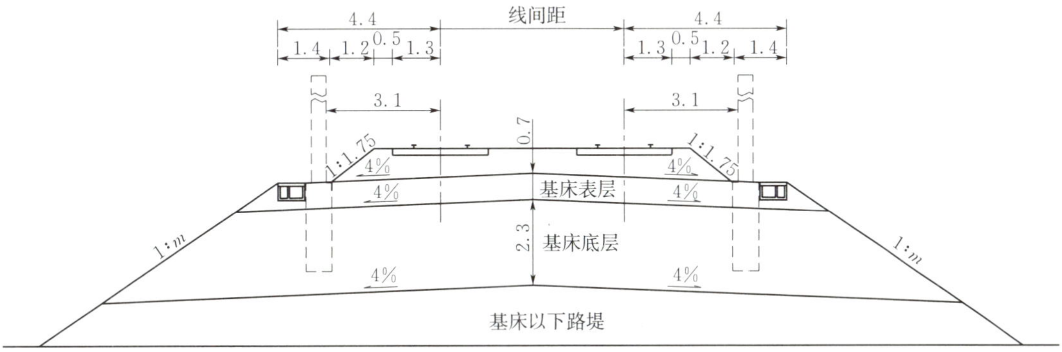

图 5.2 无砟轨道双线路堤标准横断面示意图(单位:m)

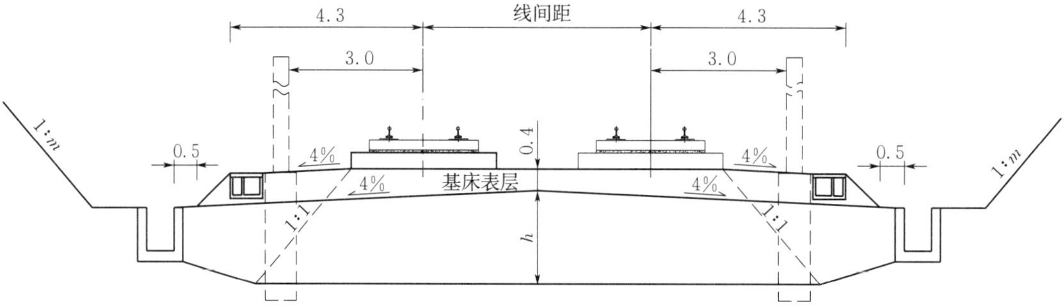

图 5.3 无砟轨道双线非硬质岩路堑标准横断面示意图(单位:m)

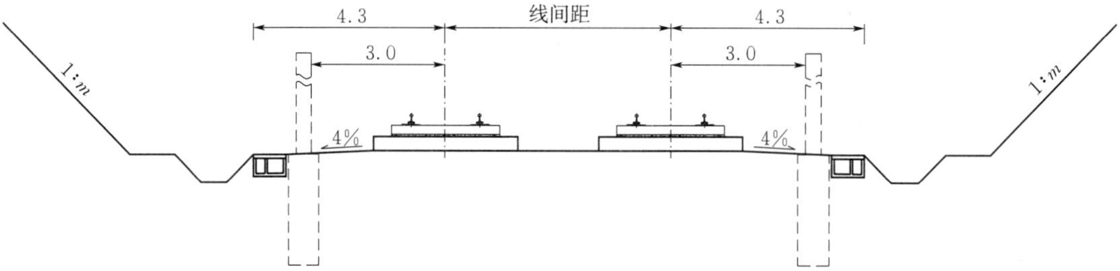

图 5.4 无砟轨道双线硬质岩路堑标准横断面示意图(单位:m)

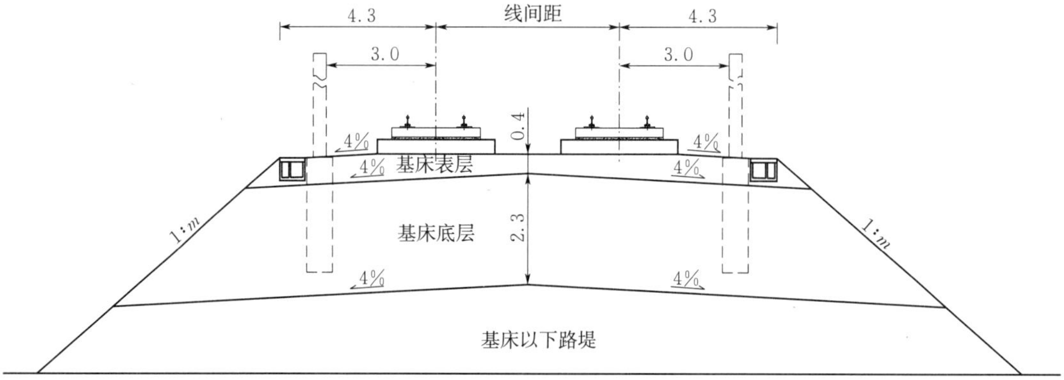

图 5.5 有砟轨道双线路堤标准横断面示意图(单位:m)

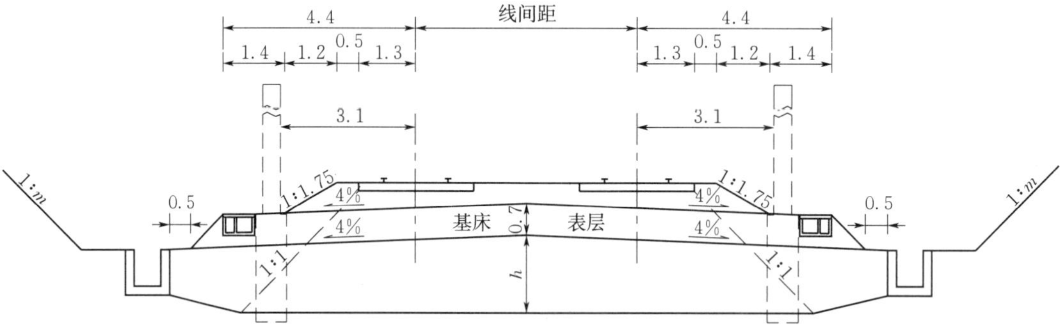

图 5.6 有砟轨道双线非硬质岩路堑标准横断面示意图(单位:m)

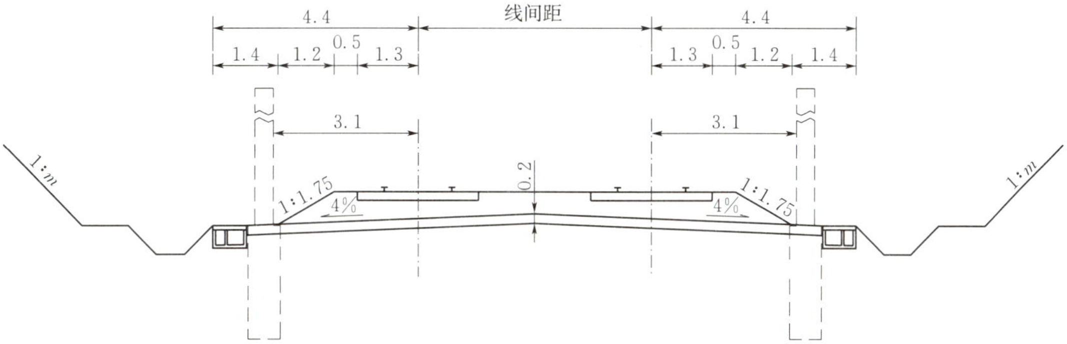

图 5.7 有砟轨道双线硬质岩路堑标准横断面示意图(单位:m)

5.2 艰险地区频繁过渡短路基设计

西南艰险地区地势起伏较大,桥隧之间短路基难以避免,其数量众多且频繁过渡,包括桥路过渡、隧路过渡、路基与横向构筑物之间过渡和路堤路堑过渡等,如图 5.8 所示。据统计,成贵线共计短路基约 500 处,累计长度约 33 km;沪昆线云贵段约 300 处,累计长度约 17.2 km;云桂线共计 133 处,累计长度约 6 km。

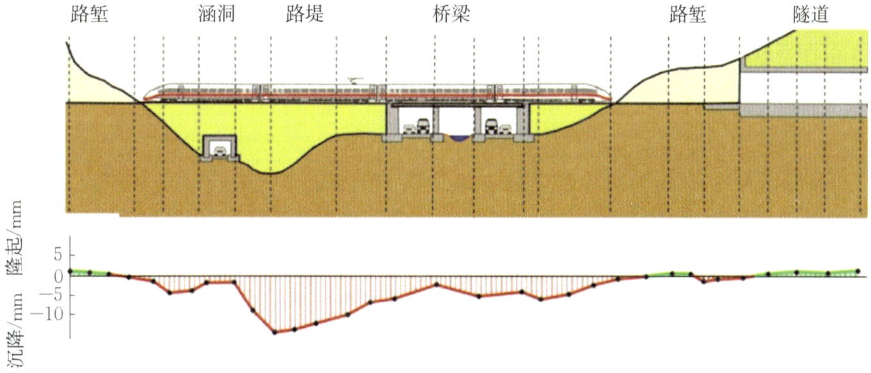

图 5.8 路基与结构物沉降变形差异示意图

艰险地区修建高速铁路面对如此众多且频繁过渡的短路基,存在以下两个问题:

(1)路基工程主要由岩土材料构成,受岩土材料特性的限制,路基工程与其他线下基础,如桥、涵、隧道等存在变形和刚度差异,从而会造成轨道结构在路基与其他线下基础之间发生较大的刚度变化,纵向存在工程之间的刚度和变形不协调问题,解决不好会发生“跳车”现象,影响列车运营安全和乘车舒适性。

(2)短路基场地狭窄,大型机械设备较难发挥作用,碾压困难,施工效率低下,从而导致工程质量难以保证。

基于高速铁路无砟轨道路轨一体化设计理念,中铁二院及西南交通大学通过遂渝和武广高速铁路无砟轨道试验段研究,提出了轨道与路基界面指标。它反映了路基和地基的结构性能,其大小受路基横断面几何状态、路基填料性能和地基土质参数的影响。路基面支承刚度与路基基床多层系统各层材料及厚度有关,即路基竖向刚度组合有关。通过对路基多层系统竖向刚度组合优化设计,可以实现对路基面支撑刚度值的控制。研究基于满足列车安全平稳运行的路基面支承刚度合理取值并提出其计算方法和检测手段，构建了线下基础纵向刚度匹配设计流程。其研究建议路基面最小支承刚度按不小于 200 MPa/m 进行控制，路基与桥隧连接处的路基面支承刚度控制在 500～1 000 MPa/m，过渡段路基面支承刚度由 200 MPa/m过渡到与桥隧连接处的 500～1 000 MPa/m。路基面支承刚度可通过大于 100 cm×100 cm 的加载板通过载荷试验获得。

5.2.1 路基过渡段动力学仿真分析

列车通过无砟轨道各种过渡段是一个复杂的轮轨动态作用过程，车辆和线路的条件参数都直接影响轮轨系统的动力学性能。通过建立五类过渡段模型(图 5.9)，研究轨下基础刚度差、轨下基础沉降差、地基不均匀沉降等三类问题。通过研究不同车辆类型、路基面支承刚度、过渡段基础沉降差、路基不均匀沉降等对轮轨动作用力及行车安全性和舒适性的影响，分析提出无砟轨道路基过渡段结构设计的主要因素和控制条件。

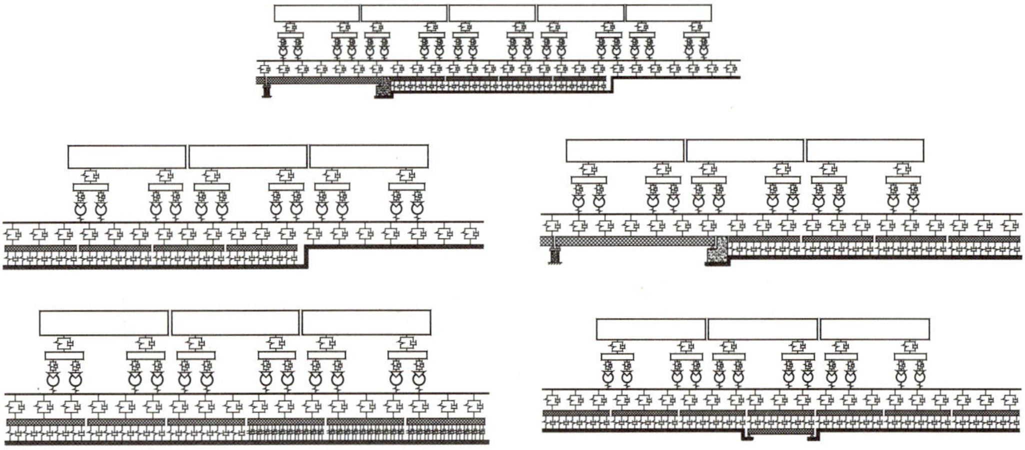

图 5.9 列车—无砟轨道桥隧间短路基过渡段动力学模型

1. 线下基础变形折角动力分析

以遂渝线无砟轨道综合试验段的轨道及路基的设计参数为基本条件，研究分析快速旅客列车通过无砟轨道线下基础过渡段(特别是在无砟轨道与有砟轨道过渡段)存在沉降变形时的动力性能。过渡段变形折角分析范围为 0.5‰、1.0‰、1.5‰、2.0‰、2.5‰、3.0‰。线下基础变形折角对快速旅客列车的动力学影响详见表 5.1 和图 5.10。

表 5.1 线下基础变形折角对快速旅客列车的动力学影响

速度/(km·h^{-1})	变形折角/‰	轮轨动作用力/kN	轮重减载率	车体振动加速度
200	0.5	108.51	0.51	0.092g
	1.0	109.27	0.55	0.095g
	1.5	110.34	0.58	0.125g
	2.0	111.77	0.62	0.135g
	2.5	112.01	0.64	0.151g
	3.0	112.88	0.67	0.162g

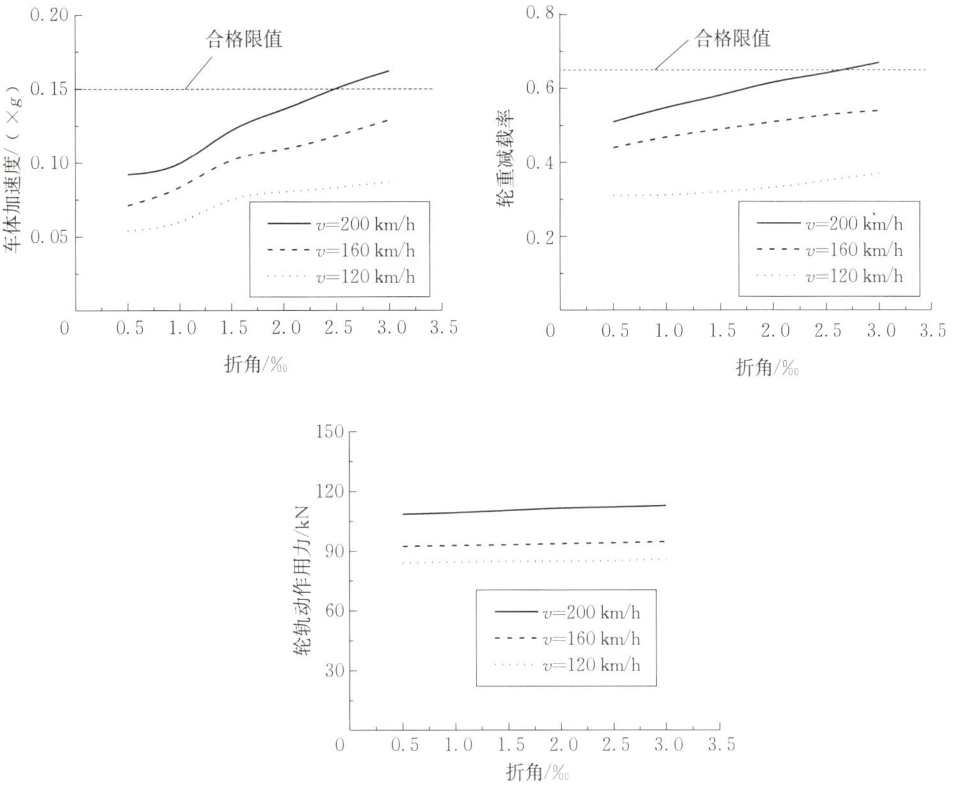

图 5.10　线下基础变形折角对轮轨作用力、轮重减载率和车体加速度的影响

据动力仿真计算结果可知：

(1)快速客车通过基础过渡段时，在相同速度条件下，折角大小引起的轮轨动作用力变化不明显；但折角大小相同时，速度越大，轮轨垂向力越大，且在 200 km/h 行车条件下，轮轨垂向力为 110 kN 左右，约为静轮载(58 kN)的 2 倍。

(2)轮重减载率随折角的增加而增大。当速度提高到 200 km/h 时，若折角不超过 1.5‰，则轮重减载率小于安全限值；但当过渡段折角为 3.0‰时，轮重减载率将达到 0.67，超出合格限值范围，属不合格。

(3)快速客车车体垂向振动加速度随折角变化较明显，均随折角的增加而增大。在仿真计算范围内，对于 200 km/h 的行车速度：如果折角小于 1.5‰，则加速度均小于 0.13g，满足快速行车的舒适性要求；如果折角为 1.5‰及其以上时，加速度大于 0.13g，不能满足快速行车的舒适性要求。

2. 无砟轨道路基不均匀沉降动力分析

采用以上模型对路基不均匀沉降进行动力分析，波长分析范围为 20 m、30 m、40 m，沉降幅值分析范围为 10 mm、20 mm、30 mm、40 mm。由于路基不均匀沉降属线路局部不平顺，因此分析中不考虑随机不平顺的影响。路基不均匀沉降对车体垂向加速度的影响如图 5.11 所示。

从动力仿真计算结果可以看出，对于 0.15g 的车体加速度舒适度标准，20 m 波长的路基不均匀沉降限值为 19 mm，30 m 波长的路基不均匀沉降限值为 26 mm，40 m 波长的路基不均匀沉降限值为 38 mm，分别相当于 L/1 053、L/1 154、L/1 053。可见，从保证行车舒适性的角度出发，应该将路基的不均匀沉降限制在 $L/1\ 200$ 以下。

3. 线下基础纵向刚度匹配动力分析

当无砟轨道线下基础的刚度差较大时，轮轨动力作用将非常明显。以下首先研究由于轨下基础刚度突变引起的动力特性以及设置刚度过渡段的原则。假设线路一侧的轨下基础刚度为 15 MN/m，另一侧轨下基础刚度为 60 MN/m。图 5.12 和图 5.13 所示为轴重 19.5 t 的高速机车以 300 km/h 速度通过轨下基础刚度突变处时，轮轨垂向力、枕上压力、钢轨垂向位移、车体垂向振动加速度的动力响应。

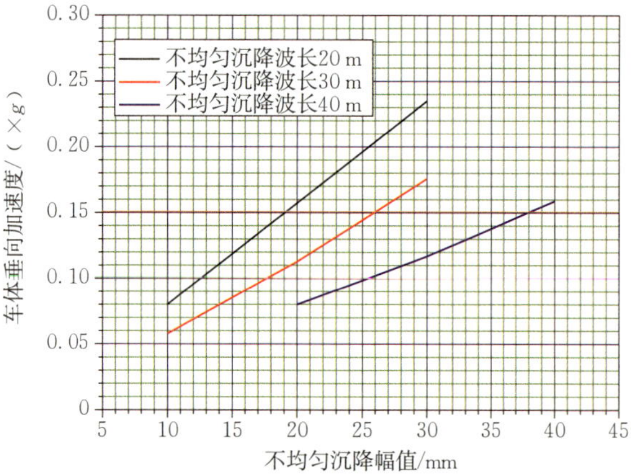

图 5.11 路基不均匀沉降对车体垂向加速度的影响

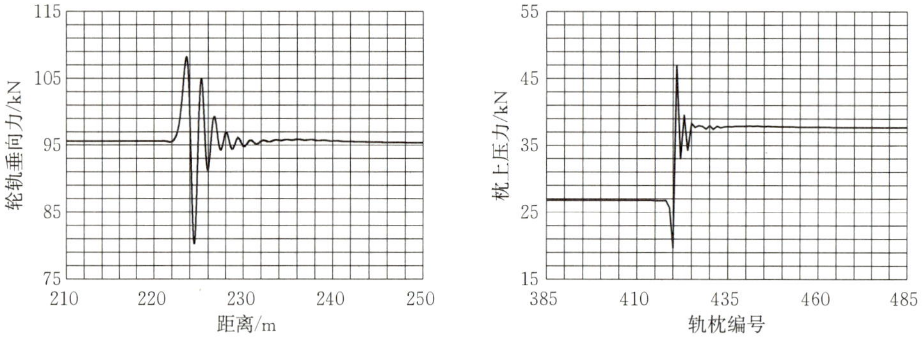

图 5.12 轨下基础刚度差引起的轮轨垂向力和枕上压力变化

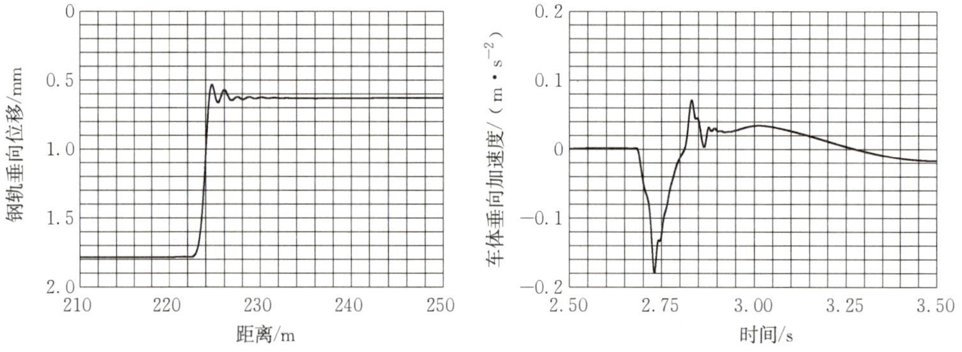

图 5.13 轨下基础刚度差引起的钢轨垂向位移和车体垂向加速度变化

从计算结果可见，由于轨下基础刚度差导致轮载作用下产生钢轨挠度差，进而引起轮轨动力冲击作用并激起车辆的振动。在轨下基础刚度突变处，枕上压力变化非常剧烈，在长期列车荷载作用下容易产生扣件失效、轨枕空吊或破损、道床下沉等线路病害，一旦线路出现病害，轮轨动力作用又将急剧恶化，严重影响行车的安全性和舒适性。因此，必须设置过渡段对轨道刚度进行过渡。

动力学分析表明“钢轨挠度变化率”（钢轨动挠度曲线的斜率）是有效评价轨下基础刚度差引起的轮轨动力作用以及过渡段长度影响的综合指标。

从图 5.12 和图 5.13 可以看出，在不设置过渡段的情况下，由轨下基础刚度差引起的轮轨力的有效衰减距离为 5 m 左右，而车体加速度的有效衰减距离则达到 15 m 左右。图 5.14 和图 5.15 所示分别为轨下基础刚度突变处设置不同长度过渡段条件下的钢轨挠度曲线及钢轨挠度变化率曲线。

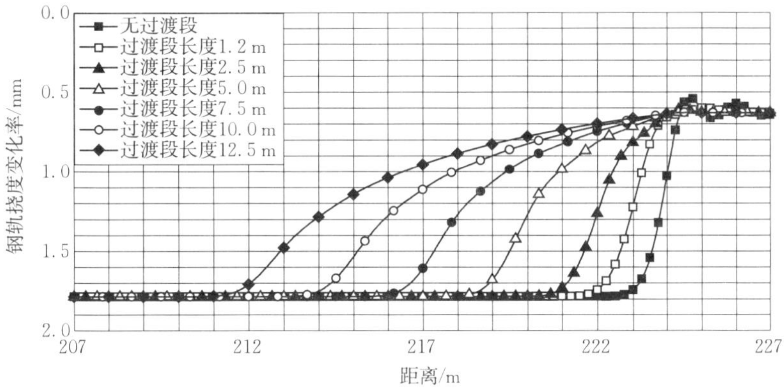

图 5.14　不同过渡段长度下的钢轨挠度曲线

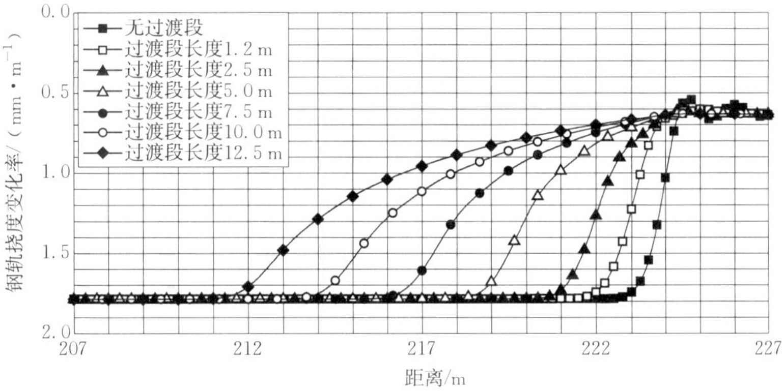

图 5.15　不同过渡段长度下的钢轨挠度变化率曲线

表 5.2 及图 5.16 给出了轨下基础刚度过渡段不同长度情况下，钢轨挠度变化率、车体振动加速度、轮轨动作用力、枕上压力的变化规律。

表 5.2　过渡段长度对轮轨动力作用的影响

过渡段长度/m	0	1.2	2.5	5.0	7.5	10.0	12.5
钢轨挠度变化率/(mm·m^{-1})	1.236	0.870	0.666	0.468	0.360	0.300	0.258
轮轨垂向力/kN	108.19	103.47	101.37	99.44	98.50	97.74	97.56
枕上压力/kN	47.10	41.26	39.54	38.74	38.28	37.84	37.62
车体垂向加速度/(m·s^{-2})	0.177	0.158	0.142	0.118	0.102	0.091	0.082

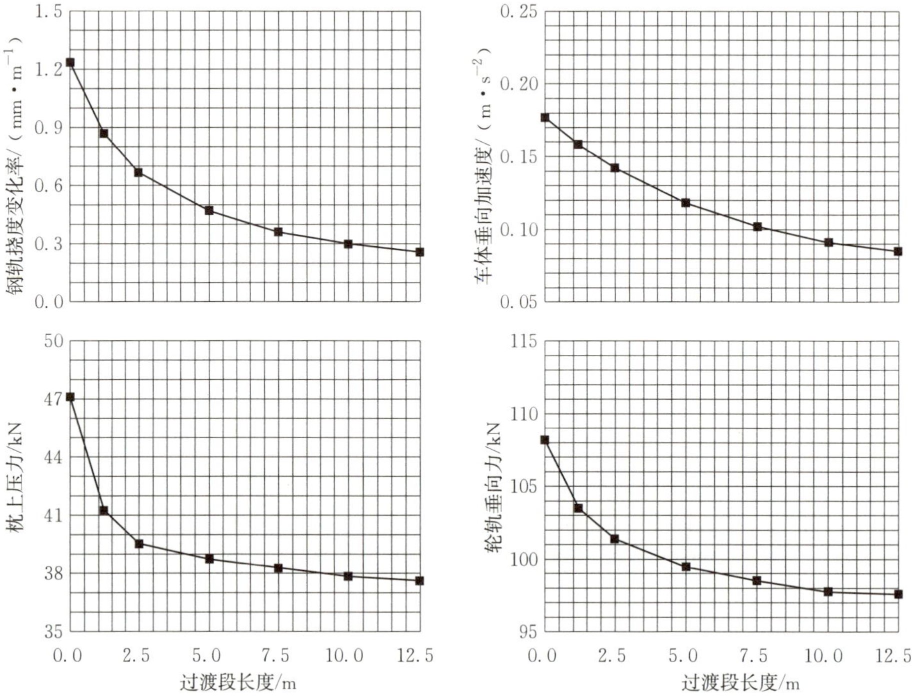

图 5.16 不同过渡段长度时的动力特性

从动力仿真计算结果可见，为了保证高速铁路轨道结构的高平顺性，在轨下基础刚度突变处按较高的标准设置 10 m 左右的刚度过渡段对于减轻轮轨动力作用和改善行车平稳性是非常有必要的，也就是说由于轨下基础刚度差引起的钢轨挠度变化率应控制在 0.3 mm/m 以下，过渡段长度合理设置长度为 10～20 m。

图 5.17 给出了快速客车和货车通过桥隧构筑物上无砟轨道与路基上无砟轨道时，不同路基支承刚度条件下轮轨系统的动力响应。

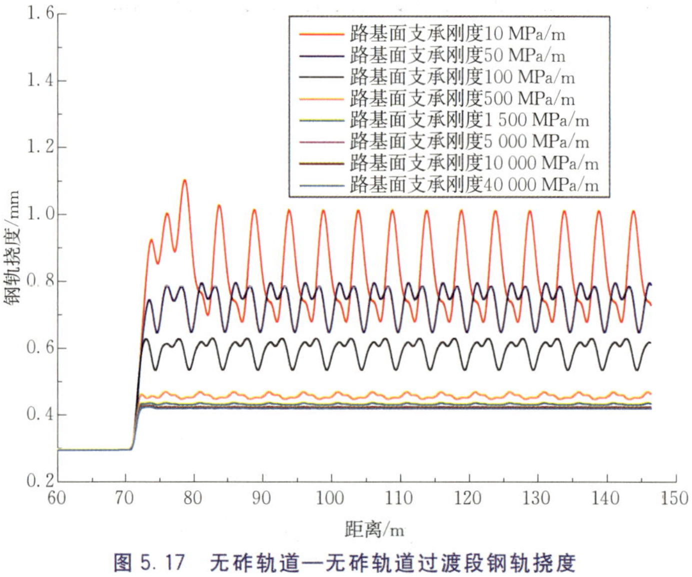

图 5.17 无砟轨道—无砟轨道过渡段钢轨挠度

从动力学仿真结果可以看出，路基上无砟轨道当路基支承刚度较小时，道床板在列车荷载作用下将发生“翘翘板”现象，路基支承刚度越小这种现象越严重，它对轨道结构及路基本身的受力和变形非常不利，同时还影响线路状态的稳定性。从轮轨力、钢轨挠度以及钢轨挠度变化率的动力仿真结果来看，路基面支承刚度超过 500 MPa/m 后对轮轨系统的动力影响已经非常有限了，路基上无砟轨道的路基面支承刚度合理范围大体应为 500～1 000 MPa/m。

5.2.2 路基与结构物过渡段

在轨下基础刚度不同和沉降差异处，即：路基与桥台、路堤与横向结构物（立交框构、箱涵等）、路堤与路堑、路基与隧道等连接地段，应设置不同的过渡段，并采用渐变处理措施，使轨下基础刚度和沉降差异逐渐过渡。

1. 路基与桥台过渡段

土质、软质岩及强风化硬质岩路堑地段挖方桥台台尾过渡段采用厚度渐变过渡，长度一般为 20 m，如图 5.18 所示。

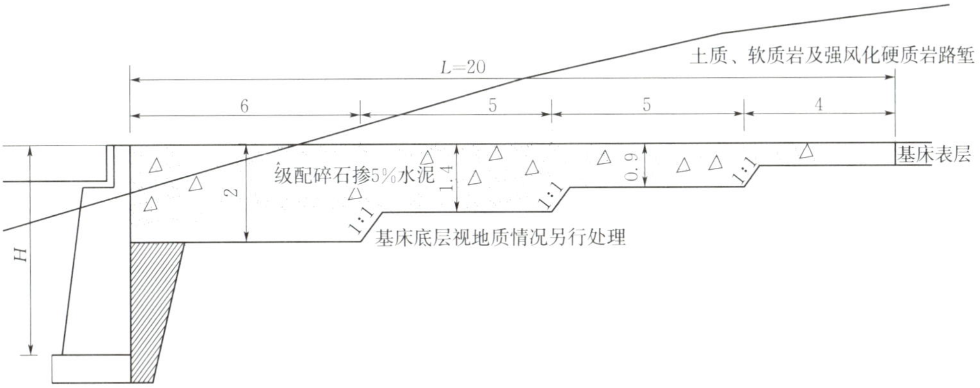

图 5.18 土质、软质岩及强风化硬质岩路堑与桥台过渡段（单位：m）

路堤与桥台过渡段可采用沿线路纵向倒梯形、正梯形或二次过渡的形式。目前我国推荐采用倒梯形过渡形式（图 5.19）。

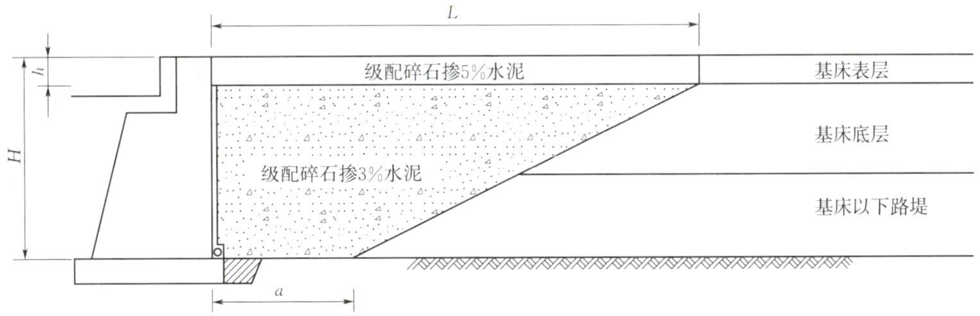

图 5.19 路堤与桥台倒梯形过渡段

2. 路堤与横向结构物（立交框构、箱涵等）过渡段

（1）当横向构筑物顶部距路基面的高度 $h>1.0$ m 时，过渡段采用级配碎石掺 3% 水泥填筑，如图 5.20 所示。

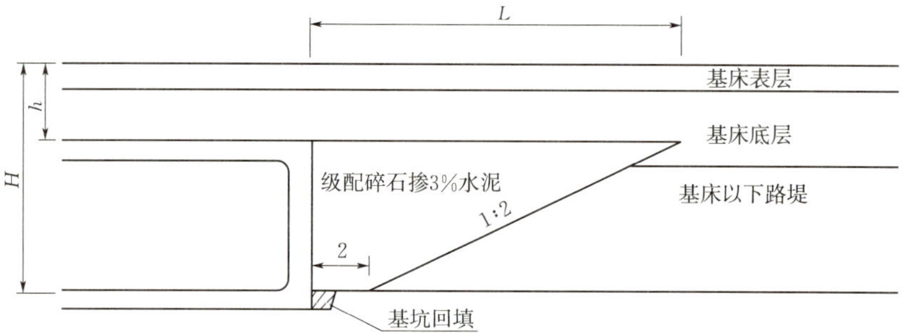

图 5.20 路堤与横向结构物过渡段($h>1.0$ m,单位为 m)

(2)当横向构筑物顶部距路基面的高度 $h\leqslant 1.0$ m 时,横向构筑物顶部及两侧各 20 m 范围内的基床表层采用级配碎石掺 5%水泥填筑,过渡段采用级配碎石掺 3%水泥填筑,过渡段设置如图 5.21 所示。

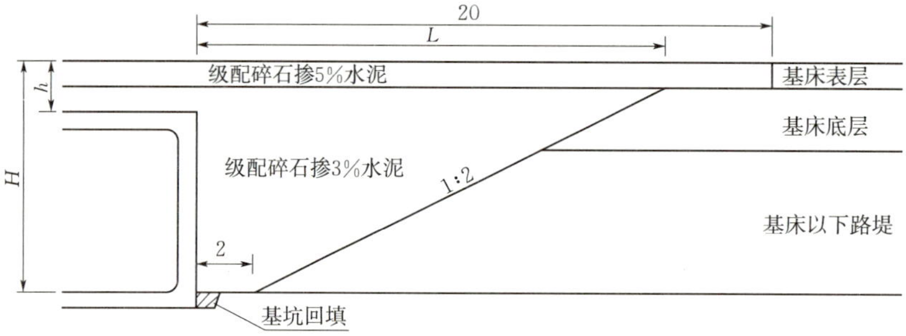

图 5.21 路堤与横向结构物过渡段($h\leqslant 1.0$ m,单位为 m)

(3)当构筑物轴线与线路中线斜交时,首先采用级配碎石掺 3%水泥填筑斜交部分,然后再设置过渡段,以减小路基与横向构筑物横向刚度的差异。

3. 隧路过渡段

土质、软质岩及强风化硬质岩路堑与隧道连接地段,应设置长度不小于 20 m 的过渡段,并采用渐变厚度的混凝土或掺入 5%水泥级配碎石填筑,过渡段设置如图 5.22 所示。

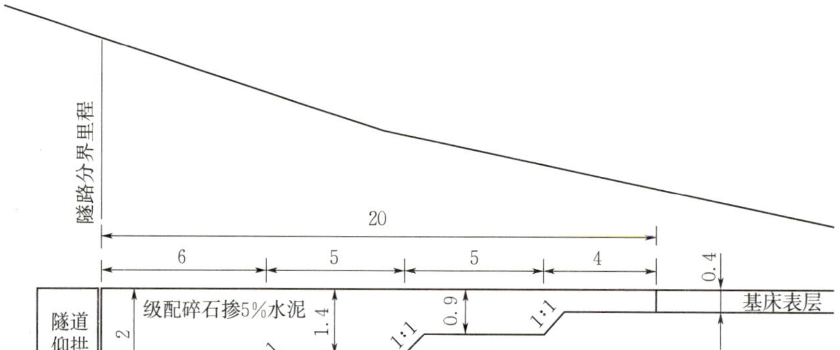

图 5.22 隧道与土质、软质岩及强风化硬质岩路堑过渡段(单位:m)

4. 路堤与路堑过渡段

(1)当路堤与路堑连接处为土质或软质岩石路堑时,应顺原地面纵向开挖台阶,每级台阶挖入深度不应小于 1.0 m,台阶高度为 0.6 m 左右,其开挖部分填筑要求应与路堤相应位置相同。

(2)当路堤与路堑连接处为硬质岩路堑时,在路堑一侧顺原地面纵向开挖台阶,每级台阶自原坡面的挖入深度不应小于 1.0 m,台阶高度为 0.6 m 左右,并应在路堤一侧设置过渡段,如图 5.23 所示。

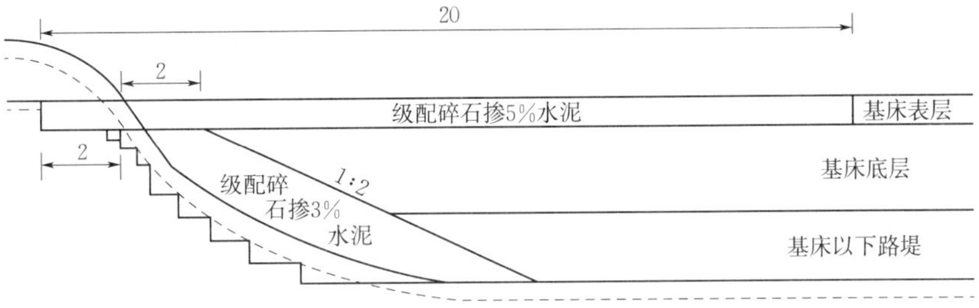

图 5.23 路堤与硬质岩石路堑过渡段(单位:m)

(3)横断面半填半挖过渡段

半填半挖路基轨道下横跨挖方与填方两部分。当挖方为强风化、弱风化软质岩及强风化硬质岩时,基床底层挖除换填 1.0~1.5 m,采用 A、B 组或改良土填筑,基床底层底面以下至 1∶1 边坡线以内宜采用级配碎石掺 3%水泥填筑;当挖方为弱风化硬质岩时,挖方一侧底部设置 4%向外排水坡,1∶1 边坡线以内采用级配碎石掺 3%水泥填筑。根据地形和施工条件压实困难时,可采用整体 C25 混凝土灌注的刚性基础过渡。横向开挖台阶的要求同前纵向开挖一致,并注意需保证路基的横向稳定性,如图 5.24 所示。

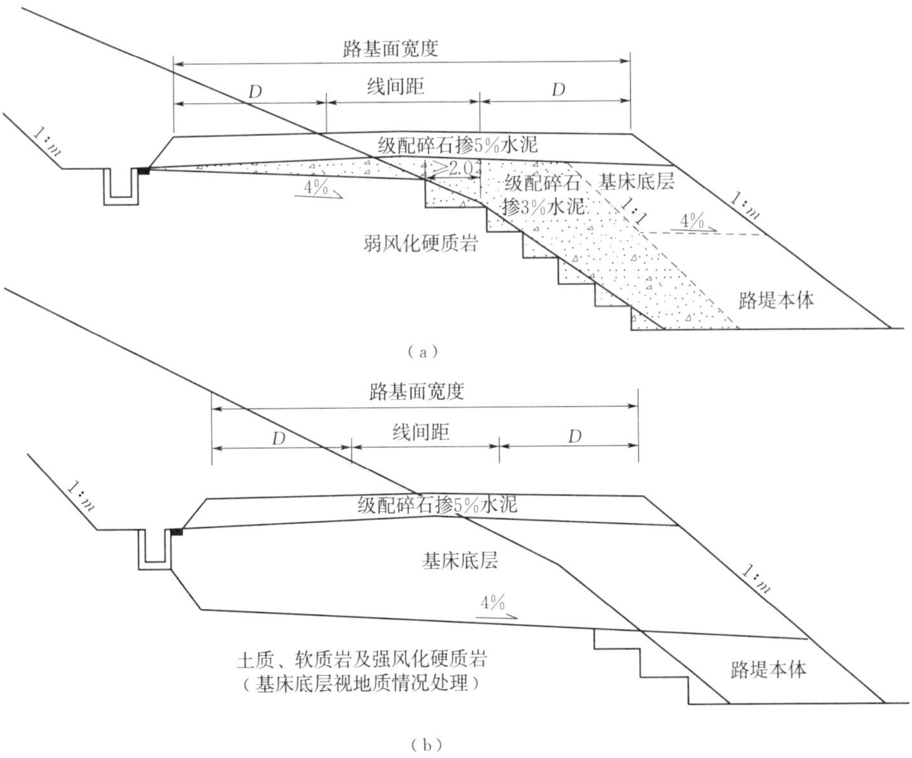

图 5.24 横断面半填半挖过渡段(单位:m)

5. 不同轨道类型基床过渡段

在无砟轨道和有砟轨道交界处，不同轨道类型的基床结构形式和沉降控制标准不同。在有砟轨道地段侧设置地基加固、压实标准渐变过渡措施，使工后沉降逐渐从无砟标准渐变到有砟标准，过渡段长度一般不小于 20 m。

6. 其他过渡段

两桥(隧)之间短路基刚性过渡需特殊设计，其介绍见第 6 章。另外桩板结构与一般路基相接处、地层变化较大处和不同地基处理措施连接处是不均匀沉降容易产生的常见部位，在地基处理和路堤设计中应采取逐渐过渡的方法，减少不均匀沉降，以满足轨道平顺性要求。

5.2.3 频繁过渡短路基变形控制设计技术

在山区高速铁路建设中，由于桥跨布置与隧道进洞要求，不可避免地会出现桥隧之间短路基。由于施工场地限制，路基采用级配碎石或砂砾石掺入 3%～5%水泥填筑的处理方法过渡往往不能满足刚度要求，这要求采用新的方法提供相应的路基刚度与相邻桥隧的纵向刚度相匹配。

为解决山区短路基过渡段存在的问题，除了需满足刚度及几何不平顺性控制指标外，其设计优化更多是受现场施工碾压工艺的影响。将长度 $L\leqslant150$ m 的路基分为 $L\leqslant5\sim10$ m 的极短路基、$5\sim10$ m$<L\leqslant40$ m 的较短路基、40 m$<L\leqslant60$ m 的短路基和 60 m$<L\leqslant150$ m 的较长路基四类，并对其进行单独设计。

• 过渡段长度 $L\leqslant5\sim10$ m 桥隧间极短路基，隧道口与桥台直接相连，不作为路基处理。

• 桥(隧)隧(桥)间 $5\sim10$ m$<L\leqslant40$ m 的较短路基，作通长均匀处理，其中基床表层采用级配碎石掺 5%水泥填筑，基床底层及以下路堤采用级配碎石掺 3%水泥填筑，挖方地段视地质情况而定。

• 桥(隧)隧(桥)间 40 m$<L\leqslant60$ m 的短路基，路基两端按常规过渡段处理，中间部分基床表层采用级配碎石掺 5%水泥填筑，中间其他部分按常规处理，挖方地段视地质情况而定。

• 桥(隧)隧(桥)之间 60 m$<L\leqslant150$ m 的较长路基，两端按常规过渡段处置，中间路基段与一般路基无异，挖方地段视地质情况而定。

1. 桥隧之间短路基

(1)当地基良好时，可采用混凝土刚性路基过渡，如图 5.25 所示。

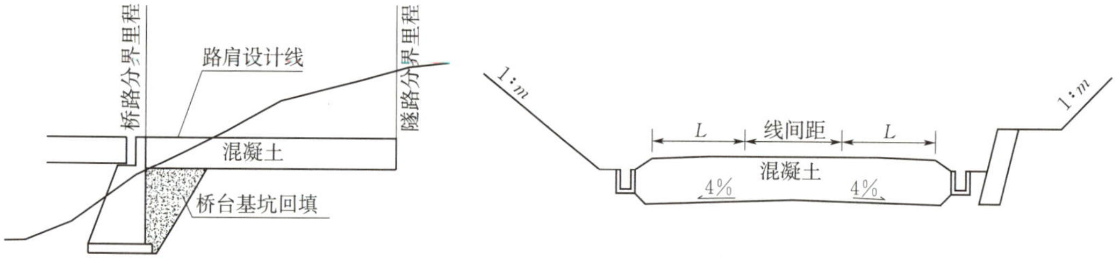

(a) 纵断面　　(b) 横断面

图 5.25 混凝土刚性路基过渡段

(2)当下卧地基较差,如存在软土、岩溶等,易出现岩溶塌陷或不均匀沉降时,可采用桩板结构刚性过渡,如图 5.26 所示。

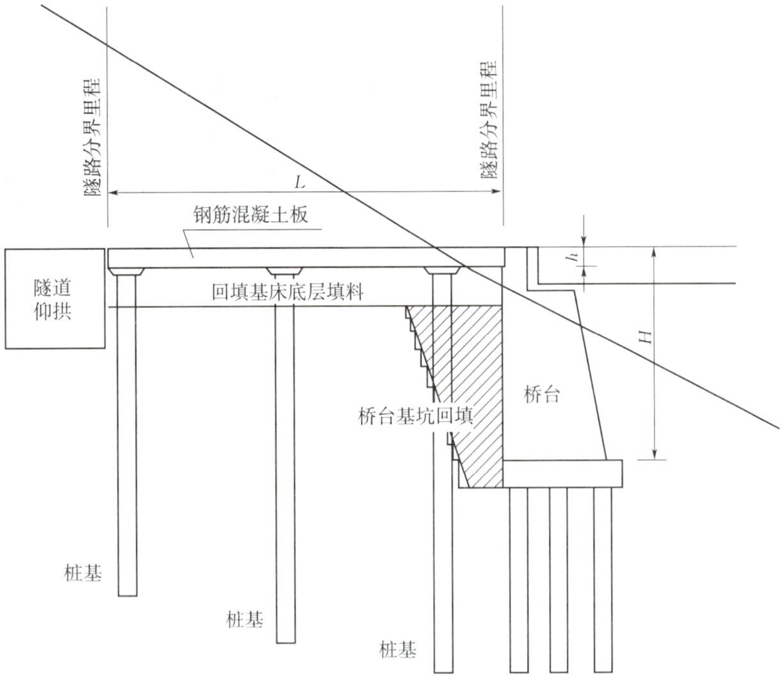

图 5.26　桩板结构刚性路基过渡段

2. 桥桥之间短路基

两桥之间距离小于 150 m 时且为路堤时,应尽量以桥或桩板结构刚性通过。当地基条件较好时,亦可采用渐变方式过渡。两桥之间距离小于 150 m 时且为路堑时,应根据地层条件综合分析选用过渡方式通过。

(1)两桥之间短路基大于 60 m 小于等于 150 m 时,设置厚度渐变的过渡段,渐变过渡段长度不小于 20 m。厚度渐变范围及渐变范围外基床表层采用级配碎石掺 5%水泥填筑;厚度渐变范围其下采用级配碎石掺 3%水泥填筑,其余范围采用 A、B 组填料或级配碎石掺 3%水泥填筑。

(2)两桥(隧)之间短路基小于等于 60 m 时,全段路基范围内的基床采用厚 2.0 m 的级配碎石掺 5%水泥填筑,其下采用级配碎石掺 3%水泥填筑。地形和施工条件压实困难时,可采用整体 C25 混凝土灌注的刚性基础过渡。

5.3　山区陡坡路基设计

陡坡路基主要指山区斜坡路堤、半填半挖路基及陡坡路堑。设计的关键技术是减少陡坡地段路堤不均匀沉降,提高斜坡路堤稳定性、路堑边坡稳定性及异物侵入防患。为满足陡坡路堤稳定性、减少横向变形位移及消除不均匀沉降,并保证陡坡路堑边坡稳定,设计主要采用提高路堤填料等级及刚性材料过渡段控制不均匀沉降,设置上下边坡支挡工程保证稳定,设置防异物侵入路基措施,如图 5.27 所示。

图 5.27 山区陡坡路基

5.3.1 陡坡路基填料

高速铁路陡坡路堤地段存在差异沉降，设计时应尽量利用优质填料进行填筑，采用的填料类型主要有A、B组填料、级配碎石掺水泥或混凝土。适用条件如下：

A、B组填料：适用于一般斜坡路堤、不需要设置支挡工程地段，先在原地面挖台阶，路堤采用分层填筑碾压，分层厚度宜采用0.3 m，并在边坡上增设土工格栅水平加筋。

级配碎石掺水泥：适用于陡坡路堤、半填半挖路基，并设置有下边坡支挡工程地段，在原地面挖台阶，路堤采用级配碎石掺水泥分层填筑碾压，分层厚度宜采用0.3 m，并在边坡上增设土工格栅水平加筋。

混凝土：适用于桥隧之间短路基、陡坡路堤、半填半挖路基，并设置有下边坡支挡工程地段，在原地面挖台阶，路堤采用混凝土填筑。

个别陡坡地段，路基左右侧填土高度不一样，可在陡坡路基填筑体下部浇筑混凝土，上部填筑A、B组填料，如图5.28所示。

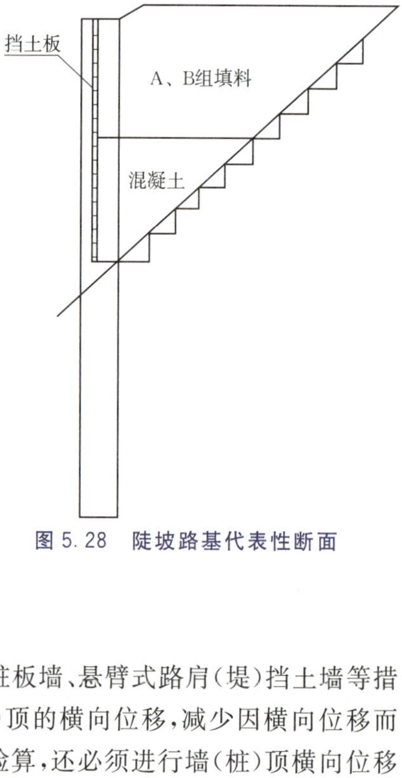

图 5.28 陡坡路基代表性断面

5.3.2 路肩(路堤)支挡结构

支挡工程一般采用重力式路肩(堤)挡土墙、路肩(堤)桩板墙、悬臂式路肩(堤)挡土墙等措施：一方面要保证路堤的稳定性；另一方面必须控制墙(桩)顶的横向位移，减少因横向位移而引起路基不均匀沉降。因此，设计时除了进行路堤稳定性检算，还必须进行墙(桩)顶横向位移检算，两者均需满足相关要求。减小轨道及列车荷载引起支挡工程顶端的横向位移量，设置支挡工程时，桩或墙顶标高低于路肩高程宜大于1 m，以消散上部荷载产生的动应力。

1. 列车动力荷载对路肩墙、路堤墙的影响

中铁二院开展了“高速铁路动力荷载对路肩墙、路堤墙的影响研究”，通过经典库仑理

论、弹性理论、数值分析等理论计算，室内动态加载模型试验（图 5.29）、现场测试等方法，研究了路堤支挡结构荷载土压力的大小和分布特征，并分析了挡墙变位模式、墙高、荷载作用距离、墙顶放坡高度等因素的影响。

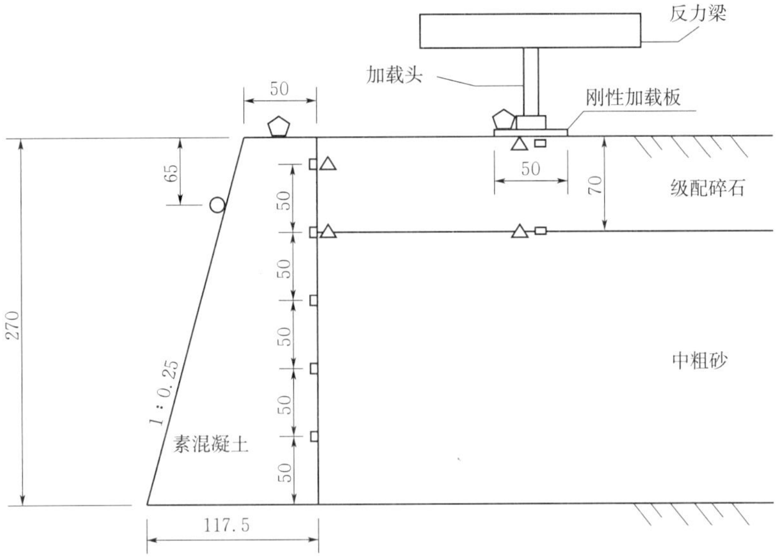

图 5.29　重力式挡墙动态模型试验示意图（单位：cm）

○—百分表；△—加速度计；⬠—低频位移计；▫▫—土压力盒

数值分析、弹性理论和模型试验的墙背荷载土压力分布图形较为接近，均呈中上部偏大、底部较小的曲线分布形式。而库仑理论则相差迥异，其荷载土压力分布图形作用于墙的中下部、呈矩形分布形式。路肩支挡结构墙后填料水平土压力，按库仑土压力计算，荷载引起的土压力按弹性附加土压力计算，如图 5.30 所示。

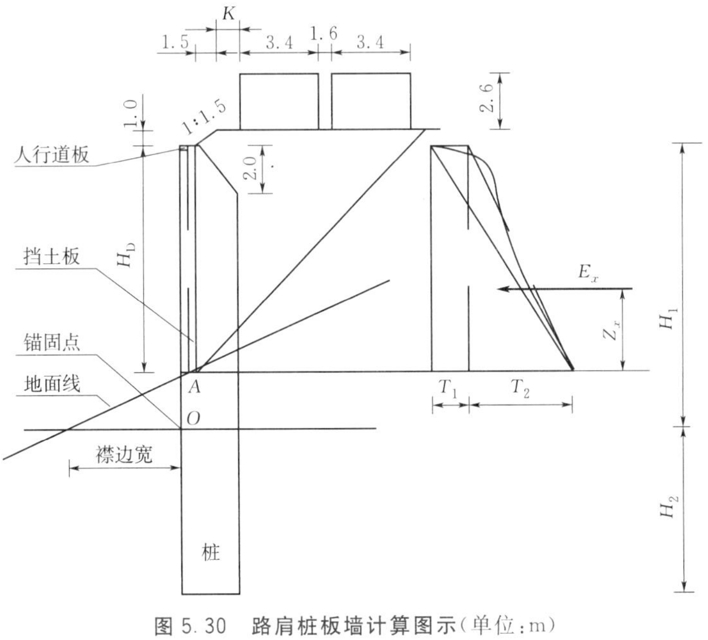

图 5.30　路肩桩板墙计算图示（单位：m）

数值分析、弹性理论、库仑理论和模型试验、现场试验均表明，随着荷载作用距离的增加，动荷载土压力逐渐减小。胶济客专现场土压力测试表明，DK45＋190 断面与 DK45＋170 断面相比，由于外移了 1.8 m，土压力明显减小，减小约 66％。室内模型试验表明，动荷载土压力与荷载作用距离之间基本符合线性规律。就双线铁路而言，远离支挡结构的线路产生的动态土压力作用可不考虑，在设计中按静态荷载考虑。

动荷载土压力实测结果沿深度的衰减速率明显高于计算结果，在 2.0 m 深度以下，动荷载土压力实测值很小，甚至可忽略。可认为，列车动荷载土压力的影响范围为路肩式挡墙墙顶以下 2.5 m。

2. 重力式路肩(堤)挡土墙

重力式路肩(堤)挡土墙主要靠墙身的自重来维持稳定性，墙高不宜大于 10 m。

作用在墙背上的主动土压力，可按库仑理论计算。墙背土体中破裂棱体上的力系及墙背土压应力分布如图 5.31 所示，墙背主动土压力按下式计算：

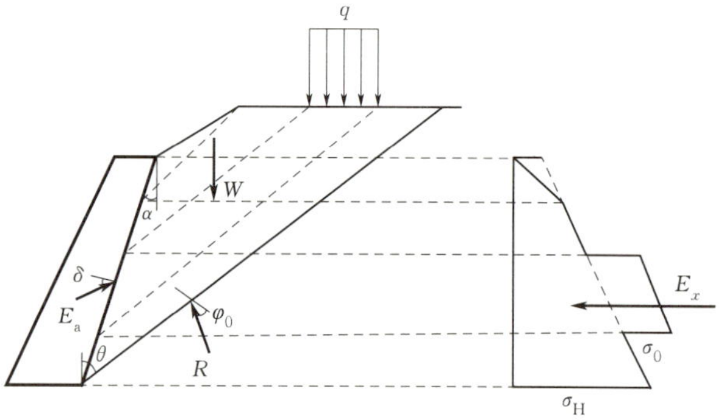

图 5.31 破裂棱体上的力系及墙背水平土压应力分布

$$\begin{cases} E_x = \dfrac{W}{\tan(\theta+\varphi_0)+\tan(\delta-\alpha)} \\ E_y = E_x \tan(\delta-\alpha) \end{cases}$$

式中 E_x——墙背所承受的水平土压力，kN；

E_y——墙背所承受的竖向土压力，kN；

W——破裂棱体的重力，即路基面以上、破裂面以内荷载，kN；

θ——墙背岩土内产生的破裂面与竖直面的夹角，应根据破裂面交在坡面或路基面上的位置确定，(°)；

φ_0——墙背岩土综合内摩擦角，(°)；

δ——墙背摩擦角，(°)；

α——墙背倾角，(°)。

挡土墙的抗倾覆稳定性应按下式进行检算：

$$\begin{cases} K_0 = \dfrac{M_y}{M_0} \\ M_0 = E_x Z_x + F_{hE} Z_{hE} \\ M_y = W Z_w + E_y Z_y \end{cases}$$

式中 K_0——抗倾覆稳定系数；

M_0——倾覆力矩，N·m；

M_y——稳定力矩，N·m；

F_{hE}——水平地震力，N；

Z_{hE}——水平地震力到墙趾的距离，m；

Z_w——墙身自重及墙顶以上恒载自重合力重心到墙趾的距离，m；

Z_y——墙后土压力的总竖向分力到墙趾的距离，m；

Z_x——墙后土压力的水平分力到墙趾的距离，m。

3. 路肩(堤)桩板墙

路肩(堤)桩板墙是由锚固桩发展而来的，当路堤边坡采用锚固桩支挡时，存在桩间支挡选型问题，桩间挂板或搭板就形成了桩板墙。桩的悬臂长度不宜大于 12 m。

路肩(堤)桩板墙墙背上产生的土压应力可根据库仑理论计算，土压应力修正系数可采用 1.1～1.2。如图 5.32 所示，轨道结构及列车荷载引起的土压应力可根据弹性理论按下式分别计算后叠加：

$$\begin{cases}\sigma_{h1i}=\lambda_x\gamma h_i\\ \sigma_{h2i}=\dfrac{q}{\pi}\left[\dfrac{bh_i}{b^2+h_i^2}-\dfrac{(b+l_0)h_i}{(b+l_0)^2+h_i^2}+\arctan\dfrac{b+l_0}{h_i}-\arctan\dfrac{b}{h_i}\right]\end{cases}$$

式中 σ_{h1i}——岩(土)产生的土压应力，kPa；

λ_x——岩(土)水平主动土压力系数，可根据边界条件、岩土力学参数等按库仑土压力计算求得；

γ——岩(土)重度，kN/m³；

σ_{h2i}——轨道结构及列车荷载引起的土压应力，kPa；

q——轨道或列车条形均布荷载，kPa；

b——荷载内边缘至墙背的水平距离，m；

h_i——墙背距路肩的垂直距离，m；

l_0——轨道及列车条形均布荷载作用宽度，m。

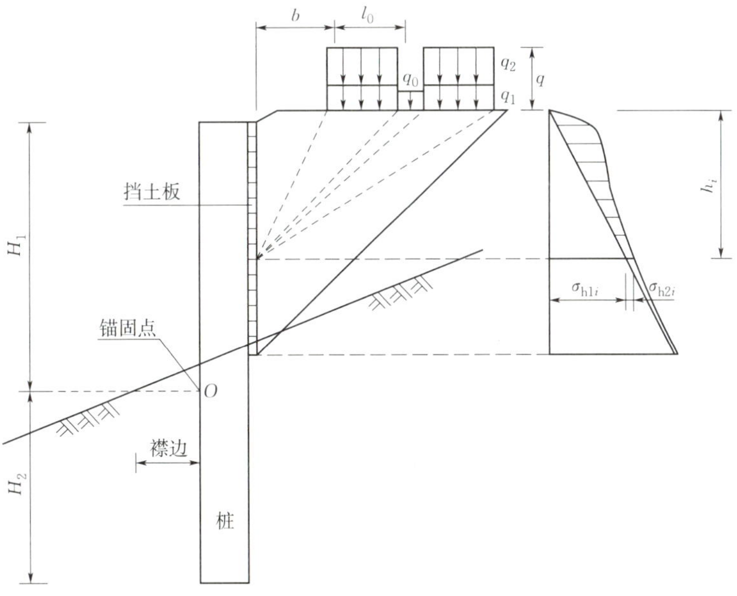

图 5.32 桩板式挡土墙悬臂段土压应力分布

注：襟边宽可根据锚固段岩土的性质按有关规范或经验确定。

作用在单根桩上的荷载可按其左右两相邻桩之间距离的一半计算，作用在挡土板上的荷载宽度可按板的计算跨度计算。桩间挡土墙上的荷载宽度可按桩间净距计算。桩间挡土墙和挡土板上的土压力可根据桩间岩(土)体的稳定情况和挡土墙、挡土板的设置方式，考虑桩间水平土拱效应，按全部岩(土)压力或按部分岩(土)压力计算。

锚固点以上的桩身内力及变形根据荷载应力分布按悬臂梁计算。桩身变形应考虑锚固段顶端的影响。

锚固段的桩身内力和变形计算应根据锚固点处的弯矩、剪力和锚固段地基的弹性抗力采用地基系数法(K 法或 m 法)进行计算。

锚固桩桩顶水平总位移限定值可采用悬臂端长度的 1/100 控制，且不宜大于 60 mm。

4. 悬臂式路肩(堤)挡土墙

悬臂式路肩(堤)挡土墙是一种轻型支挡建筑物。它依靠墙身自重和墙底板以上填筑土体(包含荷载)的重量维持挡土墙的稳定，其主要特点是厚度小，自重轻，挡土高度较高。悬臂式墙高不宜大于 6 m。

悬臂式挡土墙设置于路肩或墙顶以上填土高度小于等于 1.0 m 时，轨道及列车荷载在结构上产生的侧向和竖向土压力可根据弹性理论进行计算，填料产生的土压力可按库仑理论计算，计算图示如图 5.33 所示。

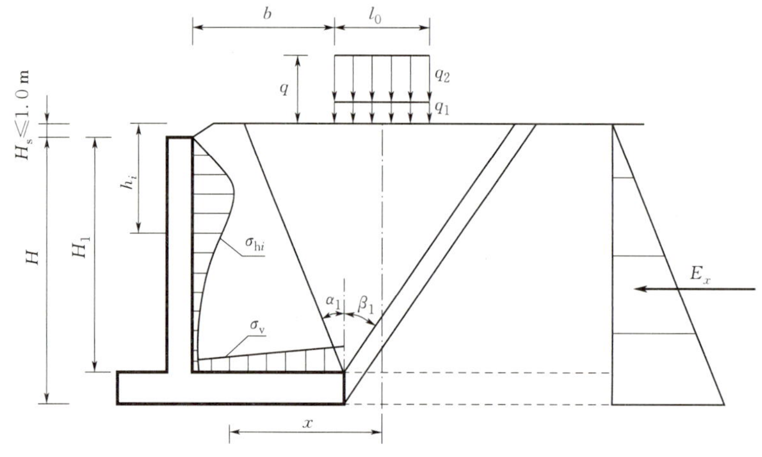

图 5.33 悬臂式路肩(堤)挡土墙土压应力分布

荷载产生的水平土压应力应按下列公式计算：

$$\sigma_{hi}=\frac{q}{\pi}\left[\frac{bh_i}{b^2+h_i^2}-\frac{h_i(b+l_0)}{h_i^2+(b+l_0)^2}+\arctan\frac{b+l_0}{h_i}-\arctan\frac{b}{h_i}\right]$$

式中 σ_{hi}——荷载产生的水平土压力，kPa；

b——荷载边缘至面板的距离，m；

h_i——墙背距路肩的垂直距离，m；

q——列车和轨道荷载作用在路面上的压应力，kPa；

l_0——荷载分布宽度，m。

在踵板上荷载产生的竖向土压力应按下列公式计算：

$$\begin{cases} \sigma_v = \dfrac{q}{\pi}\left(\arctan X_1 - \arctan X_2 + \dfrac{X_1}{1+X_1^2} - \dfrac{X_2}{1+X_2^2}\right) \\ X_1 = \dfrac{2x+l_0}{2(H_1+H_s)} \\ X_2 = \dfrac{2x-l_0}{2(H_1+H_s)} \end{cases}$$

式中 σ_v——荷载在踵板上产生的垂直压应力,kPa;

x——计算点至荷载中线的距离,m;

H_1——悬臂板的高度,m;

H_s——墙顶以上填土高度,m。

设置于路堤边坡时,填料和路基面以上荷载产生的土压力均可按库仑理论计算,如图 5.34 所示。

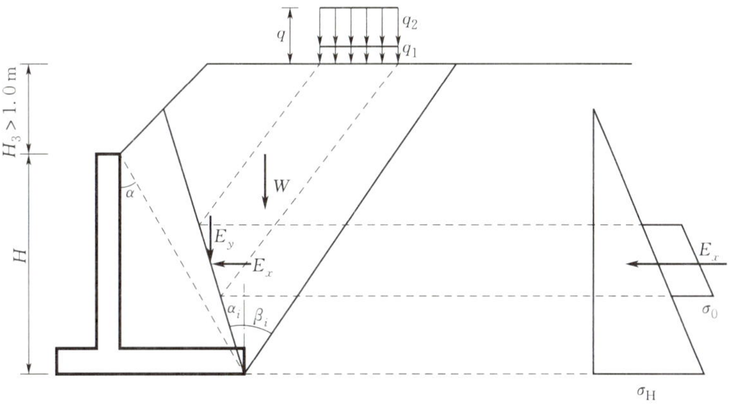

图 5.34 悬臂式路堤挡土墙土压应力分布

q_2—列车荷载均布荷载,kN/m²;q_1—轨道结构自重均布荷载,kN/m²;σ_H—悬臂式挡墙墙趾处的水平土压应力,kPa;σ_0—外荷载产生的水平土压应力,kPa

$$\begin{cases} E_x = \dfrac{W}{\tan(\beta_i+\varphi_0)+\tan(\delta+\alpha_i)} \\ E_y = E_x \tan(\delta+\alpha_i) \end{cases}$$

式中 W——破裂棱体自重,包含路基面以上、破裂面以内荷载压力对应的自重,kN;

E_x,E_y——土压面上所承受的水平、竖向土压力,kN;

δ——土压面上的摩擦角,(°),$\delta=\varphi_0$;

α_i——土压面为第二破裂面时与竖直方向的夹角,(°);

α——当无法产生第二破裂面时,土压面与竖直方向的夹角,(°);

β_i——第一破裂面与竖直方向夹角,(°)。

悬臂式挡土墙的悬臂板、墙踵板和墙趾板的内力应按悬臂梁计算。计算挡土墙实际墙背和墙踵板上的土压力时可不计填料与板的摩擦力。墙顶水平变形不应大于悬臂段高度的 1/100。

5. 椅式桩板墙

当陡坡路基设置的下部支挡结构悬臂较高时,其在路基填筑体土压力作用下的侧向变形将会较大,对于高速铁路特别是无砟轨道来说是非常不利的,针对这种情况工程实践中采用了椅式桩板墙结构等新型支挡结构以减小结构顶部的侧向水平变形，如图 5.35 所示。

椅式桩板墙结构可根据陡坡地形调整内外两侧加固桩的连接横梁位置，通过连接横梁把外侧加固桩的部分受力传递给内侧加固桩，有效减小外侧加固桩桩顶的水平变形；可在外侧加固桩间设置挡土板，用以拦挡斜(陡)坡填筑土，在连接横梁上设置承载板，用以承担横梁上填筑土和上部荷载的受力。

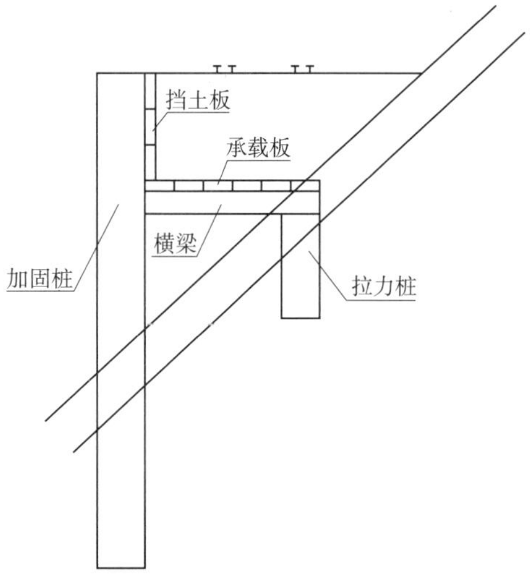

图 5.35 椅式桩板墙结构

(1)椅式桩板结构的简化计算模型

在不考虑结构扭转的情况下，可以将具有空间特性的椅式桩板结构转化为埋置于岩土体中竖向和侧向联合受力的平面刚架计算模型，如图 5.36 所示。

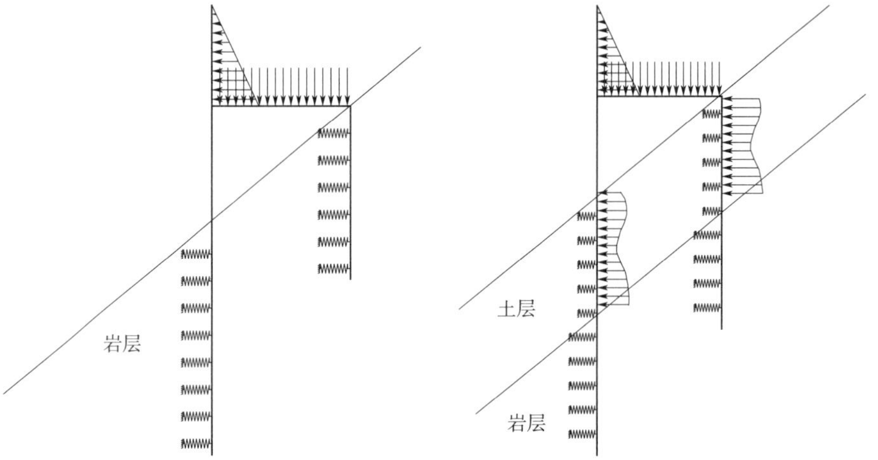

(a) 岩质边坡　　(b) 土质边坡

图 5.36 平面刚架模型

(2)椅式桩结构内力与变形计算方法

采用 Winkler 弹性地基梁法：将桩梁视为刚性连接，将椅式桩简化为平面结构，首先分别求导出椅式桩悬臂端、受荷段和锚固段的幂级数解，然后根据桩顶、桩底的边界条件和不同划分区段之间的内力变形连续条件，计算椅式桩的内力和变形结果，如图 5.37 所示。

采用结构力学位移法：将椅式桩拆分为主桩悬臂段、中部门型区段和桩基锚固段，首先确定上部结构承受的土压力或滑坡推力和抗力，利用位移法分别求解悬臂端和中部门型区段的结构内力与变形，然后将结果施加于锚固段顶部，利用弹性地基梁理论求解锚固段内力与变形。

采用弹性地基梁法和结构力学位移法针对具体工程实践中的椅式桩内力和变形结果进行了比较分析，两种不同方法计算得出的分布规律基本一致，弹性地基梁理论的计算结果略小于位移法计算结果，这是由于两种方法上部结构抗力模拟条件的差异引起的。弹性地基梁法能将土体水平位移和弹性抗力协调一致，桩—土相互作用更符合实际土体变形特征。

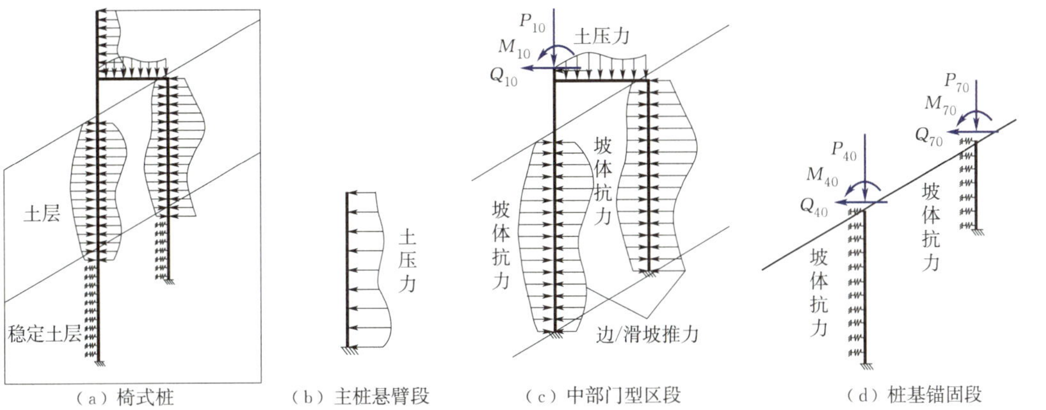

（a）椅式桩　（b）主桩悬臂段　（c）中部门型区段　（d）桩基锚固段

图 5.37　椅式桩的计算模型图

(3)椅式桩板墙结构设计关键参数选择

通过理论分析、室内大比例模型试验及数值模拟研究,椅式桩板结构合理的设计参数如下。

①椅式桩板结构纵向、横向设置间距

当布设于岩质边坡上时,由于岩体强度差异性较大,需根据岩性确定纵横向两桩相互影响的最小间距,当桩间距大于最小间距时主副桩可按独立桩基进行考虑,纵向桩间距不宜大于 8 m,横向桩间距不宜大于 4 倍桩径或桩宽。当布设于土质边坡上时,根据理论分析与经验判定:椅式桩纵向桩间距一般取 3～5 倍的桩径或桩宽,或者 5～7 m;椅式桩横向桩间距一般取 2.5～4 倍的桩径或桩宽。

②椅式桩板结构桩梁刚度比

提高横梁刚度可改善椅式桩受力及变形性状,但同时又会加大横梁的内力状态,设计时桩梁刚度比在 1～3 范围内进行选取。

③岩质边坡椅式桩板结构最优悬臂系数

从结构内力看,椅式桩板结构桩基与横梁的交接面弯矩、剪力随悬臂比例系数的增加而减小,桩基与基岩的交接面弯矩、剪力随悬臂比例系数的增加而增加,不同边坡坡度下椅式桩存在一个最优悬臂长度。岩质陡坡上椅式桩板结构的最优悬臂比例系数随着陡坡坡角的增加逐渐减小,减小趋势也逐渐降低。坡角为 40°～70°范围内时最优悬臂比例系数取值为 0.4～0.6,拟合公式为 $\alpha=-0.005\ 6\theta+0.768$。

5.3.3　路肩支挡结构侧向变形控制

路基支挡结构主要承受水平荷载,变形以侧向变形为主,填方工程支挡结构的侧向变形会对路基产生影响,当其变形过大时将直接影响到路基的安全与稳定,特别对变形要求非常严格的高速铁路支挡结构的变形影响更大,故填方工程支挡结构变形控制是高速铁路关注的重点。

我国《铁路路基支挡结构设计规范》(TB 10025—2019)对桩板式挡土墙的位移要求有:桩板墙墙顶位移应小于桩悬臂段长度的 1/100,且不宜大于 10 cm。路肩支挡结构通过减小土压力、优化桩长与截面尺寸、采用新型支挡结构等方法控制路肩支挡结构物的侧向变形。

1. 减小土压力控制侧向变形

减小支挡结构所受土压力可采取的措施有:外移挡墙加大活载与挡土墙距离,墙顶放坡降低墙高,采用优质填料、设置土工格栅等提高墙背填料的抗剪强度,如图 5.38 所示。

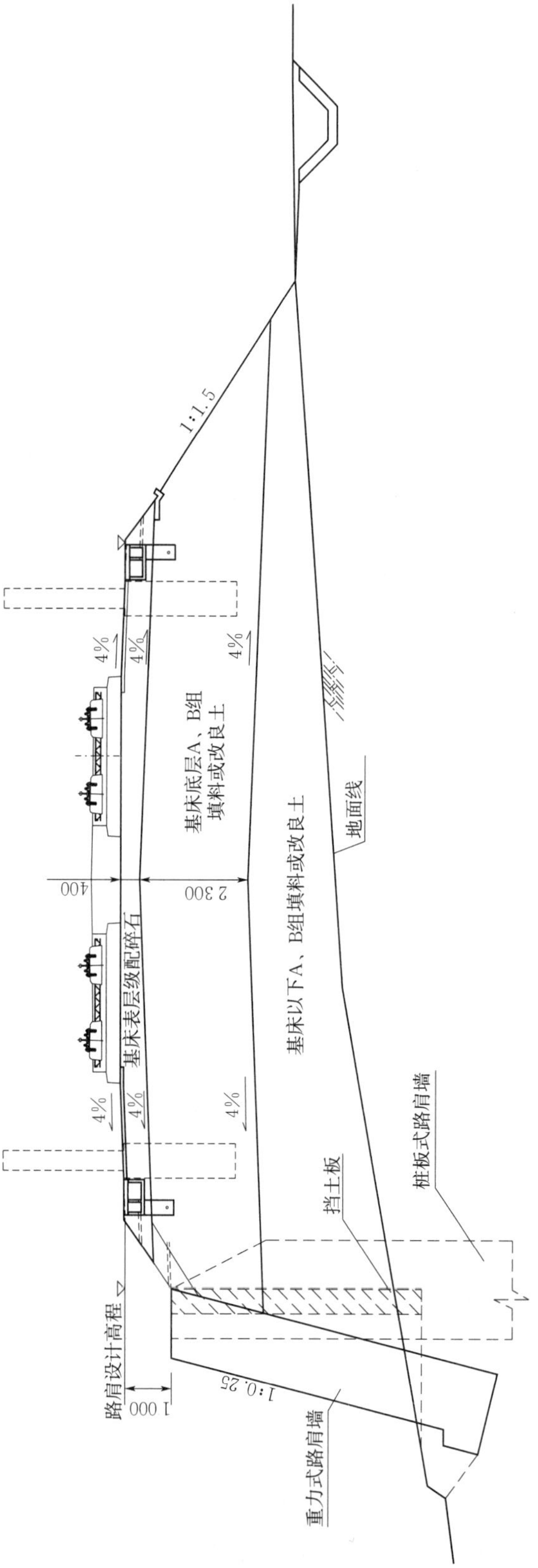

图5.38 挡墙外移、墙顶放坡减小动荷载影响(单位：mm)

2. 通过优化桩长与截面尺寸控制侧向变形

对于桩板墙和锚固桩结构，可通过加大锚固段长度的方式减少桩顶位移；当锚固段地层较软弱、地基系数较低时，结构的整体位移会增大，可采取增强基底刚度的措施，如换填、复合地基、碾压夯实等；在特殊情况下，对悬臂式桩板墙也可进行墙前反压等措施。除了控制整体变形，还可采取增大支挡结构物尺寸、增加抗拉钢筋等措施控制结构物的内部变形，如弯曲、裂缝、挠曲等。

3. 采用新型支挡结构控制侧向变形

对于大悬臂路肩桩或路堤桩等结构，可以设置框架式、椅式桩等新型大抗力支挡结构，减小结构顶部的侧向水平变形。

5.3.4 路基边坡防护设计

1. 高速铁路边坡防护设计理念

高速铁路路基边坡与一般铁路路基边坡相比，更注重安全性，同时兼顾乘客乘坐列车时的视觉感受，有效地把铁路工程和自然植物融为一体。

2. 边坡防护工程措施

边坡防护设计采用植物防护或植物防护与圬工防护相结合的原则。路堑边坡在查明边坡的工程地质、坡体结构、水文、气象条件的基础上，结合区域工程经验，合理选择防护形式及设计参数；同时应考虑不利外部条件、潜在不良地质（如冻土、风沙地段、危岩落石、河岸地段）等因素，采取有针对性的防范措施并提高安全储备；对重大边坡工点，应结合防灾和预警系统进行位移或变形监测，以保障运营安全；绿色通道设计为选择适生植物种类，营造稳定的复层式立体人工植物群落，并尽可能与周边自然环境相融合，其应与主体工程同步设计、同步施工。

路堤边坡应根据周围环境、填料性质、气候条件、边坡高度、浸水及冲刷等具体情况因地制宜确定防护形式，并应采用工程防护与植被防护相结合的形式；当路堤高度较高时，可采用土工合成材料提高稳定性；路堑边坡应在保证边坡自稳性的坡率下，考虑降雨、不利结构面及边坡高度等制定适宜的防护形式，采用工程防护与植被防护相结合的形式；地下水发育地段的路堑应采取增设支撑渗沟、仰斜排水孔等排出地下水的措施。

综合考虑上述因素，设计时有针对性地采用防护措施，常见边坡防护形式见表5.3、图5.39～图5.43。

表5.3 边坡防护形式一览表

序号	防护形式	适用条件	备注
1	骨架内灌草护坡或喷播植草护坡	宜灌草生长的各种土质、软质岩石路堑，且边坡高度 $H\geqslant 3$ m、边坡坡率不陡于1∶1.25，骨架可采用拱形或“人”字形	骨架一般为“人”字形或拱形带截水槽的结构，采用混凝土浇筑或预制混凝土构件拼装，骨架间距可据边坡地质情况进行调整，骨架埋置深度应大于0.6 m，且必须嵌入坡面，确保坡面排水畅通；膨胀土路堑边坡，可采用带支撑渗沟的主骨架

续上表

序号	防护形式	适用条件	备注
2	灌草护坡、喷播植草，六棱块内灌草或喷播植草	边坡高度小于 3 m 时，土质、风化软质岩，边坡坡度等于或缓于 1∶1.25 且本段边坡最大高度小于 3.0 m 的路堑边坡	路堤地段，近边坡侧填料粗粒土较多时，可采用灌草护坡；近边坡侧填料多为坚硬的石质填料时，可采用六棱块内客土灌草护坡。路堑边坡风化程度较小，可搭配六棱块客土使用，需保证六棱块安装后的稳定性
3	喷锚网护坡	适用于坡率不陡于 1∶0.5，坡面较干燥，坡面岩体节理发育、切割破碎的石质路堑边坡	仅限于基坑开挖或施工过程中的临时安全防护，不作为永久边坡防护
4	空窗式护坡	适用于边坡坡率等于或缓于 1∶0.75，且边坡自身稳定的软质、硬质岩石和较破碎岩石挖方稳定边坡防护	防止边坡风化，空窗内可采用植生袋装客土绿化防护
5	锚杆框架梁	土质、软质岩、节理裂隙发育的硬质岩路堑边坡防护。采用打入坡面的单根或多根锚杆与钢筋混凝土框架连接成整体，保证边坡的稳定。框架内采用植生袋装客土绿化护坡、液压喷播间植灌木护坡或喷混植生实现绿化	锚杆长度按必要的锚固长度确定，锚固长度不小于 4 m，锚杆长度一般为 8～12 m；土质和软质岩，应采用嵌槽法；弱风化硬质岩边坡，框架梁置于坡面外，并采用 C25 混凝土找平排水层
6	锚索框架梁	土质、岩质路堑边坡防护，尤其是顺层、高陡边坡等需要提供更长的锚固条件和对边坡更高的反力要求时，通过打入坡面的锚索和钢筋混凝土框架梁连接成整体，保证边坡的稳定	锚索长度按穿过不利面，并提供一定的锚固条件来确定，锚固长度一般要求不小于 10 m；腐蚀性环境中锚索应采取严格的防腐措施。极软岩、风化岩及处于腐蚀性环境时，宜采用压力分散型锚索
7	主动柔性防护网	节理、裂隙不发育的且整体稳定的弱风化硬质岩路堑边坡防护，边坡坡率要求不陡于 1∶0.5。利用一定间距的锚杆节点，将大、小两层钢丝压覆岩石坡面，进行原生态防护	一般结合光面爆破和坡面局部嵌补后使用，坡脚栽植藤蔓植物绿化

图 5.39 锚杆框架梁

图 5.40 空窗式护坡

图 5.41 骨架护坡

图 5.42 主动柔性防护网

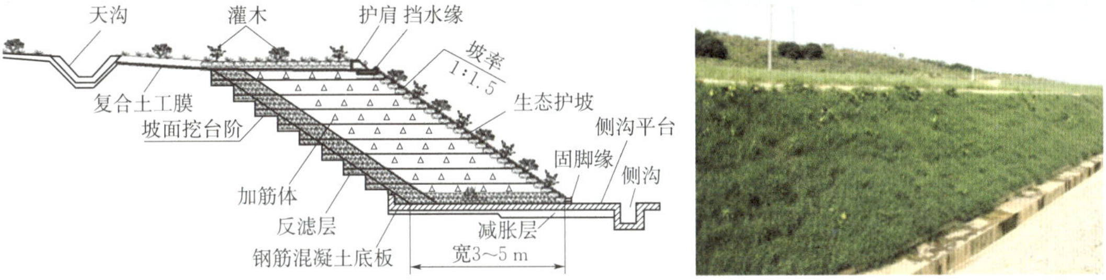

图 5.43 膨胀土柔性护坡

5.4 斜坡沟谷软土路基

沟谷软土常见于西南山区，其成因类型多属丘陵谷地相沉积，由水流搬运岩石风化产物和地表有机物质在低洼处沉积而成，分布于斜坡或斜坡上凸起的山梁、台地上，底部硬层常有较大的横向坡度。主要具有两个特征：一是地基表面或软弱土层底部具有一定的斜坡坡度；二是地基土体的低强度和高压缩性。在其上修筑路堤，易产生横向滑移或左右侧不均匀沉降。路基设计除了需要进行复合地基加固以外，还需要控制横向位移、不均匀沉降以及侧向滑动。常用的加固处理措施有路堤边坡铺设加筋土工格栅、路肩（堤）桩板墙、侧向锚固（约束）桩等。

5.4.1 沟谷软土地基在填方荷载作用下的变形机理

课题组采用平面有限元数值分析、三维有限元数值分析、稳定分析方法，研究了沟谷软土地基与水平软弱地基在填方工程作用下的变形特性以及对于路堤高度、斜坡坡度、软弱土层厚度以及软弱土层参数变化的响应；采用离心模型试验方法，研究了坡度 1∶10 沟谷软土地基与水平软弱地基在填方工程作用下的变形特征。数值分析和离心模型试验结果高度相似，研究成果揭示了沟谷软土地基在填方荷载作用下的变形特性，主要结论如下：

（1）在路堤荷载作用下，沟谷软土地基的变形形态不同于水平软弱地基，如图 5.44 所示。研究表明：沟谷软土地基的变形表现为明显的不对称性，变形主要集中在路堤下坡一侧，而水平软弱地基的变形对称于路堤中心线；在相同的地基条件下，沟谷软土地基较水平软弱地基的变形更大，坡脚隆起显著。有限元计算表明，1∶10 沟谷软土地基的最大水平位移、最大竖向沉降、最大剪应变约为水平地基的 3.9、1.4、3.0 倍。离心模型试验表明,1∶10 沟谷软土地基的最大水平位移和最大沉降变形分别是相应水平软弱地基的 15.67 倍和 3 倍。

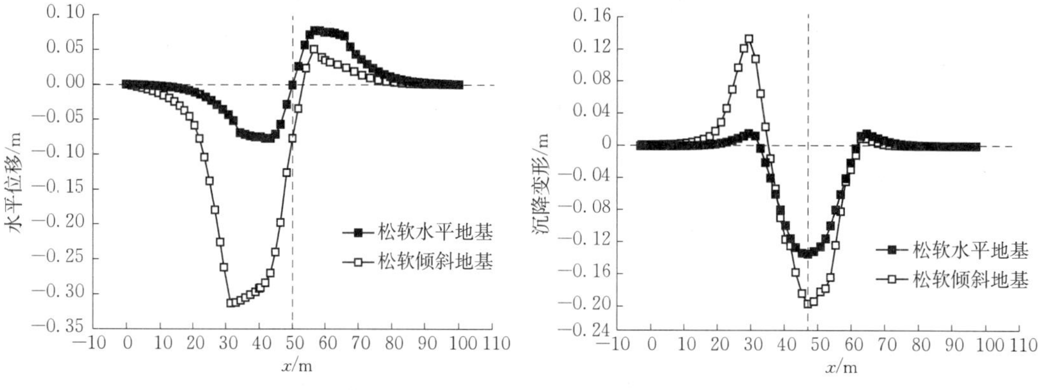

(a) 水平位移　　(b) 竖向位移

图 5.44　水平与斜坡软弱地基地表位移曲线比较

(2)有限元计算结果表明,地基和路堤几何尺寸(地层坡度、软弱土层厚度、路堤高度等)的变化,对地基的最大主应力、最小主应力、最大剪应力等应力数据影响不大,但对地基的最大水平位移、最大竖向沉降和最大剪应变等变形数据影响显著。且随着地层坡度、路堤高度、软弱土层厚度的增加,沟谷软土地基的最大水平位移值和最大竖向沉降值增大,发生位置向下坡一侧移动(其中,地层坡度和路堤高度的影响相对较大,软弱土层厚度的影响相对较小)。以上计算结果说明,沟谷软土地基在路堤荷载作用下,地基的应力响应不如变形响应敏感。因此,在沟谷软土地基填方工程特性的分析中,应建立以变形控制为核心的稳定评价标准。

(3)有限元计算和离心模型试验结果均表明,沟谷软土地基路堤,在未加固的条件下,将产生显著的水平位移和竖向沉降,下坡一侧坡脚隆起明显,路堤坍滑,地基发生剪切破坏,需采取加固措施,才能保证路基稳定。

(4)打入桩加固、抗滑桩加固、抗滑桩与打入桩联合加固等方案均能有效约束路堤荷载作用下的沟谷软土地基变形,提高地基的稳定性。其中,抗滑桩与打入桩联合加固的效果最佳,打入桩加固的效果次之,抗滑桩加固效果再次之。打入桩与抗滑桩的加固机理不同,打入桩加固类似于复合地基,加固后地基土的抗剪强度与变形模量提高,地基的承载力增强,从而使荷载作用下的地基变形减小,稳定性提高。抗滑桩加固对防止地基产生横向剪切破坏效果显著,对桩前及桩周有限范围内土体的水平位移有一定约束作用,但对于地基沉降变形的约束效果有限,尤其对于路堤中心附近的地基沉降无明显约束作用。采用抗滑桩与打入桩联合加固方案,对减小地基变形、增强地基强度,提高地基稳定性效果较佳。不同加固方案地基表面水平变形和沉降变形曲线分别如图 5.45、图 5.46 所示。

5.4.2　沟谷软土地基填方工程稳定特性

(1)稳定分析与有限元计算结果表明,在相同的安全系数条件下,地层坡度越陡,软弱土层的抗剪强度需越大,而软弱地基的水平位移明显增大,竖向沉降无明显变化,变形系数显著增大。由此可见,采用传统的针对水平地基的稳定判别标准(安全系数值)来判断沟谷软

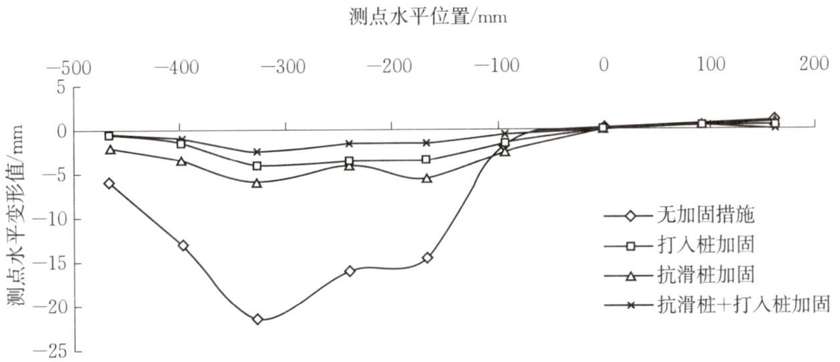

图 5.45 不同加固方案地基表面水平变形曲线

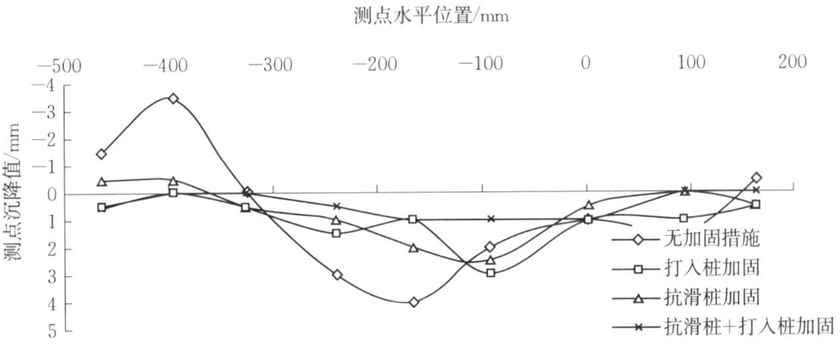

图 5.46 不同加固方案地基表面沉降变形曲线

土地基的稳定性将趋于危险。根据实际的沟谷软土地基的坡度，应相应提高安全系数的限值，才能保证沟谷软土地基的稳定程度与水平地基基本相同。

(2)稳定分析与有限元计算结果表明，在相同的变形系数条件下，沟谷软土地基的水平位移、竖向沉降及剪切应变等受到了严格的约束，最大主应力、最小主应力、最大剪应变等变化不大，地层坡度越陡，抗剪强度需显著提高。同时还发现，在相同的变形系数下，地层坡度越陡，软弱地基的安全系数需越大。地基最小安全系数与路堤高度、软弱土层厚度及地层坡度变化曲线分别如图 5.47、图 5.48 所示。

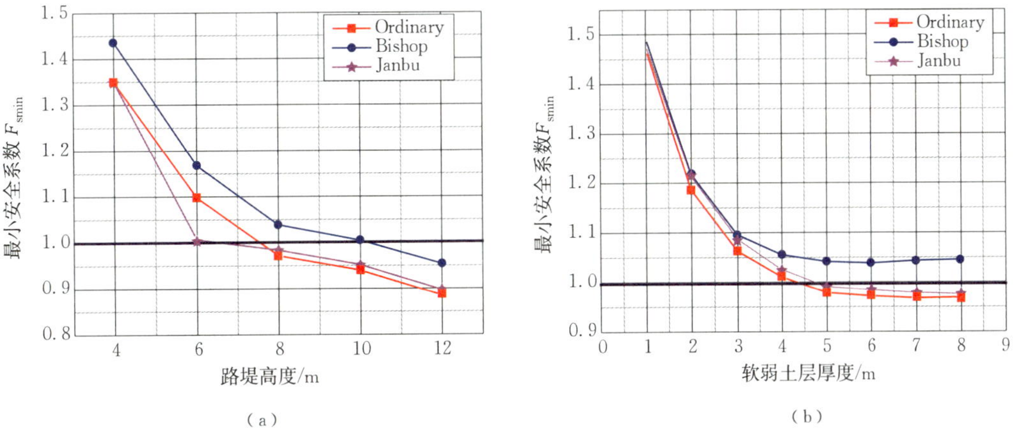

图 5.47 地基最小安全系数与路堤高度、软弱土层厚度变化关系曲线

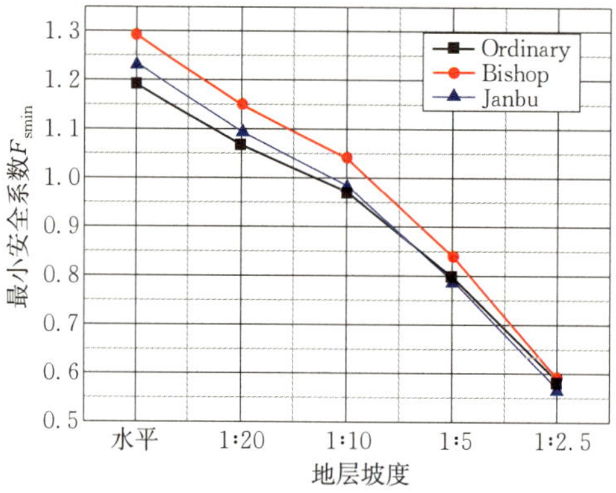

图 5.48 地基最小安全系数随地层坡度变化曲线

(3)建议根据沟谷软土地基坡度适当提高路堤滑动稳定判别标准,采用表 5.4 所列当量安全系数值(沟谷软土地基变形系数与水平软弱地基相当的路堤稳定系数值)作为稳定判别标准。

表 5.4 不同地层坡度滑动稳定判别标准建议值

地 层 坡 度	水平	1∶20	1∶10	1∶7.5	1∶5
当量安全系数	$[F_{smin}]$	$[F_{smin}]+0.05$	$[F_{smin}]+0.1$	$[F_{smin}]+0.15$	$[F_{smin}]+0.3$

5.4.3 斜坡软弱地基路堤工程设计

1. 设计原则

(1)当斜坡较陡且软弱土层较薄时,应优先采取清除软弱土层的措施。

(2)斜坡坡度较缓,软弱土层较厚且为非饱和土时,应采取强夯或重锤夯实强夯,提高土层密实度。

(3)斜坡坡度较缓,软弱土层较厚且为饱和土时,应采取地基加固措施。

(4)斜坡坡度较陡,软弱土层较厚时,应优先采取限制地基侧向变形的措施。

(5)对填方工程变形要求严格时,宜优先采用桩网结构基础,如图 5.49 所示。

(6)斜坡坡度较陡时,不宜单一采用复合地基加固方案,可采用坡脚锚固桩侧向约束与复合地基综合加固方案,如图 5.50 所示。

2. 斜坡软弱地基填方工程设计要点

(1)斜坡软弱地基填方工程设置坡脚侧向约束锚固桩后,潜在滑动面将出现上移的趋势,因此,为减小下滑力、减小限制地基侧向变形的侧向约束锚固桩工程,为防止可能出现的潜在滑面上移、产生越顶破坏,对斜坡软弱地基进行加固是必要的,同时设计应进行越顶检算,确定合理的桩顶高程。

(2)斜坡软弱地基填方工程坡脚侧向约束锚固桩,根据剩余下滑力的大小,可布置为单排或多排,单排锚固桩宜布置在坡脚或坡脚内侧,具体布置应考虑桩前潜在滑动面、越顶潜在滑动面稳定综合确定。

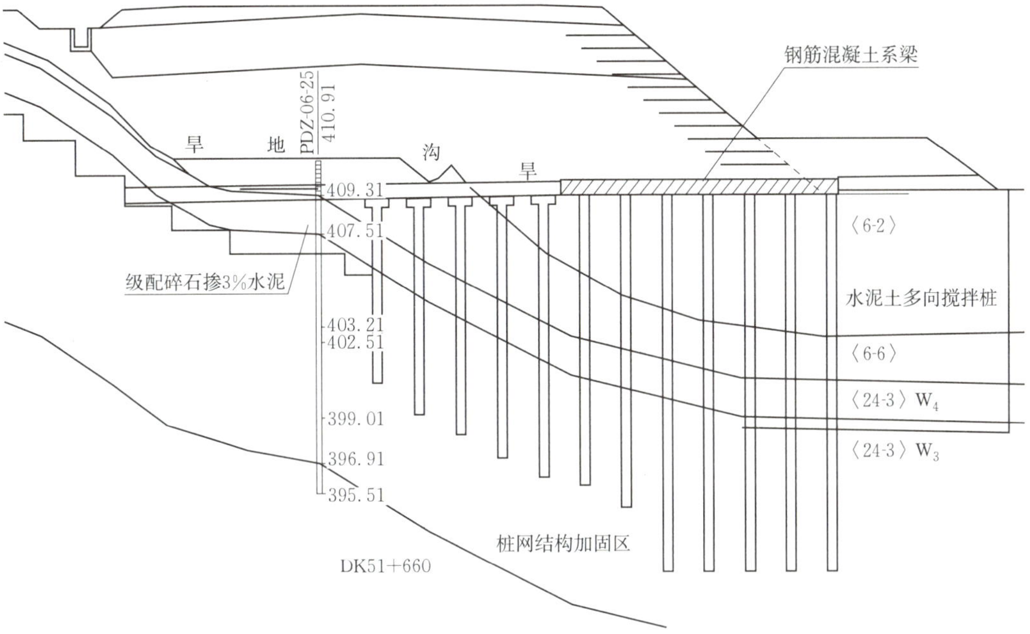

图 5.49　桩网结构加固沟谷软土(单位:m)

3. 应用案例

(1)概况

图 5.50　路肩(堤)桩板墙

六盘水南站 ZDK2＋150～ZDK2＋400 右侧斜坡高路堤工程,基底斜坡地带及沟槽中发育有斜坡软土。软土以淤泥质黏土为主,局部为软黏土及一般黏性土,厚 0～8 m,深灰、灰黑色,软塑状为主,部分为流塑。其土质较杂,均匀性差,含水率不均匀,具有孔隙比大、含水量高、承载力低、工程性能差等特点。受其影响,施工中路堤边坡产生了突发性滑坡,路堤坡脚加固软土地基的粉喷桩被剪断或整体产生位移,路堤坍塌后形成的滑坡纵向长 120～130 m,横向宽 250 m,滑坡台阶 3～4 级,滑体厚 3～10 m,体积约 15×10^4 m^3。

(2)工程设计措施

①根据边坡稳定性分析结果,结合病害产生的原因,六盘水南站斜坡软土高路堤工点采用粉喷桩加固地基,碎石桩排水固结,抗滑桩坡脚约束的综合加固设计措施(图 5.51)。

②ZDK1＋985～ZDK2＋485 右侧路堤坡脚处地基采用粉喷桩加固,桩径为 0.5 m,间距为 1.2 m,呈正三角形布置,桩底置于相对硬层上,桩身 90 d 无侧限抗压强度为 1.25 MPa。

③ZDK2＋103～ZDK2＋488 右侧路堤坡脚处设置一排抗滑桩(桩间距 7 m,共 56 根),桩长 11～18.5 m,桩截面分别为 1.25 m×2.5 m 和 1.5 m×2.75 m。

④ZDK2＋152～ZDK2＋376 段右侧抗滑桩内侧 30 m 宽范围内,地基采用振动沉管碎

石桩加固，桩径为 0.8 m，桩横向间距为 2 m，纵向置于桩间，间距为 7 m(其中 ZDK2＋152～ZDK2＋201 段加密至 3.5 m)，桩底嵌入相对硬层以下 0.5 m。

⑤沿横断面方向碎石桩顶设置排水砂沟，沟宽 1 m，沟深 0.5 m，横向排水坡度不小于 5％，并将地下水引排至路堤坡脚外。

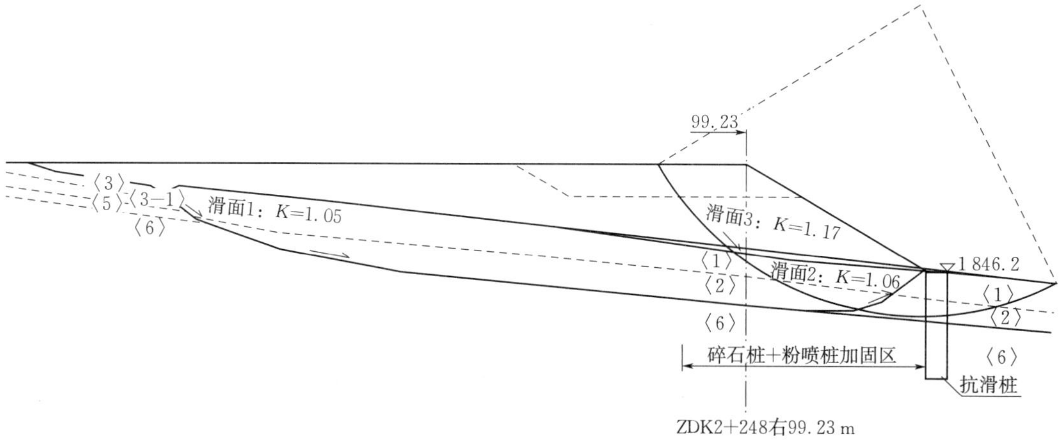

图 5.51　六盘水南站斜坡软土高路堤设计断面示意图

〈1〉Q_4^{del} 人工填筑土；〈2〉Q_4^{del} 淤泥质黏土；〈3〉Q_4^{ml} 人工填筑土；〈3-1〉Q_4^{ml} 人工填筑土(弃渣)；〈5〉Q_4^{dl+pl} 黏土；〈6〉F_{br}断层角砾

(3)工程效果评价

六盘水南站斜坡软土高路堤通过以上措施综合整治后，已运营多年，至今情况良好，边坡稳定，未见变形迹象。

5.5　岩溶路基设计

5.5.1　概　　述

岩溶(又称喀斯特)是指水对可溶性岩石进行化学溶蚀作用、机械侵蚀及物质的携出、转移等综合地质作用。可溶性岩石包括碳酸盐类岩石(石灰岩、白云岩等)、硫酸类岩石(石膏、芒硝等)和卤素类岩石(岩盐等)。在我国的各类可溶性岩石中，碳酸盐类岩石的分布范围占绝对优势，本章主要叙述碳酸盐类岩石中的岩溶问题。

我国属于季风气候，由于高原阻碍，暖湿气流都被阻碍在平原地带，形成降雨，而西北部和青藏高原等地降雨很少。岩溶的发育与地层岩性、地形、降水及构造关系密切，我国独有的季风气候与阶梯地貌特征形成了岩溶南强北弱，高原区垂向岩溶地貌发育、平原区水平向覆盖型岩溶发育的总体特征。典型的岩溶地质剖面如图 5.52 所示。

我国多条高速铁路经过岩溶发育区，包括已建成的武广、贵广、沪昆高速铁路等。高速铁路对变形控制要求极为严格，岩溶易引发地面塌陷，从而影响高速铁路的平稳、安全及舒适性。因此，高速铁路岩溶路基的勘察设计、施工验收、运营监控等难题就成为我国高速铁路建设成败的关键问题之一，也是中国高速铁路走向全球的一个技术支撑点。

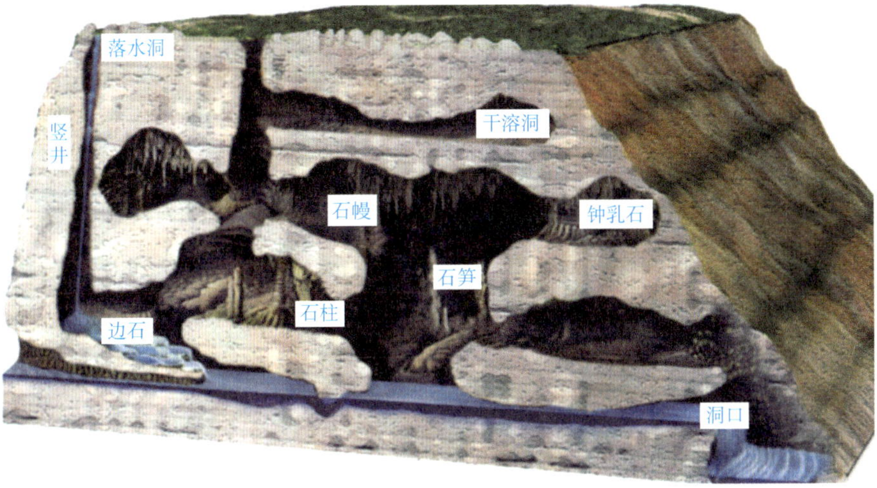

图 5.52 典型的喀斯特地质剖面

5.5.2 岩溶对路基工程的危害

岩溶对路基工程的不良影响主要体现在以下几个方面：

(1)岩溶基岩面起伏导致上覆压缩层压缩变形不均，引起工后沉降差异；

(2)岩体顶板变形造成地基失稳；

(3)岩溶水的动态变化给高速铁路路基造成不良影响；

(4)岩溶洞穴塌陷引起地表甚至路基体变形，如图 5.53 所示。

图 5.53 岩溶路基病害

5.5.3 岩溶及采空区整治设计

1. 岩溶及采空区发育情况及判别

岩溶及采空区发育情况及判别应通过现场地质调绘，查明地形地貌，覆盖层性质、厚度，地层岩性、水文地质情况，地表变形和塌陷规模、密度，分布范围与分布规律等。线路应绕避岩溶极发育区、大型采空区及难以查明的小型采空区。绕避困难时，路基工程宜选择岩溶及采空区发育最窄、易于处理的位置通过，并沿线路纵向进行综合物探，对代表性物探异常点进行钻孔验证。通过物探揭示与钻孔验证，综合判别岩溶及采空区的发育情况与发育程度，明确后续整治措施。

为区别对待不同发育程度场地上的岩溶路基，可将岩溶场地划分为岩溶极发育、中等发育和弱发育，见表5.5。

表5.5 岩溶场地划分

发育等级	岩溶场地条件
岩溶极发育	地表有较多岩溶塌陷、漏斗、洼地、泉眼； 溶沟、溶槽、石芽密布，相邻钻孔间存在临空面而且基岩面高差大于5 m； 地下有暗河、伏流； 钻孔见洞隙率大于30%或线岩溶率大于20%； 溶槽或串珠状竖向溶洞发育深度达20 m以上
岩溶中等发育	介于极发育和弱发育之间
岩溶弱发育	地表无岩溶塌陷、漏斗； 溶沟、溶槽较发育； 相邻钻孔间存在临空面且基岩面相对高差小于2 m； 钻孔见洞隙率小于10%或线岩溶率小于5%

2. 与高速铁路工程相关的岩溶地基

一般而言，与高速铁路工程关系密切的岩溶地基为裸露型岩溶、浅覆盖型岩溶。根据岩溶空洞的发育形态，工程相关岩溶又可分为单个浅覆盖型岩溶和串珠状型岩溶；根据地下水形态分为潜水岩溶和承压水岩溶，见表5.6。

表5.6 不同类型岩溶路基处理

岩溶类型	工程地质特点	处理措施
裸露型岩溶区	可溶岩绝大部分出露地表，石芽、溶沟、溶槽、溶脊等发育，地表坎坷不平，仅在漏斗、洼地内有薄层覆盖土，厚度小于10 m； 地表水和地下水联通	对零星规模较小的浅埋溶洞，采取揭盖回填进行加固处理； 对深埋溶洞、规模较大的溶槽发育地段采用钻孔注浆处理； 对规模较小的溶槽，进行挖除换填加固处理
浅覆盖型岩溶区	可溶岩被第四系松散堆积物所覆盖，岩石一般不出露地表，在地表上常有塌陷漏斗或洼地、溶隙、竖井、落水洞等	因其覆盖层厚度而处理措施不同，对覆盖层平均厚度小于2 m且溶槽不发育具备彻底换填的地段，在挖除换填后按裸露型岩溶整治措施进行处理； 对覆盖层平均厚度大于2 m的地段，以钻孔注浆充填为主要整治措施
串珠状空溶洞岩溶区	串珠状空溶洞一般发育于岩溶极发育区，地下水发育，岩溶空洞具有一定的埋深，且发育不规律	采用桩板结构和注浆加固相结合的方式处理岩溶路基

3.“探灌结合，过程控制”动态设计方法

注浆加固技术因具有施工设备简单、工期短、见效快及较广适用性等特点，在铁路岩溶整治中被广泛地应用。但传统的一次性整治设计施工存在一些缺点和不足，因其勘探手段基于现场踏勘、物探及零星地质钻孔，经人为综合宏观分析区域内的岩溶发育程度，按极易、

易、不易塌陷区采取相应的工程整治措施，实际地质情况与设计难免存在较大差异，一次性整治设计施工过程中揭示有异于原设计的地质情况时不能及时反馈，即缺乏针对性且现场施工过程中无有效的验证和约束手段，弹性较大，往往造成：部分岩溶弱发育段落整治过强，造成工程浪费；而部分岩溶强烈发育地段注浆整治措施过弱，存在工程安全隐患，甚至部分段落存在成段遗漏的巨大风险。

中铁二院在云桂、长昆、成贵等铁路岩溶路基设计施工中，积极推动分序注浆施工工艺，通过贯彻路基岩溶整治"探灌结合、过程控制"的信息化施工原则，根据Ⅰ序先导探灌孔现场探察揭示的岩溶地质特征进行岩溶地面塌陷预测分析，调整加固范围、参数及设计施工工艺，进行Ⅱ序针对性的加固处理，取得了很好的效果，经不断改进和完善施工工艺，形成了"勘探→设计→施工→分析再设计→再施工"的流程，如图 5.54 所示。

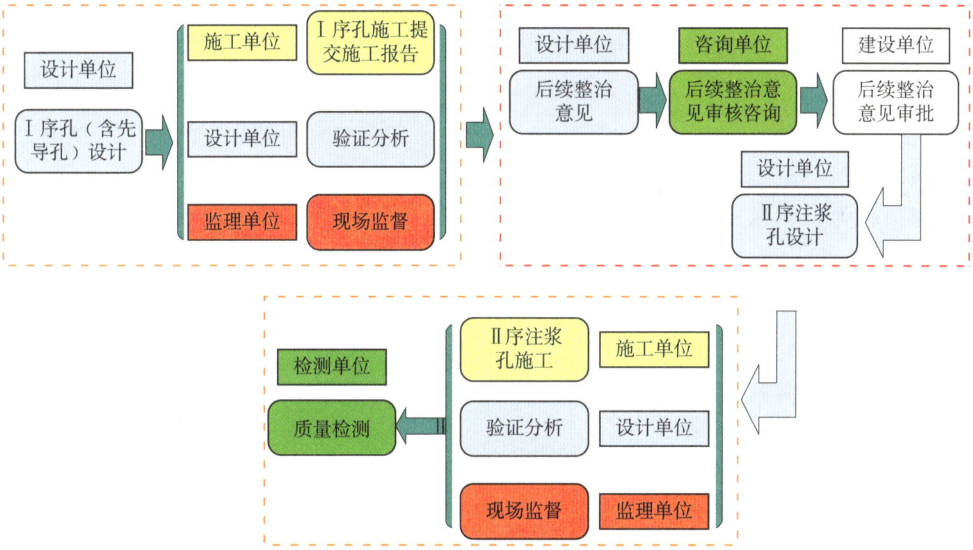

图 5.54 "探灌结合，过程控制"动态设计方法示意图

5.5.4 岩溶及采空区钻孔注浆技术及质量检测

1. 岩溶注浆

注浆亦称灌浆，它是将一定材料配成浆液，利用压送设备将浆液注入地层岩土孔隙、裂隙、洞穴内使其扩散、胶凝或固化，从而改善土层岩土物理力学性能，以达到加固地层或防渗堵漏的目的。

(1)注浆材料

岩溶地基处理一般采用纯水泥浆液，工程实践中，根据注浆处理对象和遇到的特殊情况，可在水泥浆液中掺入砂、黏性土、粉煤灰、水玻璃或其他掺合料。在浆液漏失严重且无其他有效堵截措施的情况下，可以用水泥—水玻璃类双液注浆材料进行堵截处理。

(2)加固范围

洞距路基的安全距离 L，可按坍塌时的扩散角计算：

$$L = H\cot\beta$$

$$\beta=\frac{1}{F}\left(45+\frac{\varphi}{2}\right)$$

式中　H——溶洞顶板厚度，m；

β——坍塌扩散角，(°)；

F——安全系数，取 1.10～1.25；

φ——岩石的内摩擦角，(°)。

目前高速铁路岩溶注浆整治宽度应满足以上理论计算值，同时按以下四个方面执行：

①区间路基，车站正线及到发线（无砟线路）路基，路堤一般整治到路堤坡脚以外 5 m，路堑一般整治到新建铁路路堑侧沟平台。

②当路堤坡脚以外及路堑边坡发育有不稳定溶洞危及路基边坡稳定时，根据塌陷扩散情况适当加宽整治。

③设置路肩挡土墙、路堤挡土墙的地段，整治至墙趾以外 5 m。

(3)加固深度

注浆加固深度应结合土洞、溶洞、溶蚀破碎带的位置及分布特征综合确定，理论上顶板厚度应满足：

• 当顶板为完整顶板（系指未被节理、裂隙切割或被切割但胶结良好，可视为整体的岩溶顶板，否则为不完整顶板），其顶板的厚度与路基跨越溶洞的长度之比（厚跨比）大于 0.5 时，可认为顶板厚度是安全的。

• 当顶板为非完整顶板时，顶板的厚度大于溶洞高的 5 倍时，可认为顶板厚度是安全的。

• 当顶板为松散覆盖层时，根据土层性质，覆盖层厚 15～20 m 时，可认为顶板稳定性是安全的。

目前高速铁路岩溶注浆整治深度应满足以上理论计算值，同时按以下两个方面执行：

• 裸露型岩溶区存在溶洞的地段，顶板不满足稳定要求时，钻孔深度应至溶洞底板以下 2 m。

• 覆盖型岩溶地段，钻孔处理深度应不小于土石界面以下 5 m；在土石界面以下存在溶洞且顶板不满足稳定要求时，钻孔深度应至溶洞底板以下 2 m。

(4)浆液扩散半径及单孔注浆量估算

注浆的有效范围和注浆量应根据现场试验来确定。岩溶发育具有复杂性和不均匀性，设计前期可以通过以下公式估算注浆扩散半径和单孔注浆量。

①注浆扩散半径

注浆扩散半径 R 是一个非常重要参数，岩溶路基注浆的浆液扩散半径可利用 Maag(1938)的渗透公式确定。

$$R=\sqrt[3]{\frac{3kprt}{\beta n}}$$

式中　k——土的渗透系数，m/s；

p——注浆压力，kg/m²；

r——注浆管半径，m；

t——注浆时间；

n——土的孔隙率；

β——浆液中黏土跟水的黏度比值，一般取 0.1～0.3。

②单孔注浆量估算

$$V=K\pi R^2 L\mu\beta'\alpha(1-\gamma)$$

式中 V——注浆量，m^3；

R——扩散半径，m，宜为 3～5 m；

L——压浆段长度，m；

μ——岩溶裂隙率，%；

β'——有效充填系数，一般 $\beta'=0.8$～0.9；

α——超灌系数，一般取 $\alpha=1.2$；

γ——扣除稀疏充填物的孔隙率后的岩溶裂隙充填率；

K——土石界面下基岩的实际充填系数，宜为 2～3，水平岩溶发育区取小值，垂直岩溶发育区取大值。

2. 岩溶路基防治施工工艺

(1)充填注浆施工工艺对岩溶通道更具针对性，通过充填注浆范围内的空洞、通道、裂隙等岩溶通道，有效充填、堵塞塌陷与运移通道，消除岩溶地面塌陷的基本条件。

(2)当岩溶区覆盖层为卵石层等的粗粒可注性地层时，通过对覆盖层的渗透注浆加固，改善覆盖层的抗渗、抗潜蚀、抗崩解性能，同样也能达到对岩溶地面塌陷的防治目的。

(3)对于覆盖层为渗透系数大于 10^{-1} cm/s、颗粒有效直径 $D_{10}>0.5$ mm 的粒状介质，采用渗透注浆与充填注浆结合的综合注浆方法加固。通过渗透注浆，对覆盖层粒状介质进行渗透固结，有效改善和提高其抗潜蚀能力，消除岩溶地面塌陷的物质条件；对非可注性覆盖层岩溶区，采用充填注浆有效堵塞覆盖层崩解、潜蚀、运移通道，有效消除岩溶地面塌陷的基本条件。

(4)为提高注浆加固效果，可以在岩溶通道中冲洗与充填粒状材料，如碎石、粗砂等；可以提高注浆压力来增大浆液的扩散半径。岩溶注浆方式宜采用孔内循环式注浆。在一定性能浆液的注浆工程中，岩溶注浆施工工艺的研究重点应围绕冲洗、封孔、注浆参数控制开展。

(5)封孔长度过短(小于 1 m)时，注浆过程中浆液易沿封孔结石体与土层交接面劈裂漏浆，注浆压力不易满足设计要求。封孔效果取决于封孔深度和覆盖特征(桩周摩阻力)，随着封孔深度的加大，可承受的注浆压力逐步提高。在覆盖层较薄地段，浆液易对覆盖层产生劈裂效应，地面易开裂、冒浆，注浆过程不易达到较高压力。采用孔口管＋止浆塞的动态封孔注浆方法，能应对注浆过程不同的特殊处理要求。当覆盖层松软，可采取孔口加宽封闭的措施。增加封孔水泥结石体与孔壁的接触面和曲折度，减小水泥浆或水泥结石体与土层接触面的劈裂效应，增加了封孔结石体的大小和自重，提高了封孔结石体的抗顶脱力。

(6)从现场分序注浆试验结果来看，随着注浆序次增加，地基透水率逐序下降，基岩平均吸浆率也逐序减少，Ⅲ序注浆一般地段基岩平均吸浆率为 0.1 m^3/m 左右，通过两序注浆施工基本达到了对地基岩溶的充填加固效果。对溶洞、溶蚀裂隙强烈发育的地段，局限于岩溶通道的连通性及充填物的影响，Ⅲ序注浆孔吸浆率仍较大，因此对于溶洞、溶蚀裂隙强烈发育的地段适当增加Ⅲ序注浆是必要的。

(7)平面注浆次序的研究结果表明：对岩溶中等发育区段，不同的平面注浆次序，浆液漏失情况差异不大；对溶洞、溶蚀裂隙强烈发育的区段，浆液的扩散距离远大于路基岩溶整治宽度，先施工的注浆孔，应通过充填可注性粒状介质构造限制浆液无效扩散和漏失的条件，进一步验证注浆工艺的有效性。

3. 岩溶路基整治效果检测

每个段落施工完成后均应进行质量检查，分为施工单位自检和第三方检测，合格后方可转入后续工程施工，目前常用的检测方法见表 5.7。

表 5.7 检测内容与方法表

注浆处理对象	检测内容	检测方法
采空区及人为坑洞	注浆充填率、波速、渗透系数	钻孔法、波速测井法、电磁波 CT、压水试验
岩　　溶	注浆充填率、波速、渗透系数	钻孔法、瞬态面波法(覆盖层小于 25 m)、电测深法(处理前后同时采用，两者进行对比)、压水试验、电磁波 CT

(1)数值分析、模型试验和现场测试研究表明，电测深方法在岩溶路基注浆整治效果检测上是有效的。注浆前后视电阻率差值超过 20%可视为注浆效果良好。

(2)数值分析和现场测试研究表明，电磁波 CT 法适合于岩溶路基中卵石土层、溶洞及强烈发育的溶蚀破碎带的注浆整治效果检测，检测应在注浆完成 7 d 后进行。卵石土层注浆整治效果合格标准为注浆前后电磁波吸收系数差值大于 0.1 dB/m，溶洞及破碎带注浆整治效果合格标准为吸收系数差值大于 0.4 dB/m。

(3)数值模拟和现场测试研究表明，瞬态瑞雷面波法能有效评价注浆整治效果，检测应在注浆完成 7 d 后进行。通过对 328 个注浆前后测试样本点进行分选统计分析，得出岩溶路基注浆后整治效果瞬态瑞雷面波检测合格标准为：土层 $V \geqslant 20.6H+130.3$，岩体 $V \geqslant 23.0H+321.1$，岩洞 $V \geqslant 17.1H+236.9$。

(4)岩溶塌陷临界裂隙宽度试验表明，在自然水降条件下，覆盖型岩溶潜蚀塌陷临界宽度为 3 mm。根据室内透水率模型试验和现场压(注)水试验，当裂隙宽度小于等于 3 mm，其临界透水率小于等于 47 Lu，不会产生潜蚀塌陷，因此，以 47 Lu 作为岩溶路基注浆效果透水率检测参考标准。

4. 工程实例

(1)工点概况

成贵铁路 D1K382＋599～D1K382＋690 段路基属高原溶蚀低丘槽地，两端丘包低缓，槽地较宽阔、平缓，覆土为第四系全新统坡残积(Q_4^{dl+el})黏土，普遍厚 4～16 m，局部溶沟、溶槽中土厚大于 16 m，下伏基岩为三叠系下统永宁镇组二段(T_1yn^2)泥质灰岩及灰岩。地表水主要为大气降水，受季节影响大，以蒸发、下渗和径流等形式排泄，地表水严重缺乏。地下水以基岩裂隙水为主，裂隙水分布基岩节理裂隙和溶蚀裂隙中，靠大气降水补给。其下伏基岩中岩溶强烈发育，溶洞、溶隙、溶缝发育，岩体溶蚀破碎严重。根据《铁路工程不良地质勘察规程》(TB 10027—2012)及相关标准，本段评价为易塌陷区。

(2)设计处理措施

根据本段岩溶发育特征及其评判结果，本段岩溶整治主要采用注浆充填岩溶空间的治理措施，按照分序注浆施工原则，共分两序工程进行分序施工。Ⅰ序先导探灌孔施工图如图 5.55 所示。

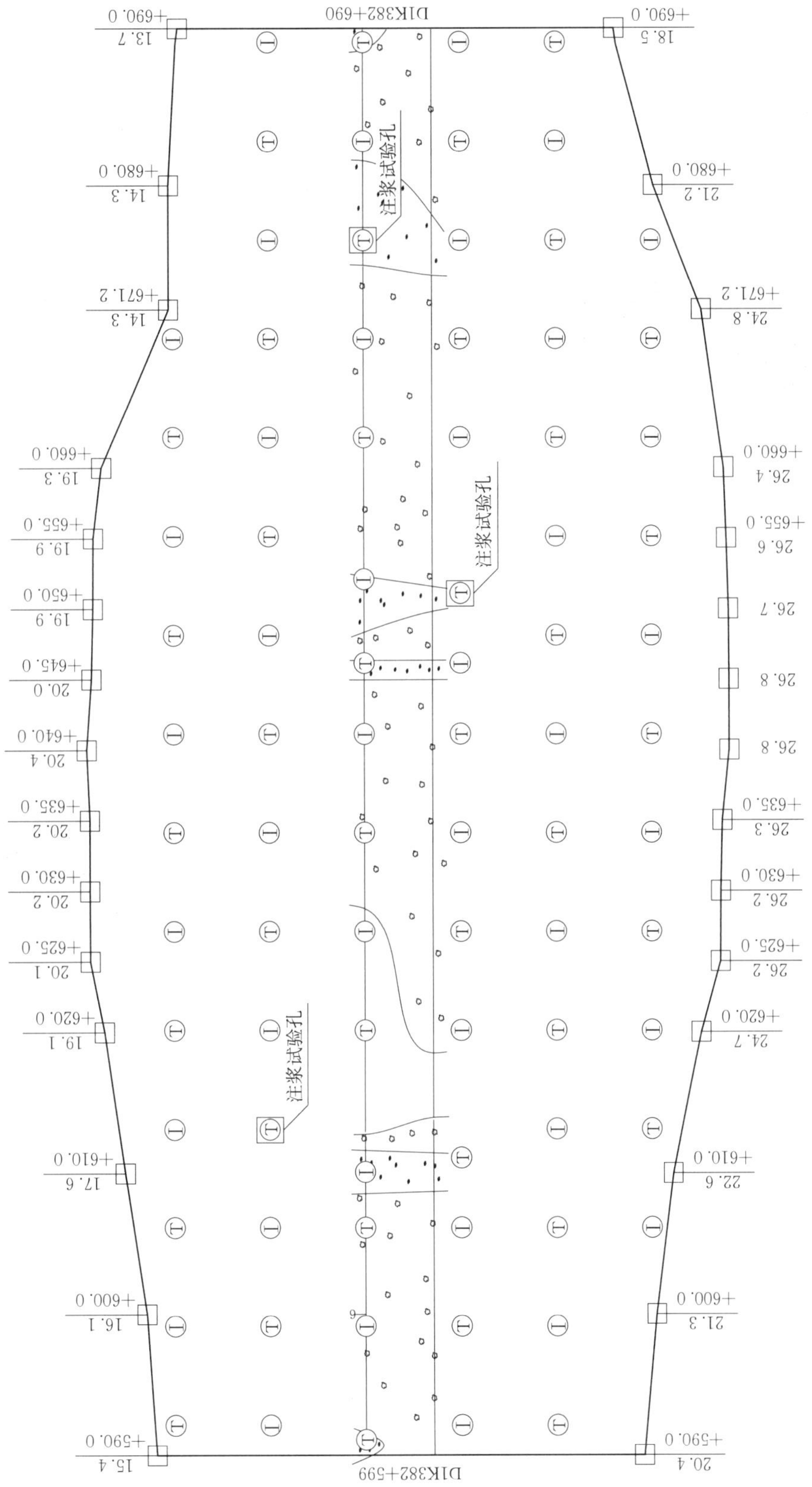

图5.55 Ⅰ序先导探灌孔工程整治平面图

①Ⅰ序先导探灌孔施工过程

注浆现场如图5.56所示。

图5.56 注浆现场

②Ⅰ序先导探灌孔施工资料评价及塌陷亚区判定

根据岩溶“探灌结合，过程控制”施工原则，该段在Ⅰ序整治完成后，结合Ⅰ序先导探灌孔工程施工资料，对该段岩溶塌陷程度进行岩溶塌陷亚区加深评价。塌陷亚区平面分区如图5.57所示，从塌陷亚区分区图可以看出该段路基岩溶主要分为易塌陷亚区和不易塌陷亚区。

③Ⅱ序孔施工

根据岩溶塌陷亚区评判结果，对易塌陷亚区（B区）实施Ⅱ序注浆孔治理。一般情况，Ⅱ序孔在Ⅰ序孔（含先导孔）正方形中心内插加密，当Ⅰ序先导探灌孔揭示溶洞密集发育时，对应位置应布置Ⅱ序孔。对不易塌陷亚区（C区）不再进行后续岩溶整治。

④施工完成后检测

施工结束后，按相关规范要求自检并提请第三方检测单位进行综合质量检测与验证分析评价，检测合格后进行后续工作。

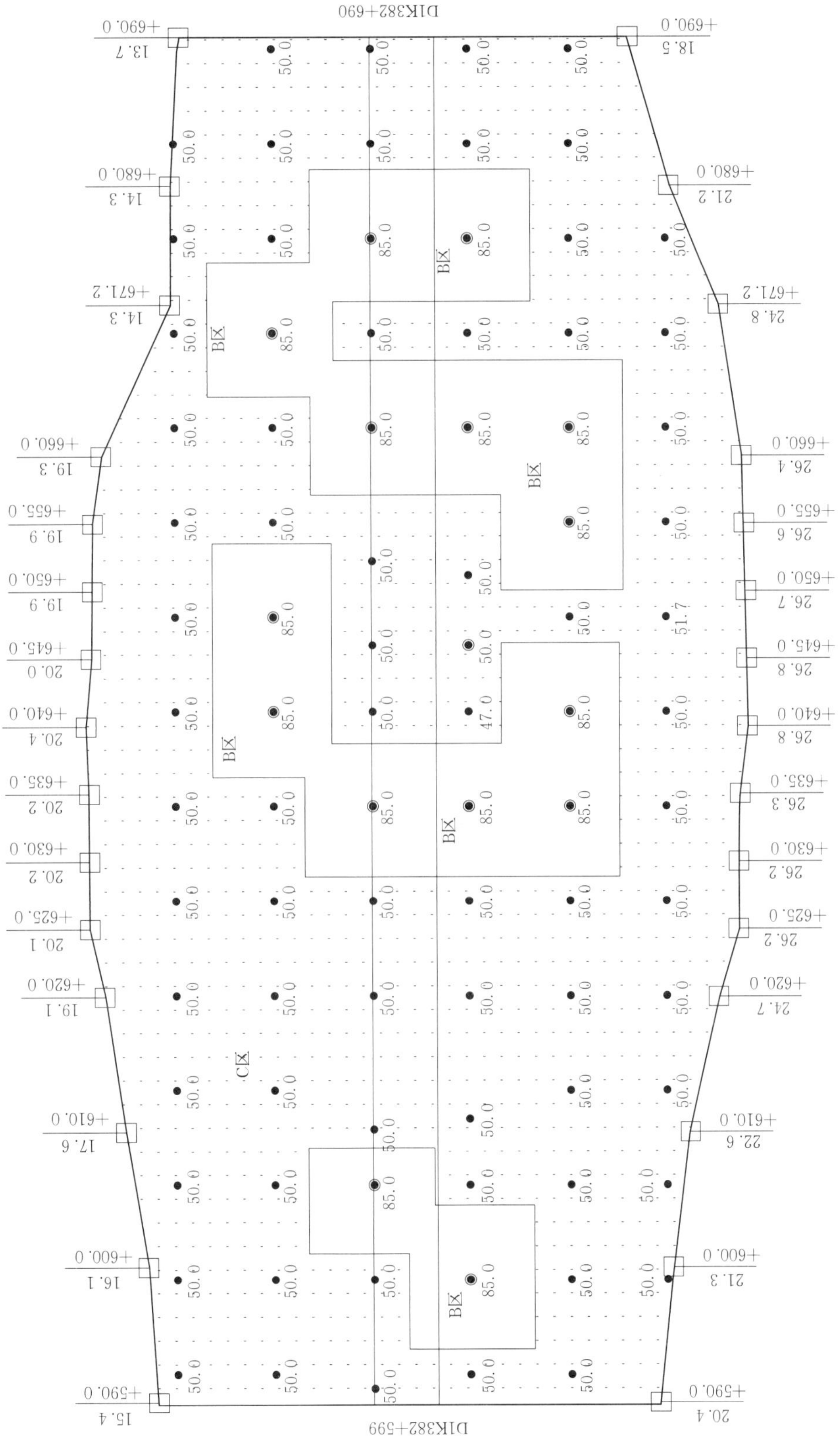

图5.57 岩溶塌陷亚区平面分区图

5.6 陡坡落石工程整治

5.6.1 陡坡落石运动轨迹及冲击力计算

1. 陡坡落石运动轨迹分析

危岩落石的运动轨迹复杂，运用现场抛石试验需要花费大量的时间及人力、物力，而由于资料较粗略，运用经验性分析也不能较确切地反映落石运动特征。中铁二院研发了Rockfall落石运动模拟软件，利用该模拟软件，对落石进行运动轨迹及可能落点范围的模拟分析，考虑岩块的几何形状、大小和密度、初始运动方式、坡面几何形态、坡面粗糙度、坡面滑动和滚动摩擦系数、法向和切向阻尼系数等基本输入参数及其不确定性特征，模拟得出落石的冲击动能、弹跳高度、运动轨迹及其统计结果，如图5.58所示。

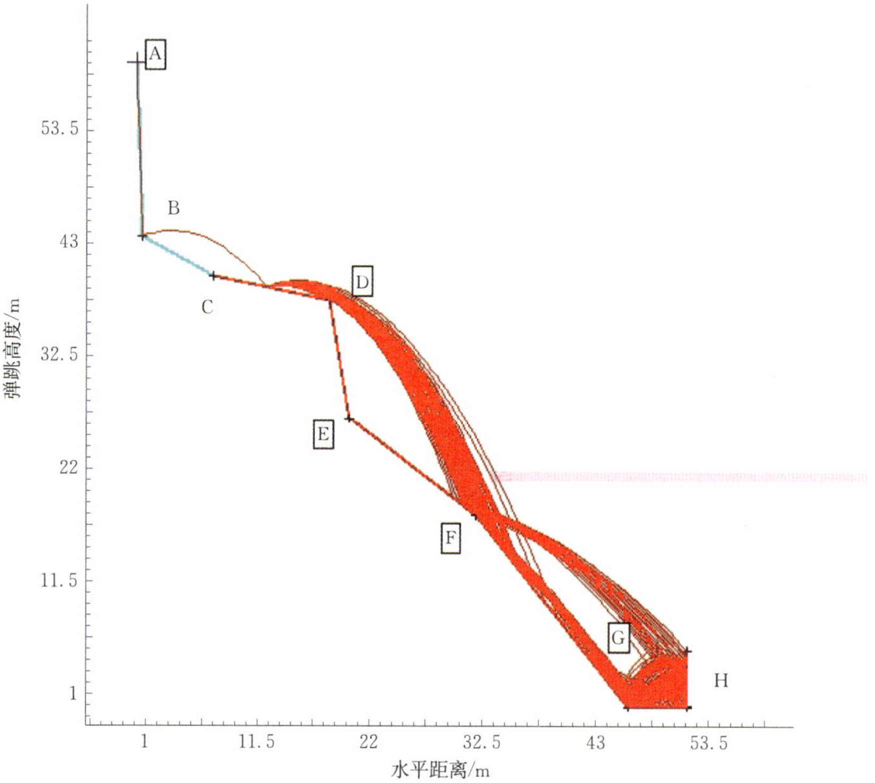

图5.58 Rockfall软件计算情况

在Rockfall软件模拟过程中，遵循如下几点规律：

(1)当坡面由陡变缓时，滚动或滑动运动模式不变，但在过渡点会发生由运动方向改变引起的速度减小，在这里不考虑过渡点的阻力作用，这种考虑从最终的防护结构设计来看是偏于保守的。

(2)当坡面由缓变陡时，以滚动或滑动模式运动的落石将改变为弹跳运动模式。

(3)当坡面法向阻尼系数较大而使落石不能继续弹跳行进时(法向计算速度为零或负

值),以弹跳模式运动的落石将转化为滚动或滑动模式。

2. 陡坡落石冲击力计算

利用 PFC3D 软件,运用颗粒流法,针对不同坡度、坡面及高度条件下,各种落石(不同形状、大小、重量)在自然条件下颗粒介质的运动及其冲击效应进行模拟,进而获取落石的运动速度、位移等运动学参数,如图 5.59 所示。

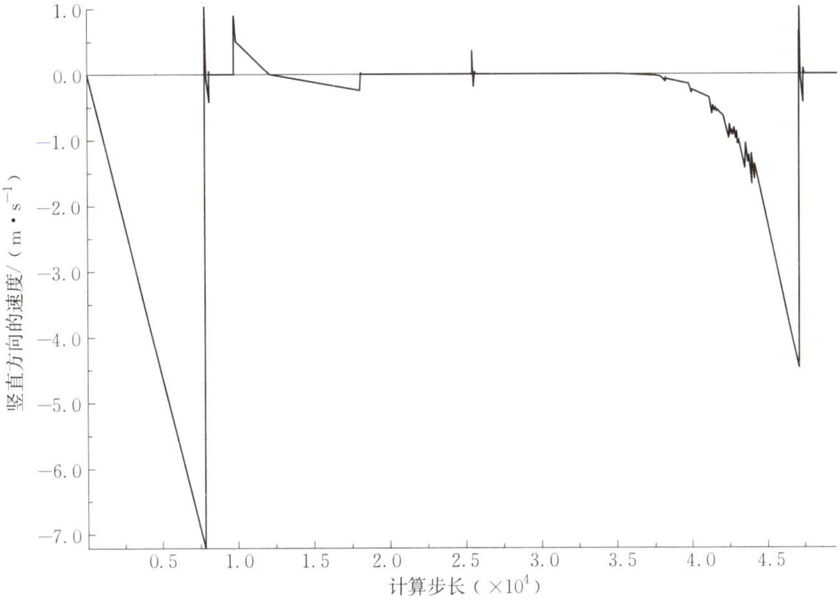

图 5.59 落石下落速度变化趋势图

落石灾害的可视化模型主要包括物理模型、本构模型两个方面。物理模型是对落石灾害所涉及的物理对象进行模型化,包括坡面模型和落石岩块模型。本构模型主要是描述落石灾害所包含的物理对象之间的相互作用关系,即落石内部各部分之间的相互作用和落石与坡面之间的相互作用的规律;落石灾害中所涉及的本构模型主要是接触本构模型。

基于颗粒流软件 PFC3D 平台建立的落石灾害分析方法,对某一坡面上的落石运动过程进行模拟。模拟过程中考虑落石受到的重力、落石与坡面的摩擦和碰撞力。研究落石冲击作用时,采用 PFC3D 中的 wall 单元来模拟坡体和拦石墙、隧道洞门等结构,用 ball 单元小球分层组成近似立方体或球形落石,即可根据落石速度变化、最大速度等分析对结构的冲击作用。

5.6.2 陡坡落石工程整治措施

1. 危岩落石灾害防治技术体系

危岩落石灾害具有影响因素复杂、爆发难以预测、致灾随机性强的特点。出于不同的防治目标提出了种类繁多的防治技术,且基本形成了完整的防治技术体系,如图 5.60 所示。

在实际工程中主动防护需要找出所有可能崩落的危岩点,并进行系统治理,通常适用于大型、勘察明确的危岩体治理。被动防护系统则对危岩崩落后落石运动特征预测要求较高,落石运动特性分析结果是被动防护的依据和基础,在可靠预测落石威胁范围、弹跳高度、动能的基础上,防治效果较彻底。主动和被动防护各有优缺点。实际上大型岩落石仅通过被

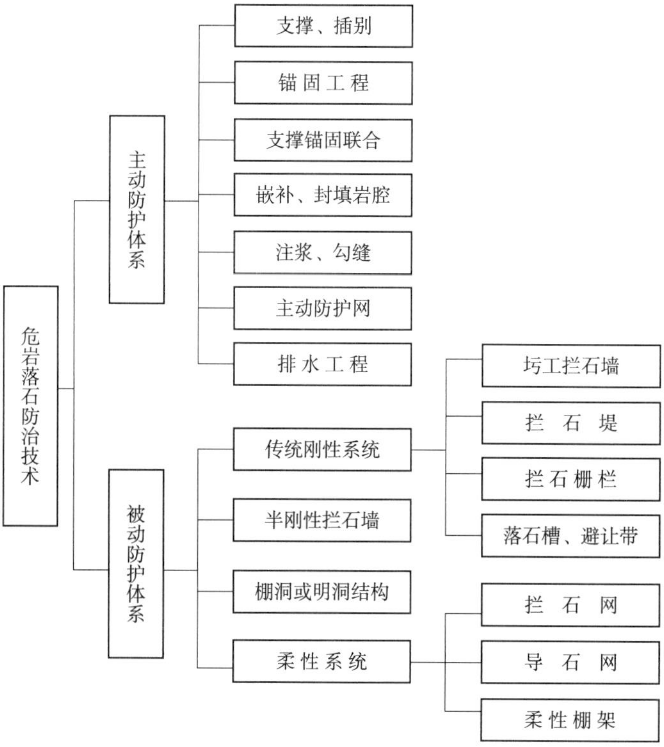

图 5.60 危岩落石灾害防治技术体系

动防护治理通常是不经济的，防护能力也有限制，如大的山崩、大体积落石崩落等；而主动防护通常也不可能治理所有可能的崩落危岩，存在漏勘漏治的可能，对保护对象而言，由于落石运动速度通常较大，小块落石的威胁通常也是难以接受的。所以通常需要将主动和被动防护系统结合使用，可以起到理想的防治效果，如图 5.61 所示。

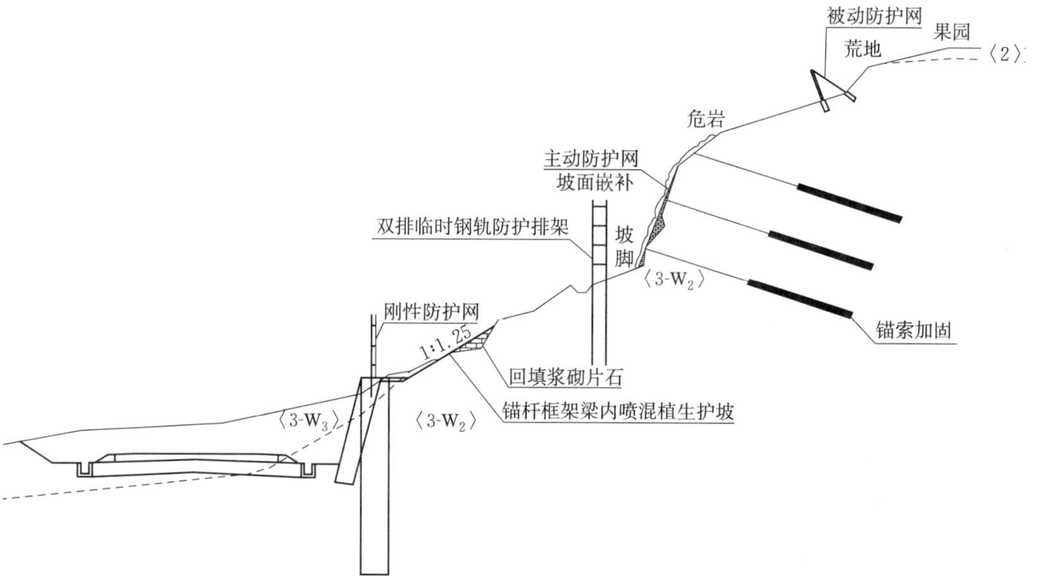

图 5.61 危岩落石影响地段的路基防护设计图

主动防护技术包括对单个危岩体进行支撑、锚固、填充勾缝、嵌补、注浆、封填、主动防护网、清除、排水等，以及以上各种技术措施的综合利用。其适用于危岩体个数、分布和范围均已确定的情形，以及大型危岩、崩塌体的治理。

被动防护体系防治理念在于发生落石后进行有效拦截，保护被威胁对象使其不致产生危害。主要包括圬工拦石墙、拦石堤、钢轨栅栏、落石槽、柔性被动防护网等。其中，圬工拦石墙或钢轨栅栏，是我国过去崩塌落石防护的主要拦截结构。圬工拦石墙由于其结构抗剪能力较弱，要防护高动能落石，则必须加大墙体尺寸。此外作为重力式结构物，基础宽大，自身的稳定性要求高，设墙地带边坡必须较缓，而较大的开挖和自身的重量可能危及边坡的稳定。同时圬工量大，工程费高，需要将大批砂石、水送上陡峻山坡，劳动强度大。钢轨栅栏基本上克服了拦石堤的缺点，故逐渐采用钢轨栅代替了拦石墙（堤）。但是，当落石太大时（超过 2 m^3），因钢轨栅栏的强度不够，虽能把落石拦住，却常把栅栏立柱和横杆打断、打弯或倾倒。20 世纪 90 年代以后，钢轨栅栏又逐渐被柔性被动防护网取代。

2. 新型柔性格栅网研究

目前在我国高速铁路危岩落石防治技术体系中，低能级防护网的功能定位主要是防治边坡零星掉块、土质小溜坍、小型异物入侵等，落石能级基本处于 100 kJ 以下。国内目前主要的钢轨栅栏和刚性防护网（图 5.62），存在防护能力不明确、耐久性不足、外观不美观、与景观协调性差等问题。

（a）成昆线钢轨栅栏

（b）武广线刚性防护网

图 5.62　国内传统低能级防护网

新型柔性格栅网主要由基础、钢柱（包括端部钢柱和中间钢柱）、钢索、格栅网及消能装置等部分组成。新型柔性格栅网结构在材料用量不大的情况下防护能级有较大提高，且综合考虑了耐久性能、后期维修管理以及外形美观等因素，如图 5.63 所示。

柔性格栅网可以设置在挡墙顶部，直接采用挡墙作为基础，也可以采用独立基础设置在土质、岩质地基上。基础具体尺寸根据实际情况计算；钢柱分为中柱和端柱，中柱为 H 型钢，端柱为矩形钢管，截面尺寸根据防护能量要求确定，所采用的钢材需符合国家标准，且强度满足设计要求；为增强端柱的抗弯能力，在端柱上设置槽钢斜撑，截面尺寸根据防护能量要求确定；钢索采用 3×7 股的高强度钢索，钢索间距一般可为 300 mm，可根据实际落石情况进行调整，钢索预应力一般可取 5 kN；为进一步提高系统的抗冲击能力，可在钢索端部附近增设消能装置，分摩擦型消能器或弹簧型消能器两种类型；为减少结构的材料用量，刚性防护网的立柱间距可适当增大(如 3～4 m)，当落石尺寸小能量大时，上下钢索可能被滚石挤压变形后穿过，可增设间距保持板材；格栅网采用双绞六边形钢丝网，网孔为 50 mm×60 mm。

图 5.63 柔性格栅网

防护栅产品的防护高度范围从 1.5 m 到 6.0 m，每级产品的高差为 500 mm，形成系列化产品，便于工程选择和应用；每段防护栅产品的长度范围一般为 30～60 m，为了更好地发挥钢索的柔性，在平坦的地方绳可以尽量拉长(最长可达 80 m)。

刚性防护网的各种部件的连接均应简单、有效，钢索与端部钢柱之间采用连接索具连接；钢索与中间钢柱和间距保持板材采用 U 形螺栓连接；钢丝网与钢索采用 $\phi3.0$ 缝合线圈连接。当防护网纵向长度较大时，为方便清理网后堆积的落石，可间隔一定距离设置落石清除口。各部件之间的连接方式和落石清除口结构的设置大大方便了后期的维修管理。

钢柱、斜撑、钢索、连接件等采用热浸镀锌防腐。格栅网的钢丝直径较小，锈蚀后更加容易丧失防护性能，为了加大其防腐年限，采取了镀锌—5%铝—混合稀土合金镀层的方式(也称为镀高尔凡)，整体结构的耐久性较好。

5.6.3 陡坡落石安全监测

1. 监测系统技术需求

山区铁路越来越多，车速越来越高，危岩落石监测预警系统需要在全天候、全气象条件下对各种类型的落石灾害迅速发出报警，并通过主动实时视频的方式向相关值班人员提供完整的报警信息，由值班员根据现场情况及时处置报警。如果系统发生漏报，会直接危及行车安全；如果发生误报，又会导致铁路资源不能高效分配，因此极低的漏报率和误报率是系统在检测技术上的最大挑战。

课题提出采用常用传统监测技术、信息融合监测技术和光纤光栅技术相结合的方法进行监测，更有效地进行监测预警，降低落石危害。

2. 传统监测技术

目前常用的监测方法有视频分析方法、红外激光轨面扫描成像方法，其特点可以概况如下：

(1)视频分析方法。此技术路线是目前视频监控领域较为流行的视频内容分析技术的延伸，通过对防洪点现场的视频图像进行分析来发现行车界限内的异物。此方法的优点是系统造价相对低廉，但是在恶劣天气下和夜间无法有效工作，同时还受到周边环境的影响，存在严重的误报。

(2)红外激光轨面扫描成像方法。此方法使用红外激光发射、探测和成像器材对轨面安全高度进行扫描,通过三角测量方法或飞行时间测距方法发现超过安全高度的异物截面轮廓。此方法在夜间和恶劣天气下能够有效工作,但仍然会受到杂物、飞鸟和动物的干扰,且无法有效检测落石撞击导致轨枕损伤和穿过行车界限的障碍目标。

3. 信息融合监测技术

视频分析方法和轨面扫描成像方法都基于危岩落石目标的外部形态及运动特征,光纤光栅振动探测方法则是基于崩塌落石产生的振动信号特征。在发生落石时,这两类特征或强或弱都会出现,且有着很高的时空域相关性,即会在较短时间间隔内和较近的空间范围内发生;同时,主要的误报因素中,这两类特征基本不会同时同地出现。比如:落在轨枕上的大型飞鸟,其外形和运动特征与崩塌落石相符,但不具备振动特征。这启发我们采用基于多信息融合的检测方法,来大幅度同时降低漏报率和误报率,提高检测的有效性。为此,采用了红外激光轨面扫描成像检测和非接触式振动波信号检测相融合的技术体系。

信息融合是一种多层次的、多方面的处理过程,这个过程是对多源数据进行检测、结合、相关、估计和组合以达到精确的状态估计和身份估计,以及完整、及时的态势评估和威胁估计。按照这一定义,多传感器系统是信息融合的硬件基础,多源信息是信息融合的加工对象,协调优化和综合处理是信息融合的核心。

信息融合作为一种信息综合和处理技术,实际上是许多传统学科和新技术的集成和应用。为了进行信息融合,所采用的信息表示及处理方法均来自这些领域,融合的基本功能是相关、估计和识别,重点是估计和识别。

4. 光纤光栅监测技术

光纤光栅监测系统由危险源捕捉分系统、信号传输分系统、光纤光栅解调分系统、数据处理分系统、外围分系统组成,如图 5.64 所示。

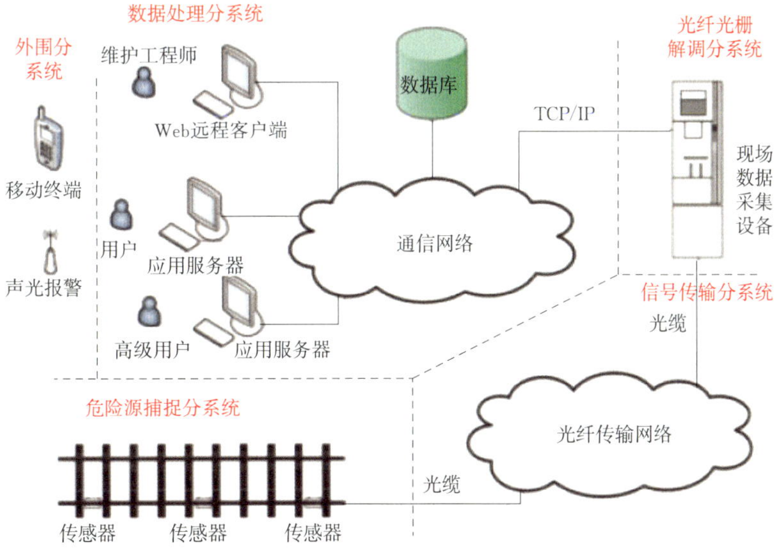

图 5.64 光纤光栅落石监测报警系统架构

(1)危险源捕捉分系统。主要由光纤光栅振动传感器、信号传输光路组成,采集钢轨上面的各种振动信号,并将振动信号转变成光波长变化信号。

(2)信号传输分系统。由光纤光缆组成,将采集的光波长变化信号传输给采集设备,为数据处理做准备。

(3)光纤光栅解调分系统。将传感器发来的光波长变化信号转换成电信号,通过 TCP/IP 网络传给数据处理分系统。

(4)数据处理分系统。由数据库及应用服务器组成,对光纤光栅解调分系统发送的信号进行处理和分析,经过算法分析后决定是否报警。

(5)外围分系统。由各种报警器和报警模块组成,通过声光信号、手机等设备发出报警信号。

6 桥梁工程技术

艰险地区地形险峻、地质复杂、交通不便、施工场地狭窄，给艰险地区高速铁路桥梁设计带来了巨大挑战。本章主要针对我国艰险地区高速铁路桥梁刚度控制标准、桥墩抗震弹性验算与延性验算分界、桥墩位移延性细分与损伤级别评判、延性抗剪设计和桥梁减隔震设计方法、厚壁空心混凝土结构温度场和徐变、桥墩泥石流冲击力计算等难题及近些年取得的创新研究成果进行阐述，所述研究成果为艰险地区高速铁路桥梁建造提供了重要的技术支撑。

6.1 艰险地区高速铁路桥位、桥式方案选择

6.1.1 艰险地区高速铁路桥梁特点

艰险地区地形起伏大、交通不便、施工场地狭窄，且地质复杂、还常常伴随高烈度地震风险。高速铁路高度依赖线下工程的稳定性、可靠性。山区河流流量、水位受季节雨量影响很大，水位暴涨暴跌，对桥梁岸坡稳定影响较大。因此，高速铁路桥梁设计必须充分考虑山区的地形、地质、水文、交通运输条件，重视抗震设计和灾害防治，充分论证桥式桥跨方案，制定合理的施工方案和灾害防治措施。

我国高速铁路桥梁常以预制架设的标准跨度简支梁为主要结构形式，可以实现快速施工，且质量易于控制。但在艰险地区，往往桥隧相连，梁场选址难度也较大，当预制梁运、架困难时，需结合地形条件选用悬灌连续梁、支架现浇梁，条件许可时也可采用移动模架现浇梁和节段拼装梁。跨越山区深沟峡谷、既有高等级公路和铁路以及山区河流时，常采用大跨PC梁或钢梁桥、拱桥、斜拉桥等大跨桥梁结构。受山区运输条件、场地条件限制，大型桥梁通常只能采用化整为零分块浇筑或现场拼装的施工方法。

山区河流两岸地势较陡，水流流速较大，通常边滩很窄甚至没有边滩，水运条件一般很差。如长江在宜昌以上河段仍属于典型的山区河流，所以该河段跨长江的宜万线万州长江大桥（拱桥）、渝怀线长寿长江大桥（梁桥）以及重庆附近的白沙沱长江大桥、韩家沱长江大桥、明月峡长江大桥等几座铁路斜拉桥，都有典型的山区桥梁的特点，两岸地形较陡，钢构件的运输、安装条件较差，主梁都采用了便于运输和安装的钢桁梁。明月峡长江大桥最有代表性，为了适应两岸陡峭的地形，采用了高低塔的结构形式。另外宜宾临港长江大桥是一座公铁两用的斜拉桥，四线高速铁路和六车道城市快速公路平层布置，桥面总宽63.9 m，采用了扁平钢箱梁主梁形式，主梁两端岸上部分搭设支架拼装，到达水面一定深度后再从水面提升小节段钢梁从两岸向跨中推进，仍具有典型山区桥梁的工程特点。

6.1.2 桥位选择

高速铁路桥位一般应服从线路总体走向要求，对于跨越峡谷、江河等控制线路走向的大

型复杂桥梁，应综合考虑桥梁施工组织、结构造价、相邻工程的造价和施工风险、城市规划、地质、水文、通航等控制因素选择合适的桥位。

桥位尽量避开泥石流、滑坡、岩堆、崩塌、危岩落石、采空区、深厚软土等不良地质地区。跨河桥位尽可能选择在河道顺直、岸坡稳定、河槽清晰的河段上，应避免设置在河流散流、频繁泛滥、河床摆动、支流口下游河段上；航道上桥位应选择航道稳定、水深、水流条件良好的平顺河段，避免在冲淤变化严重、流态险恶河段，桥梁尽量与航道正交，当斜交不可避免时，桥梁中线的法线与航道处河流流向间夹角不宜超过 5°；跨越高速公路、城市干道、铁路桥梁，应尽可能与被跨越道路轴线正交，尽量减小桥梁跨度；城市附近桥位应适应城市规划，满足城市交通、景观、环保、经济开发等需要。

艰险地区高速铁路跨江(河)地段的桥位选择，以及跨江(河)桥梁对线位的要求和桥梁跨径的选择，往往是选线设计中必须认真研究和严肃对待的问题，稍有疏忽或处理不当，就会出现严重的桥梁冲刷病害，给铁路运营带来极大的危害。一个合理桥位的选择，需要综合考虑众多因素的影响，比选其利弊，避重就轻，才能选择出一个经济、合理的桥位方案。

艰险地区桥梁应结合铁路线位整体走向，合理确定桥梁标高，并充分考虑相邻工程的造价及施工风险，在满足各方面条件下，尽量降低桥梁规模。位于 8、9 度地震区桥梁的桥墩高度还应考虑抗震设计需要，8 度地震区桥墩高度不宜大于 50 m，9 度地震区桥墩高度不宜大于 30 m。

重点桥梁工程通常需要经过多桥位比选，结合线位条件、相邻工程情况，以及桥位地形、地质、环境、运输等条件综合考虑后选定。如沪昆高速铁路北盘江特大桥在可研阶段按线路的大致走向延北盘江峡谷 18 km 范围选择了上、中、下三个桥位方案，分别为大坡桥位、光照桥位和板公坡桥位。桥位比选平面示意如图 6.1 所示。

上游大坡桥位峡谷敞开的尺度最小，桥梁规模最小，但是线路须通过著名的茅口灰岩典型地区，岩溶特别发育且呈现出多期次的特点，还须穿越一处年代久远的煤矿采空区，该煤区采煤历史已有数百年，难以查明矿井的具体位置和走向，工程留有隐患；下游板公坡桥位河面非常开阔，用梁式桥通过，由于受桥高控制，两端线路必须急下坡(最大 30‰)才能到达桥梁合适的标高，桥位线路标高被压低，两端隧道埋深加大并处于岩溶水平渗流带上，隧道工程风险增加。中游光照桥位位于电站水库大坝以下约 1 km，两岸地势陡峭，基岩出露，桥下有电站公路通过。综合桥梁工程的建设规模、线路条件、地质条件、运输条件及相邻隧道工程的施工风险，最终沪昆高速铁路选择在光照桥位跨越北盘江峡谷。

6.1.3 桥式方案选择

艰险地区高速铁路桥式方案优选结构简洁的方案，力求标准化，便于施工和养护维修，并具有良好的景观效果、足够的耐久性和良好的动力特性，满足高速列车安全运行和旅客乘坐舒适度的要求，结构形式的选择应考虑工期和施工组织设计等因素。高速铁路设计中常用桥型仍应普遍采用梁式桥，在特殊地形地貌条件下也可采用拱桥、斜拉桥等桥式，考虑到高速行车对桥梁刚度的要求及铺设无砟轨道的要求，原则上不考虑悬索桥。

高速铁路上普遍采用的梁式桥包含预应力混凝土简支箱梁桥、预应力混凝土连续梁或连续刚构桥等，拱式桥有上承式拱桥、简支系杆拱桥、中承式系杆拱桥等。

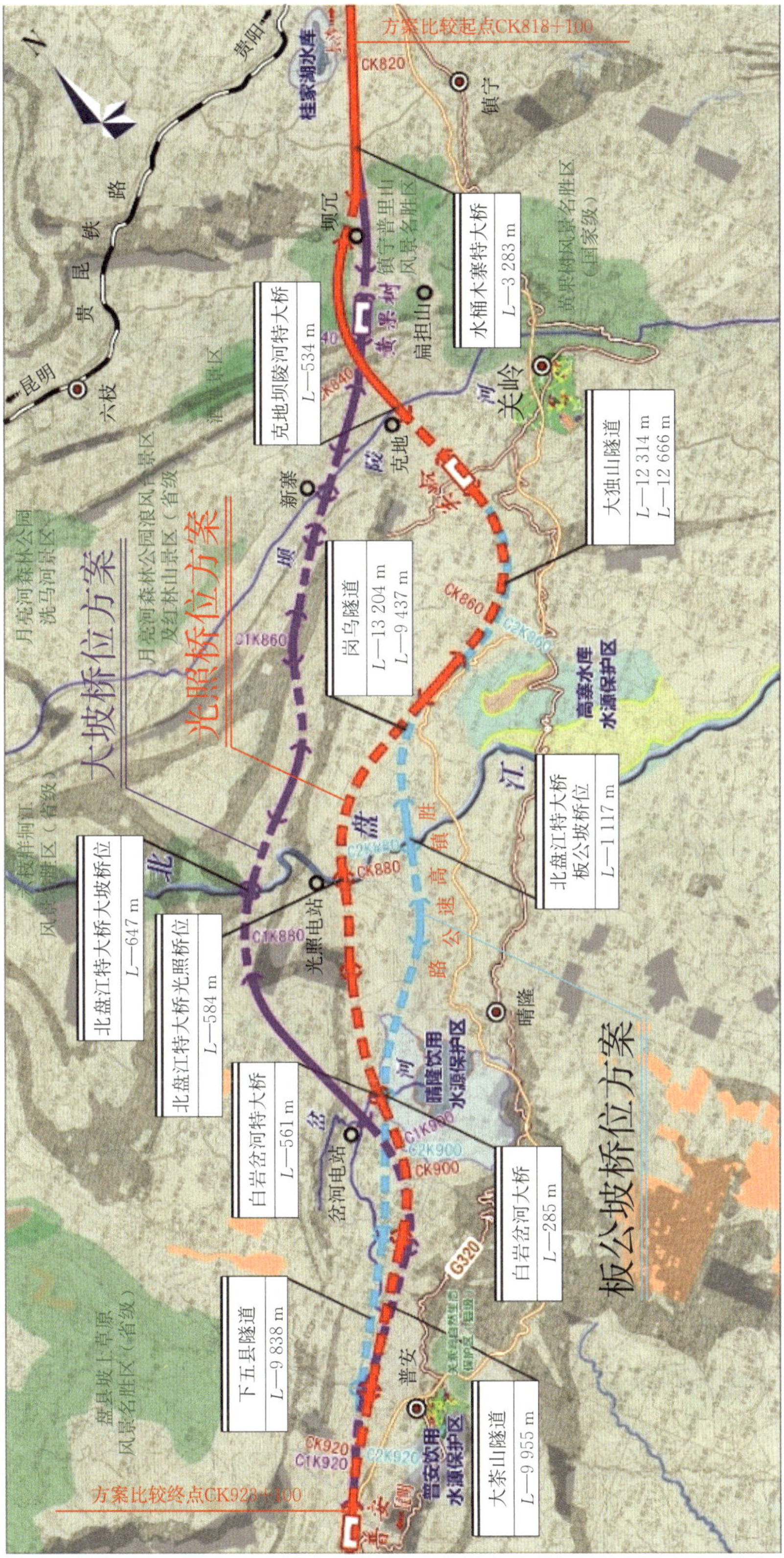

图6.1 桥位比选平面示意图

1. 简支梁桥

以孔为单元,相邻桥孔各自单独受力,属静定结构,适用于中小跨度。它的优点是结构简单,最易设计成各种标准跨径的装配式构件,预制架设方便,造价较低,可缩短桥路建设工期;缺点是受结构、材料的影响,不能做到大跨径,桥墩很多,相邻两跨之间存在转角,影响行车平顺。

2. 预应力连续梁或连续刚构桥

优点是跨越能力大,施工难度小,行车平顺,养护简便;缺点是造价较简支梁桥高,施工周期较长,一般用于桥下有公路、铁路、航道等需要大跨跨越的地方。

3. 拱　桥

优点:具有较大的跨越能力,能充分发挥圬工及其他抗压材料的性能;构造较简单,受力明确简洁;耐久性好,维护费用较低;形式多样、外形美观。缺点:有水平推力的拱桥,对地基基础要求较高,多孔连续拱桥互相影响;跨径较大时,自重较大,对施工工艺等要求较高;建筑高度较高,对稳定不利,施工工期较长。

4. 斜拉桥

优点是桥型美观,梁体尺寸较小,跨越能力较大,受桥下净空和桥面标高的限制少,便于悬臂施工等。不足之处是,它是多次超静定结构,设计计算复杂,索与梁或塔的连接构造比较复杂,施工中高处作业较多,且施工控制等技术要求严格。

艰险地区高速铁路跨河桥梁墩台或顺江(河)地段的桥梁墩台位置一般宜设置在受洪水影响较小、流速较低的河滩或河岸附近,不宜设置在水流速度较大的主流处或河道凹岸处。

艰险地区地形起伏大,常需采用长联大跨梁式桥、大跨度拱桥或大跨度斜拉桥跨越深沟峡谷。受高速铁路无砟轨道温度联长控制,常要求桥梁温度联长控制在 200 m 以下,联长超过 200 m 常需研究设置钢轨伸缩调节器,设置钢轨伸缩调节器的桥梁,要求桥上线路为直线,尽量采用平坡,如无法设置平坡,则坡度需控制在 6‰以下。线路变坡点一般要求尽量避开大跨度桥梁,选择在普通简支梁或路基和隧道段落进行设置。因此艰险地区长联大跨度桥梁方案的选择应充分考虑轨道温度联长及桥上线路条件的影响。

6.2　艰险地区桥涵水文调查

在艰险地区高速铁路勘测设计阶段,做好桥涵水文调查勘测工作,对确保高速铁路后期运营安全、减小高速铁路线桥设备运营维护费用极其重要。桥涵水文勘测的目的是使建成后的铁路运营线路能防御设计标准的洪水,满足防洪、通航、水利、环保等方面的要求。

艰险地区高速铁路跨江、跨河桥梁和顺江、顺河线路的水文调查勘测资料收集,往往面临着人烟稀少、难以调查等困难,需要加大河段的水文调查勘测范围,注重收集桥位上、下游附近河段的一些水文站、水位站、既有水利工程设施的相关水文资料,才能合理分析、推算出工程河段的设计流量、水位和流速资料。

针对艰险地区铁路行经地区所穿越的河流水系,还应特别注重调查收集完善各水系的分区范围、河流发源地和流经地区情况,以及河段的地形、地貌特征,河流长度和比降,降雨情况,洪水特征等资料,以便提高设计人员对铁路沿线河流的洪水来源、洪水成因、洪水规模,以及洪水危害程度等方面的认识,提高水文勘测计算成果的精度。

我国西南地区多高山、高原，地势起伏大，坡陡，水流急，水系发育，河网密度较大，地貌类型多，各地下垫面状况差异很大；气候湿润，雨量充沛，径流补给类别和径流组成十分复杂。山区水文观测站点少，观测资料系列短，且代表性也不强，人们对这些地区的水文特性认识尚不充分，应重点加强水文调查工作。

艰险地区河流洪水变化无常，水流速度快，冲刷能力强；加之复杂的地形、地质条件，集水面积、植被覆盖率、土壤、地形比降等的不同，洪水过程也不相同，往往使高速铁路选线和桥跨布置受到很大的制约。在艰险地区高速铁路勘测设计阶段，做好桥涵水文调查勘测工作，对确保高速铁路后期运营安全、减小高速铁路线桥设备运营维护工作极其重要。

铁路桥涵水文勘测可分为新建铁路桥涵水文勘测和改建铁路桥涵水文勘测。改建铁路桥涵水文勘测与新建铁路桥涵水文勘测的流程和内容大致相同，只是改建铁路桥涵水文勘测需要增加对既有铁路线桥设备历史水害和排洪效能资料的收集或水文分析计算工作。

6.2.1 水文资料收集

水文资料的收集应做好调查研究，并鉴别其可靠性；收集的水文和水力计算成果资料应与当地的具体条件和地区水文特征进行分析校对。通过外业调查、测绘和向地方收集获得的原始水文数据是推求设计洪水的基础，是决定水文成果精度的关键，因此必须高度重视该项工作。

水文资料的调勘必须深入现场，做好调查研究，除向水文站和水利行政主管部门收集水文资料外，还应向公路、航运、城建、林业和大中型工矿企业等单位广泛收集，对收集到的水文资料，应按以下要求认真鉴别其可靠性：

(1)鉴别的重点应放在对设计洪水影响较大的大洪水年份资料上。收集的较大几场历史洪水资料，要从流域今昔的植被、垦荒情况，暴雨大小以及水流流向等方面进行分析论证。

(2)对水文站的观测资料，应注意了解因水尺位置、零点高程、水准基面的变动，以及浮标系统选用不当引起的系统差值或误差的影响；必要时可通过上下游水文站、干(支)流水文站的水量平衡分析比对来进行鉴别；若发现问题时，应向有关部门落实后修正。

(3)对战争或动乱年代的观测资料，应仔细分析，必要时进行实地调查验证。

(4)对外业调查的历史洪水资料，应采用可靠和较可靠的数据。年代久远、精度不高的资料，在洪水频率计算时也可适当考虑，但只作参考。

由于艰险地区人烟稀少，高速铁路附近往往难以调查到可靠的历史洪水资料，必须加大河段的水文调查勘测范围，尤其是要尽可能多地收集工程河段上、下游附近的一些水文站、水位站、既有水利工程设施的相关水文资料，开展较长河段的桥涵水文调查勘测工作，认真鉴别收集的水文数据和洪水调查资料的可靠度，合理分析、推算出工程河段的设计流量、水位和流速资料供铁路标高确定和桥路工程设计使用。

调查了解清楚工程河段的历史高水位、多年平均洪水位、常水位及枯水位等资料。做好工程河段的河道及地貌情况调查，以及与洪水排泄有关的既有桥涵、水库、闸坝、灌溉渠等既有工程的调查。河道及流域情况调查要详尽了解河段水流情况，滩槽的地质和地貌情况、地表形态、植被情况、土类等级等，为选择糙率提供依据。了解漂浮物种类、大小及堵塞情况，死水、回流区的大小、大河倒灌影响及今昔变化等情况，为桥涵设计的水文计算提供完善的基础资料。另外尚须了解河段纵横冲淤变化，人类活动对河道的影响，上下游有无改河、改道、新建水库、水坝、引水建筑物等资料。流域内植被、土质、水土流失情况以及历史上的变迁、流域内有无沼泽、洼地、闭流区和岩溶，这些资料对设计流量计算有很大的影响，必须认真调查掌握。

6.2.2 水文勘测

对于新建铁路，应收集、分析沿线水文资料，初步评价线路各方案水文条件；调查了解线路可能通过地区的水文、水陆交通、水利设施、地形和地质特征，以及重点工程与控制性工程的分布；利用既有水文资料，初步分析其水文条件及其对工程设置的影响；对影响线路走向的水文条件复杂地区的控制性工程，必要时进行现场踏勘，进行水文条件评价，并提出下阶段工作内容及要求。

对于改建铁路，要重视收集铁路工务和防洪部门对既有桥涵、路基工程的重大水害记录资料，提出对既有铁路重大水害工程的利用、加固或改建意见；在增建第二线铁路时，应充分考虑既有铁路的重大水害情况，提出选择增建第二线铁路侧向及线间距的意见。

水文勘测工作包括铁路沿线的水文、气象资料收集，沿江、沿河水文勘测，桥渡水文勘测和小流域水文勘测等内容。

沿江、沿河水文勘测的目的是推求出沿江、沿河设计洪水位高程，为确定沿江、沿河铁路的线路高程和路堤防护高程提供可靠的水文数据。

大中桥水文勘测的目的是收集桥渡设计所需的水文资料，为确定跨河线路高程、桥渡孔跨式样和基础埋置深度提供必要的水文资料。

小桥涵水文勘测的目的是确定沿线各个小桥涵的设计流量，作为小桥涵定位和孔径式样选择的依据。

1. 沿江、沿河水文勘测

沿江、沿河水文勘测应在充分收集沿江、沿河段落的水文（水位）观测站和历史大洪水资料基础上，进行细致的沿江、沿河洪水调查，水位及断面测绘等形态勘测工作。

基于洪水调查的水文形态勘测法已成为铁路系统推算大江、大河设计洪水的重要方法，是一项比较复杂而细致的工作。水文形态调查工作主要包括历史高水位，多年平均洪水位，常水位及枯水位，河道及地貌情况，以及与洪水排泄有关的既有桥涵、水库、闸坝及灌溉沟渠等各项因素的调查。

历史洪水位的调查一般应在沿河两岸，最好是在稳定顺直河段，无汇、分、壅、回流段的村庄进行，若桥位附近无村庄，则在上、下游稍远的村庄也可以。河弯处要注意两岸水位的横向高差（凹岸有超高，凸岸偏低），要避开河床剧烈变化处及两河交汇处，这些地方水位往往不准。对年代久远的历史洪水调查应访问那些居住久、记忆清、见识广的老居民，近年的洪水则以访问年轻人为主。洪水发生的年代，一般可联系当地群众生活上印象较深的事件进行，如年龄、属相、婚姻、生育、死亡、搬家、外出、庙会及庄稼收成好坏等事件，或结合历史上曾发生的重大事件，尤其是当地居民生命财产曾遭受重大损失时，他们的记忆就更清楚。对于省、县志，民谚，碑文，壁字，账本及日记等应多加注意，有时可以从中获得有关洪水的历史资料。

无人烟地区洪水痕迹调查可根据洪水遗留的痕迹寻找近年较高的洪水位，但要注意泥沙、杂草等洪水冲积物引起的高低偏差。

洪痕辨认主要是考证洪痕标志是否移动，例如庙宇、房屋墙基、道路、码头有没有变动、重建等情况。历史洪水大小可根据洪水淹没深度、建筑物破坏程度、一些诗文和叙事、受灾范围、河流决口和漫溢的上下游位置来判断。

沿江、沿河水文勘测成果资料的主要内容包括：

(1)核对流量计算及流域特性分析的“流域平面图”。

(2)标注洪水位点和水文断面的平面位置、显示河段附近地物地貌情况，以及河流与铁路关系的“水文平面关系图”。

(3)计算流量、水位、流速及间接推求流量、水位、流速的“水文断面图”。

(4)按照水力学公式计算设计洪水位和还原历史调查洪水水面线，以及绘制测时水面坡的“水面坡度图”。

(5)洪水调查表和外业测量记录，以及内业分析计算等勘测成果报告。

2. 大中桥水文勘测

跨越较大河流的桥渡工点，其桥渡水文勘测的方法和内容同沿江、沿河水文勘测，河段的调查、勘测范围可根据推算桥渡水文设计资料的需要确定。

跨越流量较小的溪沟或设计洪水中无桥墩阻水的桥渡工点，其设计水文资料的勘测工作可简化进行；设计流量可通过圈绘集水面积，采用铁路或地方部门的小流域洪水流量计算公式来计算取得，通过实测溪沟的水文断面和沟道纵坡资料来推算桥渡工点的设计水文成果。

3. 小桥涵水文勘测

铁路系统常用的小桥涵设计流量计算方法有“铁一院法”“铁二院法”“铁三院法”和“铁四院法”，不同的小流域设计洪水计算方法适用于我国的不同地区。“铁二院法”更适应我国西南艰险地区小流域洪水计算。

从径流形成过程看，影响洪水径流的因素主要有气候因素、下垫面因素及水利化因素三大类。目前采用的小流域设计流量计算方法均根据当地的气候、地形、地貌及地质等特性加以一定程度的概化，而同一气候条件下的小流域，由于汇水区的地理位置不同、汇水面积大小和形状不同、地形不同、土壤和植被不同，以及汇水区内水利化因素等下垫面条件不同，其设计流量计算结果不一定符合实际情况。因此，在实际工程应用中，有必要结合现场具体情况加以验证，根据验证情况调整影响设计流量计算精度的下垫面参数取值。小流域设计流量计算公式验证的方法一般采用洪水调查的形态勘测法。

6.2.3 水文勘测注意事项

(1)调查收集完善高速铁路跨越河流的不同河段的现状及规划通航等级，铁路工程附近河段的既有及规划跨河公铁桥梁或其他跨河建筑物的跨径情况，跨河建筑物的结构形式和阻水结构尺寸等情况，铁路工程跨越河段的河流平面形态，现状及规划航迹线平面位置，通航水位及水流流速等资料。跨越通航河段的跨河桥梁，其跨度、墩位及基础埋深应取得航道主管部门的通航论证批复意见和海事安全评估批复意见。

(2)调查收集完善各河流不同河段的现状及规划水库、拦河大坝、码头、防洪堤坝等水工建筑物位置、等级、结构形式、设计流量、设计水位、设计流速等资料；尤其是要向相关行政主管部门充分了解既有及规划水工建筑物对桥位选择的要求，桥梁墩位及基础埋深应充分征求相关部门的意见。需要进行行洪论证的跨河桥梁，应取得河道主管部门的行洪论证批复意见。

(3)艰险地区高速铁路行经新建(扩容)或规划拦河水库库区段的线位选择，应特别注意库岸地形和地质资料的收集工作，准确评估水库蓄水后的坍岸范围，以便合理确定铁路线位或采取有效措施避免水库蓄水后库区坍岸对铁路工程的影响。

(4)艰险地区高速铁路跨越山前河流的桥梁，由于多数山前河流的河道中富存较好的砂卵石建材，在这类河道中常常存在人为挖沙取石破坏河床结构的现象；在铁路勘测设计中应特别重视这类河道是否存在人为挖沙取石现象的调查，收集完善桥位附近河床质的粒径组成、河道的平面形态、河床纵坡，以及相关水文资料。对存在挖沙取石现象的河道，加大桥位下游河段的河道平面形态、河床纵坡、河床质粒径组成以及拦河坝等水工建筑物资料的收集非常重要，以便在桥梁防冲刷设计中合理考虑人为挖沙取石现象可能引起河段出现整体下切冲刷，危害桥梁安全的问题。

(5)艰险地区高速铁路行经高烈度地震区的线位选择，应特别注重河流可能发生泥石流的相关资料收集工作，收集完善桥位上游流域的地形、地质资料，了解清楚桥位上游流域内的滑坡和不稳定体等松散固体物质的分部位置、松散固体物源量、沟道平面形态和坡度、流域降雨和流域特征数据等基础资料；收集完善沟道内曾经发生过的泥石流危害的相关资料。

(6)艰险地区高速铁路跨越高寒山区河流的桥梁，受冰川融水的影响，容易出现危害较大的冰川泥石流；在铁路勘测设计中应特别重视对桥位上游流域沟谷内的松散固体物质、冰川融水和气温变化等情况的资料调查工作。收集完善沟道内曾经发生过的冰川泥石流的相关资料；合理估算桥位上游出现冰川泥石流对桥梁工程的影响。

(7)艰险地区高速铁路行经岩溶地区的水文调查，应结合水文地质资料开展外业调查工作，查明泉点、溶洞水、暗河水的排泄条件，包括历史和现状，地表水与地下水的补给关系，地表分水岭与地下分水岭的关系，漏斗、溶洞、洼地、暗河的分布和走向，以便圈定地下集水面积、滞流和闭流区，判明流域特性，查明地下岩溶水的汇入、分出情况；了解清楚落水洞、暗河网的滞洪、调蓄特征。不仅要调查其现状，而且要调查历史上岩溶对洪水形成条件的影响。必要时可通过水源调查、巡回测流和连通试验等手段，以确定补给关系及汇流作用。最理想的岩溶地区河流的洪水调查河段是选择在靠近工程地点，能控制全部来水，并且不受下游溶洞壅水影响的明流河段；这样不仅资料使用方便，且洪水流量计算也简便；洪水调查内容和计算方法与非岩溶河流一样。

(8)艰险地区邻近或跨越弯曲河段高速铁路的水文调查，应在沿河两岸的村庄同步进行。由于弯曲河道水流受离心力作用，河道凹岸侧的洪水位要高于凸岸侧的水位，河流横向水面不等高，流量计算时应将凹凸岸水位差(超高水位)换算为断面平均水位，取凹凸岸水位的平均值作为断面计算水位，对计算水位进行改正。弯曲河段的洪痕里程由洪痕点向主流中泓线上的投影(即垂直于中泓线的切线)来决定。在确定线路标高的设计洪水位计算时，必须考虑横向水面超高的问题，对弯曲河段两岸进行同一场洪水位的调查资料也可作为弯曲河段横向水面超高计算的验证。

6.3 桥梁刚度控制研究

6.3.1 简支梁桥刚度控制

高速铁路轨道线路的高平顺性、高稳定性对桥梁纵、横、竖向刚度提出了严格的要求。《高速铁路设计规范》(TB 10621—2014)对简支梁桥按照跨度给出了梁体竖向自振频率、挠跨比要求以控制竖向刚度,也给出了桥墩墩顶纵向线刚度的最小限值,并规定了相邻桥墩的刚度差异比值。

在以往普速桥梁设计中,桥墩横向刚度的控制按规范要求墩顶横向位移不大于 $5\sqrt{L}$。《高速铁路设计规范》(TB 10621—2014)规定了墩顶横向位移引起的梁端横向折角不大于1‰,欧洲高速铁路设计规范还规定了桥墩横向变形引起的桥面线路曲线曲率半径的最小限值。也有学者根据实测铁路桥墩横向振动特性结合检定规范提出采用综合考虑车、梁、墩质量的综合指标来控制桥墩横向刚度,但其直观性和适用性较差。上述横向刚度控制方法需考虑的外在因素较多,在工程设计中仍有不便,不如纵向线刚度控制简便和直观。

中铁二院与西南交通大学联合研究了高速铁路桥墩静力刚度对动力性能的影响,特别设计了一座模拟桥,该桥共包括 55 跨简支梁,简支梁跨度为 31.5 m,如图 6.2 所示。模拟桥两端为桥台,中间共布置了 54 个桥墩。桥墩高度变化范围从 6 m 到 60 m,分别采用矩形墩和圆端形桥墩结构尺寸,通过改变墩身的刚度和桩基的布置方式来改变桥墩—基础的整体刚度,再进行行车性能分析,检验不同的桥墩整体刚度对行车安全性和乘坐舒适性的影响,并由此制定高速铁路桥墩的合理横向刚度控制值以指导设计。

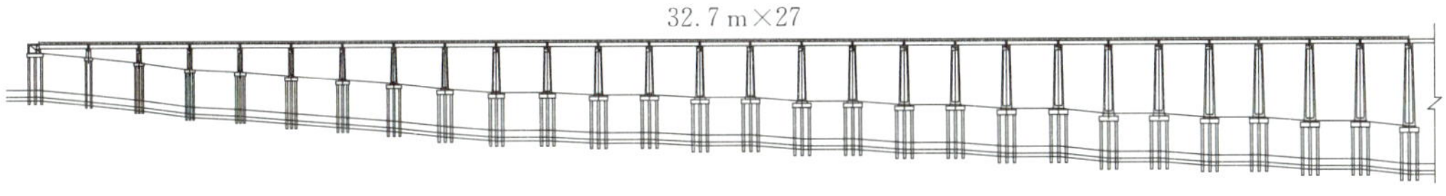

图 6.2 全桥总布置图(左半桥)

不同刚度桥墩的车—桥耦合振动对比分析结果显示,当桥墩横向刚度降低到 900～750 kN/cm(对应墩高 33～60 m),德国 ICE3 动力分散式车组以 300～350 km/h 车速通过本桥时,车辆运行安全性和车辆运行平稳性均满足要求;当车速达到 350～420 km/h 时,车辆运行安全性均满足要求,车辆在个别时刻的横向瞬时加速度不满足要求,但动车和拖车的横向 Sperling 指标仍满足要求,因此车辆运行平稳性总体上仍满足要求。国产 300 km/h 分散式车组以不同车速通过本桥时,车辆运行安全性和车辆运行平稳性均满足要求。

基于以上分析结果提出,高速铁路 40 m 以上桥墩横向静力刚度可按不小于 800 kN/cm 进行控制,30～40 m 桥墩横向静力刚度可按不小于 1 000 kN/cm 进行控制,30 m 以下桥墩横向静力刚度可按不小于 1 200 kN/cm 进行控制。直接对桥墩进行刚度控制较《高速铁路设计规范》(TB 10621—2014)规定的墩顶横向位移引起的梁端横向折角不大于 1‰的控制方法更为简单,设计控制也更为方便、直接。

6.3.2 高墩大跨桥梁刚度控制

艰险地区铁路高墩大跨桥梁的刚度控制是一个复杂的问题，其与桥梁结构的安全性、无缝线路的稳定性以及行车的安全性、平稳性和舒适性关系密切。尤其是横向、竖向刚度对行车的安全、平稳性影响较大。我国《高速铁路设计规范》(TB 10621—2014)对桥梁变形及频率的限值主要针对96 m以下常规预应力混凝土梁式桥；更大跨度的预应力混凝土梁式桥，设计常采用桥梁一阶横向周期进行控制；对于更复杂的桥梁结构设计，只能借助车桥耦合动力分析成果进行控制。然而车桥耦合动力分析常针对具体工点，不具有普适性。本节根据中铁二院近些年的相关研究成果及实践，提出大跨度预应力混凝土梁式桥、大跨度拱桥和斜拉桥刚度控制标准，使大跨桥梁设计更为便捷、经济，可大大提高设计效率。

1. 高墩大跨梁式桥刚度控制

高墩大跨桥梁刚度控制标准的研究主要结合车桥动力响应的各项指标(脱轨系数、轮重减载率、Sperling指标等)、线路技术条件(平、曲线半径)、轨道几何形位和轨道稳定性综合研究确定。大跨梁式桥刚度控制包括竖向刚度和横向刚度限值研究。

(1)竖向刚度

大跨预应力混凝土梁式桥受其施工方法及强度等控制，其竖向刚度较大，统计已建大跨预应力混凝土梁式桥的竖向刚度，均满足我国《高速铁路设计规范》(TB 10621—2014)的限值要求，其竖向刚度不是关键控制因素。

(2)横向刚度

采用桥梁—轨道—车辆车桥动力仿真分析方法，分析计算满足列车运行安全性、舒适性要求的常用大跨预应力混凝土连续梁和刚构桥在不同墩高下的横向刚度推荐限值分别见表6.1和表6.2。

表6.1 大跨预应力混凝土连续梁桥横向刚度限值推荐限值表

桥　型	(40+64+40) m 连续梁			(48+80+48) m 连续梁			(60+100+60) m 连续梁		
墩高/m	60	80	100	60	80	100	60	80	100
刚度限值/$(kN \cdot cm^{-1})$	1 280	860	600	1 600	1 210	830	1 610	1 220	840

表6.2 大跨预应力混凝土刚构桥横向刚度限值推荐限值表

桥　型	(60+100+60) m 刚构桥			(88+168+88) m 刚构桥			(100+192+100) m 刚构桥	
墩高/m	60	80	100	60	80	100	70	100
刚度限值/$(kN \cdot cm^{-1})$	1 510	1 140	730	1 610	1 010	850	850	700

2. 大跨度拱桥横向刚度控制

上承式拱桥是艰险地区高速铁路常采用的大跨桥型，其横向刚度控制目前无规范可循。在云桂铁路南盘江特大桥设计中，研究提出了一种“拱上墩水平位移控制法”，其控制原理是将拱圈看成整体基础，拱上梁体横向变形时，具有明显的联动效应。根据这种联动效应，设计将全桥横向刚度简化为拱上墩墩顶水平折角和曲线半径问题，如图 6.3 所示。

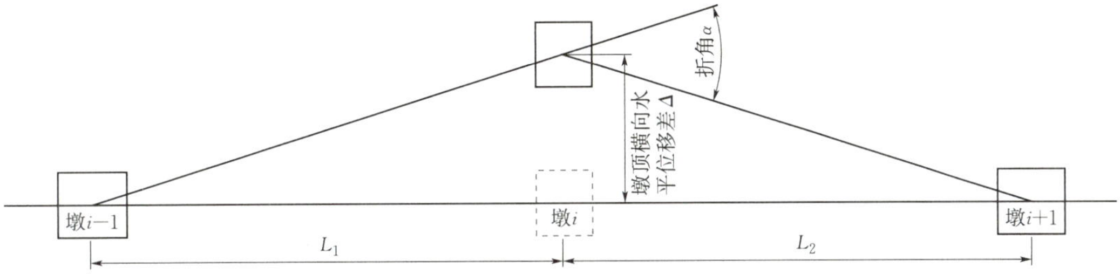

图 6.3 墩顶横向位移差引起的相邻墩轴线间水平折角示意图

德国 DIN 101 规范对于上部结构的横向变形，采用了水平折角和最小曲线半径双控标准；我国《高速铁路设计规范》(TB 10621—2014)采用计算跨度的 1/4 000 进行控制。综合两种规范，通过车桥耦合仿真分析，以列车、桥梁动力响应，轨道几何形位及稳定性，线路平顺条件为评判指标，根据不同速度目标值提出按相邻跨拱上梁水平相对折角控制的拱上墩墩顶水平位移和曲线半径控制标准，详见表 6.3。

表 6.3 大跨度拱桥横向变形最大水平折角和最小曲线半径允许值

速 度 目 标 值	最大水平折角	对应水平位移(按 32 m 梁计算)	曲线半径 R/m
200 km/h<v≤250 km/h	1.5‰	24 mm	17 500
250 km/h<v≤350 km/h	1.0‰	16 mm	32 000

采用该方法控制的云桂铁路南盘江特大桥，设计时速 250 km，主桥为跨径 416 m 上承式混凝土拱桥。大桥已于 2016 年 12 月通车，运行良好。

3. 大跨度斜拉桥刚度控制

大跨度铁路斜拉桥刚度控制目前无规范可循，依托渝利铁路韩家沱长江大桥开展研究，通过车桥耦合动力分析，以列车安全平稳运行为目标，以列车、桥梁动力响应，轨道几何形位及稳定性，线路平顺条件为评判指标，提出了铁路大跨度斜拉桥竖、横向刚度建议限值(表 6.4)。

表 6.4 竖、横向刚度建议限值

竖 向 刚 度	横 向 刚 度	
	可行车风速	设计风速
L/500～L/800	L/4 000	L/1 000～L/2 000

注：L 为斜拉桥主跨计算跨径。

渝利铁路韩家沱长江大桥，主桥为(81＋135＋432＋135＋81) m 半漂浮体系钢桁斜拉桥，设计时速 200 km，其刚度按以上建议值控制。该桥于 2013 年正式通车，运行良好。

6.4 桥墩延性抗震及减隔震措施

艰险地区活动断层广泛分布，地震频发，地震将造成交通生命线工程的严重损坏，大型桥梁修复起来比较困难，严重影响灾区生产生活和灾后重建工作。为进一步降低高速铁路桥梁地震灾害，近年来研究了桥墩弹性与延性验算分界、位移延性细分与桥墩损伤、桥墩延性抗剪设计方法、桥梁减隔震设计方法。

6.4.1 桥梁震害主要损坏形式

地震造成的桥梁主要损坏形式有落梁引起的桥跨损坏、梁体倾覆破坏、伸缩缝处损坏、支座损伤破坏、梁体间的碰撞与挡块破坏、墩柱的破坏、盖梁破坏、节点破坏、桥台破坏，如图 6.4 ～图 6.9 所示。

图 6.4 高原大桥落梁

图 6.5 梁体碰撞损坏

图 6.6 钢支座主体被剪坏

图 6.7 钢支座固定螺栓被剪断

图 6.8 桥墩剪切破坏

图 6.9 桥墩弯曲破坏

6.4.2 桥墩抗震验算与损伤评判

通过对不同剪跨比、不同配筋率的桥墩进行了计算分析和模型试验验证：得出了桥墩弹性与延性抗震设计的分界线；确定了钢筋混凝土桥墩弹性验算和延性验算之间的分界点，可使部分钢筋混凝土不进行较为繁琐的延性验算。桥墩进行弹性验算或是进行延性验算，最根本的区别在于，结构是否发生屈服进入延性。为寻找弹性验算与延性验算的临界点，结合 Fajfar 和王东升等人的 N2 方法并进行了改进，改进的 N2 方法中，弹性验算与延性验算的临界点处能力曲线与需求曲线如图 6.10 所示。

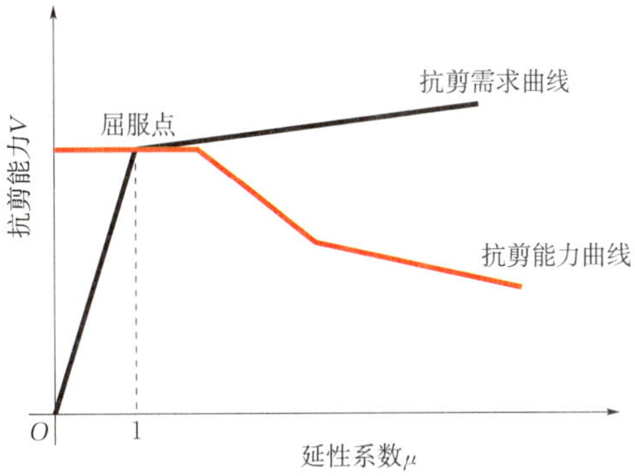

图 6.10 弹性验算与延性验算的临界点处能力曲线和需求曲线

依照上述抗剪能力曲线和需求曲线，采用数值模拟计算方法，选取模型截面长和宽分别为 1～6 m 共 36 个模型进行计算，墩顶质量采用铁路 32 m 标准梁。箍筋直径及间距取为现行《铁路工程抗震设计规范》(GB 50111)抗震措施的最低要求。在Ⅱ类场地条件下，分别进行 7、8、9 度三个烈度不同工况下的计算。通过对计算结果拟合分析，得到不同水准地震下，桥墩弹性与延性设计划分按表 6.5 采用。对于弹性与延性设计分界线以上的桥墩，除进行延性验算，满足各延性等级对应的位移延性系数要求外，尚应按不同延性等级的剪力需求进行抗剪验算。

表 6.5 桥墩弹性与延性设计划分表

设防烈度	弹性设计桥墩	建议延性设计桥墩
7 度	$l \leqslant -2.63+1.66S$	$l \geqslant -2.63+1.66S$
8 度	$l \leqslant -1.36+0.74S$	$l \geqslant -1.36+0.74S$
9 度	$l \leqslant -0.49+0.39S$	$l \geqslant -0.49+0.39S$

注：1. l—墩设计计算高度；S—墩设计截面面积。

2. 对于空心截面，墩高及外围截面面积关系按表采用。

3. 限制壁厚：对于矩形空心截面，壁厚大于 1/4 墩底截面计算方向边长且大于 0.3 m；对于圆形空心截面，壁厚大于 1/4 墩底截面直径且大于 0.3 m。

基于对欧洲规范 Eurocode 8、日本规范、新西兰规范、美国 AASHTO T3 规范中关于延性分类的对比分析，并结合对考虑轴压情况下的大比例桥墩模型拟静力试验现象的观察与分析，我国铁路桥墩位移延性系数与结构损伤状况对应关系分类为：

- 延性系数 $\mu \leqslant 1$，桥墩处于弹性阶段，按弹性进行强度检算；
- 延性系数 $1<\mu \leqslant 2$，桥墩处于轻微损伤状态；
- 延性系数 $2<\mu \leqslant 3.5$，桥墩处于中等破坏状态；
- 延性系数 $3.5<\mu \leqslant 4.8$，桥墩处于严重破坏状态；
- 延性系数 $\mu>4.8$，认为桥墩完全损坏，不能修复。

6.4.3 桥墩抗震模型试验及延性抗剪设计

通过对不同剪跨比、不同配筋率、不同轴压比的桥墩计算分析和试验验证，以此研究桥墩延性抗剪设计方法。针对当前铁路钢筋混凝土桥梁中普遍采用简支梁桥独柱式桥墩的特点，考虑截面剪跨比、配筋率、轴压比等因素，设计了涵盖目前现有大部分铁路桥梁结构实际情况的 18 个大比例桥墩模型。模型的试验加载图示如图 6.11 所示。

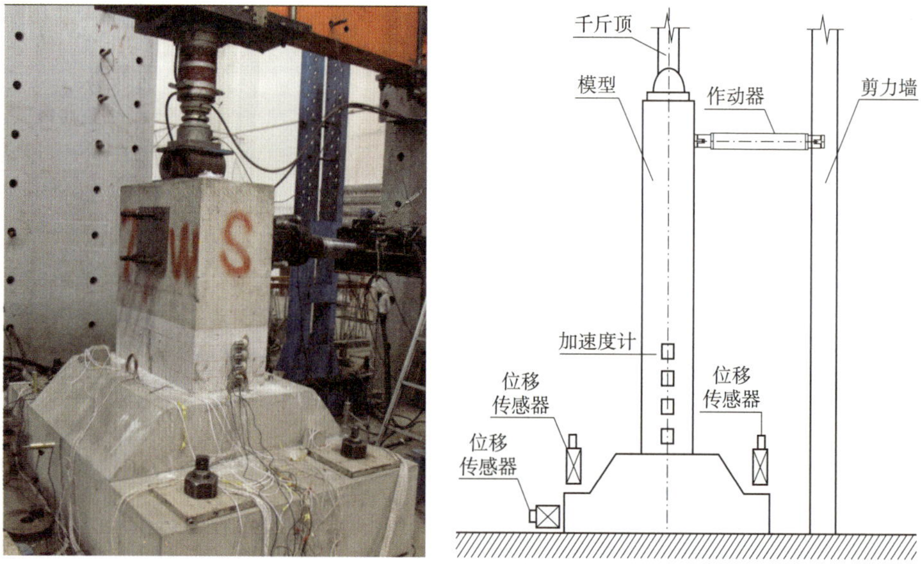

图 6.11 模型的试验加载图示

试验记录了每个桥墩模型在加载过程中，裂缝的形成时间、位置、走向及试件状态。典型桥墩的加载过程及破坏状态如图 6.12～图 6.15 所示。

图 6.12 加载至 5 mm 时(裂缝宽度最大 0.25 mm)

图 6.13 加载至 20 mm 时(墩身裂缝宽度 1.5 mm，墩底裂缝宽度 3 mm)

图 6.14 加载至 45 mm 时(墩身裂缝宽度 1.5 mm,墩底裂缝宽度 10 mm)

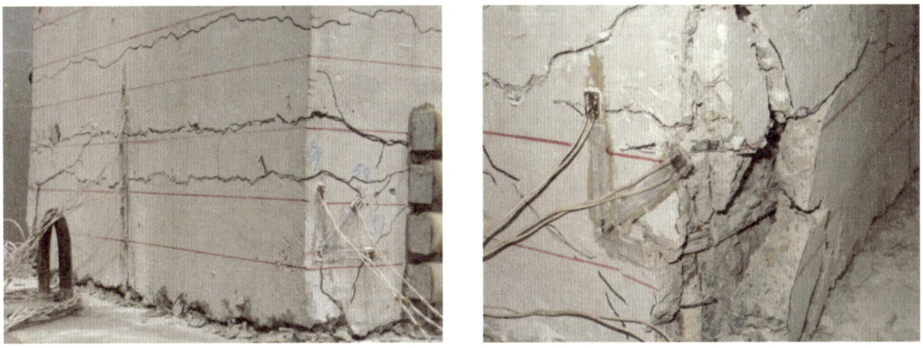

图 6.15 加载至 60 mm 时(混凝土严重外鼓,剥落,纵筋断裂)

通过试验所得的桥墩力—位移滞回曲线得出桥墩荷载—位移骨架曲线,分析配筋率、剪跨比、轴压比对模型结构极限承载力及延性的影响。最后将试验得到的结果与理论分析内容进行了对比,验证理论模型的准确性。

结合各桥墩的破坏形态,通过实测各桥墩抗剪需求与由公式计算所得的各桥墩抗剪能力的对比分析可知,Priestley 公式较 ATC-32 与 Caltrans 公式计算所得的抗剪能力能更真实地评估桥墩的抗剪能力,公式把轴压力对截面抗剪强度影响作为一个单独的因素,且能更好地考虑桥梁不同延性系数 μ 下的抗剪能力。抗剪能力计算公式为

$$V_n = V_c + V_s + V_p \tag{6.1}$$

为使桥梁结构不发生剪切破坏,延性验算时桥墩斜截面抗剪强度应满足:

$$V \leqslant \eta(V_c + V_s + V_p) \tag{6.2}$$

式中 V_n——剪力能力值,kN;

V——剪力设计值,kN;

V_c——素混凝土对抗剪强度的贡献;

V_s——箍筋对抗剪强度的贡献;

V_p——轴压力对抗剪强度的贡献;

η——抗剪强度折减系数,$\eta = 0.7$。

$$V_c = k\sqrt{f_c'} \times A_e \tag{6.3}$$

式中 f'_c——混凝土抗压强度标准值，MPa；

A_e——有效剪切面积，其值为0.8倍毛截面面积；

k——位移延性系数 μ 的函数，取值如图6.16所示。

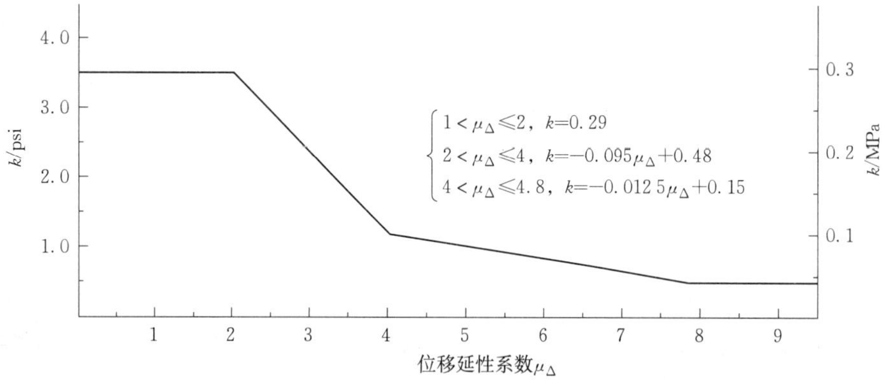

图6.16 混凝土抗剪强度贡献与位移延性之间的关系

矩形截面：

$$V_s = 1.73 \times \frac{A_v f_{yh} D'}{S} \tag{6.4}$$

圆形截面：

$$V_s = 2.72 \times \frac{A_v f_{yh} D'}{S} \tag{6.5}$$

式中 A_v——平行于剪切方向的箍筋面积，m^2；

f_{yh}——箍筋的屈服强度，MPa；

D'——核心混凝土尺寸，为周边箍筋中心线的距离，m；

S——箍筋间距，m。

$$\begin{cases} V_p = P\tan\alpha \\ \tan\alpha = \dfrac{D-c}{2a} \end{cases} \tag{6.6}$$

式中 α——桥墩轴线与荷载作用点危险截面的弯曲受压中心点连线的夹角，(°)；

D——全截面深度或直径，m；

c——弯曲受压区高度，m；

a——危险截面到反弯点的距离，m。

轴向力对柱体剪切强度的作用如图6.17所示。

若 $V \leqslant \eta(V_c + V_s + V_p)$，则桥墩将发生弯曲破坏；反之，则发生剪切破坏，应加强箍筋或改变结构设计，使之发生延性弯曲破坏。

6.4.4 桥梁减隔震措施

桥梁减隔震主要原理是通过延长结构的自振周期以减小结构地震反应和增设阻尼器装置耗散能量以限制结构位移。因此目前常采用的减隔震措施，主要有减隔震支座和阻尼器。表6.6将多种减、隔震支座的设计原理、力学特性和适用的力学模型进行了系统地归纳和总结。

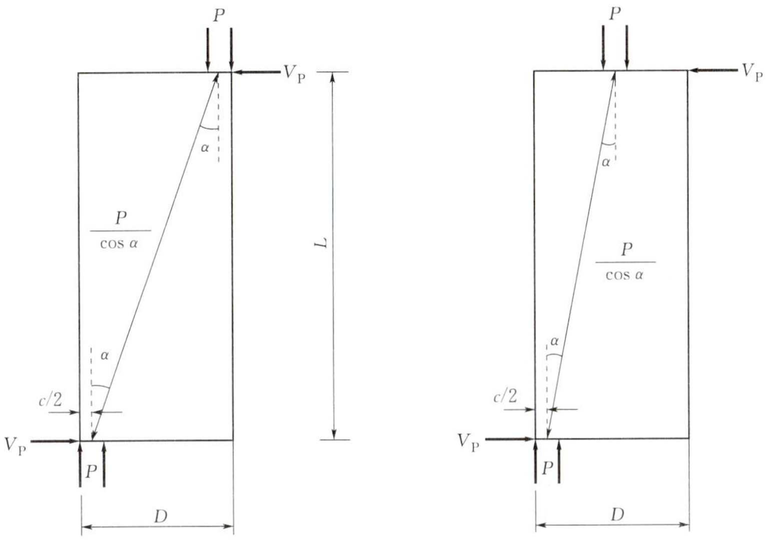

(a) 反弯　　(b) 单向反弯

图 6.17　轴向力对柱体剪切强度的作用

表 6.6　常用减、隔震支座设计原理、力学特性和适用的力学模型的比较

减、隔震支座	构　　造	设　　计	力学特性	适用的力学模型
橡胶隔震支座	橡胶与薄钢板硫化而成	利用橡胶水平剪切刚度，延长系统周期	利用橡胶特性，阻尼比一般在 2%～5%	线性模型
软钢阻尼支座	用软钢制造的支座	利用软钢的塑性性能，消耗能量	可用双线性模型描述，由初始刚度、屈服力和位移、屈服后刚度控制	双线性模型
高阻尼橡胶支座	高阻尼橡胶与薄钢板硫化而成	利用橡胶的高阻尼特性耗散能量	利用高阻尼特性，阻尼比达 16%～20%	线性模型
黏滞阻尼器	类似一般的油缸	利用黏滞液体耗散能量	可用椭圆方程描述，是速度型阻尼器	速度型模型
速度锁定支座	类似一般的油缸	当大于设计速度时，LUD 锁定，不耗能	由设定的临界速度控制	—
铅芯橡胶支座	由橡胶、薄钢板、铅芯组成的复合体	利用铅芯的低塑性性能耗散能量	可用双线性模型描述，由初始刚度、屈服力和位移、屈服后刚度控制	双线性模型
摩擦单摆支座	包含特定滑动曲面和摩擦材料的钢支座	延长结构自振周期并耗散能量	可用摩擦摆模型模拟，包含屈服前刚度、曲率半径、摩擦系数等参数；也可用双线性模型模拟	摩擦摆模型

减隔震装置的选取应结合其结构、力学性能和环境条件综合考虑。除延长周期和增加阻尼外，还应从正常使用性能、经济性、耐久性等全方位进行比较选用。

沪昆线山岭坡 1 号桥，桥跨布置为(24+6×32+24) m 预应力混凝土双线简支梁，抗震设防烈度为 8 度，最大墩高 31 m，最小墩高 7.5 m。采用摩擦摆支座作为减隔震措施，墩底顺桥向和横桥向弯矩可分别减少 79%～88%和 77%～89%。

6.5 泥石流对桥墩冲击与综合防治

泥石流是艰险地区高速铁路的常见不良地质环境。泥石流对桥梁的危害主要有三种方式：一是泥石流及其携带的大量块石和漂砾冲击、撞击、剪断桥墩、桥台，造成桥梁和桥墩断裂、垮塌或倾倒等破坏；二是泥石流冲刷、淘蚀桥墩和桥台基础，导致墩台基础沉陷变形，造成桥梁破坏；三是泥石流及其携带的大量泥沙块石在桥下淤积，堵塞桥涵，引起桥梁净空和排导断面不足，排泄能力减小，进而泥石流漫流淤埋桥涵和铁路。此外，因泥石流淤积，也将增加铁路后期的养护成本。

6.5.1 泥石流对桥墩冲击力计算方法

艰险地区泥石流广泛分布，对铁路危害严重。中铁二院联合中科院成都山地所，采用模型试验与数值模拟计算相结合的方法，进行了泥石流对桥墩的冲击力以及对沟床的冲刷和淤积演变规律的研究。

1. 泥石流冲击桥墩模型试验

泥石流对桥墩冲击物理模型试验平台由桥墩、泥石流水槽、料斗、尾料池、测试试验设备等部件构成，如图 6.18 所示。

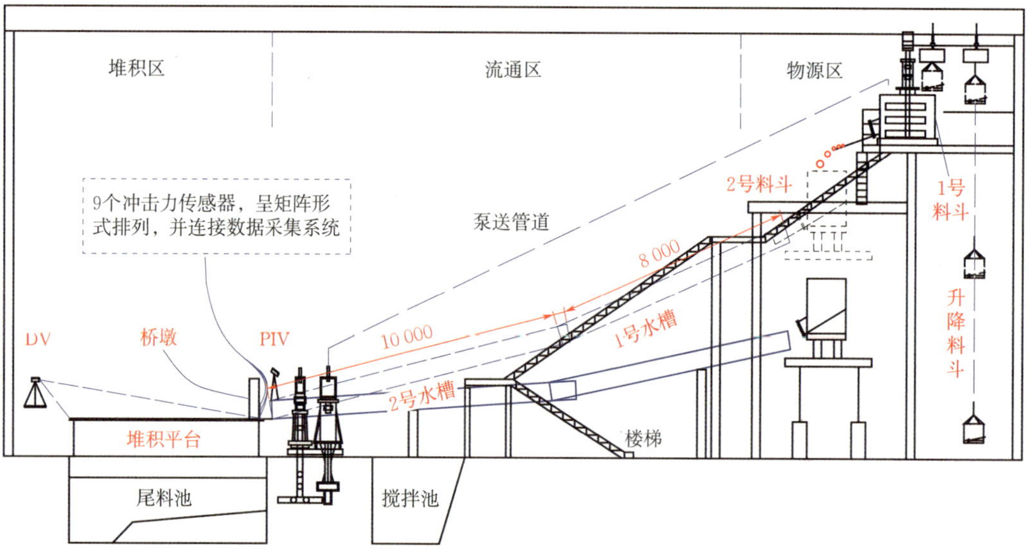

(a)

图 6.18

(b)

图 6.18　泥石流对桥墩冲击物理模型试验平台(单位:mm)

不同浆体黏度的泥石流对桥墩结构的冲击力有着显著不同,故在试验中考虑三种泥石流类型:稀性、黏性与过渡性。设计泥石流容重为 11～19 kN/m^3,包括一组清水流(10 kN/m^3)、一组泥浆流(16 kN/m^3)用于试验对比。此外,考虑到块石对桥墩的冲击作用,设计泥石流裹挟大块石直径分别为 4～6 cm;桥墩设计为圆形墩与圆端形墩两种;单次试验泥石流方量受 5 号料斗控制为 3 m^3;试验过程中,采用冲击力传感器及数据采集系统测量泥石流冲击力并获取力—时间曲线,利用 PIV 速度测量系统及高清摄影仪辅助测量泥石流流速、流体高度等特征,采用 DV 记录泥石流冲击桥墩的全过程。试验过程如图 6.19～图 6.21 所示。

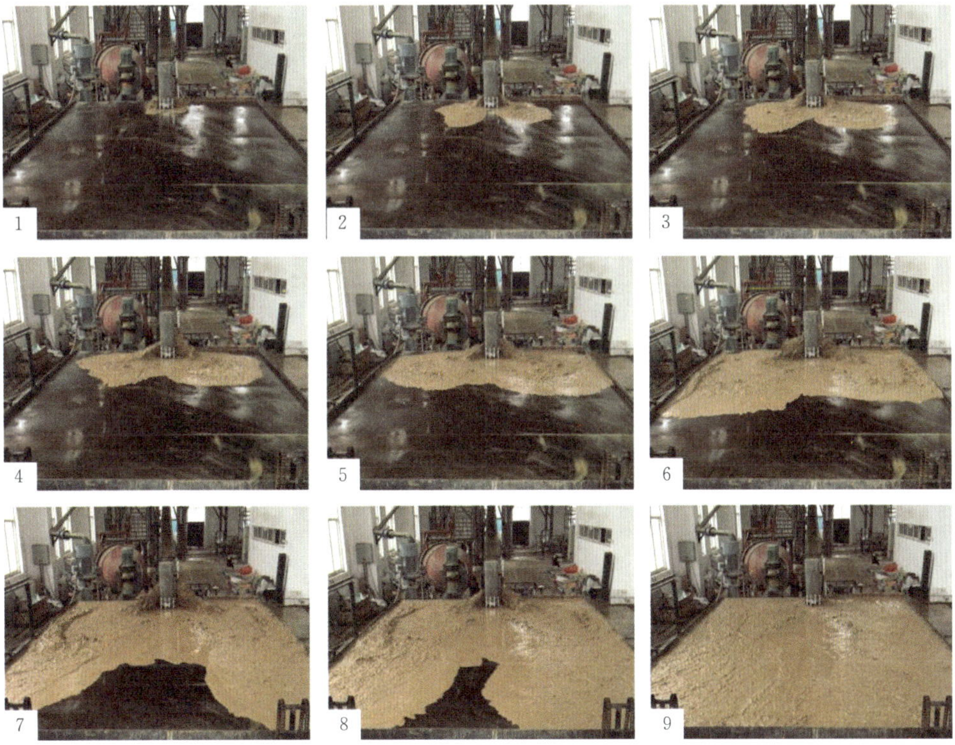

图 6.19　稀性泥石流冲击桥墩物理试验过程

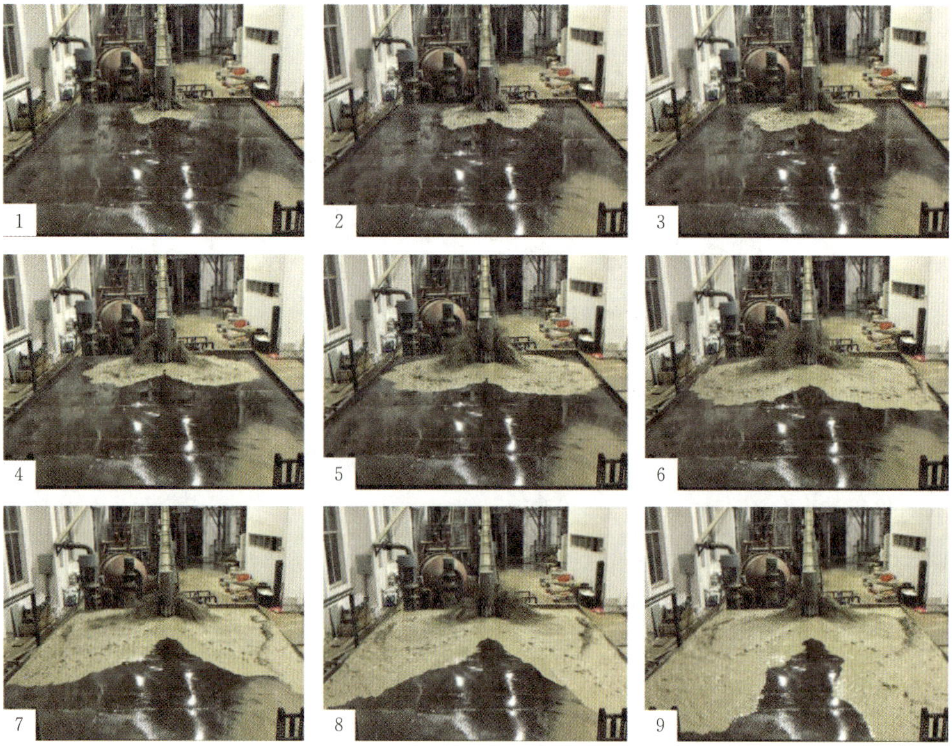

图 6.20 过渡性泥石流冲击桥墩物理试验过程

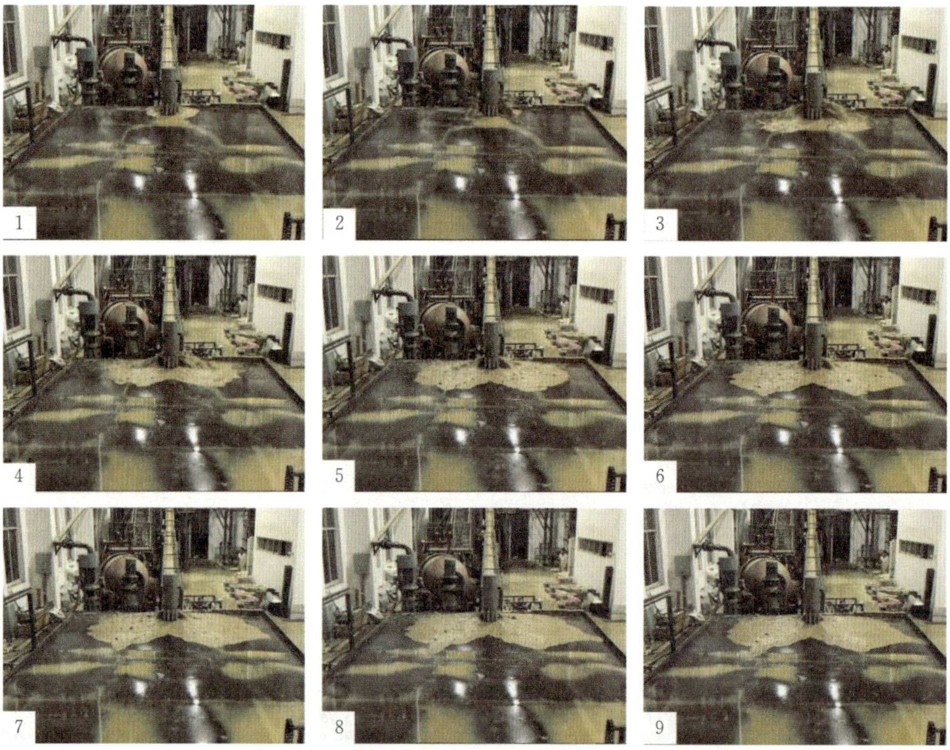

图 6.21 黏性泥石流冲击桥墩物理试验过程

通过试验得出了冲击力与泥石流变量之间的相关性，包括流体性质(黏度)、冲击速度、流体高度以及固相颗粒的含量等，试验结果见表 6.7。

表 6.7 试验结果

编号	泥石流类型	ρ /(kN·m^{-3})	p_p /kPa	m_s /%	h_f /cm	v_f /(m·s^{-1})	m_w /%	m_c /%	m_p /%	m_{total} /kg
1	稀性	11	8.2	—	3.61	2.40	—	—	—	—
2	稀性	13	221.2	20	12.66	5.30	61.54	7.69	30.77	1 950
3	稀性	14.18	200.8	50	12.25	4.14	35.15	12.97	51.88	1 357
4	黏性	18	8.5	50	12.84	1.76	38.46	20.00	80.00	1 235
5	黏性	16	33.4	50	15.66	1.33	31.25	13.75	55.00	1 520
6	黏性	17	111.5	50	11.31	4.00	29.41	14.12	56.47	1 360
7	稀性	16	271.3	50	7.09	3.33	31.25	13.75	55.00	1 520
8	过渡性	15	214.2	50	14.62	2.79	33.33	13.33	53.33	1 425
9	稀性	13	110.6	50	6.76	2.50	38.46	12.31	49.23	1 235
10	黏性	18	61.4	50	23.87	1.40	27.78	14.44	57.78	1 710
11	稀性	16	190.8	49	14.20	4.00	31.74	10.21	58.06	1 440
12	稀性	18	212.2	49	12.95	3.16	28.21	10.76	61.05	1 620
13	稀性	13.5	242.7	49	12.73	4.29	39.06	9.14	51.79	1 170
14	黏性	17	25.2	49	21.53	1.58	29.87	10.52	59.61	1 530
15	稀性	17	72.6	49	8.88	3.69	29.87	10.46	59.67	1 530
16	稀性	15	73.2	49	12.58	4.14	33.85	9.93	56.22	1 350
17	稀性	14	131.5	49	5.60	2.11	36.27	9.56	54.21	1 260
18	过渡性	19	259.0	49	15.33	4.14	26.73	10.99	62.31	1 710
19	黏性	18.6	12.5	50	20.64	1.76	31.25	13.75	55.00	1 520
20	泥浆流	16	81.3	50	7.88	7.45	31.25	13.75	53.13	800
21	清水流	10	12.7	0	6.61	8.00	100.00	0.00	0.00	—
22	稀性	17.4	146.9	50	6.88	2.50	31.25	13.75	59.67	1 520
23	黏性	16	9.0	50	14.66	2.45	35.71	12.86	51.43	1 330
24	稀性	13.1	10.4	50	4.60	2.99	33.33	13.33	53.33	1 425
25	稀性	12.08	131.3	49	5.71	4.14	36.27	9.56	54.21	1 260
26	稀性	12.7	41.5	49	6.98	2.11	31.74	10.21	58.06	1 440
27	稀性	18	29.9	49	9.80	2.93	28.21	10.76	61.05	1 620

注：共进行 33 组试验，其中，由于冲击力传感器脱落或者试验失误，有 4 组无效试验。此外，还进行 2 组冲击力传感器准确性及量程测试，故表中共列举 27 组有效完成的试验。

表中，ρ 是泥石流容重，p_p 为峰值冲击力，m_s 为固相质量分数，h_f 为流体厚度，v_f 为冲击速度，m_w 水的质量分数，m_c 为黏土质量分数，m_p 为固体颗粒质量分数，m_{total} 为一次试验的用量。

2. 桥墩泥石流冲击力计算方法

基于物理模型试验和理论分析，考虑不同性质（黏性、稀性）的泥石流物质组成及运动特征，提出了一种基于颗粒组成的泥石流对桥墩冲击力的计算方法，将泥石流对桥墩冲击力分为浆体动压力、粗颗粒冲击力和大块石冲击力，并分别给出其冲击力计算公式与相应参数取值方法。

泥石流浆体对桥墩动压力 P_f 的计算公式为

$$P_f=\rho_f v_f^2 \tag{6.7}$$

式中 ρ_f——泥石流浆体密度，kg/m^3；

v_f——泥石流浆体运动速度，m/s。

粗颗粒对桥墩冲击力$\overline{P}_g$ 的计算公式为

$$\overline{P}_g=0.964E^{*0.4}R^{*0.2}R_1^{-0.2}\rho_s^{0.6}v_s^{1.2}\varphi \tag{6.8}$$

式中 E^*——综合弹性模量，Pa；

R^*——综合半径，m；

R_1——粗颗粒平均等效半径，m；

v_s——粗颗粒的运动速度，m/s；

ρ_s——粗颗粒密度，kg/m^3；

φ——泥石流粗颗粒的体积分数。

大块石对桥墩冲击力 P_b 的计算公式为

$$P_b=\frac{0.7\,(R_1^3 v_b^2\rho_s\cos^2\alpha)^{0.54}}{\left(\dfrac{1-\nu_1^2}{E_1}+\dfrac{1-\nu_2^2}{E_2}\right)^{0.46}\left(\dfrac{1}{R_1}+\dfrac{1}{R_2}\right)^{0.23}} \tag{6.9}$$

式中 ν_1,ν_2——大块石和桥墩的泊松比；

E_1,E_2——大块石和桥墩的杨氏模量，Pa；

R_1,R_2——大块石和桥墩的等效半径，m；

v_b——大块石冲击速度，m/s；

ρ_s——大块石的密度，kg/m^3；

α——大块石冲击方向与桥墩法向方向的夹角。

参照《水工建筑物设计规范》(DL 5077—1997)，泥石流对桥墩的三种冲击作用，按照其随时间的变异性又可归结为两类：(1)持续荷载效应——包括泥石流浆体与粗颗粒的冲击力；(2)偶然荷载效应——大块石的冲击力。在承载力极限状态设计中，应考虑三种荷载的综合作用，采用偶然荷载效应组合设计方式，泥石流对桥墩冲击荷载效应组合的设计值为

$$P=\gamma_Q(P_f+P_g)+\gamma_A P_b \tag{6.10}$$

式中 P——泥石流对桥墩总的冲击力，N；

P_f——泥石流浆体产生的冲击力，N；

P_g——泥石流粗颗粒产生的冲击力，N；

P_b——泥石流大块石产生的冲击力，N；

γ_Q——持续荷载的分项系数，一般取 $\gamma_Q=1.2$；

γ_A——偶然荷载的分项系数，按照规定，偶然荷载不乘分项系数，故 $\gamma_A=1.0$。

桥墩抗冲切承载力 V_n 的计算公式为

$$V_n=V_c+V_s+V_p \tag{6.11}$$

式中　V_c——混凝土沿冲切荷载方向的张力分量，N；

V_s——螺旋箍筋在该方向上的分力，N；

V_p——预应力钢筋束力在该方向分量（未设置预应力筋时不予考虑），N。

6.5.2　泥石流综合防治措施

泥石流灾害是我国地质灾害的主要类型之一。泥石流具有突发性和极强的破坏性，常常对自然环境和人类社会造成巨大危害，包括公路、铁路等公共基础设施的破坏。2008 年汶川 8 级地震以及 2013 年芦山 7 级地震后，泥石流又作为一种主要的地震次生灾害，对灾区人民的生命财产安全以及灾区震后恢复重建工作造成极大的危害。为了防治泥石流灾害，我国专家学者通过长达半个多世纪的研究与工程实践经验，在“全面规划，突出重点，以防为主，防治结合”的原则上，建立了以稳、拦、排、停为主的工程防治措施，以护林、植草等为主的生物防治措施。泥石流防治工程方法可分为工程措施（如拦挡、防护、排导工程等）和生物措施（包括农业、林业、牧业等改善植被措施），如图 6.22 所示。

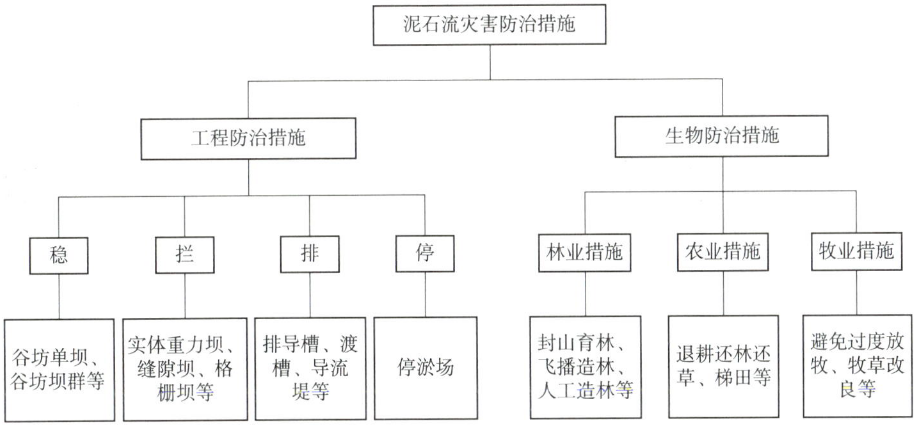

图 6.22　泥石流灾害防治措施分类

1. 泥石流工程防治措施

在遇到泥石流地区选线时，首先是评估分析泥石流对铁路工程的影响，若能在不增加太多工程量的基础上应优先选用绕避措施，减轻泥石流对交通工程的影响。若绕避代价太大或泥石流整治工程规模在可接受范围内，则泥石流灾害工程防护措施可采用拦挡、导流、停淤、固床稳坡等泥石流综合工程防治措施。

（1）固床稳坡

谷坊是用于泥石流沟道治理的低矮拦挡坝。主要作用是减小泥石流规模和降低泥石流流速，拦挡一部分泥石流物质，藉以稳定沟床和两岸山坡堆积物；主要形式有谷坊单坝（图 6.23）和谷坊坝群（图 6.24）。

图 6.23 谷坊单坝

图 6.24 谷坊坝群

(2)排导措施

排导槽是一种槽形线性过流建筑物。其作用是提高输沙能力、增大输沙粒径,又可防止河沟纵、横向的变形,将泥石流在控制条件下安全顺利地排泄到指定的区域。根据结构分类,排导槽主要包括V形槽、东川槽、交错齿槽等类型,如图6.25、图6.26所示。

图 6.25 横向齿槛泥石流软基消能排导槽

图 6.26 全衬砌泥石流排导槽

(3)拦挡措施

除可拦截泥石流固体物质外,还可以利用拦挡建筑物及其溢流口的位置,调节泥石流的流向,对下游有削减洪峰、减小泥石流规模的作用。拦挡措施除重力式拦挡坝(图6.27)外,还有一种缝隙坝——拦粗排细、拦石排水,如图6.28所示。

图 6.27 重力式拦挡坝

图 6.28 缝隙坝

(4)停淤

泥石流停淤场是泥石流防治工程措施中,可靠、实用但又不常采用的骨干工程,布置在流域下游泥石流流通段或堆积区。泥石流流域下游,由于沟床越来越平缓,当纵坡小于临界坡度而不能给泥石流提供维持运动所需的能耗时,泥石流将逐渐停积。泥石流停淤场就是根据泥石流停淤原理和堆积机理,采取人为工程措施加快停淤过程,使正作减速运动的泥石流按照人们预先设置的场所和预想的方案去停淤,从而实现减灾目标的人工建筑物。停淤场与拦沙坝都是能够大量拦蓄泥石流固相物质的骨干工程设施,不同之处在于停淤场是实施被动防护的工程措施。按照沟河关系、沟谷发育特点,停淤场主要可以分为侧方停淤场、正向停淤堤、扇间洼地停淤场。山前区停淤场如图 6.29 所示。

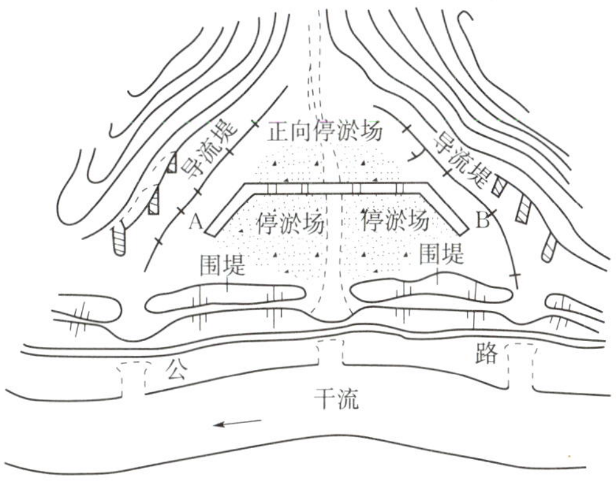

图 6.29 山前区停淤场

通过采取以上积极主动的系列防治措施,如适当拦挡泥石流中的大块石,减小泥石流规模和固体物质,配合沟道和沟床排导、稳固措施,可以有效减小泥石流大块石和流体对桥墩的冲击破坏,减小桥下淤积和冲刷,保障铁路安全,降低运营养护成本。

2. 泥石流生物防治措施

泥石流防治的生物措施是泥石流防治的重要组成部分,一般采用乔、灌、草等植物进行科学地配置营造,充分发挥其阻滞地表汇流、保持水土、调节径流等功能,从而达到预防和制止泥石流发生或减小泥石流规模,减轻其危害程度的目的。生物措施一般需在泥石流沟的全流域实施。

(1)林业措施

作为一种人工森林植被类型,林业措施由于其具有最大、最有效调节区域生态平衡的作用,因而在泥石流防治中应用最为广泛,效果也最佳。根据当地的自然条件、社会经济条件、植被状况、水土流失现状及泥石流发生发展趋势而分别采取不同的造林育林措施,如封山育林、飞播造林、人工造林等,恢复和增加森林覆盖率,达到制止水土流失、消除或削弱泥石流活动的目的。

常见的林业措施有营造水源涵养林、水土保持林、护堤林、护滩林等,在实际工程中,应注意林业措施的综合利用,充分发挥其经济效益、社会效益、生态效益和防护效益。

(2)农业措施

在我国部分地区,特别是在西部,开垦陡坡荒地的现象曾十分普遍,过分的开垦造成严重水土流失,增加泥石流物质来源量,而且加剧沙漠化、石漠化进程,破坏区域生态平衡。农业措施主要是通过合理利用土地,改良农作物的种植方式,改善耕作条件,调整农业结构等,达到减轻水土流失,遏制泥石流发生的目的。如实施退耕还林还草措施,植被配置特点是混种乔木、灌木、草本植物,使人造植被形成多层结构,以尽可能达到恢复自然生态的效果,并使曾一度恶化的生态环境局面得到控制。同时为了减少水土流失,降低发生泥石流的可能性和危害性，采用阶梯式开发坡地农田、耕地。防治泥石流的农业措施需通过发展生产，提高经济效益的途径来实现，各个环节是互相牵连、互相制约的，应从系统工程的角度调节各行业之间的关系。

(3)牧业措施

牧业措施是通过保护或种植坡地草被，在裸露地表增加草类覆盖面积，以减轻土壤侵蚀，控制冲沟的产生和发展，从而达到防治泥石流的目的。

泥石流山区牧场要避免过度放牧、加剧牧场退化、减少植被覆盖面积的问题发生。为此，采取适度、分区放牧和圈养措施以减少对植被的破坏，有效减少泥石流固体物质来源量。此外，植被的改良与优化措施也是泥石流地区的一种行之有效的防治措施，通过选择优良品种改良植物，一方面提高牧场产量，另一方面增加水土保持功能，减少泥石流物质来源。

6.6 艰险地区高速铁路大跨度桥梁建造技术

6.6.1 大跨度桥梁合理桥型及结构方案

1. 艰险地区高速铁路大跨桥型适应性

艰险地区高速铁路大跨度桥型方案选择主要考虑的因素有：①桥梁须保持高平顺性，以满足列车高速运行的安全性和舒适性的要求，因此应首先考虑结构刚度大、后期变形小的桥型方案；②艰险地区沟壑纵横、地质复杂、运输不便、施工场地狭窄、后期运营养护维修困难，桥型结构方案和施工方法的选择应适应艰险地区的建设及运营养护条件。悬索桥由于其自身刚度难以提升，温度变形大，较难满足列车高速运营的要求，因此适用于艰险地区高速铁路大跨度桥梁主要有高墩大跨梁式桥、大跨度拱桥和大跨度斜拉桥。

(1)高墩大跨梁式桥

钢结构梁式桥主要适用于交通运输条件及场地条件较好的平原地区，在艰险地区应用较少。

PC 梁式桥可就地取材，施工可化整为零、分段实施，施工便利，且后期运营养护维修少，在艰险地区得到广泛应用。PC 梁式桥受后期残余徐变变形限制，跨度一般不宜大于 200 m，目前已建成的高速铁路 PC 梁式桥跨度尚未超过 168 m。当跨度更大时，一般采用拱加劲或斜拉加劲 PC 梁式组合结构桥，以减小残余徐变变形，保证桥面的高平顺性。

PC 梁式桥墩高一般不高于 150 m，过大的墩高会大大增加桥墩及基础的技术难度，经济性差。因此，当墩高超过 150 m 时，宜考虑更大跨度的拱桥和斜拉桥方案。

(2)大跨度拱桥

拱桥跨越能力强，结构刚度大，与高速铁路“变形小、刚度大”的技术要求非常契合，当高速铁路跨越地形深切的 V 形大峡谷时，与地形非常匹配的大跨度上承式拱桥桥型(图 6.30)，如上承式钢拱桥、上承式混凝土拱桥及上承式钢管混凝土拱桥，都是桥式方案比选时经常考虑的桥梁方案。受艰险地区运输及施工场地条件限制，钢拱桥在艰险地区适应性相对较差，而混凝土拱桥和钢管混凝土拱桥的钢构件尺寸小，重量轻，方便运输和吊装。并且钢筋混凝土拱桥总体造价低，后期养护维修工作量小，为艰险地区高速铁路大跨度拱桥常采用的桥型。

图 6.30 V 形峡谷与上承式拱桥

(3)大跨度斜拉桥

斜拉桥适用范围广,不管是跨江、跨河、跨越山谷,还是普速铁路、高速铁路都适用。对于山区V形峡谷环境,斜拉桥方案往往边跨设置困难,梁端转角难以控制,因此多应用于地形相对开阔的U形深谷及山区江河地段,此时梁式桥受墩高或跨度控制,已不再适用。当跨越大江、大河时,斜拉桥加劲梁可采用钢箱、钢桁、结合梁等多种结构形式。但在艰险地区,受运输及施工场地吊装条件限制,钢箱加劲梁和钢箱结合梁较难实施,加劲梁常采用钢桁梁及预应力混凝土梁结构。

2. 艰险地区桥型方案选择原则

(1)各大跨桥型跨径范围及适用条件

根据各桥型的跨越能力及受力特点,并结合我国艰险地区高速铁路大跨度桥梁的工程实践,提出高墩大跨梁式桥、大跨度拱桥和大跨度斜拉桥的跨径范围及适用的地形、地质条件(表 6.8),为高速铁路选线及桥型方案选择提供参考。

表 6.8 铁路桥梁各大跨桥型方案的跨径范围及适用条件

桥型结构	跨径范围/m	适用条件
PC 梁式桥	100～200	受墩高、跨度及刚度限制,最大墩高一般控制在 150 m 以内,一般适用于相对低矮的峡谷地形
PC 梁式组合结构桥	200～300	跨度大于 200 m 的 PC 梁式桥残余徐变变形难以满足高速铁路平顺性要求,常采用拱加劲和斜拉加劲的组合结构桥
上承式拱桥	150～600	拱桥跨越能力大,多适用于山区 V 形峡谷地形,要求地基承载力较高、覆盖层薄、岸坡稳定性好
斜拉桥	200～1 000	适用山区通航要求较高的江河及山区 U 形深谷,斜拉桥受桥下净空和桥面标高的限制少,当梁式桥及拱桥无法满足要求时采用

(2)艰险地区高速铁路各大跨桥型选择原则

艰险地区地形起伏较大,高速铁路桥式方案选择应结合桥位处地形、地质条件,并结合技术经济综合比选确定,一般可采用以下原则进行初选。

①根据一般经验,墩高在 60 m 以下一般采用简支梁桥通过;墩高在 120 m 以下一般采用大跨连续梁或连续刚构桥通过(图 6.31),跨越 U 形宽谷时可考虑多跨长联预应力混凝土连续梁式桥(图 6.32)。

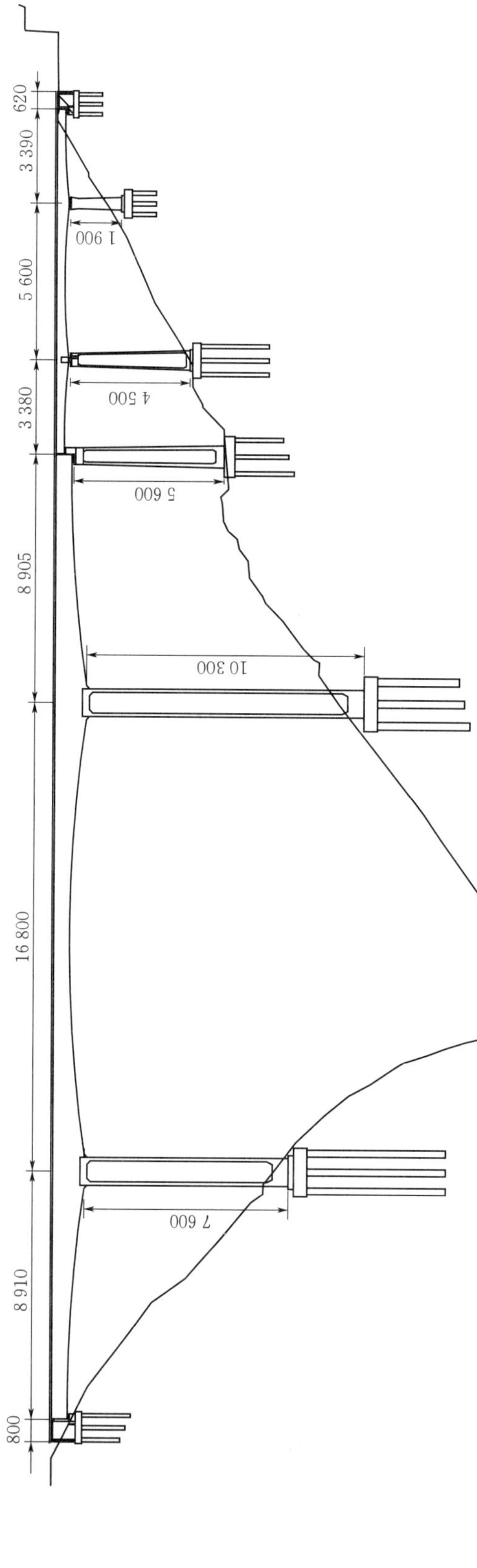

图6.31 峡谷地形典型大跨梁式桥方案示意(单位：cm)

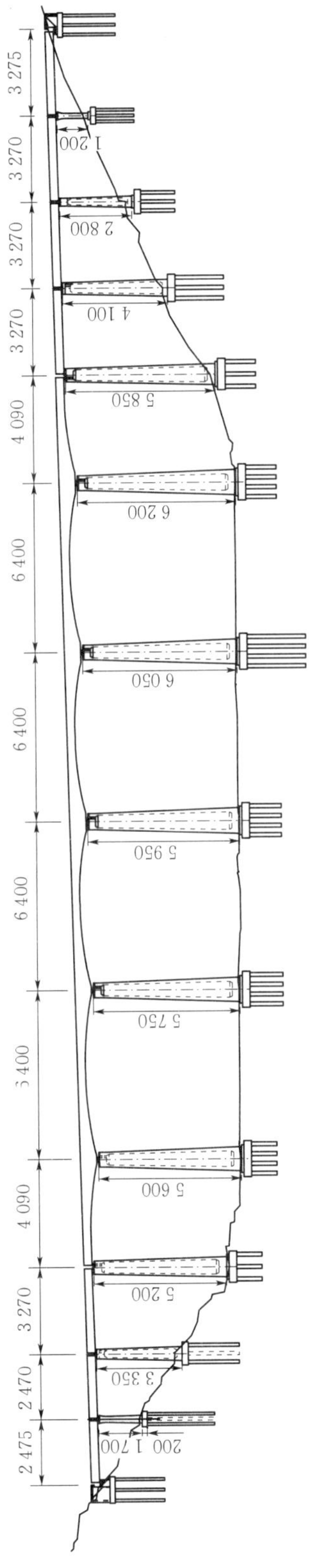

图6.32 U形宽谷地形多跨长联梁式桥方案示意(单位：cm)

②当跨度超过 200 m 时，一般采用斜拉加劲或拱加劲 PC 梁式组合结构桥，以减小残余徐变变形，保证桥面的高平顺性。PC 梁式组合结构桥方案如图 6.33 所示。

③跨越 V 形深切峡谷地形、桥位较高时，优先考虑采用上承式拱桥通过，线路走向往往由桥位决定，桥位应选择边坡稳定及地质条件较好的区域通过。典型上承式拱桥方案如图 6.34 所示。

④当线路跨越通航要求较高的江河及山区 U 形深谷，梁式桥、拱桥无法满足要求时，宜选用大跨斜拉桥方案。典型斜拉桥布置如图 6.35 所示。

3. 典型大跨度桥梁设计实例

(1)高墩大跨梁式桥

由于高速铁路桥面高平顺的要求，对桥梁的刚度和后期残余变形控制严格，艰险地区预应力混凝土梁式桥最大跨度为 168 m，最大墩高在 150 m 以内。表 6.9 列出了近些年我国修建的部分高墩大跨预应力混凝土梁式桥。

表 6.9 铁路高墩大跨连续刚构桥一览表

序号	线　名	桥　名	最高墩高 /m	孔　跨 /m	设计速度目标值 /(km·h⁻¹)	线路数目
1	渝利铁路	蔡家沟特大桥	139	80+3×144+80	200	2
2	渝利铁路	新桥特大桥	116	52+7×96+52	200	2
3	兰渝铁路	新井口嘉陵江特大桥	80.5	84+152+84	200	4
4	太中银铁路	清河沟特大桥	113	78+3×134+78	200	2
5	太中银铁路	跨河口庙水库特大桥	85	96+168+96	200	2
6	贵广铁路	莫家寨特大桥	85	72+128+72	250	2
7	沪昆铁路	克地坝陵河特大桥	104	88+168+88	350	2
8	沪昆铁路	岔河大桥	103	88+168+88	350	2
9	渝黔铁路	朝门乌江大桥	111.5	92+168+92	200	2
10	成贵铁路	南广河特大桥	94	68+2×120+68	250	2
11	成贵铁路	花家坝特大桥	98.5	56+2×100+56	250	2
12	成贵铁路	香坝河特大桥	107	88+168+88	250	2
13	成贵铁路	落脚河大桥	88	68+128+68	250	2

为适应高标准铁路技术经济要求，跨越宽沟深谷，需要修建铁路高墩大跨长联桥梁。随着墩高及跨度的增加，桥梁刚度控制问题突出，对于铁路超百米高墩群连续梁式桥，如采用传统墩型，基础横向尺寸大，陡坡地形基坑开挖困难，桥梁横向刚度控制难度大，圬工量大，费用昂贵，如何经济有效地控制横向刚度，保证列车安全运行，是高墩大跨桥梁设计的关键技术问题。为此，渝利铁路蔡家沟特大桥研究采用了 A 形及“人”字形超高墩，解决了高墩大跨桥梁横向刚度控制难题，适应了艰险地区地形条件，降低了桥梁基础设计的难度。A 形和“人”字形墩如图 6.36 所示。

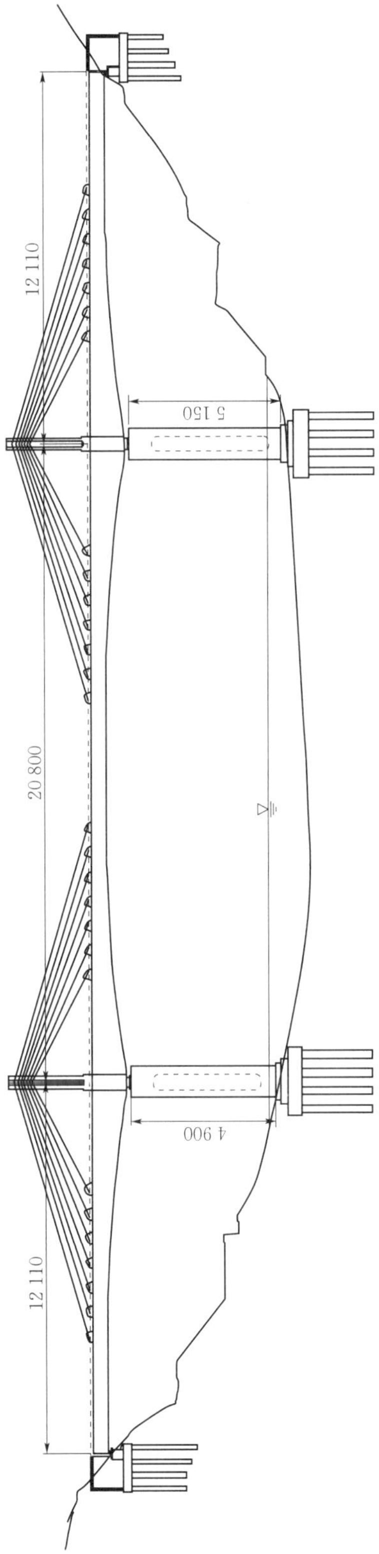

图6.33　PC梁式组合结构桥方案示意(单位：cm)

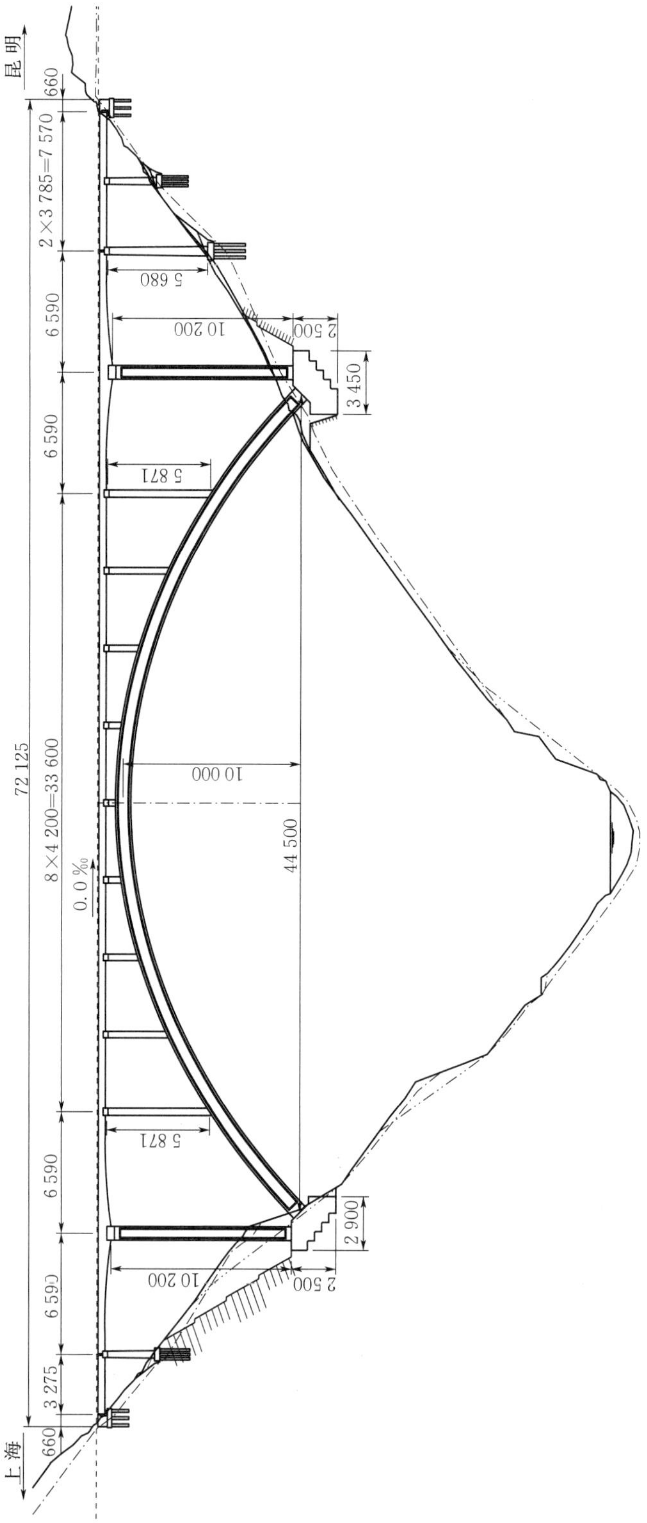

图6.34 V形峡谷地形上承式拱桥方案示意(单位：cm)

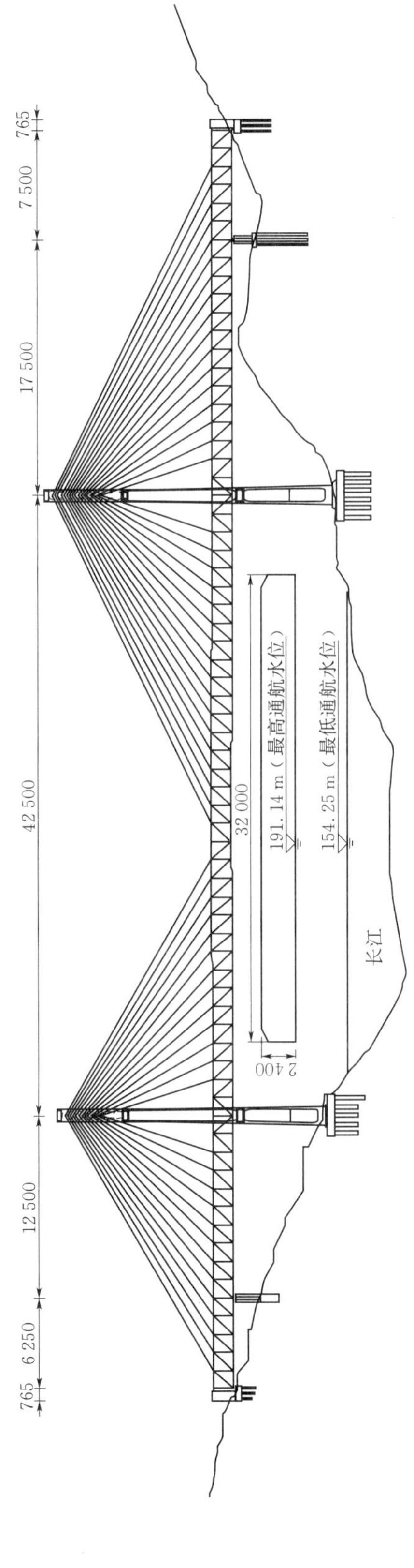

图6.35 山区典型斜拉桥方案示意(单位：cm)

将桥墩混凝土方量与自振频率的比值 V/F 作为桥墩的经济性指标，通过系统研究已有大跨高墩结构的适应性，提出了单坡空心墩、变坡空心墩（圆弧放坡高墩）、“人”字形墩及 A 形墩不同大跨高墩的适应性，详见表 6.10。

表 6.10　铁路不同高墩形式的适应性

墩高 H/m	$H\leqslant 80$	$80<H\leqslant 100$	$100<H\leqslant 120$	$H>120$
适应墩型	单坡墩	双坡墩	“人”字形墩	A 形墩

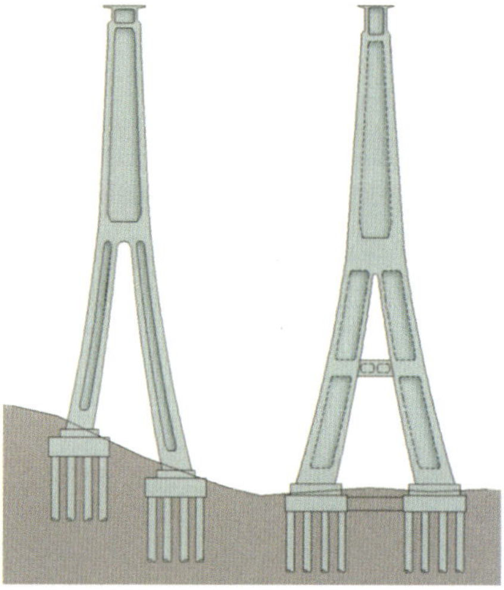

图 6.36　A 形和“人”字形墩

采用“人”字形和 A 形超高墩的典型桥梁为渝利铁路蔡家沟特大桥和渝利铁路新桥特大桥。

蔡家沟特大桥位于重庆市涪陵区，主桥采用（80＋3×144＋80）m 预应力混凝土刚构连续梁桥，主跨墩高最高 139.0 m。蔡家沟特大桥成桥照片如图 6.37 所示。

图 6.37　渝利铁路蔡家沟特大桥

渝利铁路新桥特大桥位于重庆市涪陵区，主桥采用（52＋7×96＋52）m 预应力混凝土刚构连续梁桥，联长 777.7 m，超百米高墩 4 个，墩高最高 116 m。新桥特大桥成桥照片如图 6.38 所示。

图 6.38　渝利铁路新桥特大桥

(2)大跨度上承式混凝土拱桥

拱桥跨越能力强，结构刚度大，与高速铁路"变形小、刚度大"的技术要求非常契合。而对于艰险地区，当高速铁路跨越地形深切的V形大峡谷时，往往要求桥梁尽量抬高，以降低两侧相邻隧道工程的风险，此时，梁式桥梁已不适合，而多采用拱桥跨越。近些年我国在设计及修建的高速铁路典型大跨度拱桥见表6.11。

表6.11 我国近些年修建的高速铁路典型大跨度拱桥一览表

序号	桥梁名称	线路名称	主跨跨度/m	速度目标值/(km·h^{-1})	结构形式
1	北盘江特大桥	沪昆高速铁路	445	350	上承式混凝土拱桥
2	南盘江特大桥	云桂铁路	416	250	上承式混凝土拱桥
3	夜郎河特大桥	渝黔铁路	370	250	上承式混凝土拱桥
4	梅溪河特大桥	郑万铁路	340	350	上承式混凝土拱桥
5	大宁河大桥	郑万铁路	282	350	中承式钢筋混凝土拱桥
6	藏木特大桥	拉林铁路	436	200	中承式钢管混凝土拱桥
7	西溪河大桥	成贵铁路	240	250	上承式钢管混凝土拱桥
8	南京大胜关特大桥	京沪高速铁路	336	300	钢桁拱—梁组合体系桥
9	三岸邕江特大桥	南钦铁路	276	250	钢桁拱—梁组合体系桥

混凝土拱桥以其刚度大、造价低，后期养护维修量少及随环境气温变化变形小的诸多优点，近些年在山区高速铁路中得到广泛应用。艰险地区最为典型大跨度混凝土拱桥为沪昆高速铁路北盘江特大桥和云桂铁路南盘江特大桥，如图6.39、图6.40所示。沪昆高速铁路北盘江特大桥为跨度445 m上承式钢筋混凝土拱桥，设计时速350 km；云桂铁路南盘江特大桥为跨度416 m上承式钢筋混凝土拱桥，设计标准为200 km客货共线。

图6.39 沪昆高速铁路北盘江特大桥

图6.40 云桂铁路南盘江特大桥

在艰险地区修建大跨度混凝土拱桥最为关键的问题是主拱施工方法的选择。主拱成拱方法的选择应综合考虑桥位施工场地的自然条件（自然环境、地形地质条件及交通运输条件）、现有的施工技术、经济性、施工速度及施工的安全性等因素进行选定。虽然先进的施工方法能带来良好的经济效益，但选择时也应充分考虑缺乏新技术的相关经验而带来的施工风险。

大跨度混凝土拱桥的施工方法主要有悬臂施工法、劲性骨架法以及悬臂施工＋劲性骨架组合法等多种工法。云桂铁路南盘江特大桥针对艰险地区狭窄的施工场地条件，首次采用了混凝土拱桥“钢管混凝土劲性骨架平衡加载辅以斜拉索调整骨架内力”的成拱方法，大幅减少了临时工程，简化了施工工序，缩短了施工工期，提高了混凝土的成拱质量，其主拱施工方案示意如图 6.41 所示。

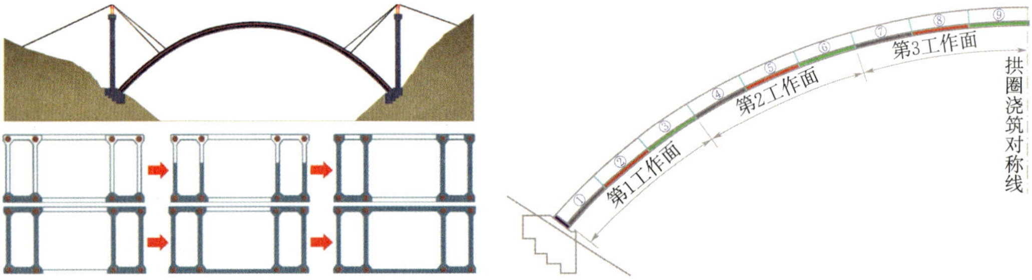

图 6.41 南盘江特大桥主拱混凝土施工方案示意

南盘江特大桥采用扣索调整劲性骨架内力，在外包混凝土浇筑前采用扣索对劲性骨架施力，预先使拱圈向后续加载变形方向的相反方向变形，降低管内混凝土最大应力，待某一环外包混凝土成拱后再释放扣索，将本应由劲性骨架拱全部承担的外包混凝土荷载一部分转移到由劲性骨架拱和外包混凝土拱共同承担，有效降低了劲性骨架钢管和管内混凝土的峰值应力。由于拱圈外包混凝土截面面积相对劲性骨架钢管面积要大很多(劲性骨架钢管截面面积仅占拱圈全截面面积的 9%)，所以在显著减小劲性骨架钢管和管内混凝土应力的同时，外包混凝土截面的应力却没有明显的增加。实现拱圈外包混凝土的连续浇筑，拱圈接缝少，拱圈混凝土龄期差小，可有效控制拱圈混凝土开裂，并节省施工工期。

沪昆高速铁路北盘江特大桥主跨达 445 m，主拱混凝土圬工量约 2.7 万 m^3。为解决拱脚首先浇筑的底板混凝土超限的问题，首次采用了依托钢管混凝土劲性骨架“分环浇筑＋斜拉全断面浇筑”相组合的劲性骨架的成拱方法。即在拱圈混凝土结构的边箱底板浇筑完成后，选定拱脚一定范围首先形成全断面外包拱圈混凝土结构，由此造成的对主拱圈的不平衡加载通过张拉一定数量的拱脚全断面外包节段扣索、背索进行调整，并在外包拱圈混凝土结构的边箱混凝土断面全部形成后进行拆除，主拱外包混凝土施工方法示意如图 6.42 所示。本成拱方法在不增加拱圈断面尺寸及圬工方量的基础上，有效降低拱脚段外包混凝土的应力峰值，拱圈受力更为均匀，节省圬工的同时扩大了主拱圈的作业面，缩短了工期；经济有效地提升了混凝土拱桥跨越能力，发展了混凝土拱桥成拱技术。

(3)大跨度钢桁斜拉桥

斜拉桥适用范围很广，是山区高速铁路具有技术经济竞争力的桥式之一，与公路、普通铁路斜拉桥相比，高速铁路斜拉桥动力响应更大，平顺性要求更高。近些年我国修建的部分大跨度铁路斜拉桥见表 6.12。

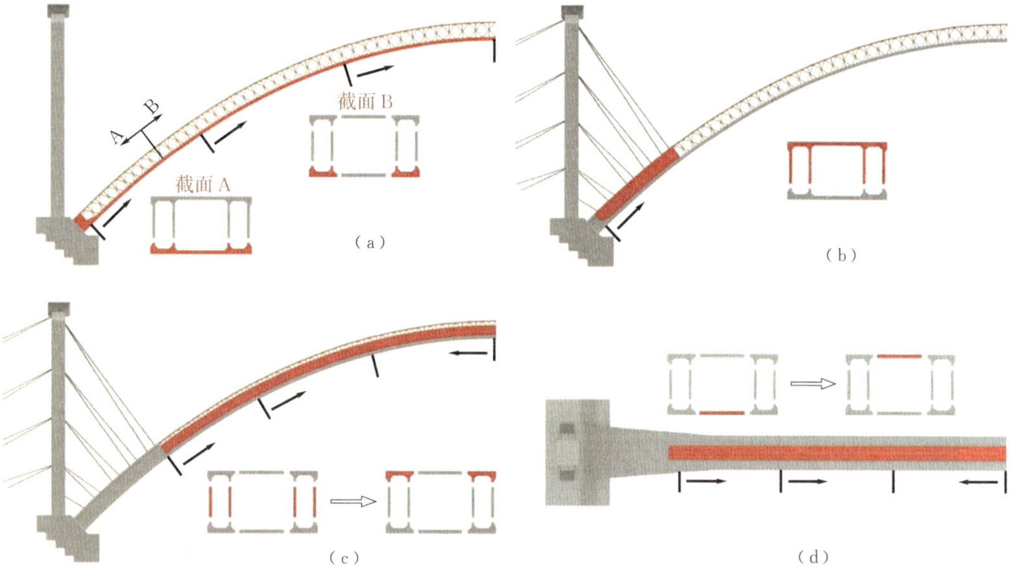

图6.42 北盘江特大桥主拱混凝土施工方法示意

表6.12 山区铁路斜拉桥一览表

序号	线 名	桥 名	主跨/m	线路数目	设计速度目标值/(km·h⁻¹)	结构形式
1	渝利铁路	韩家沱长江特大桥	432	2	200	钢桁斜拉桥
2	南广铁路	桂平郁江特大桥	228	2	250	钢桁斜拉桥
3	渝黔铁路	新白沙沱长江大桥	432	6	200	钢桁斜拉桥
4	成昆铁路	攀枝花金沙江大桥	208	2	200	混凝土斜拉桥
5	贵广铁路	东平水道特大桥	175	4	200	钢箱斜拉桥
6	宁安铁路	安庆长江大桥	580	4	200	钢桁斜拉桥
7	贵广铁路	思贤窖特大桥	230	4	250	钢桁斜拉桥
8	贵广铁路	北江特大桥	230	4	250	钢桁斜拉桥

在艰险地区修建大跨度斜拉桥由于受场地架设条件和运输条件限制，常采用散件运输至工地后再进行节段拼装或散件拼装；因此加劲梁常采用钢桁结构，特别是多线铁路桥，采用钢桁结构可以上、下层布置，节省材料。例如渝黔铁路新白沙沱特大桥。

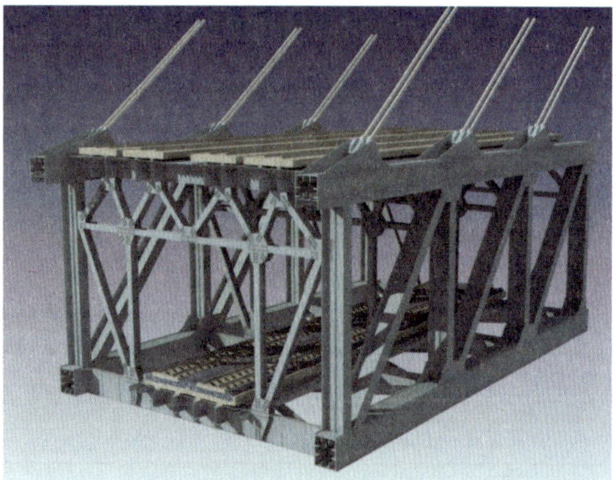

图6.43 渝黔铁路新白沙沱长江特大桥断面示意图

渝黔铁路新白沙沱长江特大桥位于重庆市江津区与大渡口区，在既有川黔铁路白沙沱长江大桥下游100 m左右的位置跨越长江。如图6.43所示，大桥双层布置，上层为四线客运铁路，设计时速200 km；下层是双线货运铁路，设计时速 120 km。大桥主桥为(81＋162＋432＋162＋81) m 六线双层钢桁梁斜拉桥。钢桁梁桁宽 24.5 m、桁高 15.2 m。大桥成桥照片如图 6.44 所示。

图 6.44 渝黔线新白沙沱长江特大桥照片

6.6.2 厚壁空心结构温差曲线和徐变修正模型

1. 厚壁空心结构日照和寒潮温差曲线

目前我国规范对于温度效应的计算主要为薄壁空心结构，而对于厚壁空心结构的温度场和温度应力，国内外研究得非常少。为了揭示厚壁空心结构的温度沿壁厚的分布规律，中铁二院采用数值分析、模型试验和现场实测相结合的方法进行了研究。

(1)厚壁空心箱梁温差曲线

我国铁路桥涵设计规范对箱梁沿板厚的温差效应在大于 26 cm 后未细分。为更为准确计算厚壁空心箱梁沿板厚的温度应力及变形，箱梁在日照作用下沿板厚度方向的温差曲线拟合利用有限元计算出箱梁不同时刻的温度场后，选取出现的最大板厚温差数据，利用 MATLAB 对温差数据按式(6.12)指数函数拟合，进而得到沿板厚的温差指数曲线。

$$T_x = T_0 \cdot e^{-\beta x} \tag{6.12}$$

式中 T_x——距外表面为 x 处的温差，℃，$x=0$ 表示最大温差值；

β——温差分布曲线的指数；

x——距外表面的距离，m。

日照作用下箱梁顶板沿板厚温差曲线指数见表 6.13。

表 6.13 箱梁顶板沿板厚温差曲线指数 β 值

板厚/cm	30	40	50	60	70	80
指数 β	8.300	7.305	6.932	6.867	6.916	6.981

日照作用下箱梁腹板沿板厚温差曲线指数见表 6.14。

表 6.14　箱梁腹板沿板厚温差曲线指数 β 值

板厚/cm	30	40	50	60	70	80	90	100	110	120	130
指数 β	10.55	9.871	9.817	9.78	9.739	9.719	9.713	9.694	9.67	9.653	9.642

(2)厚壁空心高墩温差曲线

大跨空心高墩其壁厚远远大于 1 m，如沪昆高速铁路坝陵河特大桥 3 号主墩高 104 m，墩底最大壁厚为 6 m。随着桥墩壁厚的加大，温度引起的拉应力显著增加，极易导致混凝土表面开裂。根据计算，在 −10 ℃寒潮作用下壁厚为 0.3 m 的桥墩表面拉应力为 0.9 MPa，而壁厚为 6 m 的厚壁空心墩相应拉应力为 5.66 MPa。

采用模型试验与桥墩现场实测相结合的方法，研究桥墩在日照作用下墩壁内温度场的分布。桥墩节段模型壁厚分别采用 0.3～1.0 m，对试验所得温度差数据进行统计并回归分析后得到桥墩在日照作用下沿壁厚方向的温差曲线函数为

$$T_x = T_0 \cdot e^{-\beta x} \tag{6.13}$$

式中　T_x——距外表面为 x 处的温差，℃，$x=0$ 表示墩壁内外温差值；

T_0——墩壁内外温差值(不知墩壁内外温差准确数据时：当桥墩壁厚≤50 cm 时，$T_0=7$；当桥墩壁厚大于 50 cm 且小于 60 cm 时，$T_0=8$；当桥墩壁厚大于 60 cm 且小于 90 cm 时，$T_0=9$；当桥墩壁厚≥90 cm 时，$T_0=10$)，℃；

β——常数，计算日照温差时一般取 8；

x——距外表面的距离。

在日照试验及现场实测中对模型和实际桥墩内部点的温度进行了从早到晚的全程监测，内壁温度在一天范围内变幅小于 0.5 ℃，且日照作用对空心桥墩壁厚的影响深度通常小于 1.0 m。壁厚 7 m 桥墩和壁厚 1 m 模型温差曲线对比分别如图 6.45、图 6.46 所示。

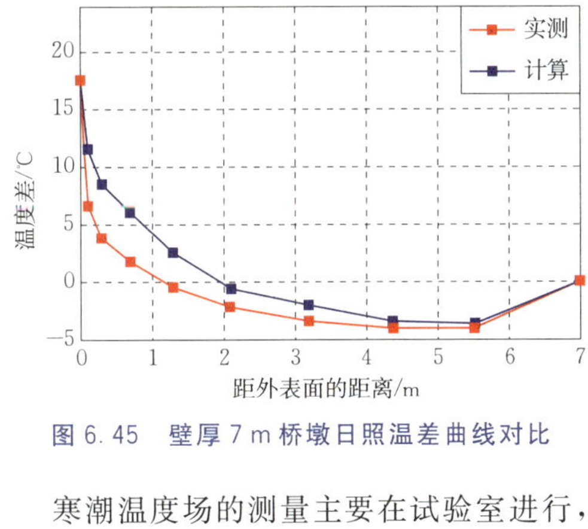

图 6.45　壁厚 7 m 桥墩日照温差曲线对比

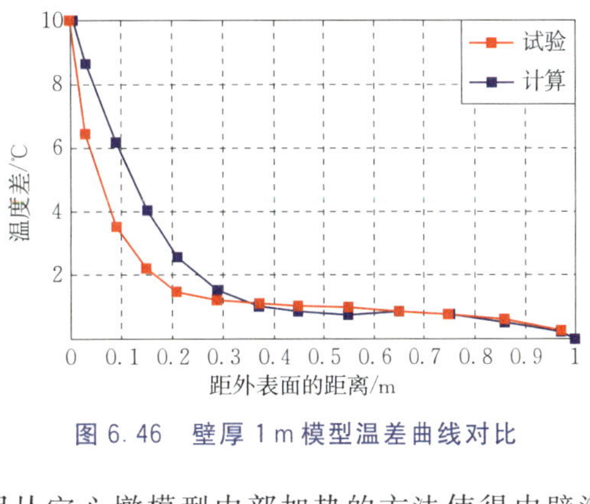

图 6.46　壁厚 1 m 模型温差曲线对比

寒潮温度场的测量主要在试验室进行，采用从空心墩模型内部加热的方法使得内壁温度高于外壁温度，以此来模拟寒潮对桥墩混凝土的作用。寒潮作用下厚壁空心墩温差分布曲线函数为

$$T_y = -11.5 \times e^{-8y} \tag{6.14}$$

式中　T_y——距外表面为 y 处的温差，$y=0$ 表示墩壁内外温差值；

y——距外表面的距离。

2. 高强混凝土收缩、徐变修正模型

高速铁路桥梁对残余徐变变形控制为毫米级，为保证高速铁路桥梁运营的高平顺性，需对大跨度混凝土桥梁的收缩徐变变形进行更为准确地计算。高墩大跨桥梁多采用高强混凝土，高强混凝土由于水灰比低、密实度好，具有较低的收缩徐变量和加载初期徐变发展速度较快的特点。经过研究，提出通过引入强度影响因子，对收缩徐变的终极值和发展规律进行适当的修正，结合 ACI-209 收缩徐变模式的特点，根据模型试验结果回归分析提出了高强混凝土的收缩徐变修正模型。为了评述所测得的试验数据的可靠性，选取 GL2000、CEB-FIP(1978)、CEB-FIP(1990)及 ACI-209R(1992)模型和试验建议模型进行比较，如图 6.47 和图 6.48 所示。

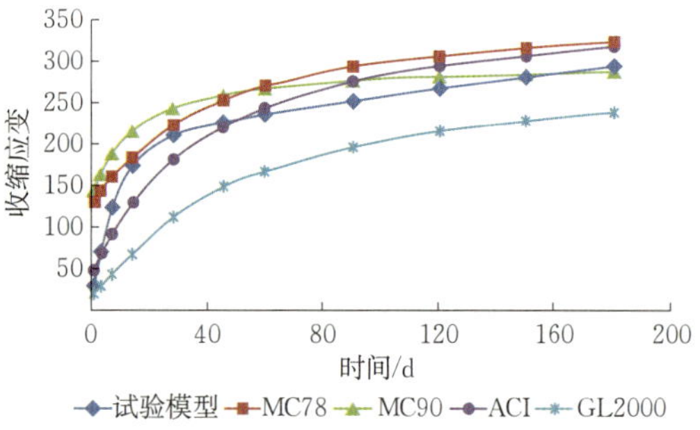

图 6.47 混凝土收缩应变比较图

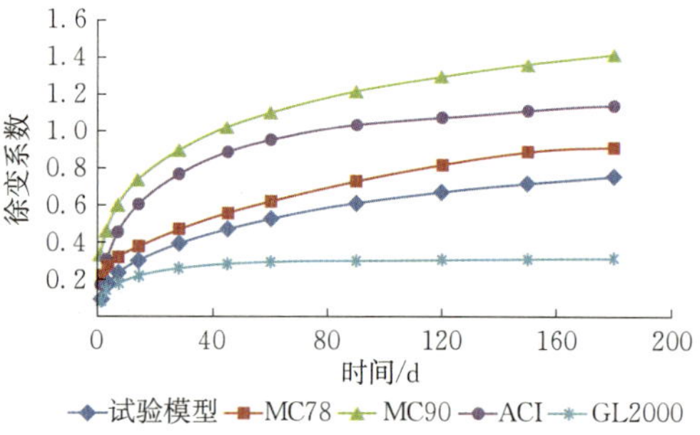

图 6.48 混凝土徐变系数比较图

由以上比较图可知，修正模型(图 6.47、图 6.48 中试验模型)的收缩应变终极值及徐变系数均较其他模型要小。为了评述所测得的试验数据的可靠性，采用本修正模型进行牛角坪大桥(100 m+192 m+100 m 刚构桥)成桥后变形计算，得到中跨挠度计算值与实测值进行比较，如图 6.49 所示。

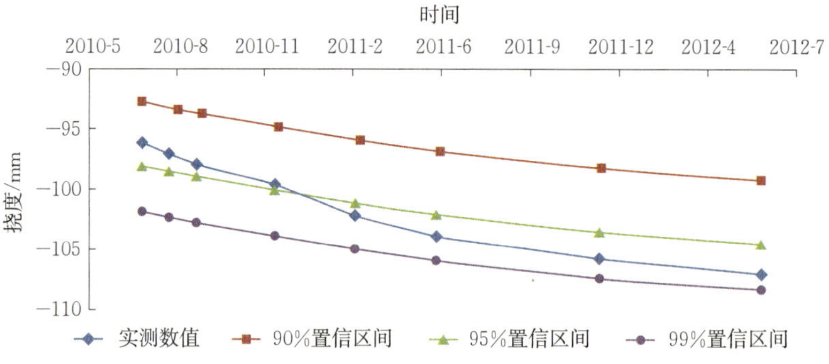

图 6.49 牛角坪大桥中跨挠度计算值和实测值对比图

由图 6.49 可知，采用本试验修正模型得到的 99%置信区间的挠度计算值与实测值随着时间的推移越来越接近，从而也验证了本试验修正模型的可靠性。

7 隧道工程技术

艰险地区具有地形险峻、地质复杂、环境敏感、地质灾害风险高等特点，而高速铁路具有线形顺直、曲线半径大的特点，因此艰险地区高速铁路隧道工程呈现出显著不同于一般地区铁路的特点：(1)隧道多、比重大，特长隧道多；(2)桥隧相连、成群分布；(3)洞口高陡、重力型不良地质发育；(4)埋深大、地质条件复杂、洞身不良地质发育；(5)特殊复杂结构多，设计施工难度大；(6)弃渣量大、渣场占地大、环保要求高。

基于上述特点，在艰险地区高速铁路的建设中，隧道往往是全线关键性工程，合理的技术方案是保证其安全、质量、投资、工期等得以实现的根本。因此，艰险地区隧道工程建设应重点关注和解决的问题包括：峡谷型高陡洞口地质灾害防治，桥隧相连洞口一体化设计，长大深埋隧道高压富水、高地应力软岩大变形、高地温等不良地质处理，长大隧道(群)防灾救援、施工通风，大规模弃渣及环保，特殊复杂结构设计等。

7.1 V形峡谷洞口工程

7.1.1 V形峡谷洞口特点及主要关注的问题

1. V形峡谷洞口特点

艰险地区V形峡谷地段，地表高差达几百甚至上千米，铁路工程一般在沟谷中下部穿过，如图7.1、图7.2所示。与一般地段相比，该地区洞口具有如下特点：

图7.1 典型V形峡谷地貌

图7.2 V形峡谷区隧道出露

(1)发育多种不良地质

在艰险地区，虽然选线时对不良地质采取尽可能绕避的原则，但受区域地形地质条件制约，隧道洞口往往存在多种不良地质，包括危岩落石、滑坡、岩堆、泥石流(碎屑流)等。图7.3

所示为成兰铁路某隧道洞口，坡面高陡，危岩落石发育，洞口穿越岩堆，隧底为堰塞湖软基，峡谷上游存在泥石流灾害。

(2)洞口结构复杂，承载功能多

艰险地区受地形条件限制，存在桥隧相连、桥台进洞、车站进洞等情况，各项工程均需在狭窄的场地范围内集中设置，相邻工程交叉影响严重；同时，隧道洞口往往需承担运营检修、防护、车站、防灾救援等功能。图 7.4、图 7.5 所示分别为一般地段隧道洞门和 V 形峡谷段隧道洞门。

图 7.3 艰险地区发育多种不良地质的典型隧道洞口

图 7.4 一般地段隧道洞门

图 7.5 V 形峡谷段隧道洞门

2. 主要关注的问题

艰险地区 V 形峡谷地段，地形艰险，地质条件复杂，工程空间狭窄，隧道洞口安全风险高，设计及施工难度大，需重点关注以下问题。

(1)大范围高位危岩落石处理

艰险地区 V 形峡谷洞口危岩落石具有发育范围广、弹跳远、偏移距离大、冲击速度快等特点。如何进行处理及防护是洞口设计、施工的难点之一。

(2)V 形峡谷洞口稳定性评价及加固处理

①洞口开挖稳定性评价

V 形峡谷洞口，坡面高陡，一旦开挖后洞口失稳，将导致坡面大面积坍滑，造成灾难性后果。因此，洞口开挖前，首先应进行开挖稳定性评价。

②洞顶超大面积仰坡防护加固

艰险地区高速铁路隧道洞口防护等级高，仰坡防护面积极大，动辄上万平方米，洞口防护加固难度大。如何确定合理加固范围并采取合理措施是洞口设计、施工的难点之二。图 7.6 所示为艰险地区典型隧道洞口防护范围。

③坡脚深度切削的稳定性控制措施

艰险地区 V 形峡谷洞口，桥隧工程相连，由于洞口及桥梁墩台基础开挖，需切削坡脚，导致直立开挖深度高达十米至数十米，如图 7.7 所示。尤其是穿越软弱围岩的隧道洞口，坡面稳定性差，施工工期长。如何采取合理的预加固措施确保洞口开挖稳定是洞口设计、施工的难点之三。

图 7.6　艰险地区典型隧道洞口防护范围

图 7.7　隧道洞口及桥梁墩台基础开挖切削坡脚

7.1.2　主要工程对策

1. 大范围高位危岩落石防护技术

危岩落石常规处理一般采取清除、支顶、嵌补等措施，但对艰险地区 V 形峡谷洞口，坡面高陡且危岩落石发育范围广，难以清除，需采取消能、防护等措施。

1)构建"关键点分导、消能、拦挡"等多层级防护体系

结合落石轨迹模拟分析，建立多层级防护体系，确定各种防护措施的最优设置。采用图 7.8 所示分导装置对坡面危岩落石进行分流，使之远离洞口；对无法分导的，利用帘式网进行消能；最后利用被动网进行拦挡，如图 7.9 所示。

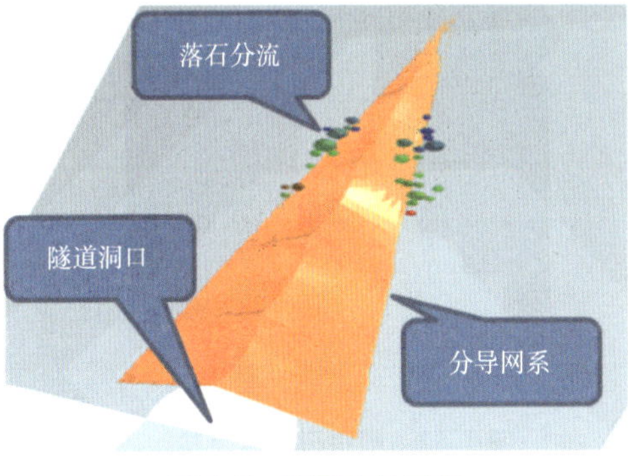

图 7.8　落石分导示意

图 7.9　消能拦挡设计

2)增设特殊明(棚)洞结构

对危岩落石、坡面碎屑流等不良地质发育的隧道洞口，设置明(棚)洞结构是非常有效的防护措施。但在艰险地区 V 形峡谷洞口设置明(棚)洞结构，存在很多问题，诸如：洞口处桥台基础与明(棚)基础同位设置，布置场地受限；洞口明(棚)洞为高耸结构，对抗震极为不利；地表高差大，导致两侧基础不对称，刚度差异大，易发生不均匀沉降；洞口下部堆积层深厚，

基础软弱，一旦基础处理不合理，导致工后沉降变形大。

显然，一般地区的明（棚）洞结构，在艰险地区已不适用，需结合地形地质条件及桥梁布置情况，对明洞结构及回填材料进行优化。如成兰铁路王登隧道采用了高位承台双耳墙明洞，榴桐寨隧道采用了三联拱高墩基础明洞，分别如图 7.10、图 7.11 所示。

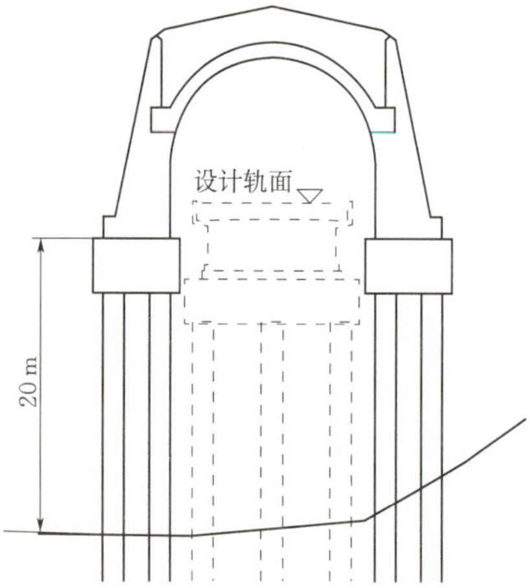

图 7.10　高位承台双耳墙明洞

图 7.11　三联拱高墩基础明洞

（1）结构优化

①上部结构优化：一般地区棚洞多采用如图 7.12 所示的框架式结构；在艰险地区 V 形峡谷地段，为提高棚洞上部结构承载能力，可将框架式棚洞优化为图 7.13 所示的圆拱形。

图 7.12　框架式棚洞结构

图 7.13　圆拱形棚洞结构

对于明洞结构，可采用图 7.14 所示的圆拱形明洞结构；当需进一步提高落石防护能力时，可优化明洞拱轴线，采用图 7.15 所示的莲瓣型明洞。

此外，采用拱形顶面、大斜坡顶面还可保证落石沿明（棚）洞结构顶面自行滑落，有效避免了由于落石堆积引起拱部荷载不断增加。

②基础优化：对艰险地区 V 形峡谷洞口，由于洞外场地受限，加之基底软土深厚，洞口基础形式可结合洞外场地布置综合考虑，设置如图 7.16 所示的桥隧合并型基础。

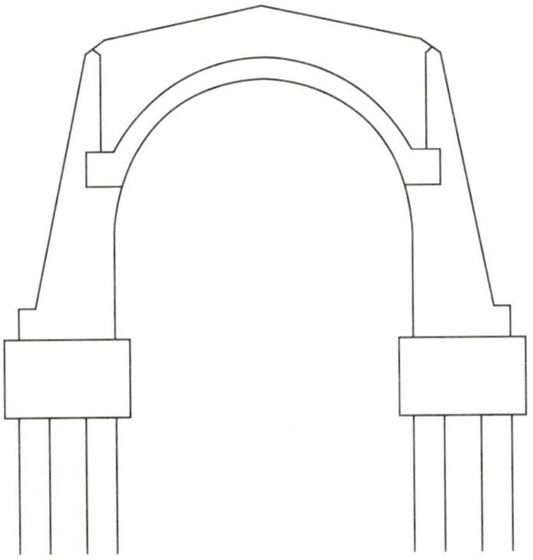

图7.14 圆拱形明洞结构

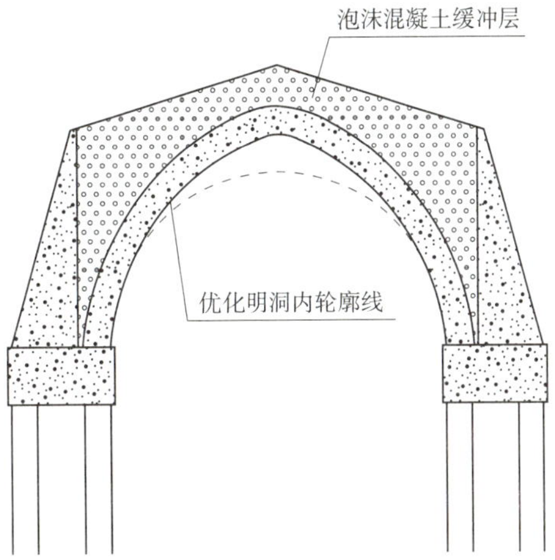

图7.15 莲瓣型明洞结构

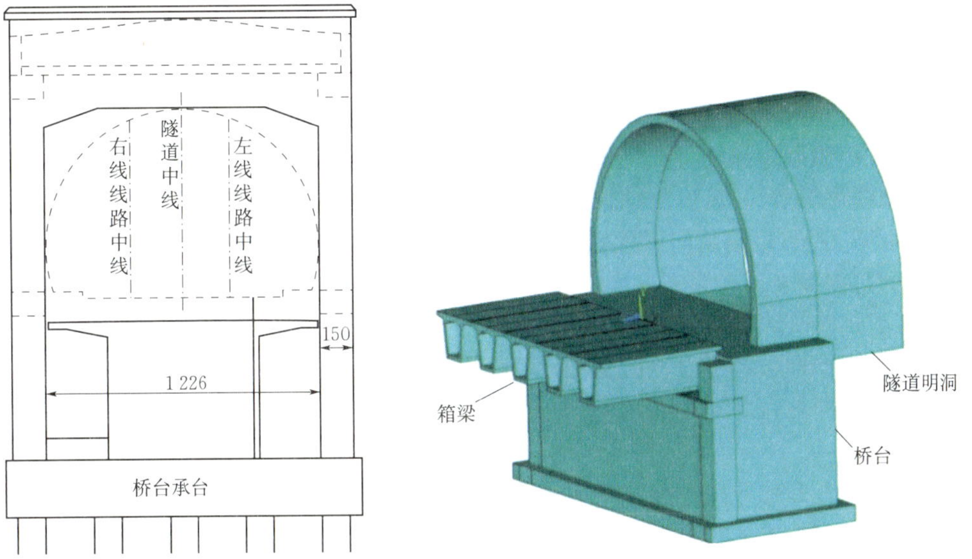

图7.16 桥隧合并型基础(单位:cm)

(2)回填材料优化

针对V形峡谷洞口仰坡高位落石速度快、冲击力大、弹跳强的特点,可对明(棚)洞结构洞顶回填材料进行优化,如采用泡沫混凝土,既能降低自重荷载,还可提高结构对落石冲击的防护能力。

2. V形峡谷洞口进洞技术

(1)洞口坡面分级及稳定性评价方法

洞口边仰坡的稳定性评价是贯穿整个隧道建设的一项重要工作。结合西南地区铁路隧道的工程实践,根据洞口地形、地质条件,初步建立了洞口坡面分级标准,详见表7.1。对需要进行坡面稳定性评价的洞口,可采用强度折减法进行稳定性分析,如图7.17所示。

表 7.1 隧道洞口边仰坡分级及建议工程措施

洞口坡面类别	洞口坡面坡度 α/(°)	岩体完整性系数/kV	岩体单轴抗压强度 σ_c/MPa	表层强风化岩体厚度 δ_w/m	坡面高度 H/m	坡面稳定性评价	坡面工程措施建议
Ⅰ类	<30	>0.75	>30	<0.5	<10	稳定	不处理
Ⅱ类	30～40	0.45～0.75	10～30	0.5～6	10～30	计算确定	计算确定
Ⅲ类	>40	<0.45	<10	>6	>30	不稳定	加固处理

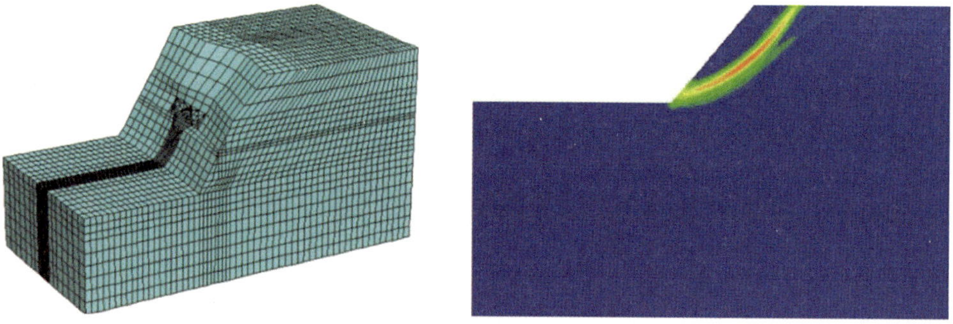

图 7.17 复杂洞口坡面稳定性数值分析

(2)超大面积洞口仰坡“分区、分类、分级”综合防护技术

对常规隧道洞口，一般仅需对洞顶开挖坡面进行防护，防护面积小，防护措施单一；对艰险地区 V 形峡谷洞口，洞顶仰拱高陡，高达上百米，防护面积大，确定合理的防护范围并分区设置可靠的防护措施是确保施工及运营安全的关键。据此，针对 V 形峡谷洞口，成兰铁路建立了“分区、分类、分级”综合防护设计理念。

①分区：根据仰坡范围内不良地质对洞口的影响程度，分成不同的防护区域。

②分类：对仰坡范围内存在的不良地质进行分类，并对其可能产生的地质灾害进行判别。

③分级：结合仰坡不良地质分类及分区，采取针对性防护措施。

图 7.18 所示为成兰铁路平安隧道进口，洞顶坡面自上而下分为 3 个区。Ⅰ区以危石为主，采用清除、嵌补、支顶措施并设置主动网防护；Ⅱ区存在坡面溜坍，采用“锚杆框架梁＋框架内注浆及锚网喷防护”；Ⅲ区为洞顶缓坡段，表层为松散堆积土，采用“锚索框架梁＋框架内注浆及坡面绿化防护”。

(3)深度切削坡脚预加固

V 形峡谷洞口，坡面高陡，洞口开挖导致坡脚切削深度大。为确保洞口稳定，应先采取预加固措施。图 7.19 所示为成兰铁路茂县隧道进口，为保证洞口坡脚开挖稳定，在进洞施工前，采用预加固桩等措施。

为确保工程质量，在预加固桩施工完成后，应开展桩身完整性监测，其检测方法可采用低应变反射波法、声波透射法、高应变法、钻芯法等方法，具体应结合地质条件、桩基类型、结构尺寸等因素合理选择。

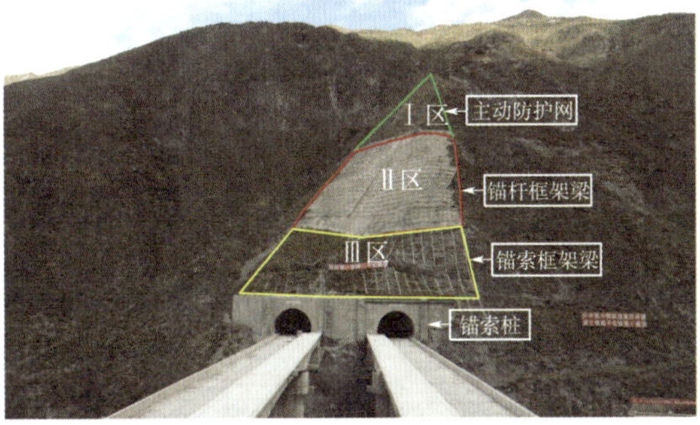

图 7.18　平安隧道进口洞顶仰坡综合防护

图 7.19　洞口直立开挖面预加固桩防护

7.2　复杂长大深埋隧道修建技术

7.2.1　高压富水隧道

艰险地区构造作用强烈，断层、向斜、背斜等构造发育；岩溶分布范围广，地下暗河、岩溶管道发育，地表水连通性强。隧道洞身受高速铁路大曲线半径影响，往往不可避免地穿越高压富水地段、构造强烈发育带等，呈现“水压高、水量大”的特点，施工及运营风险高。

1. 高压富水隧道的主要特点及危害

由于岩溶、岩溶水及构造发育的复杂性（非均匀和动态变化），地下水对隧道工程影响大，特别是穿越水压达到 1 MPa 及以上的高压富水岩溶区和构造发育带，施工中极易发生严重突水突泥等灾害事故，严重危及施工人员及设备的安全，如图 7.20、图 7.21 所示。

图 7.20　某铁路隧道洞内突泥堆积体

图 7.21　某铁路隧道突水突泥后地表塌陷

2. 高压富水隧道的防灾减灾设计

（1）防灾减灾选线

①线路应绕避或以大角度通过富水构造发育带及岩溶强烈发育区，地表塌陷、土洞分布密集地带，可溶岩与非可溶岩接触带，岩溶水富集区及排泄带。

②线路无法规避时，为减少危害程度，隧道应选择在岩溶水垂直循环带内或岩溶水地下排泄通道之上通过。主要措施包括高线位、短隧、傍山、浅埋深、低水头，以利于施工及运营排水。图 7.22 所示为郑万铁路岩溶隧道选线案例。

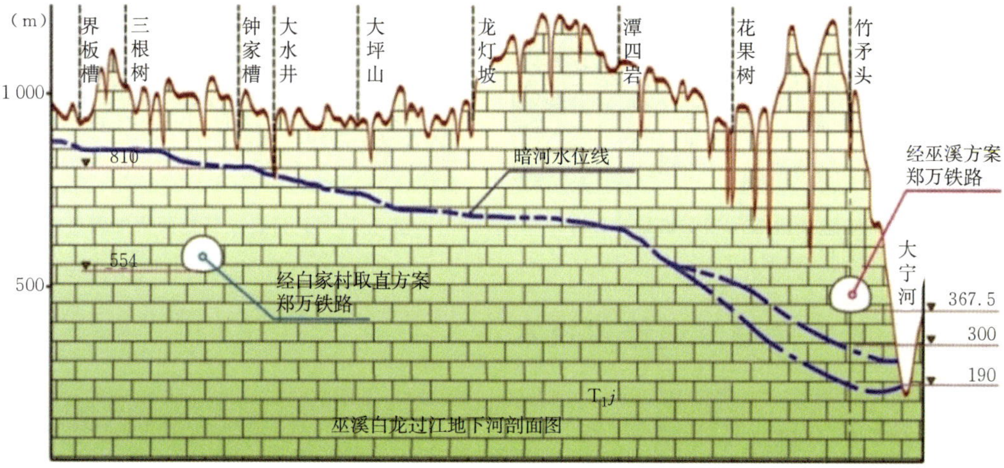

图 7.22　郑万铁路岩溶隧道选线案例

(2)超前地质预报

综合超前地质预报是预防铁路隧道突水突泥的主要手段。高压富水岩溶隧道超前地质预报以地质调查法为基础，以超前钻探为主，结合多种物探手段进行综合超前地质预报，采用宏观指导微观预报、长距离预报指导中短距离预报的工作思路。高压富水岩溶隧道的超前地质预报方法及流程如图 7.23 所示。

(3)工程技术措施

为降低高压富水岩溶隧道施工及运营风险，可采取的主要工程技术措施包括绕避、注浆、分水降压、释能降压、结构处理等，具体见表 7.2。

表 7.2　高压富水隧道主要技术措施

技术措施	主要内容
绕避	正洞遇到规模较大的岩溶时，应优先考虑绕避，以开辟新的工作面。平导或泄水洞遇到规模较大的岩溶，原则上不处理，采取绕避方案
注浆	对高压富水充填溶腔或构造发育带，通过注浆处理，达到堵水和加固地层的目的，以保证隧道施工安全
分水降压	通过钻孔或者设置高位泄水洞，对隧道注浆加固圈外实施排水降压，以确保隧道开挖处于低水压状态
释能降压	对复杂的高压富水充填溶腔或构造发育带，实施有计划、有目的的精确爆破施工，释放高压水，降低泥水压力，削减其势能，以降低施工及运营风险。再根据溶腔情况进行针对性的支护结构设计
结构处理	对高压富水岩溶地段，应结合围岩级别，充分考虑岩溶类型、排水能力、管路通畅情况、水位(水压)瞬变等对结构的安全影响，根据承受的水、土压力情况，选择合理的衬砌结构形式

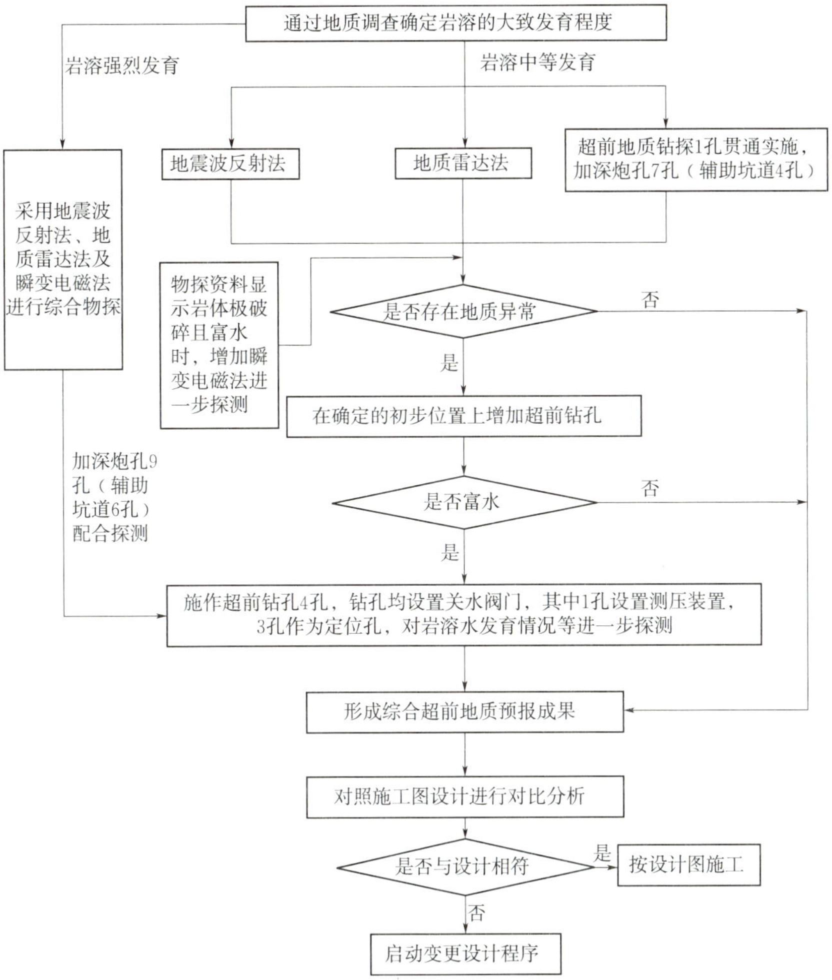

图 7.23 高压富水岩溶隧道超前地质预报流程图

3. 工程案例

厦深铁路梁山隧道全长 9 888 m，全隧差异风化严重，发育软弱带共 19 条。2009 年 3 月至 2010 年 3 月间，施工中遇巨型花岗岩全风化软弱构造带，发生多次不同规模的突水涌泥灾害，表现为以下五个特征：

①规模巨大：软弱夹层成带状，宽约 25 m，横向延伸 2.3 km；

②埋深大：涌水突泥地段隧道埋深 270 m，并塌陷至地表，塌陷深度极为罕见；

③极为富水：水量大，水压高；

④岩层陡倾：软弱构造带倾角为 75°～85°；

⑤成分复杂：软弱构造带物质组成复杂，全风化花岗岩、辉绿岩及闪长玢岩，扰动后呈软塑～流塑状。

梁山隧道高压富水段采用水平旋喷加固技术，利用相互咬合的旋喷桩加固来改良地层。加固后再施作泄水孔，利用旋喷体作为泄水孔护壁，防止塌孔或细小颗粒进入泄水通道，以实现“排清留固”。水平旋喷桩及泄水孔布置分别如图 7.24、图 7.25 所示。

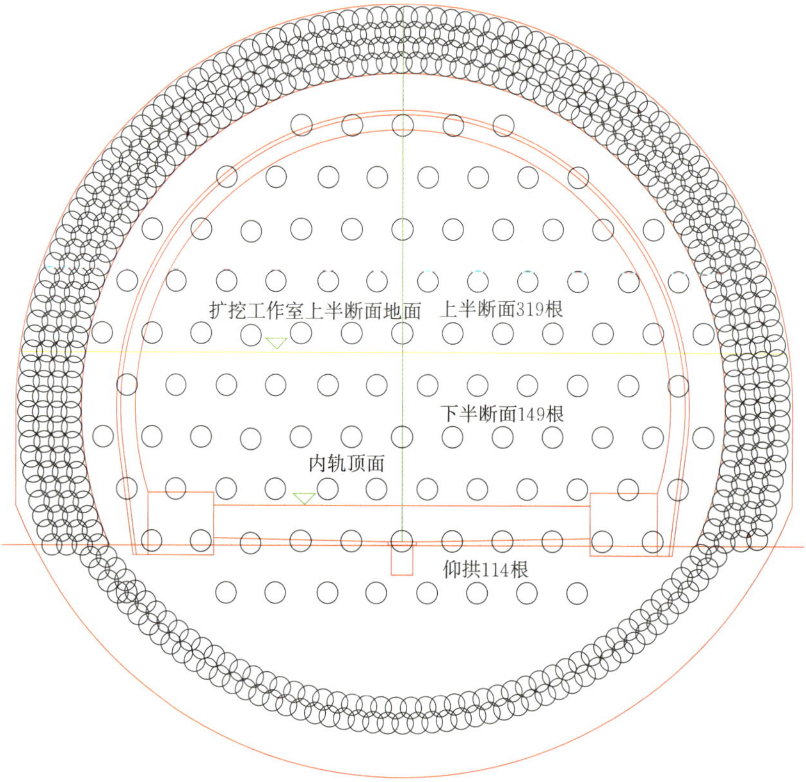

图 7.24 水平旋喷桩布设图

7.2.2 高地应力软岩大变形隧道

图 7.25 水平旋喷造泄水孔示意图

高地应力软弱围岩又称为挤压性围岩，一般是指岩体单轴抗压强度与原始地应力比值小于 0.5 的围岩。此类围岩在洞室开挖后，以塑性变形和流变变形为主，并具有变形速率大、变形持续时间长、变形量值大的特点，其变形量值往往达到几十厘米甚至 1 m 以上，因此称之为高地应力软岩大变形。图 7.26 所示为软岩大变形隧道支护结构变形监测典型曲线图。

软岩大变形隧道在开挖后变形超过支护结构的变形适应能力或预留变形量，则可能造成如图 7.27 所示的支护结构破坏、失效，轮廓侵限等病害，导致开挖轮廓再次扩挖、支护结构拆除及重建，不仅引起投资大量增加，也严重影响施工工期。因此，软岩大变形是困扰隧道工程建设和运营的重大难题之一。

软岩大变形在艰险地区长大深埋隧道普遍出现，这是由于该区域隧道埋深大，围岩软弱，构造影响复杂，原始地应力往往达 30 MPa 以上。对于高速铁路，隧道开挖断面更大，给大变形控制特别是仰拱的变形控制带来更高要求，若处置不当会引起投资增大、工期滞后，甚至造成运营期间列车限速、停运，影响行车安全。

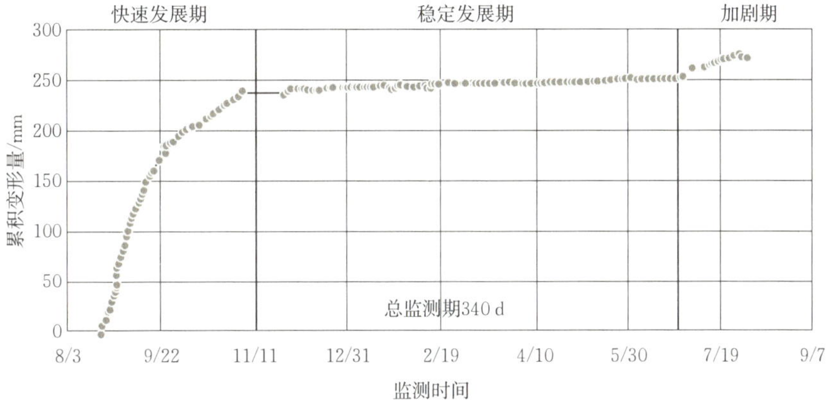

图 7.26 软岩大变形隧道支护结构变形监测典型曲线图

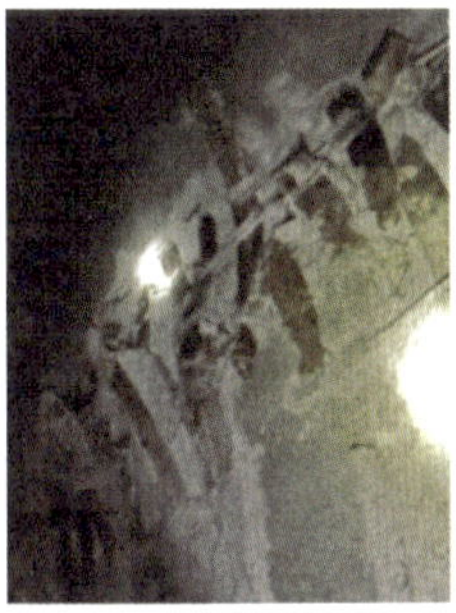
(a) 支护破坏

(b) 支护侵限

(c) 锚杆拉断

(d) 隧道底鼓

(e) 仰拱隆起错台

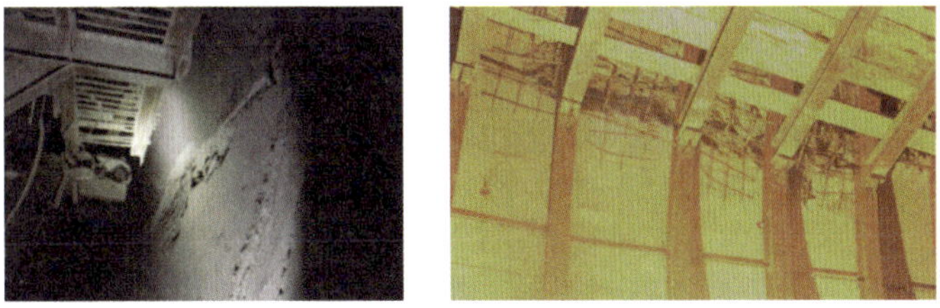
(f) 二衬开裂破坏

图 7.27 软岩大变形隧道支护结构变形、破坏情况

1. 软岩大变形的影响因素

原始地应力与岩体强度是影响软岩大变形发生的主要内在因素，而施工因素如施工工法、支护措施、支护时机等也对大变形有着非常重要的影响。目前通过评价原始地应力与岩石强度比值的方法对大变形进行量化分级，对于施工因素尚未有量化的评价方法。

2. 软岩大变形分级标准

软岩大变形的分级与围岩分级类似，是为支护参数确定而服务的。变形等级划分不准确，将引起支护参数设置不合理，导致支护结构失效。在《铁路隧道设计规范》(TB 10003—2016)中，将大变形分为Ⅰ级、Ⅱ级及Ⅲ级三个等级。但结合大量工程实践，宜将大变形等级拓展为轻微、中等、严重和极严重四级。即在考虑更低的强度应力比的条件下，对规范中Ⅲ级大变形进行拓展，具体见表7.3。

表7.3 艰险地区软岩大变形建议分级标准

分类依据	无变形	轻微	中等	严重	极严重
强度应力比 N_c	>0.5	0.25～0.5	0.15～0.25	0.05～0.15	≤0.05

3. 大变形控制技术

大变形隧道变形控制措施应立足于主动加固围岩，减小围岩塑性区，发挥围岩自承能力。

(1)大变形隧道施工应遵循“快挖，快支，快封闭”的原则，建议初支封闭成环距掌子面距离控制在20 m以内。

(2)大变形隧道应尽量减少开挖分部，在掌子面稳定性较好时，宜采用两台阶法或带仰拱两台阶法，如图7.28所示；对掌子面稳定性差或变形发展过快的段落，可采用台阶法并预留核心土。

(3)大变形隧道应发挥组合支护的效果，强化锚杆加固围岩的作用。为尽快发挥锚杆作用，可采用大型机械尽早实施快凝早强锚杆，如图7.29所示；当掌子面空间受限时，锚杆可采用“长短结合、先短后长”的组合方式，利用快速施作的短锚杆控制初期变形。

图7.28 带仰拱的两台阶法

图7.29 采用凿岩台车施工锚杆

(4)二次衬砌应在前期支护结构收敛稳定后施作。

(5)大变形地段附近应避免设置相邻洞室工程。研究表明，大变形地段5倍洞径范围内设置相邻工程会进一步加剧变形，极大增加变形控制难度，两平行隧洞的净距宜控制在5倍洞径以上。

4. 大变形地段位移等级管理

大变形地段应加强变形监测，切实做好位移监控管理，制定应急处理措施。表7.4为成兰铁路大变形隧道位移控制等级、判断标准及应急处理建议措施。

表 7.4 大变形隧道位移控制等级及应急处理建议措施

序号	判断标准	控制等级	应急处理措施
1	累积变形达到设计值的50%，且变形速率超 5 mm/d	Ⅰ	(1)加强监测频次； (2)参建各方及时开展危险评估，根据评估结果确定对策
2	累积变形达到设计值的80%，且变形速率超 10 mm/d	Ⅱ	(1)掌子面暂停掘进； (2)对该段支护措施进行补强； (3)参建各方及时开展危险评估，根据评估结果调整后续施工段落支护措施
3	累积变形达到设计值的95%，且变形速率超 5 mm/d	Ⅲ	(1)掌子面暂停掘进； (2)对变形段增设护拱、临时支撑或其他临时加固措施； (3)参建各方分析原因，制定该变形段支护补强措施，并进行处理； (4)待变形段处理完成后，结合监控量测及补强措施情况，调整后续段落支护措施

5. 工程案例

成兰铁路跃龙门隧道全长 20.042 km，受龙门山中央断裂等区域地质构造影响，千枚岩、炭质千枚岩等软质岩地段变形严重，动态设计按大变形控制技术进行处理，并按大变形位移等级进行管理，大变形处理取得了成功。

7.2.3 高地温隧道

高地温隧道，是指隧道所处的地质环境温度异常，在修建过程中由于地温高而引发热害的隧道。根据高地温成因，高地温热害可分为岩热(温)型、热水型、混合型三大类。

1. 高地温热害分级

结合我国目前隧道施工技术状况及劳动防护要求，并依据断裂导热水能力、热害分析评估标准及隧道施工处理措施，根据大瑞铁路高黎贡山隧道勘察成果，地温带及热害等级划分见表 7.5。

表 7.5 地温带及热害等级划分

地温带		温度界限 T(℃)	热害等级
常温带		≤28	无热害
低高温带(Ⅰ)		$28<T\leq37$	热害轻微
中高温带(Ⅱ)	中高温带(Ⅱ$_1$)	$37<T\leq50$	热害中等
	中高温带(Ⅱ$_2$)	$50<T\leq60$	热害较严重
超高温带(Ⅲ)		>60	热害严重

2. 高地温对隧道工程的危害

(1)高地温对隧道施工的危害

高温下作业环境恶劣，产生的危害包括：危及作业人员健康；施工人员施工效率降低；机械设备降温效果差，施工功效降低。

(2)高地温对隧道结构的危害

隧道衬砌结构处于高地温环境，混凝土养护期间水化热不易散发，后期强度出现倒缩，且结构内外侧温差过大易出现混凝土开裂，影响结构耐久性。

3. 高地温综合防治对策

为规避或降低高地温对隧道工程的危害，采用的主要措施包括绕避、综合降温、结构处理等。

1)勘察选线绕避

铁路选线应绕避热害等级严重的超高温带，并尽量绕避或远离中高温带，选择在常温带和低高温带通过。若必须以隧道形式通过高地温区域时，则应采取相应的防治措施。

2)综合降温技术

(1)环控标准及合理降温范围

我国隧道施工作业的环境卫生控制标准规定，隧道内温度不大于 28 ℃，湿度不大于 80%。结合隧道施工工序安排，人员作业区主要集中在掌子面附近区域，从技术经济合理性角度，隧道施工热环境控制的合理区域宜为掌子面附近 100 m 范围；洞内其他区域的施工运输、维护作业人员较少且较为分散，以个体防护为主。

(2)综合降温措施

高地温隧道降温措施应结合热害类型、热害等级、洞外气象条件等因素综合确定，主要包括以下措施：

①通风降温

通风降温主要适用于洞外环境气温较低及热害等级轻微的隧道。通过加强通风系统设置，采用双层隔热风筒，在作业区域增设局扇，增大掌子面及回风巷道的风速，将热量尽快分散到远离掌子面的区域，以改善施工环境，如图 7.30 所示。

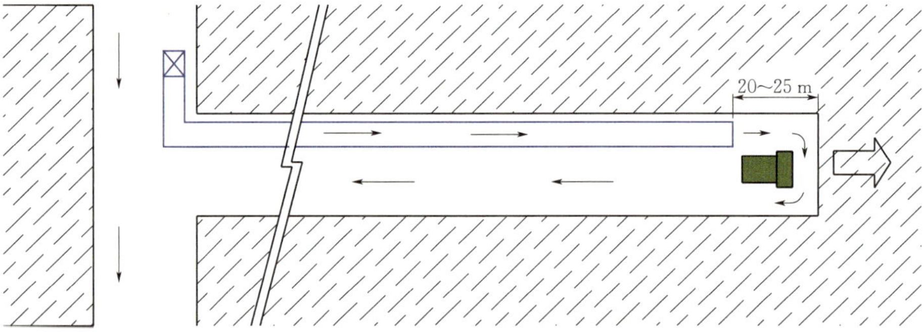

图 7.30 高地温隧道通风降温示意图

②洞内低温水利用

针对高温围岩及局部基岩裂隙热水，利用洞内低温水对其进行喷淋冷却，以避免高温围岩或热水伤及洞内作业人员。

③冰块降温

冰块降温主要适用于隧道热害段落较短、通风降温在局部时间段效果不理想的情况，可局部采用冰块进行辅助降温，如图 7.31、图 7.32 所示。隧道洞口附近设置制冰房，采用大功率冰柜、冷却制冰机制冰；在洞内施工人员集中作业区局部放置冰块，放置冰块局部降温可达 2～5 ℃。

图 7.31　掌子面台架放置冰块降温

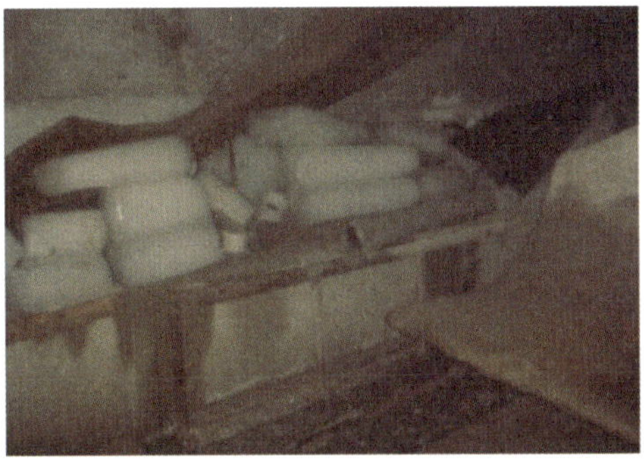

图 7.32　二衬作业面附近放置冰块降温

④高温热水处理

高温热水是恶化洞内施工环境的主要热源。高温热水一旦涌出，将导致洞内气温升高、湿度增大。施工期间应加强超前地质预报，探测热水赋存情况，并分析隧道地热水与地表水系的水力联系，宜采取“以堵为主，集中引排”的原则进行处理。

⑤制冷降温

洞身热害分布范围长、热害等级为中等及以上的隧道，气温条件不利于洞内通风降温时，应采取制冷降温措施。可配置冷风机组或冷水机组等制冷设备将风管内温度较高的新鲜风冷却后供送至掌子面降温，如图 7.33 所示。

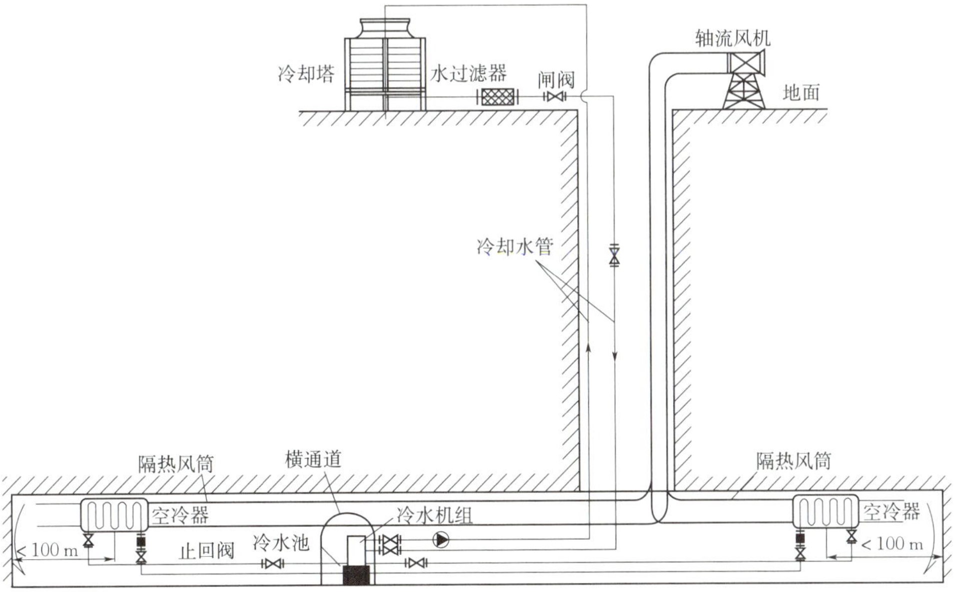

图 7.33　大瑞铁路高黎贡山隧道 1 号竖井地热工区制冷降温系统平面布置示意图

⑥个体防护

对距掌子面较远且遭受热害的作业个体，适宜采用个体防护措施。个体防护的主要措施是工人穿冷却服。根据冷却介质的不同,冷却服可分为气体冷却服、液体冷却服和相变冷却服。

(3)衬砌结构及热害处理材料

①衬砌结构

对于隧道热害轻微或结构内外侧温差不大于 15 ℃时,可按非热害区域的隧道衬砌结构进行设计;对于中等及以上的热害隧道,且结构内外侧温差大于 15 ℃时,应采用隔热衬砌结构,于初期支护与二次衬砌之间设置保温隔热层。

②耐热材料

a. 喷射混凝土

在高温环境下,喷射混凝土早期强度有所提高,而后期的黏结强度及抗压强度等有所降低。宜采用适用于高温环境下的耐热型喷射混凝土。

b. 隔热材料

隔热材料宜采用隔热性能较好的材料,如聚氨酯隔热材料。

c. 混凝土

高温地段的衬砌混凝土水化热不易散发,混凝土内外温差较大导致在早龄期可能出现裂缝。且衬砌结构长期在高温条件下,混凝土受热侵蚀作用,其强度会降低。宜采用耐热衬砌混凝土材料,如采用高炉矿渣水泥(分离粉碎型水泥)或采用矿粉、粉煤灰代替部分水泥,以适应高地温环境。

3)热害隧道施工工艺

(1)喷混凝土工艺:当在干燥围岩喷混凝土时,可向岩面喷淋冷水以保湿和降温;对潮湿围岩,需合理减小喷混凝土水灰比,并采用降温措施,降低作业环境。

(2)衬砌混凝土施作工艺:降低混凝土材料的温度或掺加碎冰,减少水灰比,混凝土浇捣后养护过程中注意保湿,防止干湿循环引起混凝土干燥收缩裂缝。

(3)严格控制衬砌浇筑长度,必要时可于衬砌内设置循环冷却水管降温,以避免养护期间衬砌混凝土出现内外温差过大引起开裂。

4)高地温监测与检测

为便于动态掌握隧道内热害情况,优化隧道地热段的降温措施,以及确保隧道热害段施工安全和结构安全,施工期间需对隧道地热段开展监测或人工检测,重点开展隧道岩温、水温、地热段初期支护和二次衬砌表面温度的测试,并加强洞内作业区域环境温度的监测,根据监测结果及时动态调整降温措施及结构措施。

5)爆破施工安全要求

普通导爆索、导爆管在环境温度达到 60 ℃时,性能不稳定,易出现瞎炮、哑炮,危及施工安全。施工中可根据炮孔温度选用不同的炸材。

4. 工程案例

玉蒙铁路旧寨隧道全长 4 460 m,为我国铁路行业施工的第一座高地温隧道,隧道出口工区 1 081 m 为高温热害及影响段,且热害距隧道出口最近距离为 1 155 m,揭示水温 41 ℃,流量为 8 000～9 000 m^3/d。施工期间采用加强通风降温、冰块局部降温、注浆堵高温水与热水归管集中引排相结合的综合处理措施,成功处理了高地温不良地质。

7.2.4 长大隧道施工通风

对于艰险地区长大隧道，施工通风常常对整个隧道的施工方案和施工组织设计起到不可忽视的，甚至是决定性的作用。施工通风的技术水平，直接影响隧道独头掘进的长度。长距离通风技术的发展不仅对隧道建设工期，而且对铁路隧道的选线、设计、施工组织及管理、设备选型与配套都有重要的影响。

1. 艰险地区高速铁路隧道施工通风主要问题

艰险地区高速铁路长大深埋隧道众多，由于受辅助坑道条件限制，隧道独头施工通风长度的要求越来越高。在我国铁路隧道建设史上具有里程碑意义的秦岭铁路隧道，为双洞单线隧道，其中Ⅰ线隧道长 18.64 km，Ⅱ线隧道长 18.456 km，其独头通风长度达到 7.3 km。

高速铁路双线隧道开挖面积达 140 m^2 以上，与一般隧道相比，每循环爆破开挖需要的炸药量更大，洞内作业人员、施工作业机械配置更多，导致洞内需风量大大增加。

2. 艰险地区高速隧道施工通风方式

针对上述艰险地区高速铁路隧道施工通风存在的问题，需选择合适的施工通风方式，一般有以下几种通风方式：

(1)风管式通风

风管式通风可分为压入式、抽出式及送排混合式。风管式通风的优点是设备简单、布置灵活、易于拆装，如图 7.34、图 7.35 所示。但随着管路的加长，通风阻力亦增大；同时由于管路的接头始终存在漏风，若接头质量较差，则会造成因风管过长而达不到掌子面所需风量要求。

艰险地区隧道长，辅助坑道少，隧道通风设计常常会采用长距离压入式通风模式。目前，根据计算与现场通风效果测试，独头压入式通风长度控制在 4.5 km 左右较为合理。

根据理论公式推导得出，风机的风压与风管直径的 5 次方成反比，因此，安装大直径风管可以有效降低风机的风压。对于高速铁路，隧道开挖断面较大，有条件选择大直径的风管，一般风管直径不小于 1.8 m。

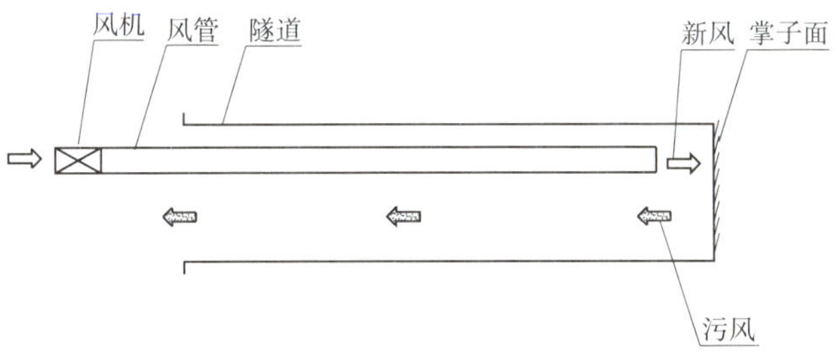

图 7.34 风管式通风示意图

图 7.35 施工通风现场

(2)巷道式通风

巷道式通风适用于设有平导或分修的长大隧道。采用该通风模式可以将新鲜风和污风分离。如图 7.36 所示，对设置平导的隧道，新风可从平导引入，施工中产生的污风从正洞排出。因此，结合污风引排，轴流风机可放置于平导新鲜风流中，分别对正洞和平导工作面进行压入式通风。

采用巷道式通风，利用风管进行压入送风的距离段，沿程阻力小，风量损失少，可给工作面提供较大的风量，是目前解决艰险地区长大隧道施工通风最有效的方法。

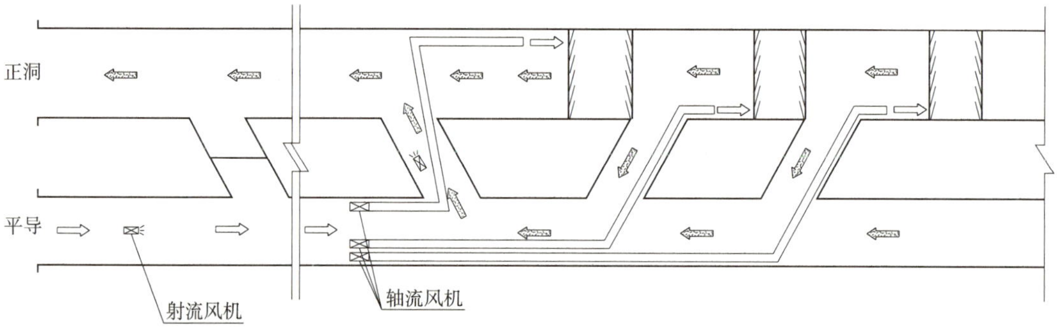

图 7.36 巷道式通风示意图

(3)风墙式通风

风墙式通风适用于设有长大斜井、横洞等辅助坑道，但未有平行导坑的隧道。艰险地区隧道埋深大，斜井、横洞长达 2～3 km，部分甚至超过 3 km。如图 7.37 所示，若在斜井洞口设置风机，利用风管对正洞工作面进行压入式通风，则进入正洞的供风长度很短(如斜井长 3 km，独头压入通风长度按 4.5 km 考虑，则进入正洞的通风长度仅 1.5 km)，同时对风机的性能要求大大增加。因此，提高正洞内压入通风长度，可于斜井、横洞等辅助坑道上部设置密闭隔板，将断面分隔为上下两部分，如图 7.38 所示，将上部空间作为风道，在上部风道内设置射流风机，将洞外新鲜风引至洞内，于风道和正洞交叉处设置轴流风机，并利用风管向正洞内各个工作面采用压入式送风。

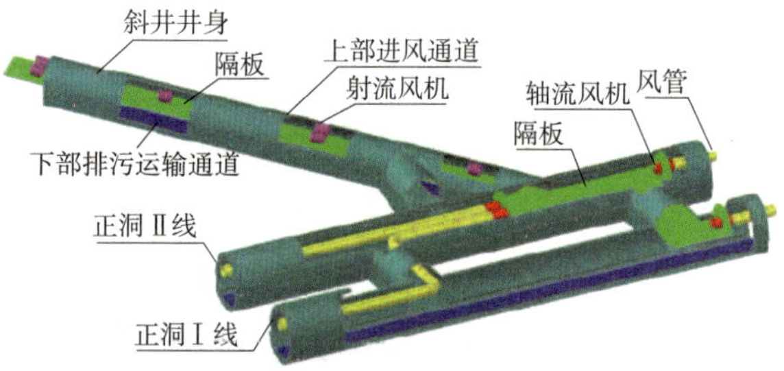

图 7.37 斜井中隔板通风平面示意

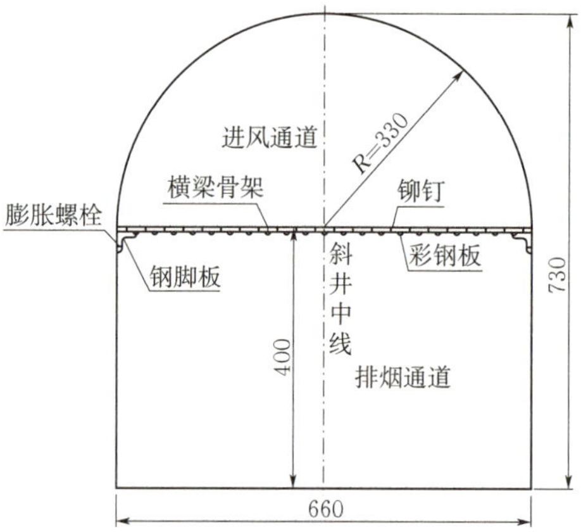

图 7.38 斜井中隔板示意(单位：cm)

3. 高海拔地区高速隧道施工通风

高海拔地区，低压、缺氧、寒冷是最重要的气候特征，人员需风量增大，炮烟及废气稀释的需风量也增加，同时风机性能大大降低，因此，通风计算与一般地区有较大差异，需进行修正。

(1)高海拔地区由于低气压、氧含量低，隧道工作人员的需风量相比普通地区要大。有关资料表明,在海拔高度为 3 000～4 000 m 时,隧道内每人供应新鲜空气量应按不小于 4 m^3/min 设计。

(2)试验表明,标准状态下,1 kg 炸药爆破产生的炮烟量相当于 0.1 m^3 一氧化碳有害气体。高原地区由于空气稀薄,气压低,产生的炮烟体积膨胀,则其产生的有害气体体积增加了 $1/K_r$ 倍,因此需风量应增大 $1/\sqrt[3]{K_r}$。K_r 为重率高程校正系数,即当地海拔高度处的空气重率与海平面处的空气重率之比。

(3)在高海拔低气压、缺氧条件下,内燃设备由于燃油燃烧不充分,废气排放量会增加,所需稀释废气的新风量相应增加。有关资料表明,当海拔高度为 3 000～4 000 m 时,供风量不应小于 4 m^3/(kW·min)。

考虑修正后高海拔地区隧道的施工通风距离较普通地区将大大缩短,因此选择合适的施工通风方式是解决高海拔隧道施工通风的关键,同时为保证通风效果应选择高性能风机以及低漏风率的风管,尽可能降低供风过程中风量的损失。

7.3 长大隧道(群)疏散救援

在艰险地区修建高速铁路,不可避免会形成大量的长大隧道或隧道群。因地形条件极为困难,运营期间旅客列车在隧道内一旦发生火灾或出现故障停车,会给旅客疏散和外部救援带来极大的困难。因此,长大隧道及隧道群开展防灾疏散救援设计尤为重要。

7.3.1 铁路隧道群的划分

列车在长大隧道内发生火灾,应控制列车驶出隧道外的明线地段开展人员疏散和消防扑救,尽可能降低火灾造成的损失。

相邻隧道洞口间距较小时,即便列车失火车厢如图 7.39 所示停靠在明线段,由于明线长度短,火灾烟气仍可能蔓延至隧道内,不具备火灾列车停靠后安全疏散要求。因此,需按连续毗邻的一个长大隧道群开展防灾疏散救援工程设计。从铁路隧道防灾疏散救援角度,我国将相邻隧道洞口间距小于一列旅客列车长度的一组隧道划分为隧道群。

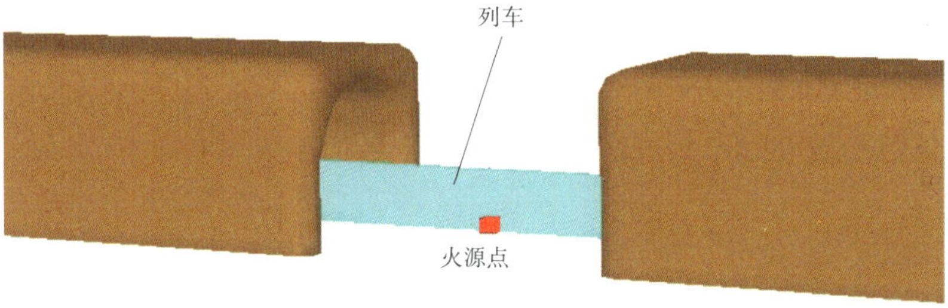

图 7.39 列车火灾模式下铁路隧道群分布示意图

7.3.2 铁路隧道运营期间灾害类型及危害

1. 铁路隧道运营灾害事故统计

据统计,自 1976～2014 年期间,我国铁路隧道内运营列车共发生灾害事故 24 例,从灾害事故分类来看：列车火灾事故共 11 例，含货物列车火灾 8 例、旅客列车火灾 3 例；非火灾事故引起停车共 13 例。列车火灾事故约占事故总数的五成，故铁路隧道运营期防灾应以隧道火灾为重点。

2. 铁路隧道运营灾害分类及危害

根据调研资料，铁路隧道运营期间的灾害类型主要为列车火灾事故和列车故障为主的非火灾事故两大类。铁路隧道运营灾害类型及危害见表 7.6。

表 7.6 铁路隧道运营灾害类型及危害

隧道内灾害类型		发生原因	主要危害及后果
列车火灾事故		(1)列车车辆关键部位故障； (2)超速纵火等人为行为； (3)车辆缺陷	人员伤亡、车厢烧毁、行车中断
列车故障事故（非火灾）	列车碰撞	(1)车厢脱落、车辆故障； (2)衬砌剥落、设备坠落； (3)人为因素	行车中断、车辆受损
	列车脱轨	(1)列车碰撞； (2)轨道缺陷或断裂； (3)轨道尺寸突变	行车中断、车辆及轨道受损
	机车故障	(1)机车电气故障； (2)机车其他故障	列车停运

7.3.3 铁路隧道防灾疏散救援总体原则

结合我国高速铁路隧道运营管理现状，防灾疏散救援工程设计的总体原则如下：

(1)隧道防灾疏散救援的对象为在隧道内发生火灾事故和故障工况的旅客列车。

(2)隧道防灾疏散救援设计应遵循“以人为本、安全疏散、自救为主、方便救援”的原则。

(3)列车在隧道内发生火灾时，应控制列车驶出隧道进行疏散；当列车不能驶出隧道，应控制列车停靠在紧急救援站进行疏散和救援。

7.3.4 铁路隧道防灾疏散救援管理模式

根据隧道防灾疏散救援总体原则，铁路隧道防灾救援管理模式的基本思路为“统一指挥、分级管理、综合救援”。

(1)建立防灾救援指挥中心，实现疏散、救援的联动及统一指挥。

(2)对隧道防灾疏散救援设备实行分级管理与监控，即采取路局防灾救援指挥中心、综合维修车间、隧道现场三级管理模式。

(3)铁路局防灾救援指挥中心能协调各系统进行信息化救援疏散，并建立与铁路局各部门及地方政府畅通的应急通信联系，实现多方参与救灾及信息化救援疏散的综合救援模式。

7.3.5 铁路隧道防灾疏散模式

根据运营期间的灾害类型及人员逃生疏散的紧迫性要求，分为不同防灾疏散模式。

1. 隧道内列车火灾工况疏散

列车在隧道内发生火灾的位置具有随机性，尤其在列车中部车厢发生火灾的不利工况下，若随机停车，列车残余活塞风压导致烟气在洞内蔓延扩散，其扩散速度和流动方向复杂多变；如不设置专用排烟通道及时抽排火灾烟气，将难以保障随机停车工况条件下的人员疏散安全；如设置贯通的排烟道，引起隧道土建工程成本大幅度增加，且通风风阻大，对通风机械的要求极高，导致机电配套设施成本大幅度增加，故随机停车疏散方案的技术经济合理性极差。结合铁路隧道的运营特点，特长隧道(群)内列车火灾工况宜采用“定点”疏散模式。

“定点”疏散一般通过设置紧急救援站进行疏散，其间距主要取决于列车发生火灾事故后的残余运行能力。根据国内外对着火列车残余运行能力模拟分析，按 20 km 间距设置紧急救援站，着火客车不能到达救援站的可能性为 0.01%。因此，长大隧道及隧道群宜按间距不大于 20 km 设置紧急救援站进行“定点”疏散。

2. 隧道内列车故障工况疏散

对于隧道内列车故障工况，人员疏散基本不受时间控制，可采取随机停车疏散的模式，双洞隧道利用横通道实现互为疏散，单洞隧道可利用紧急出口或避难所进行疏散；若列车具备继续运行的能力时，也可结合紧急救援站的设置采用“定点”疏散的模式。

7.3.6 铁路隧道防灾疏散设施

根据铁路隧道运营期间不同灾害类型及防灾疏散模式的功能需求，并结合隧道工程特点，因地制宜，设置定点疏散紧急救援站、紧急出口及避难所等土建工程设施。

1. 隧道内紧急救援站

隧道内紧急救援站主要形式有双洞单线隧道、双洞单线隧道＋服务隧道、单洞双线隧道、单洞单线隧道＋服务隧道紧急救援站等。

(1)双洞单线隧道紧急救援站

双洞单线隧道紧急救援站范围两线相邻侧设置宽度不小于 2.3 m 宽的疏散站台，并按间距不大于 60 m 设置疏散联络通道，并辅以烟井、烟道等设施，实现人烟分离功能。如成兰铁路平安隧道(28.426 km)采用该救援站形式，如图 7.40 所示。

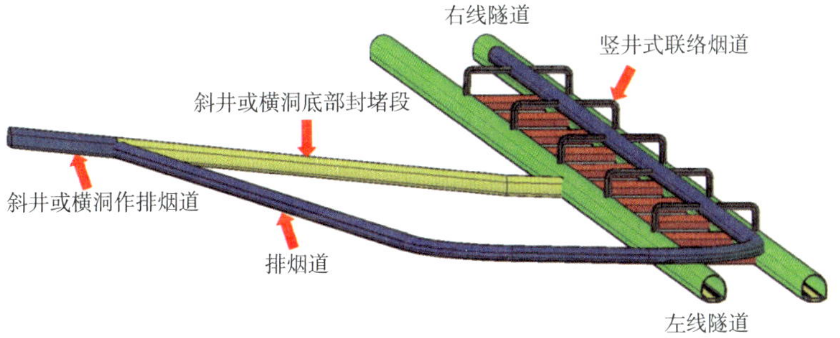

图 7.40 双洞单线隧道紧急救援站布置形式

(2)双洞单线隧道+服务隧道紧急救援站

双洞单线隧道两洞之间设置服务隧道或平导时,可充分利用服务隧道作为人员的避难空间。图 7.41 所示为成兰铁路龙门山隧道首创该救援站布置形式,救援站地段中部平导采用隔板分隔为上下两层,上层作为独立的排烟道,下层作为人员的疏散通道。

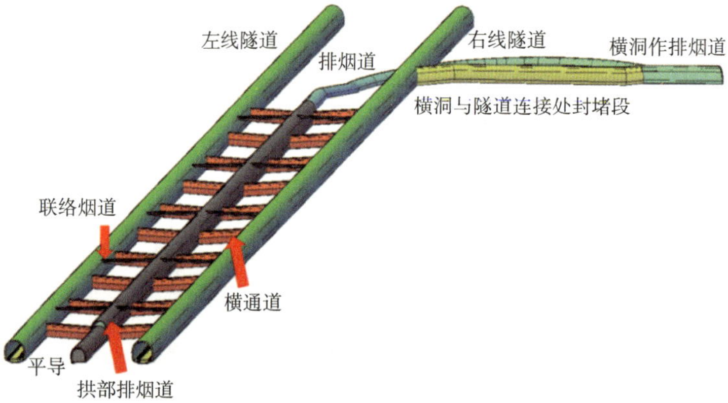

图 7.41　双洞单线隧道+服务隧道紧急救援站布置形式

(3)单洞双线隧道紧急救援站

为避免跨线疏散引发重大安全事故,需在隧道救援站地段两侧设置局部平导作为人员的疏散通道和避难空间。图 7.42 所示的成兰铁路云屯堡隧道(22.923 km)是我国目前最长的单洞双线合修隧道,首创合修隧道救援站布置形式。

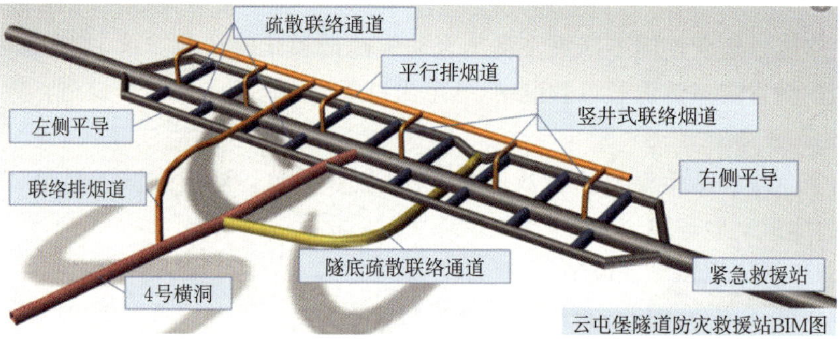

图 7.42　单洞双线隧道在横洞模式下的紧急救援站布置形式

(4)单洞单线隧道+服务隧道紧急救援站

大瑞铁路高黎贡山隧道(34.538 km)是目前亚洲最长的越岭隧道,采用复线分期建设模式,初期采用单洞+服务隧道,远期将服务隧道扩建为复线隧道,如图 7.43 所示。为充分发挥深大竖井排烟的"烟囱"效应,紧急救援站结合 2 号竖井主、副井设置,救援站地段两线相邻侧设置疏散站台,并按间距 50 m 设置疏散联络通道实现互通,竣工后利用施工期间的 2 号竖井主、副井作为救援站的排烟通风井,并将竖井施工期间的井底车场改造为排烟道和联络烟道抽排火灾烟气,实现"人烟分离"。

2. 隧道群洞口紧急救援站

为充分利用明线段疏散条件好、可实现自然排烟的优势,隧道群紧急救援站尽可能结合

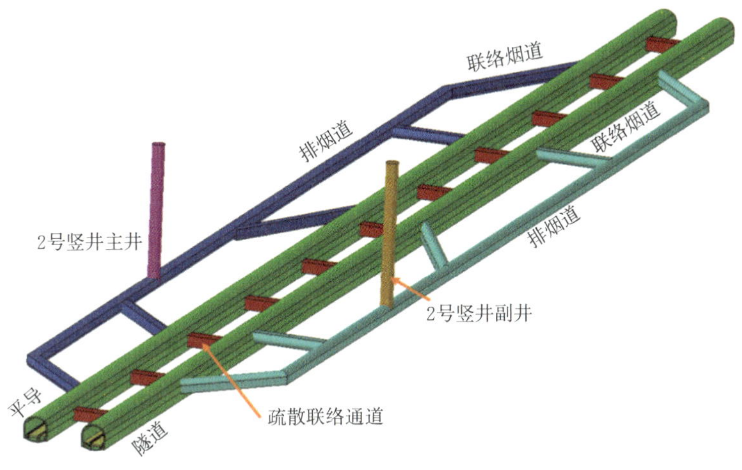

图 7.43 单洞单线隧道+服务隧道在竖井模式下的紧急救援站布置形式

隧道洞口明线段设置,其救援站长度应包括明线段长度与两端洞口段长度之和,且明线段与任意一端隧道洞口段长度之和不小于旅客列车编组长度。

根据隧道工程特点及洞口间距,隧道群洞口紧急救援站可分为洞口疏散型、洞口辅助坑道型、洞口横通道加密型三种形式。

(1)洞口疏散型

洞口疏散型紧急救援站适用于明线段长度大于 250 m 的隧道群,需确保洞内外疏散站台顺接。图 7.44 所示为隧道洞口疏散型紧急救援站示意图。

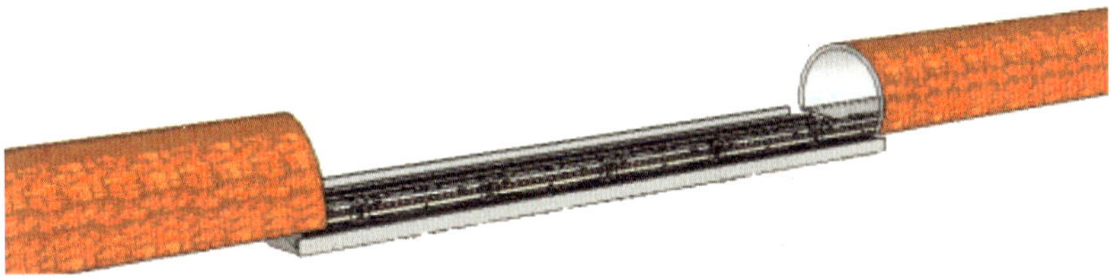

图 7.44 隧道洞口疏散型紧急救援站示意图

(2)洞口辅助坑道型

洞口辅助坑道型紧急救援站适用于单、双洞隧道群,其中辅助坑道包括平导、横洞、斜井等,列车火灾紧急情况下可利用隧道洞口辅助通道进行疏散,如图 7.45 所示。

图 7.45 隧道洞口辅助坑道型紧急救援站示意图(单位:m)

(3)洞口横通道加密型

洞口横通道加密型紧急救援站适用于双洞隧道群,通过在双洞隧道之间加密设置联络横通道,以实现两洞间互为疏散,如图 7.46 所示。

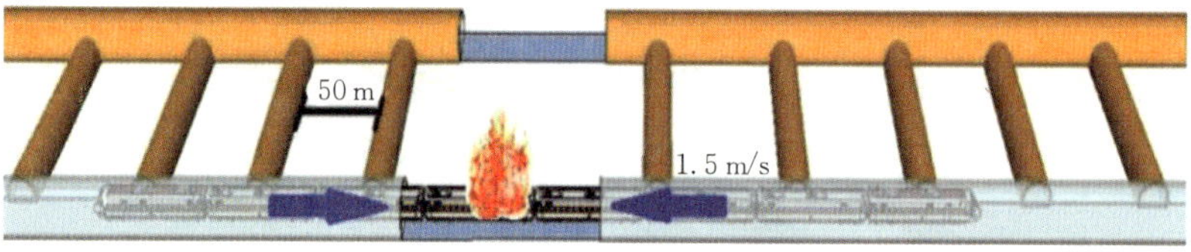

图 7.46　隧道洞口横通道加密型紧急救援站示意图

3. 紧急出口及避难所

为便于非火灾事故的故障列车在隧道内进行人员疏散,可利用隧道施工辅助坑道设置紧急出口或避难所,布置如图 7.47 所示。结合我国铁路隧道工程的实际情况,长度 10 km 及以上的单洞隧道应在洞身段设置不少于 1 处紧急出口或避难所;长度 5～10 km 的单洞隧道,宜结合施工辅助坑道,在隧道洞身段设置 1 处紧急出口或避难所。

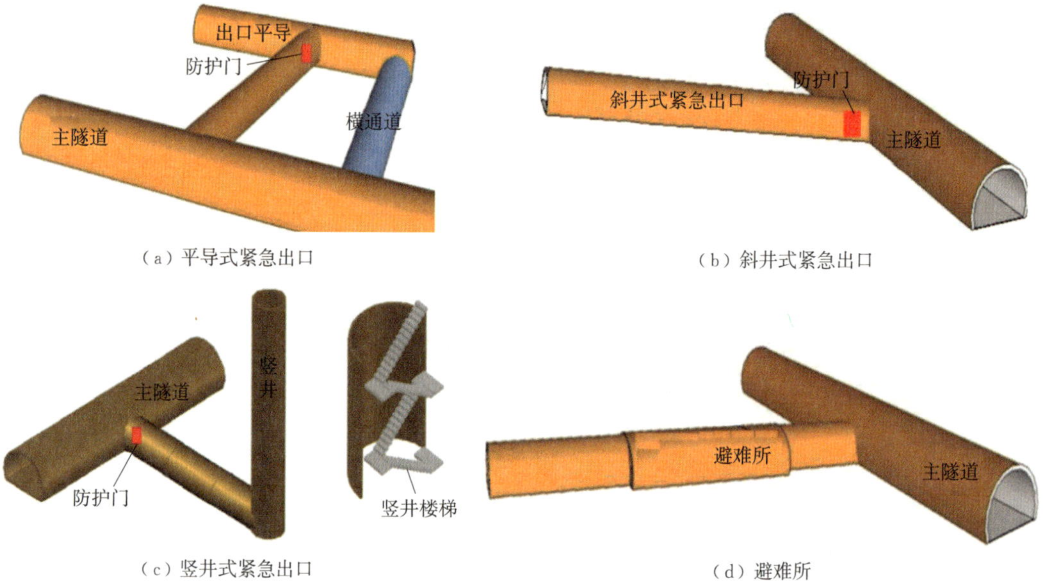

(a) 平导式紧急出口　(b) 斜井式紧急出口　(c) 竖井式紧急出口　(d) 避难所

图 7.47　单洞隧道紧急出口及避难所布置示意图

7.3.7　铁路隧道救援站防灾通风及人员疏散

1. 隧道内紧急救援站防灾通风及人员疏散

列车发生火灾紧急停靠于隧道内救援站时,对人员疏散危害最大的是火灾烟气。火灾模式下宜采用半横向通风、排烟方案,以实现"人烟分离"。即通过安全隧道或疏散通道向救援站火灾隧道供送新鲜风,人员下车后,面迎新鲜风向疏散横通道、安全隧道或避难所逃生,火灾烟气通过联络烟道、排烟道及排烟井及时抽排出洞外,如图 7.48 所示。

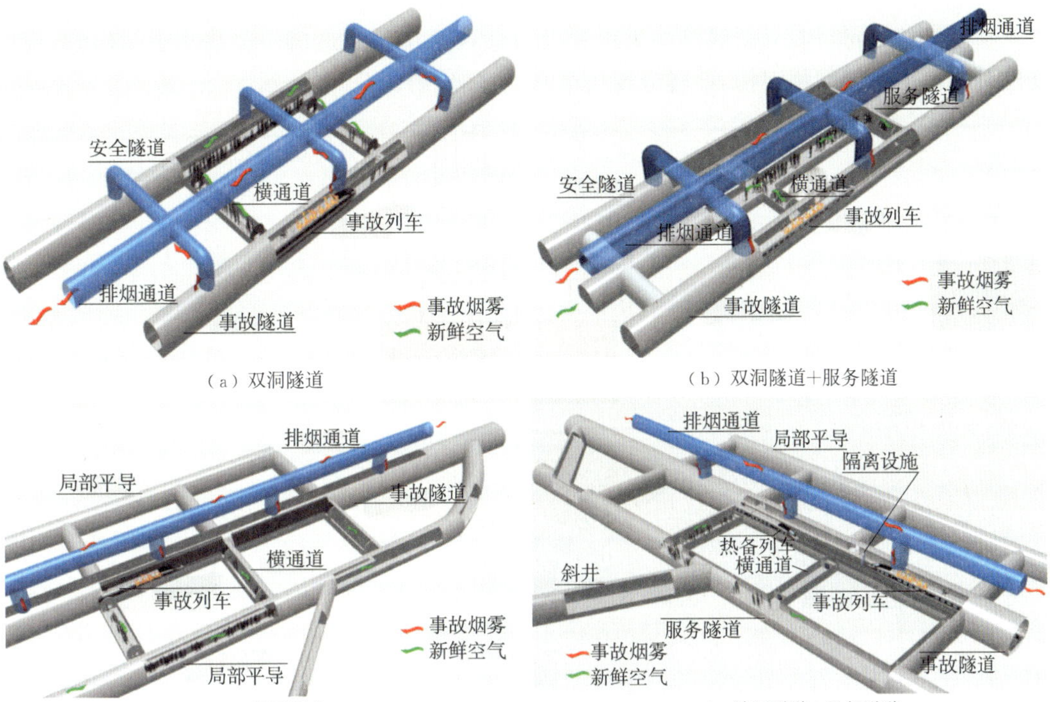

（a）双洞隧道

（b）双洞隧道+服务隧道

（c）单洞隧道

（d）单洞隧道+服务隧道

图 7.48 隧道内不同形式紧急救援站防灾通风及人员疏散示意图

2. 隧道群洞口紧急救援站防灾通风及人员疏散

列车发生火灾并紧急停靠于隧道群洞口紧急救援站时，应将火灾车厢停靠于明线段有利位置，以实现自然排烟；对于隧道洞口间距小于 250 m 的地段，需开启两端隧道内风机防止烟气窜入洞内。人员下车后，应向远离火区的明线安全地带疏散，并等待外部救援，疏散示意如图 7.49 所示。

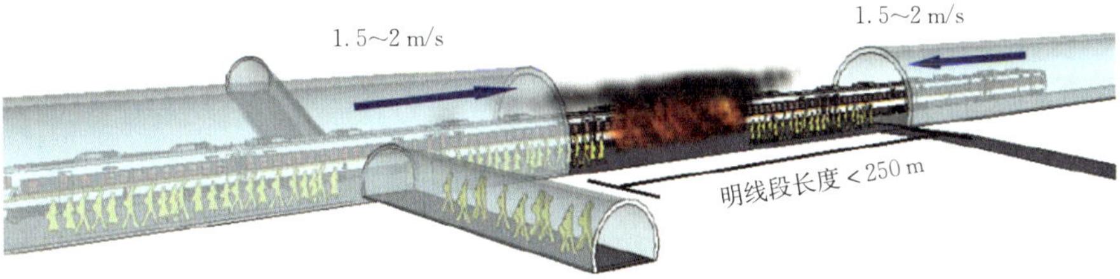

图 7.49 隧道群洞口紧急救援站防灾通风及人员疏散示意图

7.3.8 铁路隧道防灾救援设备监控系统

铁路隧道防灾救援设备监控系统将防灾通风系统、照明系统（含疏散照明设备）、消防系统等设备及设施有机联系成一个整体，配套应急电话、应急广播、视频监控与无线通信调度系统，构成完整的隧道(群)防灾救援系统。在隧道内发生火灾时，安全、可靠、准确、快速地实现既定的联动控制，保证防灾救援的顺利实施。

1. 系统架构

（1）两层网络架构：一条线路中需设置设备监控系统的隧道（群）个数小于 5 座时，设备监控系统采用两层网络架构，即隧道现场级和工区级，如图 7.50 所示。

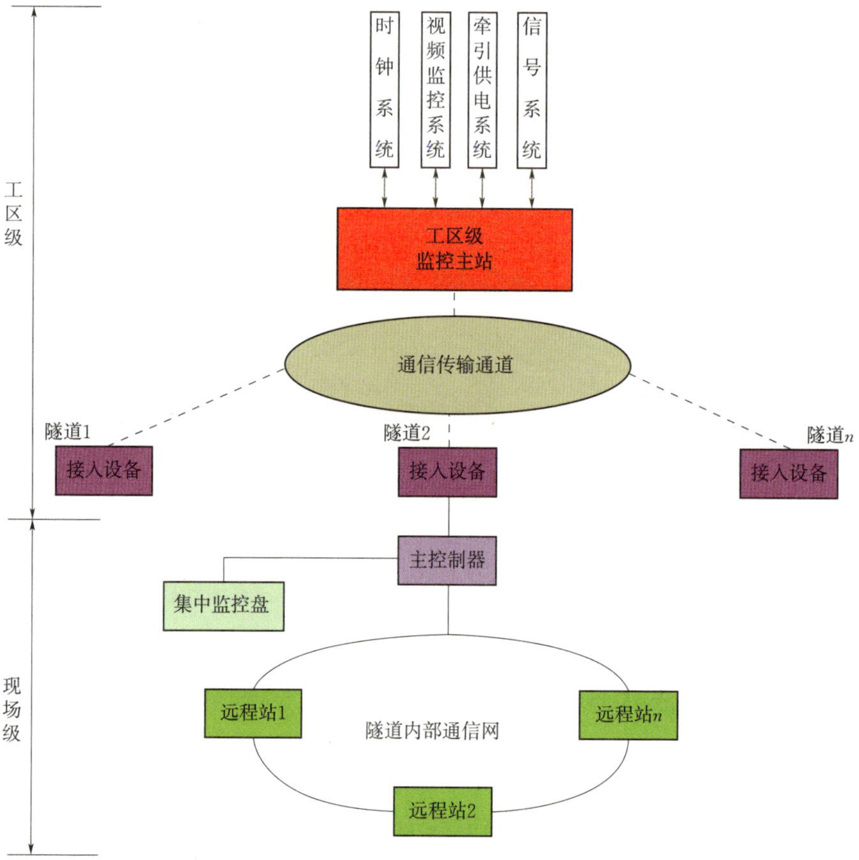

图 7.50　两层网络架构

（2）三层网络架构：一条线路中需设置设备监控系统的隧道（群）个数大于或等于 5 座时，设备监控系统采用三层网络架构，即隧道现场级、工区级、隧道防灾救援指挥中心级，如图 7.51 所示。

2. 系统功能

灾害发生时，启动救援的命令由人工下达，救援模式启动后，各系统按照预案进入救援模式，实现相应的功能，具体功能如下：

（1）中心/工区通过视频监控系统实时监视现场各疏散点的状态，并通过应急通信系统进行防灾救援调度指挥。

（2）救援模式下的列车控制由调度人员执行。

（3）设备监控系统启动应急照明，并按预案实现应急照明、防灾风机等设备的启动。

（4）救援现场通过应急通信系统实现与中心/工区的应急通信。

（5）失火列车停靠在紧急救援站后，经供电调度切除救援站区段的接触网 27.5 kV 电源后，启动消防系统（高压细水雾）对失火列车进行灭火。

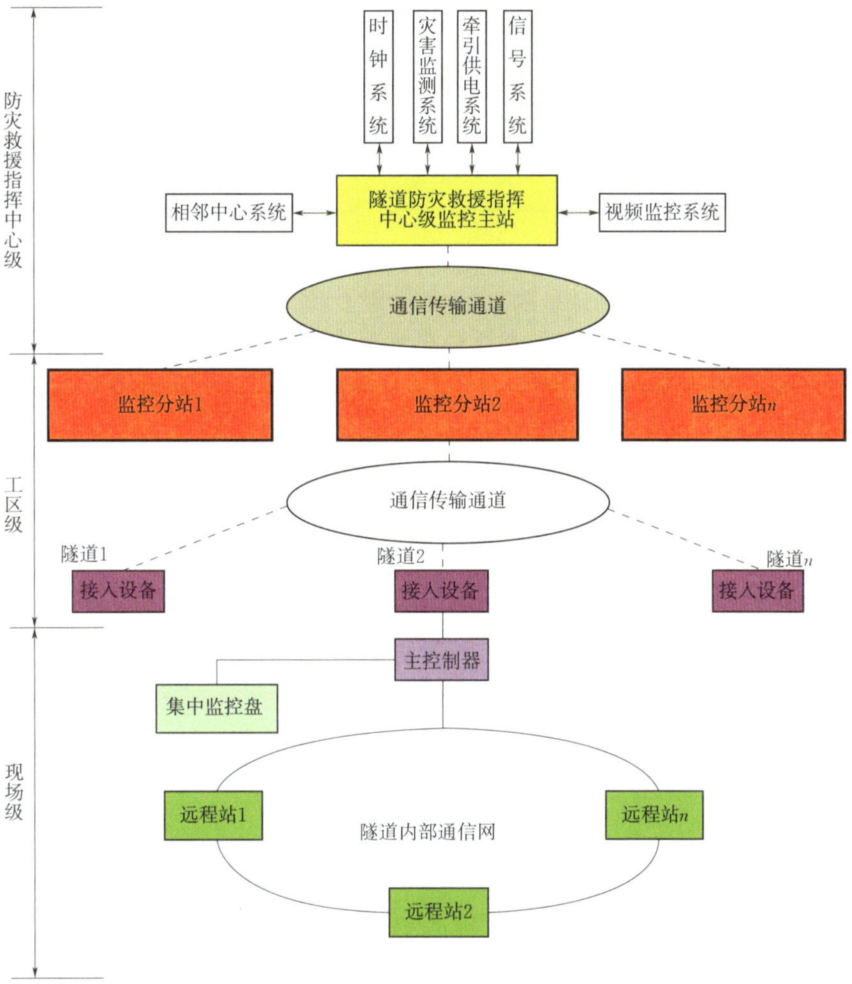

图 7.51 三层网络架构

7.4 弃渣防护

7.4.1 艰险地区弃渣特点

艰险地区高速铁路隧道多、弃渣量大。除少量弃渣可用作路基、站场填料或混凝土骨料外，剩余的大部分弃渣需运至弃渣场集中堆放。弃渣往往呈现出以下特点：

(1)艰险地区高速铁路隧道比重大，隧道群集中，断面大，弃渣量巨大。表 7.7 所示为艰险地区高速铁路干线弃渣规模。

表 7.7 高速铁路干线弃渣规模

铁路名称	隧道总数/座	隧道延长/km	隧道弃渣方量/万 m^3
沪昆高速铁路(贵州、云南段)	259	389	6 050
贵南高速铁路	114	260	4 030

续上表

铁路名称	隧道总数/座	隧道延长/km	隧道弃渣方量/万 m^3
云桂铁路	90	306	4 655
成贵铁路	183	231	3 550
成兰铁路	32	333	6 600

(2)弃渣场选址受生态保护红线、环保及水保敏感区、公共基础设施、工业企业、居民点及不良地质条件等制约，弃渣场选址困难，渣场数量多，堆渣高度大。

(3)艰险地区生态环境脆弱敏感，弃渣环保及水保要求高。

(4)邻近江河、湖泊、水库管理区的弃渣，对水资源保护要求高。

(5)弃渣场失事引发滑坡、泥石流等次生灾害风险高、危害大。

7.4.2　遵循的主要法律法规及执行的标准规范

- 《中华人民共和国环境保护法》；
- 《中华人民共和国水土保持法》；
- 《国铁集团关于进一步加强铁路建设项目环水保设计工作管理的通知》；
- 《水土保持工程设计规范》(GB 51018)；
- 《生产建设项目水土保持技术标准》(GB 50433)。

7.4.3　弃渣场设计流程

弃渣场设计主要包括弃渣量的确定、弃渣场选址、弃渣场主体工程设计以及弃渣场附属工程设计，具体设计流程如图 7.52 所示。

7.4.4　弃渣场选址

弃渣场选址应符合环保及水保法律法规和环境、水保敏感区法定规划，优先绕避生态保护红线、自然保护区的核心区和缓冲区、风景名胜区的核心景区、世界文化和自然遗产地的核心区和缓冲区、饮用水水源地的一级保护区、森林公园的珍贵景物、重要景点和核心景观区、地质公园的地质遗迹保护区、湿地公园的湿地保育区和恢复重建区、水产种质资源保护区的核心区、国家公园的严格保护区和生态保育区、水土流失重点预防区和重点治理区、水功能一级区的保护区和保留区以及其他类型禁止开发建设区域。

弃渣场选址应遵循“少占压耕地，少损坏水土保持设施”的原则。山区、丘陵区弃渣场宜选择在工程地质和水文地质条件相对简单，地形相对平缓的沟谷，凹地、坡台地、滩地等；并应充分利用取土(石、砂)场、废弃采坑、沉陷区等场地。

严禁在公共设施、基础设施、工业企业、居民点等有重大影响的区域设置弃渣场；弃渣场应避开滑坡体等不良地质条件地段，不宜在泥石流易发区设置弃渣场；确需设置的，应确保弃渣场稳定安全。

弃渣场不宜设置在汇水面积和流量大、沟谷纵坡陡、出口不易拦截的沟道，否则应进行防洪论证，并采取安全有效的防护措施；涉及河道的，应符合治导规划及防洪行洪的规定，不

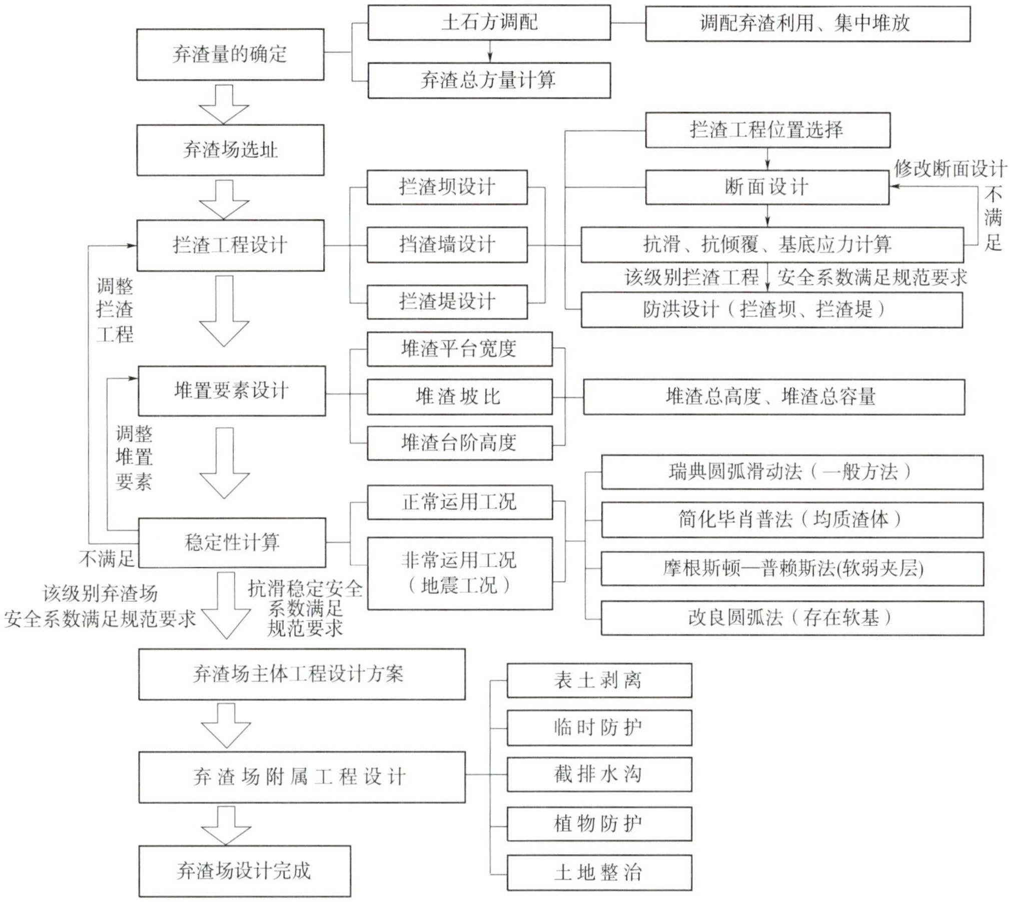

图 7.52 弃渣场设计流程图

得在江河、湖泊、建成水库及河道管理范围内布设弃渣场。

弃渣场选址应保护水系，石灰岩地区应避免破坏地下暗河等地下水系。

选择弃渣场时应确保挡护工程基底高出 50 年一遇洪水位 0.5 m 以上。

7.4.5 弃渣场主体工程

1. 拦渣工程

(1)拦渣工程类型确定

拦渣工程分为拦渣坝、挡渣墙、拦渣堤及围渣堰。拦渣工程类型的选择应根据弃渣场类型对应确定。弃渣场按地形条件、与河流相对位置等可分为沟道型、临河型、坡地型、平地型、库区型五种类型。弃渣场及对应拦渣工程类型由表 7.8 确定。

表 7.8 弃渣场及拦渣工程类型

渣场类型	特　　征	拦渣工程
沟道型	弃渣堆放在沟道内，将沟道全部或部分填埋	拦渣坝或挡渣墙
临河型	弃渣堆放在河流或沟道两岸较低台地、阶地和河滩地上	拦渣堤

续上表

渣场类型	特　征	拦渣工程
坡地型	弃渣沿山坡堆放，山坡坡度不大于25°且坡面稳定	挡渣墙
平地型	弃渣堆放在宽缓平地、河(沟)道两岸阶(平)地上	围渣堰或挡渣墙
库区型	弃渣堆放在主体工程水库内河道两岸阶地和河滩地上	拦渣堤或挡渣墙

(2)拦渣工程级别确定

拦渣工程级别可根据弃渣场级别进行确定。弃渣场级别应根据堆渣量、最大堆渣高度以及弃渣场失事对主体工程或环境造成危害程度按表7.9确定。

表7.9　弃渣场及拦渣工程级别

弃渣场级别	堆渣量 V/万 m^3	最大堆渣高度 H/m	渣场失事对主体工程或环境造成危害程度	拦渣工程级别	
				拦渣坝、拦渣堤	挡渣墙
1	$2\,000 \geqslant V \geqslant 1\,000$	$200 \geqslant H \geqslant 150$	严重	1	2
2	$1\,000 > V \geqslant 500$	$150 > H \geqslant 100$	较严重	2	3
3	$500 > V \geqslant 100$	$100 > H \geqslant 60$	不严重	3	4
4	$100 > V \geqslant 50$	$60 > H \geqslant 20$	较轻	4	5
5	$V < 50$	$H < 20$	无危害	5	5

2. 弃渣场堆置要素设计

弃渣场平台宽度、堆渣坡比、台阶高度等堆置要素可根据弃渣方量、弃渣物理力学性质、渣场工程地质条件，经工程类比初步拟定，并通过弃渣场稳定性计算最终确定。

3. 弃渣场稳定性计算

弃渣场稳定性计算可采用瑞典圆弧法；对于均质渣体，宜采用简化毕肖普法；对于有软弱夹层的弃渣场，宜采用摩根斯顿—普赖斯法；对于存在软基的弃渣场，宜采用改良圆弧法。

弃渣场抗滑稳定计算应分为正常运用工况和非常运用工况。当抗滑稳定安全系数不满足规范要求时，应调整弃渣场堆置要素，必要时调整拦渣工程。

7.4.6　弃渣场附属工程

除主体工程外，弃渣场还应进行附属工程设计，包括表土剥离、截排水沟、临时防护、植物防护、土地整治等。

弃渣前应将原地表土资源进行分层剥离，集中保存，并采取防护措施，最终利用。在弃渣场上游外侧设截排水沟，并设置消能、防冲措施。渣场上游洪水集中时，还应设置排洪沟、涵洞等排洪建筑物。

施工过程对于裸露面采取临时拦挡、排水、沉沙、覆盖等临时防护措施，如图7.53所示。

弃渣作业完成后，应及时进行土地整治，对弃渣场顶部及坡面宜采用植物护坡，也可采取工程与植物综合护坡措施，恢复其利用功能。覆土厚度应根据土源、恢复地自然条件、利用方向等因素确定。

图 7.53 艰险地区弃渣场防护

7.5 特殊复杂隧道结构

7.5.1 软弱围岩四线车站隧道

1. 修建四线车站隧道的意义

一直以来，隧道跨度的突破是体现隧道修建技术水平进步的重要标志，20 世纪 90 年代，大跨度三线车站隧道修建技术的突破及广泛应用，为山区铁路设站条件的改善起到了巨大作用。但随着我国高速铁路在艰险地区的快速发展，其基本的四线车站模式，在曲线半径大、地形陡峻、狭窄的条件下，设站条件更为困难。在特大跨度四线车站隧道修建技术形成之前，车站隧道跨度以不超过三线进行控制，一般采用“Y”字形“2＋2”、分修式“2＋2”、纵列式“3＋3”等布置形式，如图 7.54～图 7.56 所示。

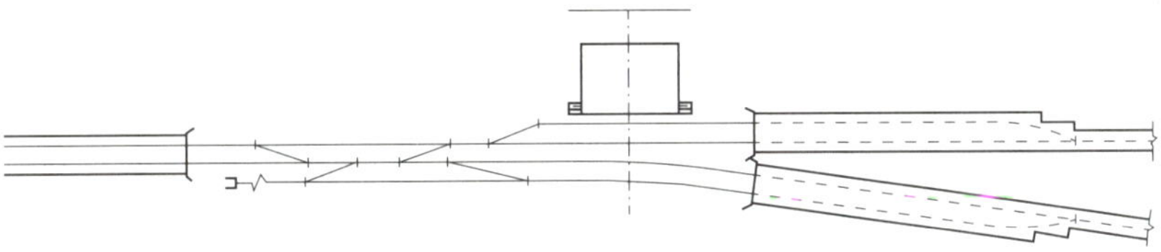

图 7.54 “Y”字形“2＋2”车站布置示意图

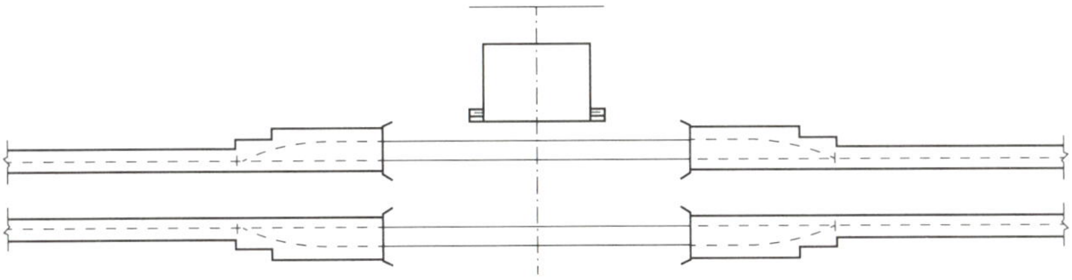

图 7.55 分修式“2＋2”车站布置示意图

上述布置方案恶化了车站功能，不利于运营管理、组织，车站占地面积大、投资高，甚至引起部分地段线路被迫改线。

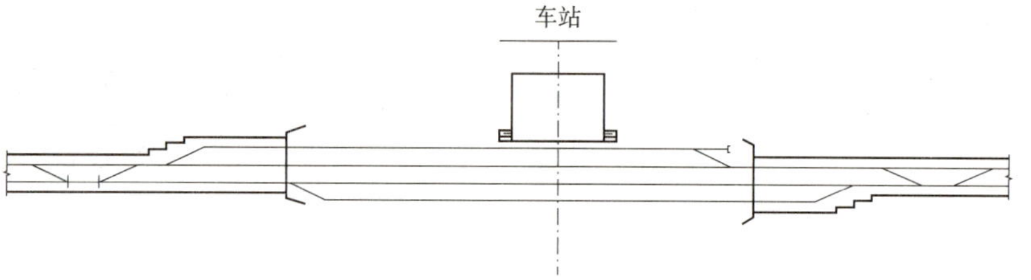

图 7.56 纵列式车站布置示意图

乌蒙山二号四线车站隧道，最大开挖跨度达 28.42 m，最大开挖面积达 354.30 m²，2012 年成功修建并运营通车，是国内外首座单跨四线铁路隧道，被誉为世界铁路第一跨。四线车站隧道修建技术的突破对艰险地区铁路选线、设站具有极为重要的意义：

(1)有效降低艰险地区铁路车站设置对线路选线的影响，提高艰险地区双线铁路特别是客运专线选线的自由度。

(2)使得山区车站布置形式更为灵活，车站功能更易得到保证，有利于车站的运营、管理，降低对相邻桥、路等相关工程的影响。

2. 软弱围岩四线车站隧道设计

(1)衬砌内净空

衬砌结构内轮廓与结构受力、工程投资紧密相关。对特大跨度四线隧道，降低高跨比，即减小扁平率(隧道衬砌内轮廓高度与宽度的比值)，可减少投资；但断面更扁平，开挖后的应力重分布状态变差，结构设计和施工的难度显著增大。可见，扁平率是影响结构体系受力及工程投资的一个重要因素。结合相关研究，四线隧道合理的扁平率宜控制在 0.67～0.70。图 7.57 所示为某四线车站隧道内轮廓示意图，扁平率为 0.69。

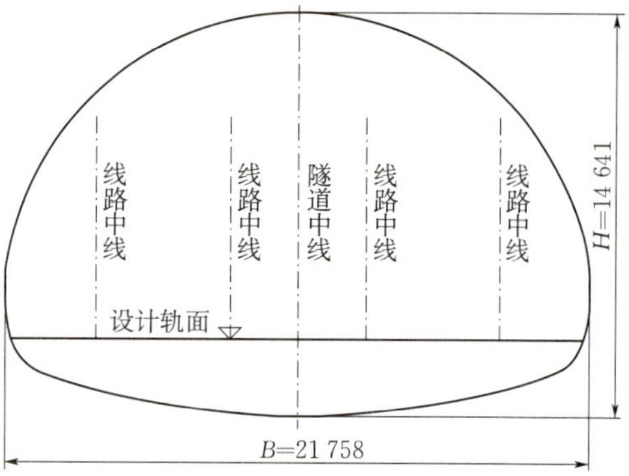

图 7.57 某四线车站隧道内轮廓示意图(单位：mm)

(2)隧道衬砌结构

艰险地区车站隧道，多位于洞口，埋深浅，围岩软弱，成拱困难，基底承载力低。因此，四线车站隧道结构设计，首要考虑的问题就是如何选择合理的结构形式和结构尺寸，确保足够的强度和刚度，有效控制施工过程中围岩变形及支护沉降。图 7.58 所示为某四线车站隧道洞口浅埋段采用的“台基拱形衬砌”，有效解决了工程技术难题。

(3)施工工法

隧道施工方法主要依据工程地质条件、水文地质条件、施工条件、隧道埋深、隧道长度及断面尺寸、衬砌类型等，以施工安全为前提，以工程质量为核心，并结合隧道的施工功能、施工技术水平、机械化装备、工期要求及经济可行性等因素综合研究选用。目前，对软弱围岩大跨度隧道常用的施工方法有 CD 法、CRD 法、双侧壁导坑法等。西南地区某四线车站隧道在设计阶段分别于浅埋段、深埋段采用了如图 7.59 所示的复合双侧壁工法及高位双侧壁导坑法。

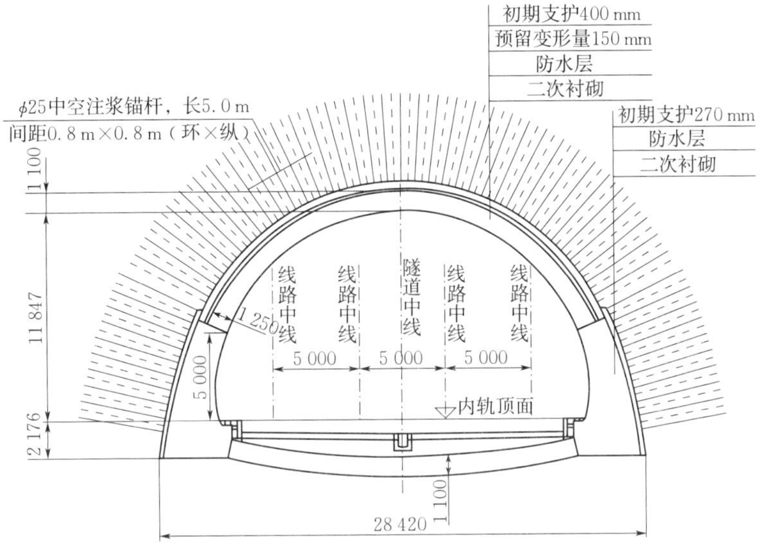

项目	部位/参数		
预留变形量	部　位	拱部	边墙
	尺寸/cm	15	
喷混凝土	部　位	拱部	边墙
	厚度/cm	40	27
钢筋网 ϕ8×ϕ8	部　位	拱墙	
	网格/cm	20×20	
锚　　杆	部　位	拱墙	
	环距/m	0.8	
	纵距/m	0.8	
	长度/m	5	
钢　　架	部　位	拱部	边墙
	类　型	HW300钢架	I20a型钢钢架
	间距/m	0.6	0.8
二次衬砌	部　位	拱部及仰拱	台基
	材　质	C35钢筋混凝土	C35混凝土
	厚度/cm	110～125	

图 7.58　某四线车站隧道洞口段“台基拱形衬砌”示意图(单位:mm)

工程实践中,无论CD法、CRD法、双侧壁导坑法,都存在开挖分部多、施工干扰大、工效低、体系转换次数多且风险高等问题。对于软弱围岩四线隧道,开挖断面大,在保证安全的基础上,如何实现经济、快速施工,应从以下几个方面来考虑:

①应减少开挖分部,减少作业工序;

②应减少临时支护,减少体系转换次数,降低施工作业风险;

③应尽量加大施工作业面,以利于大型机械作业,快速施工。

某四线车站隧道在施工中,引入“撑索转换”及“以索代撑”设计理念,对上述复合双侧壁工法及高位双侧壁导坑法进行优化,建立了如图7.60所示的“复合双侧壁撑索转换”及“三台阶撑索转换、以索代撑”施工方法,将拱部支护体系转换前置,避免了横向支撑体系的转换,为软弱围岩隧道大型施工机械创造了良好条件,降低了施工风险。

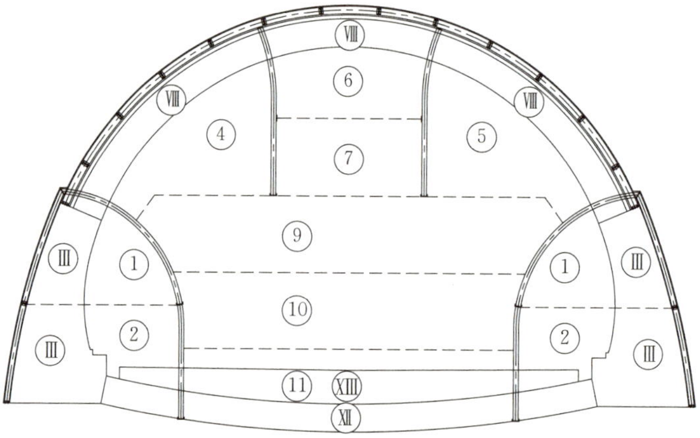

（a）复合双侧壁工法

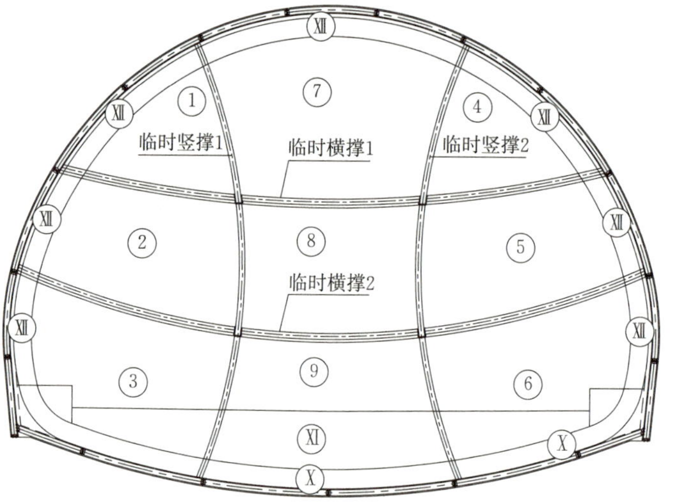

（b）高位双侧壁导坑法

图 7.59　某四线车站隧道浅埋段及深埋段施工工法示意图

(4)监控量测

为确保隧道施工安全及结构稳定，施工期间应开展监控量测，重点对洞内外位移（拱顶下沉、净空变化及地表沉降）、支护结构应力应变（钢架内力、喷混凝土内力、二次衬砌内力、锚杆轴力）及围岩压力加强监测。在现场施工中，根据监控量测结果，对支护结构进行了优化调整。

7.5.2　隧道穿越巨型暗河溶洞处理

1. 概　　述

艰险地区高速铁路岩溶隧道建设不可避免穿越岩溶空腔，个别隧道施工揭示水文、地质条件特别复杂的巨型暗河溶洞，如宜万铁路龙麟宫隧道、沪昆高速铁路朱砂堡隧道、黔张常铁路高山隧道和云桂铁路营盘山隧道，其揭示的溶洞规模巨大，空腔体量均超过 30 万 m^3，处理难度极大。成贵铁路玉京山隧道在暗河发育带揭示一巨型溶洞，空腔体积达 140 万 m^3，为目前国内最大的暗河岩溶大厅，被誉为“高铁第一洞”。

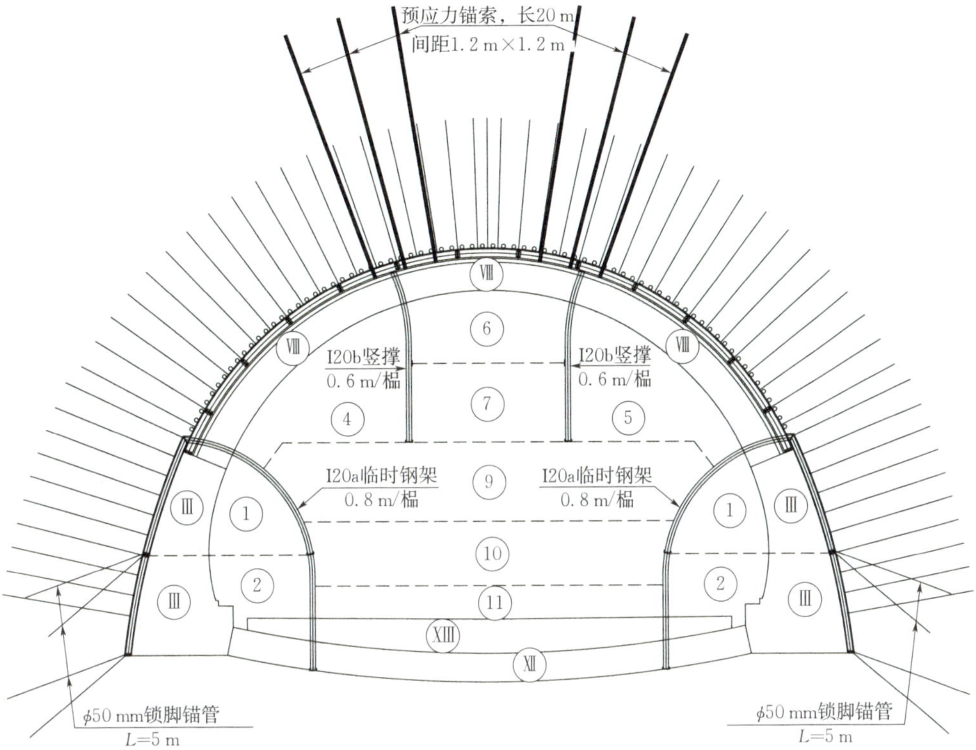

（a）复合双侧壁撑索转换工法

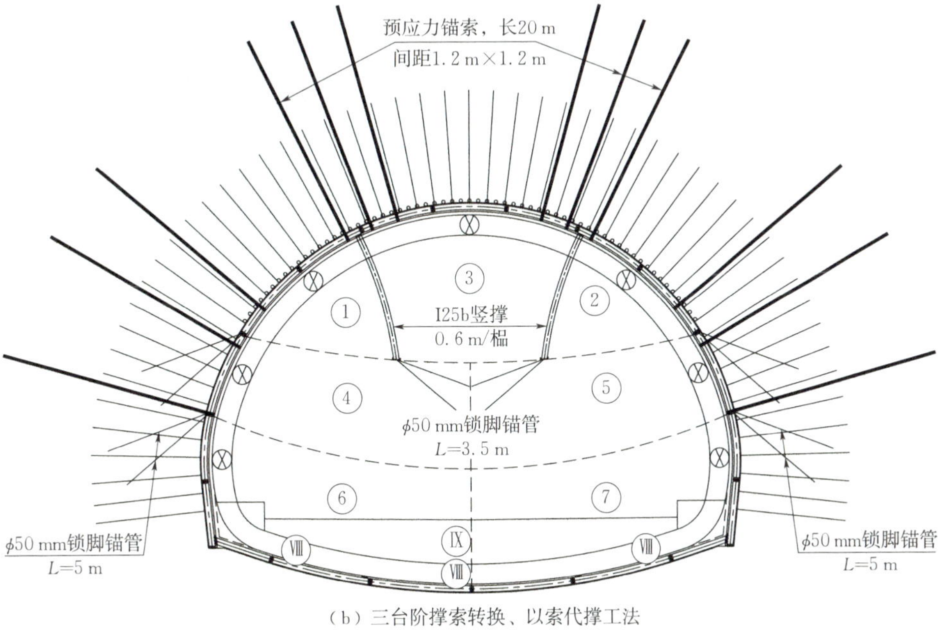

（b）三台阶撑索转换、以索代撑工法

图7.60　某四线车站隧道浅埋段及深埋段施工工法示意图

2. 玉京山隧道暗河巨型溶洞概况及特点

(1)溶洞空腔规模巨大，溶洞尺寸约93 m×230 m×120 m(纵×横×高)。

(2)溶洞洞壁稳定性差,局部掉块,最大落石单体达 8 m×4 m×15 m,如图 7.61 所示。

(3)隧道与溶洞线位组合不利,大厅垂直高度为 50～90 m,隧道于溶洞顶部通过,拱顶半嵌入围岩,拱部开挖施工切槽困难。

(4)溶洞下部深厚层堆积体稳定性差,且成分复杂,充填体总厚度为 30～97 m,表层 0～15 m 厚为软土、坍落块石土,下部为中密至密实碎块石土,局部夹 0～15 m 厚软土、2～5 m 厚饱和粉砂,处于临界稳定状态,如图 7.62 所示。

图 7.61 单体大体积掉块

图 7.62 洞壁坍塌及底部堆积体

(5)溶洞地下水系复杂,溶洞发育在垂直渗流带内,溶洞左侧洞底脚为暗河,且洞内分散发育小型岩溶水管道。下部堆积物表层的静水沉积物高于暗河 30 m,雨季期间会发生壅水现象,如图 7.63 所示。

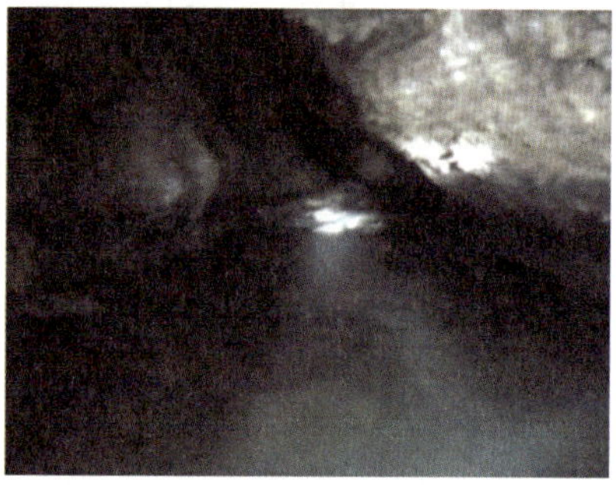

图 7.63 溶洞底暗河

综上,该溶洞洞壁坍塌掉块风险高,加之溶洞底部深厚层状不稳定堆积体和地下暗河影响,对施工及运营存在巨大的安全隐患。

3. 玉京山岩溶大厅处理技术

针对控制因素,为解决暗河水、洞壁稳定性、下部不良堆积体及施工作业平台等问题,采用“暗河改道、溶洞回填、注浆预加固、连续梁跨越、溶洞洞壁防护及钢筋混凝土防护结构”的综合处理方案。

1)暗河处理

控制因素:暗河下游消水能力不足,雨季溶洞大厅岩溶水上漫,影响工程安全。

技术要点:由暗河上游迂回引排地下暗河至下游,绕避溶洞大厅。图 7.64 所示为暗河改道。

2)洞壁稳定性、下部不稳定堆积体及施工作业平台处理

控制因素:溶洞顶洞壁稳定问题和拱部侵入部分施工平台问题,同时需降低下部堆积体影响。

技术要点:

(1)采用弃渣回填至溶洞顶,避免施工过程中大面积掉块风险,同时解决溶洞下部充填体整体稳定性问题。图 7.65 所示为溶洞回填。

(2)回填后开挖上台阶,为隧道拱部切槽及溶洞顶板防护提供作业平台。

(3)溶洞顶板采用“低预应力锚索+锚杆”进行防护。图 7.66 所示为顶板锚索防护。

图 7.64 暗河改道

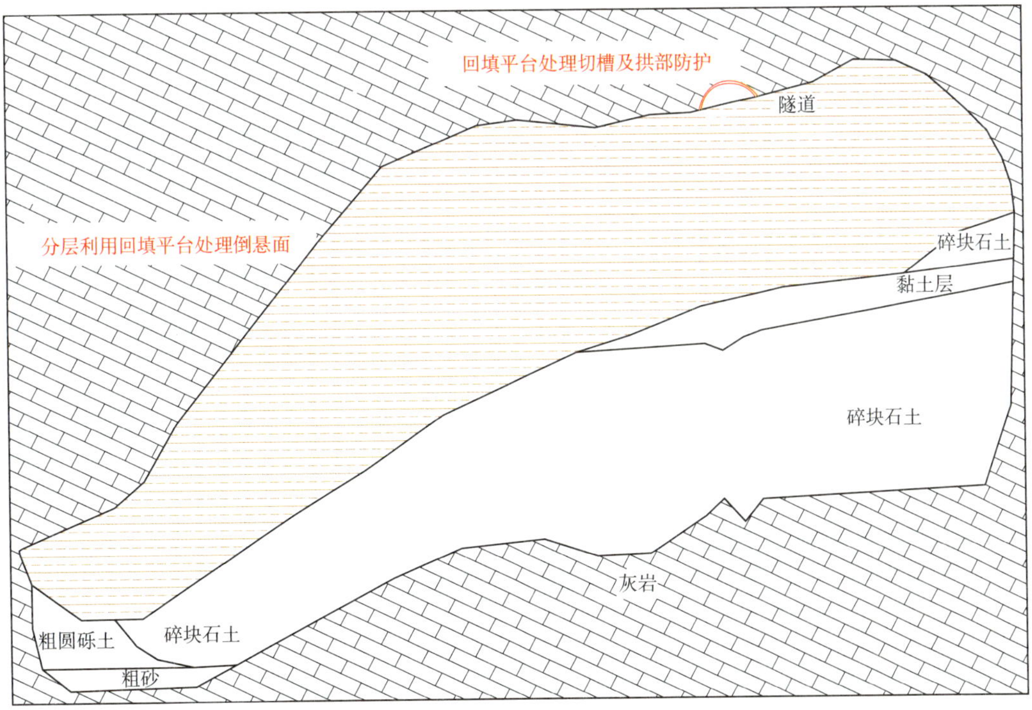

图 7.65 溶洞回填

3)主体结构设计方案

(1)暗挖方案

①暗洞开挖面积达 440 m^2,开挖失稳风险巨大。

控制因素:需解决开挖过程中失稳问题,并抑制初支变形。

设计要点:开挖前先对回填体预注浆加固;达到注浆效果后再对下部回填体采用台阶法开挖,并设置临时钢横撑。预注浆加固及临时钢横撑如图 7.67 所示。隧底注浆加固和钢筋混凝土防护结构如图 7.68 所示。

②回填体成分不均匀,隧道基础必然发生沉降及不均匀沉降。

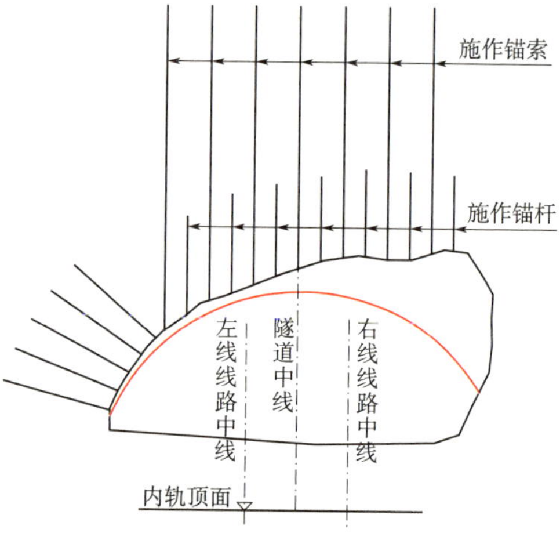

图 7.66 顶板锚索防护

控制因素:需减少隧底沉降及不均匀沉降影响,并设置可靠的行车结构。

处理要点:

a. 行车范围采用连续梁一次跨越溶洞(图 7.69);

b. 采取钢花管注浆以提高回填体整体性,溶洞段设钢筋混凝土防护结构,防止拱部掉块,影响运营行车安全,并沿线路纵向每 5~6 m 设一道宽型变形缝。

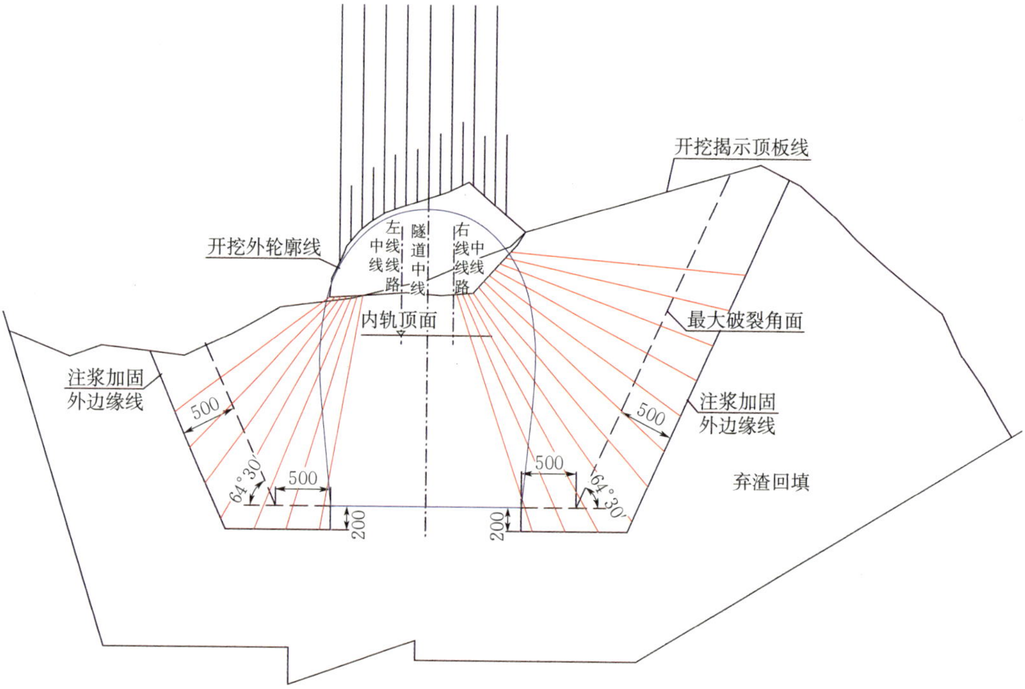

(a)

图 7.67

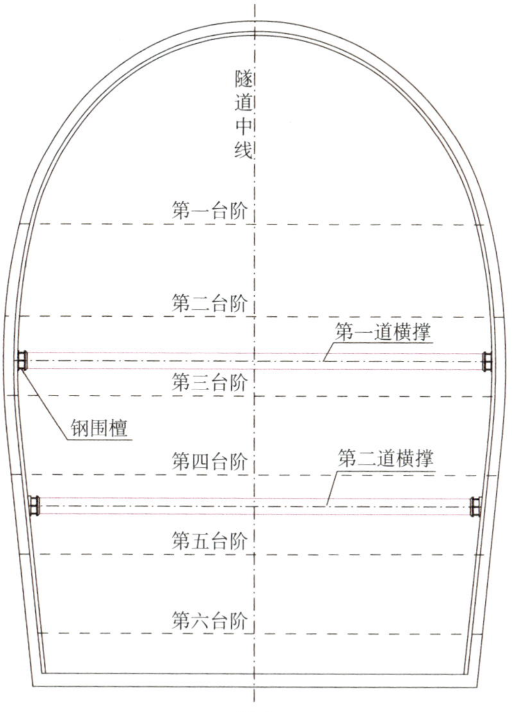

(b)

图 7.67 预注浆加固及临时钢横撑(单位:cm)

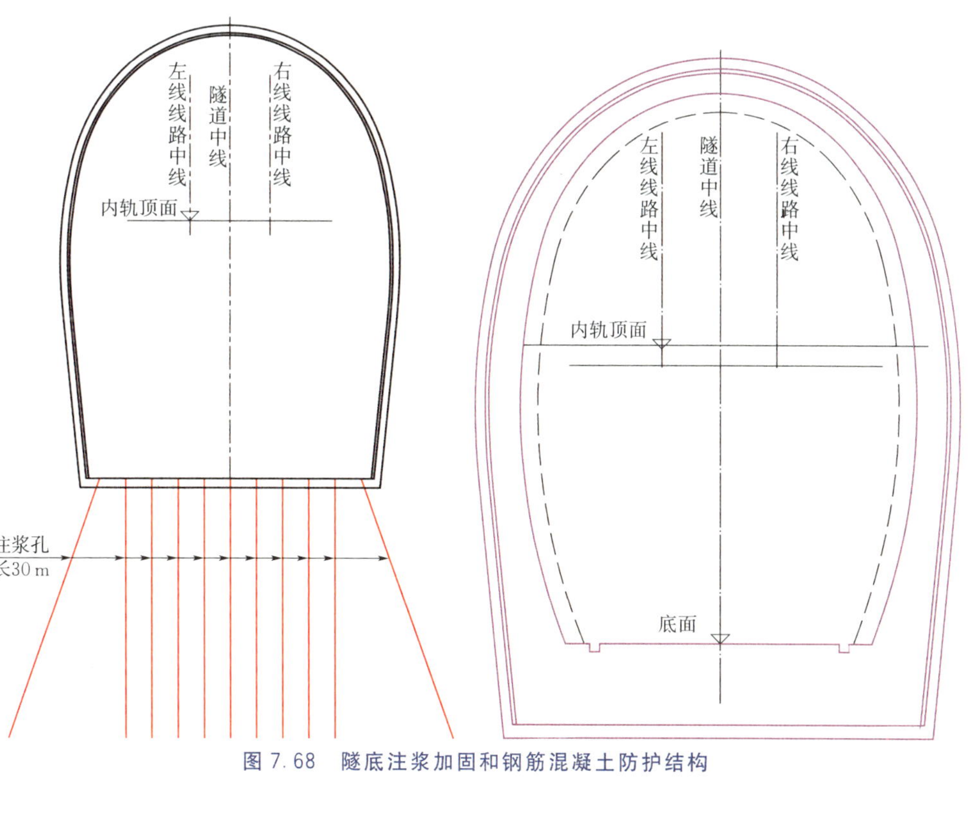

图 7.68 隧底注浆加固和钢筋混凝土防护结构

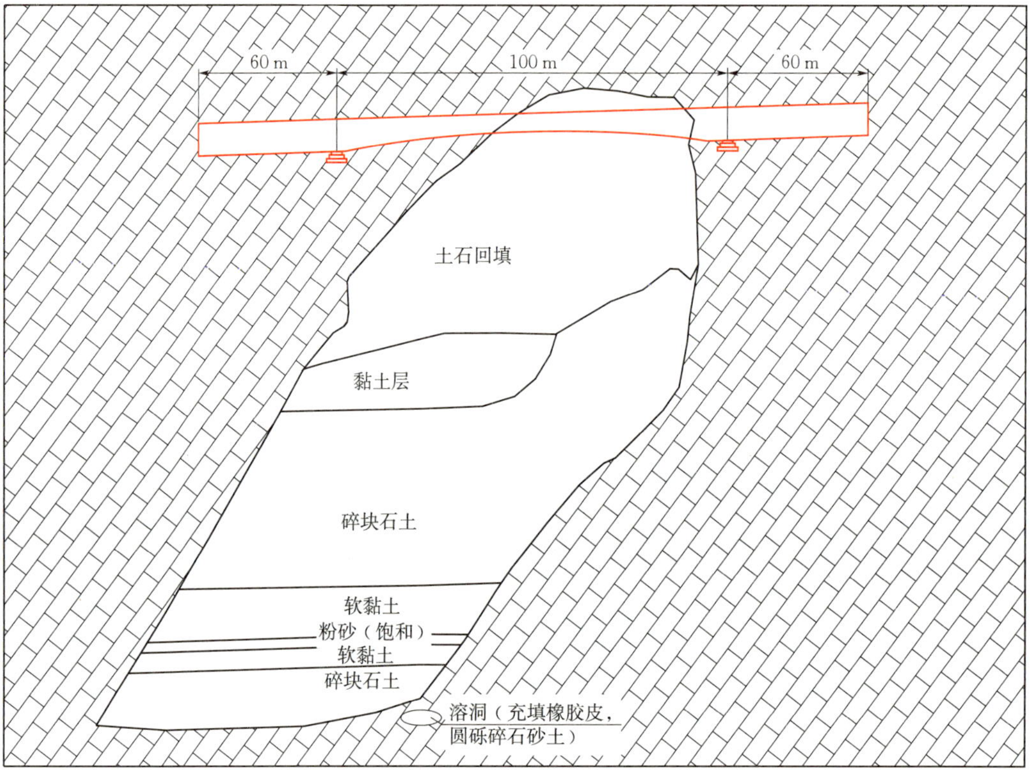

图 7.69　大跨度连续梁结构

(2)明挖方案

①明挖后顶板露空区域大，不利于顶板整体稳定性；同时开挖后高差大，侧向土体稳定性差。

控制因素：减少溶洞顶露空范围，并抑制侧向土体滑移倾覆。

设计要点：下部设置 U 形挡墙，侧向采用泡沫混凝土反压回填，防护侧向土体，同时减少拱部露空范围。

②回填体成分不均匀，隧道基础必然发生不均匀沉降。

控制因素：设置可靠的行车结构。

设计要点：行车范围采用连续梁一次跨越溶洞。

③运营期间溶洞顶局部小剥落掉块，威胁运营安全。

控制因素：行车范围需设置可靠的防护措施，避免上部掉块。

设计要点：在行车范围内，于连续梁上方设防护棚洞。

明挖方案结构及防护体系如图 7.70 所示。

(3)方案比选

理论上，两种方案均满足工程要求，结合后期运营期间检修及维护的需要，最终实施采取了暗挖方案。

4)监测方案

为确保施工及结构安全，在溶洞大厅回填段开挖后应加强监控量测，重点对边墙水平收敛，拱部及隧底沉降，基底填充层分层沉降，衬砌结构应力、应变，初期支护与二衬间接触压

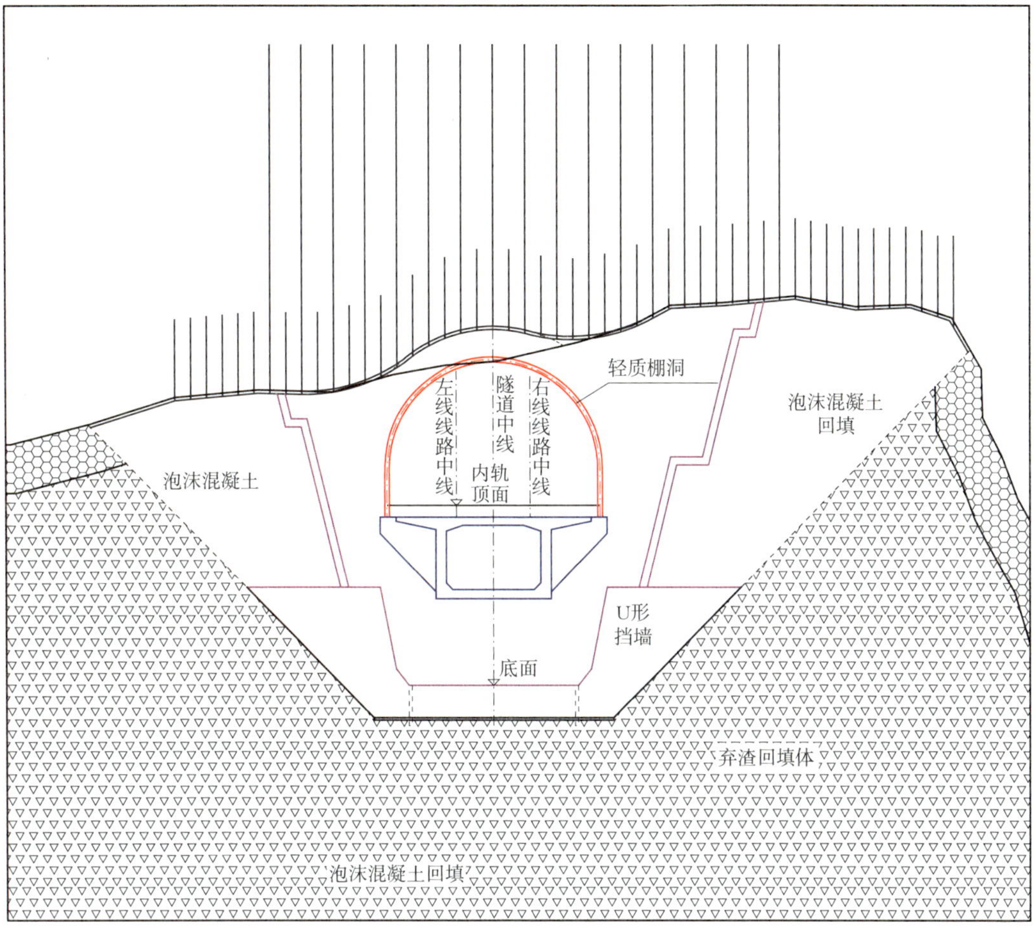

图 7.70 明挖方案结构及防护体系

力等开展监测。根据监测结果及时动态调整支护参数，并通过补注浆改良围岩。

4. 巨型暗河溶洞大厅处理具有的创新性及意义

玉京山隧道的成功修建，总结了艰险地区高速铁路隧道工程穿越复杂巨型溶洞的系统处理技术，首次将桥梁、路基及隧道工程技术综合应用于艰险地区高速铁路的巨型溶洞工程处理中，提出了回填体中大断面开挖防护措施，形成了“低预应力锚索＋锚杆”溶洞顶防护体系，建立了可维护性结构，提高了艰险地区高速铁路在岩溶地区选线的自由度，对艰险地区高速铁路建设具有极为重要的指导意义。

7.5.3 高坝基础超厚填土大跨度明洞

1. 工程意义

艰险地区高速铁路受地形条件限制，展线受到严重的限制，弃渣场选址困难且不良堆放还可能产生人为地质灾害，也成了沟谷发育的山区城镇建设和经济发展难以解决的问题。

渝利铁路经过的丰都县位于长江上游地区，地处重庆东部，地形以山地为主，丘陵次之，仅在河谷、山谷间有狭小的平坝，属于典型的西部艰险地区地形。铁路原设计以双线大桥跨越丰都城区斜南溪沟谷。为了配合地方城市规划建设、综合开发利用土地资源，解决山区沟谷发育、严重缺乏建设用地的城镇发展问题，对斜南溪沟谷进行整体回填造地，将原设计大桥改为隧道通过，平面布置如图 7.71、图 7.72 所示。该工程有效解决了丰都渝利铁路、沿江高速公路及横四路、横五路等工程建设产生的大量土石方弃渣(约 800 万 m^3)，大大节约了耕地资源，减少了征地、移民安置等众多难题。采用沟谷回填方式能容纳 1 600 万 m^3 的弃渣，可新增城市建设用地 1 800 余亩，大幅度提高了土地利用率，为城市建设提供了宝贵的土地资源。

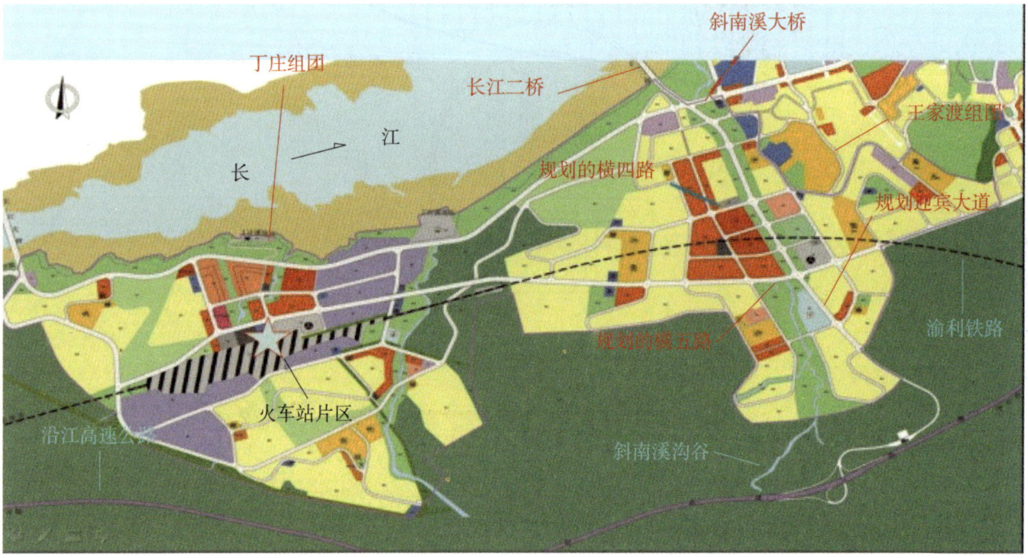

图 7.71 丰都县城主要规划道路、斜南溪沟与渝利铁路相对地理位置图

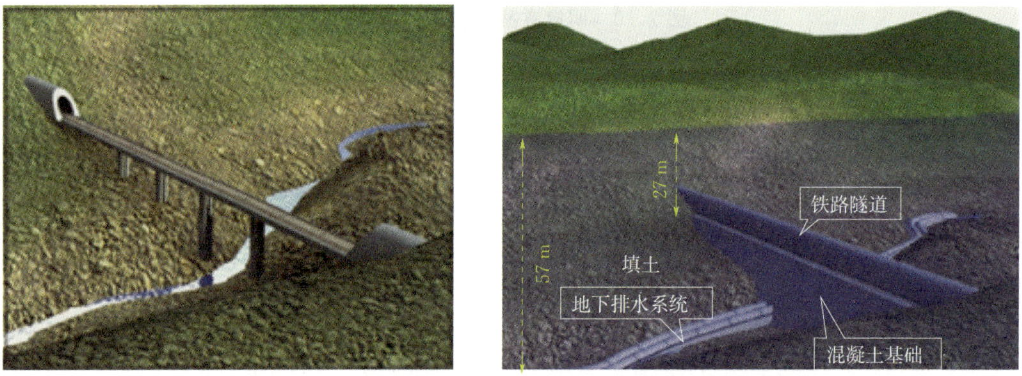

(a) 原桥梁方案　　(b) 采用明洞隧道方案

图 7.72 丰都造地工程原设计与变更调整后平面示意图

2. 明洞设计

渝利铁路丰都造地隧道工程处于沟谷弃渣造地堆积而成的大型岩土体内，回填后明洞两端与熊家岭隧道、石缸坡隧道连通，明洞纵向长 373 m，沟谷回填纵向长 2 700 m，铁路路基面处填高 57 m，隧道拱顶以上回填土最大厚度为 29 m，明洞基底悬空最大高度为 32 m。作为全国首座“修建于沟谷高填方路堤上的超厚回填荷载大跨明洞结构”，与传统的明洞比较，

丰都造地工程存在沟谷深埋明洞高填方基础结构形式选择、整体稳定性、超厚回填土明洞土压力荷载确定、超厚回填土大跨明洞衬砌结构选型等技术难题。

(1)沟谷深埋明洞高填方基础结构形式及整体稳定性

明洞基础选取级配碎石掺水泥基础、洞渣C组填料+桩板基础、大体积混凝土基础等基础结构形式，从基础内力及变形、沉降及稳定性、结构适应性、施工难易、经济性等方面综合分析，研究了基础承载力，回填土后坝体、明洞的抗滑稳定性，"抗剪键"的设置等问题，提出了大体积混凝土基础既作为明洞承重结构，又作为填土的抗滑结构，还兼具拦渣功能的设计理念。典型断面如图7.73所示。

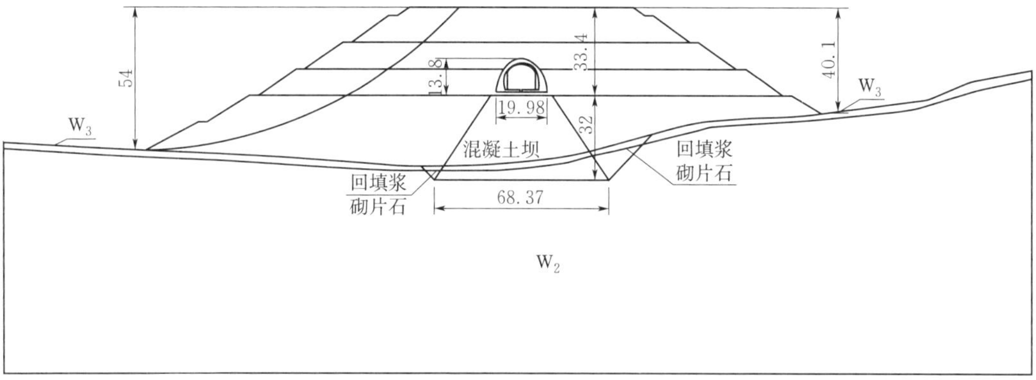

图7.73 丰都造地工程典型断面图(单位：m)

(2)超厚回填土明洞土压力荷载计算方法

结合明洞埋置方式、断面形状，回填高度等，分析了明洞竖向土压力的影响因素，确定了洞顶平面内外土柱的沉降差为土压力的关键影响因素，基于马斯顿散体极限平衡理论及沉降差反推法理论，结合数值计算和现场实测数据的验证，推导出超厚回填土明洞竖向土压力的理论公式，具体公式为

①当 $0<h/D\leqslant 0.8$ 时，适用于马斯顿散体极限平衡理论推导计算公式：

$$P=\frac{\gamma D(1-\nu)}{2\nu\tan\varphi}\cdot\left[e^{\frac{2\nu\tan\varphi}{D(1-\nu)}h}-1\right]+\Delta G$$

②当 $h/D>0.8$ 时，适用于土层沉降差反推法理论推导的计算公式：

$$P=\gamma h+\beta\cdot\frac{E_0}{E_s}\cdot\frac{\gamma(2h+h')h'}{2C_dD(1-\nu^2)}+\Delta G$$

式中 P——明洞顶竖向土压力；

h——拱顶回填土厚度；

D——明洞净跨；

E_0——地基的弹性模量；

ν——地基泊松比；

C_d——考虑基底形状及沉降点位置的相关系数；

β——集中系数；

E_s——回填土的弹性模量；

h'——明洞结构高度；

γ——回填土重度；

φ——回填土内摩擦角；

ΔG——竖向土条单元重力。

理论公式适用条件：明洞基础为平坦地形，无边坡，地基承载力良好。

(3)大跨超厚回填土明洞衬砌结构设计

综合国内外大跨超厚回填明洞结构形式，考虑其功能性、安全性、经济性，拟定拱形带仰拱衬砌、拱形带底板衬砌及加高尖拱带仰拱衬砌等双层衬砌明洞结构形式作为丰都造地明洞衬砌轮廓的比选方案。经过温度场影响分析、水化热控制分析等，位于大体积混凝土基础段明洞采用拱形带底板双层衬砌结构，其余段明洞采用拱形带仰拱双层衬砌结构，且外衬厚度大于内衬厚度。该结构形式既能显著改善水化热问题，又具有受力性能和整体性相对较好的优点，具体结构形式如图 7.74 所示。

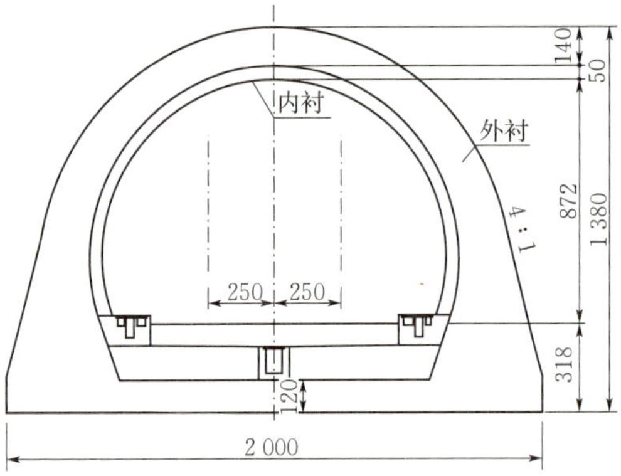

(a) 拱形带底板双层衬砌结构

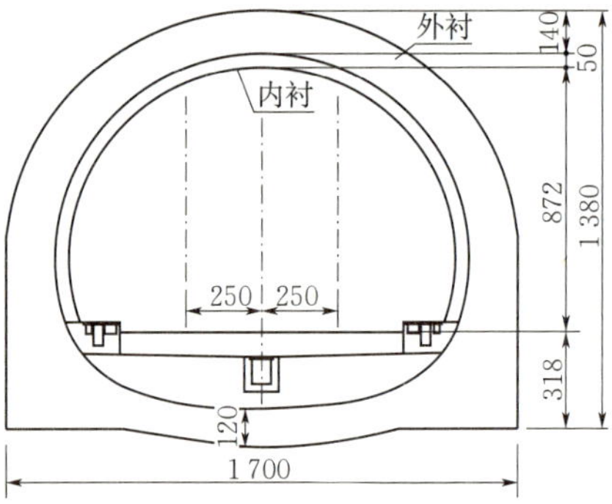

(b) 拱形带仰拱双层衬砌结构

图 7.74 丰都造地工程双层衬砌明洞结构(单位：cm)

7.5.4 超大跨高填方明洞

1. 工程意义

随着社会经济的发展，我国特大、大型城市枢纽正朝铁路、航空、地铁、公共交通相互融合的方向迈进。艰险复杂山区受城市规划、复杂环境的限制，不可避免地会出现“大填大挖”、高边坡、破坏山体稳定及生态植被等问题。为节约用地、保护环境、落实可持续发展的设计理念，高回填明洞工程越来越多，明洞跨度已从单洞单线发展到单洞三线，向着大跨、超大跨发展，涌现出大量的超厚回填土超大跨度明洞。

龙洞堡机场隧道为我国首座铁路、航空、城轨、公交垂直换乘的大型立体化综合交通枢纽。隧道设计时速为 250 km，全长 3 009 m，总投资逾 6 亿元。

隧址位于复杂的机场环境，洞身多处为洼地，地面标高低于机场场坪 50～60 m。为节省用地、减少对周围环境影响，贯彻“以人为本”的设计理念，方便旅客“零换乘”，经桥梁、路基、隧道方案综合比选，洼地段采用明洞方案。明洞衬砌拱顶需回填至机场近远期规划用地标高，隧道结构最大跨度约 28 m，隧道拱顶以上回填土约 34 m，远大于国内时速 250 km 铁路双线明洞跨度和洞顶回填高度，其隧道模型如图 7.75 所示。

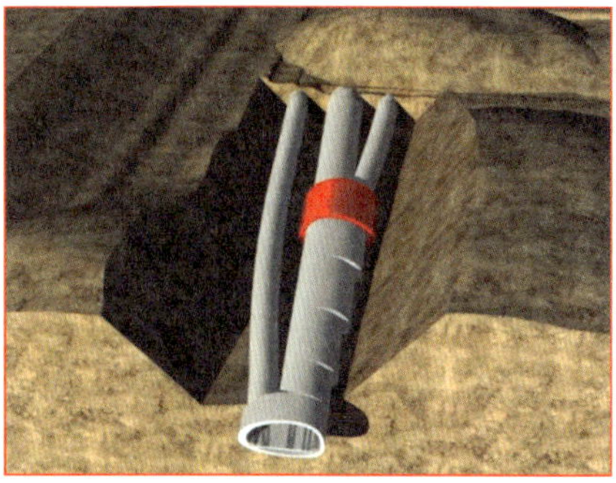

图 7.75 岔区大跨明洞隧道模型图

2. 超厚回填土超大跨度明洞设计

为满足本工程超大跨度衬砌结构承受的超高填土荷载要求，大跨明洞需采用加强、加厚的混凝土衬砌结构，衬砌最薄处厚度均超过 2 m，结构安全风险大，大体积混凝土衬砌水化热问题严重。设计过程中需解决大跨大体积衬砌结构厚度大、水化热大、混凝土有害裂缝难于控制、混凝土结构中心轴附近无法发挥抗压能力而产生的材料浪费等关键工程难题。

(1)明洞衬砌断面结构形式选择

为解决大跨度高回填明洞结构问题，综合国内外大跨隧道衬砌结构形式，并考虑其功能性、安全性、经济性，选定一般大跨、加高大跨、拱部桁架结构、推力拱四种断面结构形式，在大跨高回填土厚度条件下进行受力、经济效益等比较分析。综合对比四种明洞结构模式，见表 7.10，一般形式断面明洞衬砌具有受力较合理的特点。但用一般拱形大跨结构存在结构厚度大、水化热大、混凝土有害裂缝难于控制、混凝土结构中心轴附近无法发挥抗压能力而产生的材料浪费等问题。为解决设计与施工存在的水化热问题，参照桥梁施工中用到的开孔梁和箱形梁，提出采用开孔明洞衬砌结构。

表 7.10 大跨度明洞衬砌断面结构优缺点对比

一般大跨	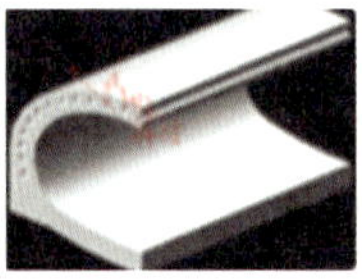	优点：断面闭合，受力整体性好，受力状态较合理。 缺点：由于跨度大，回填荷载大，厚度大，水化热大，必须对其进一步的优化和调整
加高大跨		优点：相比一般大跨型衬砌厚度降低。 缺点：高跨比大，在超高回填土荷载下需要加大拱顶及仰拱配筋量，同时高度较大导致洞内大部分空间利用不经济
推力拱形结构	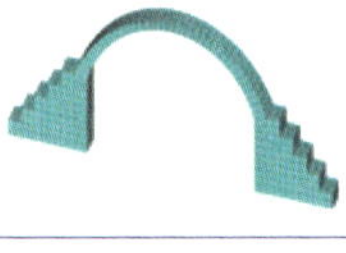	优点：拱圈受力较为合理。 缺点：边墙结构尺寸大，混凝土量巨大，边墙处的水化热效应更严重，降低了结构的安全性
拱部桁架结构	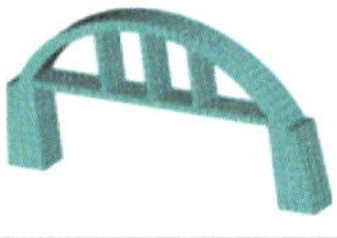	优点：拱部桁架结构衬砌厚度和工程量少于其他结构。 缺点：桁架内部出现受拉构件，大大降低了结构的安全性

(2)开孔明洞衬砌设计

为有效减小厚衬砌明洞大体积混凝土水化热，降低温度裂缝对明洞衬砌的影响，以中空钢筋混凝土为出发点，对“隧道衬砌环向开孔”和“隧道衬砌纵向开孔”两种衬砌形式进行了对比分析。采用解析法和有限元法对开孔明洞衬砌温度场进行分析。采用荷载—结构模型对开孔明洞衬砌应力场及裂缝进行分析。

分析表明，衬砌开孔加速了衬砌内部与周边环境的热量对流交换，显著地改善了大体积混凝土衬砌的水化热问题；衬砌开孔显著降低了混凝土衬砌内部温度绝对值，孔洞部位设置在衬砌中轴线上，较大程度地减少了混凝土的截面面积，减少了内外表面温度差，衬砌开孔后，残余温度应力能明显降低。

在同样开孔率的情况下，环向开孔与周围环境接触的比表面积较纵向开孔大，因此，环向开孔与纵向开孔相比，其最大水化热温度较小，优于纵向开孔模式。但是环向开孔由于其弯曲的制造以及埋设等施工工艺的问题，在现场都较难实现；另外，环向开孔衬砌浇筑施工时，需在前几天对开孔内部进行通水循环作业，否则其内部每环孔洞内易形成内循环，其散热效果反倒劣于纵向开孔，这样又必然增加施工成本。反观纵向开孔衬砌，较之实心衬砌，也能很好地改善水化热问题，只是相较于通水作业的环向开孔衬砌要较差。综合考虑施工工艺及施工成本，最终选择纵向开孔衬砌作为明洞结构形式。

钢筋混凝土衬砌纵向开孔后，孔洞部位使衬砌形成了上弦杆和下弦杆，具有“空腹桁架”或“拉杆拱”结构的受力特性。由有限元分析结果可知，上、下弦杆分别主要承受“压弯剪”“拉弯剪”作用，而承受压弯剪的上弦杆承担了主要剪力。基于此提出了纵向衬砌开孔孔径的下限值应符合的要求包括：1.2 m 厚衬砌的开孔尺寸宜不小于 20 cm，1.5 m 厚衬砌的开孔尺寸宜不小于 30 cm，1.8 m 厚衬砌的开孔尺寸宜不小于 30 cm，2.0 m 厚衬砌的开孔尺寸宜不小于 40 cm。

8 监测预警系统技术

随着中国高速铁路的大规模建设和开通运营，艰险地区因受板块运动影响，地震频繁、震级大，构造活动强烈，突发性、无规律性及不可预测性等特点的滑坡、崩塌落石、泥石流、地震等自然灾害发育，威胁高速铁路的行车安全，并对高速铁路的工务维护提出新的挑战。基于艰险地区高速铁路复杂的地质环境条件，对监测系统架构以及地震、“崩、滑、流”监测与预警，线下基础设施评估等技术进行研究，建立了地震监测预警系统和地质灾害及线下基础设施监测预警系统，实现了灾害的实时监测和预警，全方位地为铁路建设、运营、维护提供可靠保障。

8.1 地震监测预警系统

8.1.1 系统构成

高速铁路地震监测预警系统采用现场监测设备、中心系统两级架构。系统通过现场监测设备实时采集高速铁路沿线及附近主要地震活动区的地震地面运动监测数据，进行数据分析及处理，为列车运行提供有效、准确、可靠的地震监测和警报信息。系统可通过牵引供电系统、信号系统共同作用实施列车运行控制。系统架构如图 8.1 所示。

8.1.2 关键技术

高速铁路地震预警的过程包括地震监测、震相捡拾、干扰识别、震源参数估算、震后紧急处置。与常规地震预警相比，高速铁路地震预警的监测点设置于铁路沿线，并要求就近实现对列车的震后自动处置，现阶段的应用属现地预警，对预警信息时效性、准确性的要求极高。另外，艰险地区高速铁路运营环境相对复杂，铁路沿线存在各种干扰源，如过车、强夯、施工爆破、牵引变电站电磁干扰等。出于便于维护管理等因素的考虑，专用于高速铁路的地震传感器往往布设于铁路沿线的牵引变电所、分区所及 AT 所内，距铁路中心线距离一般为 50 m 左右。因此，受限于环境因素，沿线地震监测台站的布设位置受到各种地形、地貌制约，达不到常规地震台站观测环境要求。如何基于有限的台站数在保证时效性、准确性的基础上提高系统抗干扰识别能力，减少误报发生是高速铁路地震预警的重难点问题。

1. 外界干扰下地震 P 波震相自动识别技术

(1)长短时平均法

长短时平均法是目前地震预警系统中最常用的地震事件捡拾算法。该方法具有算法简单易行、时效性高的特点，在信噪比较高的前提下可以对地震事件进行判断。方法原理如下：

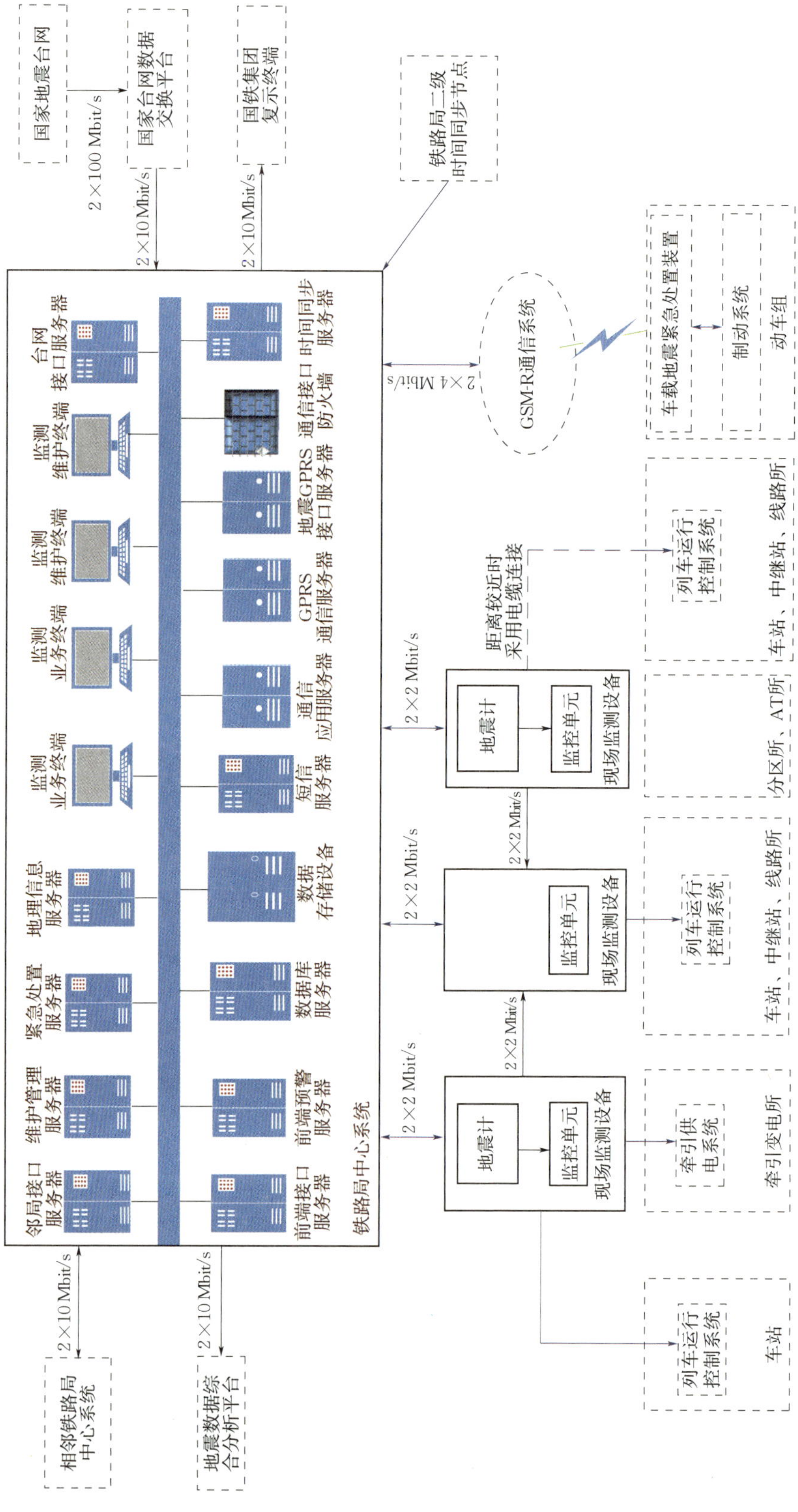

图8.1 地震监测预警系统架构图

运用长短时平均法进行震相的拾取，首先需要构建适宜的特征函数，特征函数的作用是进一步放大地震波初至在时间域或者频率域上的变化。地震预警的精度具有明显的地域性，特征函数需要结合实际情况选取。

式(8.1)～式(8.4)列举了是一些常见的特征函数：

$$\mathrm{CF}(i)=|Y(i)| \tag{8.1}$$

$$\mathrm{CF}(i)=|Y(i)-Y(i-1)| \tag{8.2}$$

$$\mathrm{CF}(i)=Y(i)\times Y(i)-Y(i+1)\times Y(i-1) \tag{8.3}$$

$$\mathrm{CF}(i)=Y(i)\times Y(i)+[Y(i)-Y(i-1)]^2 \tag{8.4}$$

式中，i 代表当前时间采样点，$Y(i)$ 为当前时间采样点地震记录幅值。完成特征函数构建后，即可采用 S/L 法对地震事件进行判断，长、短时窗的公式为

$$\mathrm{STA}(i)=\mathrm{STA}(i-1)+\frac{\mathrm{CF}(i)-\mathrm{STA}(i-1)}{N_\mathrm{S}} \tag{8.5}$$

$$\mathrm{LTA}(i)=\mathrm{LTA}(i-1)+\frac{\mathrm{CF}(i-N_\mathrm{S}-1)-\mathrm{LTA}(i-1)}{N_\mathrm{L}} \tag{8.6}$$

式中　$\mathrm{STA}(i)$，$\mathrm{LTA}(i)$——地震信号在当前采样点 i 的短时平均值和长时平均值；

$\mathrm{CF}(i)$——地震信号在采样点 i 处的特征函数值；

N_S，N_L——短时平均值和长时平均值时间窗包含的采样点数。

S/L 法计算结果为

$$\mathrm{Rat}(i)=\mathrm{STA}(i)/\mathrm{LTA}(i) \tag{8.7}$$

$\mathrm{Rat}(i)$为 S/L 法判识的结果，如果 S/L 法判识的结果达到或超过预先给定的阈值，则判定有事件发生。常规 S/L 法适用的条件是地震信号具有较高的信噪比，但是对于艰险地区高速铁路沿线，受环境因素制约，监测台站数据信噪比较低且台站布设密度不足，当地震信号到达时往往会出现地震初动被背景噪声覆盖而无法在第一时间触发预警的问题。此时，在 S/L 方法中引入改进因子 α 进行优化：

$$\alpha=\frac{\mathrm{STA}(i)}{\mathrm{STA}(i-t/\Delta t)} \tag{8.8}$$

式中，Δt 为采样时间间隔，一般取 1～2 s，引入 α 后的判识公式为

$$\mathrm{Rat}(i)=\frac{\mathrm{STA}(i)}{\mathrm{LTA}(i)}\alpha \tag{8.9}$$

此时当 P 波震相到达时，改进因子 α 会对判识结果数值产生一个放大作用，使其更有利于识别初动不明显的信号，减少漏报事件。图 8.2 所示为我国成灌铁路地震预警系统监测到的四川省阿坝藏族羌族自治州茂县 3.7 级垂向加速度记录，图 8.3 所示为改进 S/L 方法与常规 S/L 方法地震事件判识结果对比，由图可见：蓝线为常规法捡拾结果，其对应 P 波震相位置的峰值为 5.81；黄线为改进法捡拾结果，其对应 P 波震相位置的峰值为 37.73。可见改进方法相较常规方法对于地震 P 波的响应更加明显，同时阈值的设定灵活性更大，同时解决了阈值设定过低容易误触发，阈值设定过高容易漏报的问题。

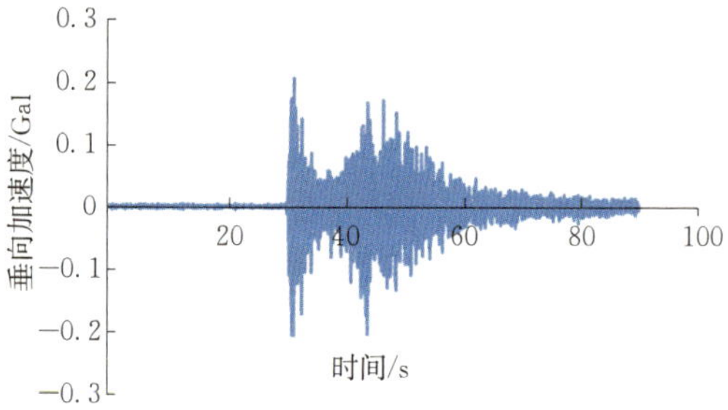

图 8.2 四川省阿坝藏族羌族自治州茂县 3.7 级垂向加速度记录

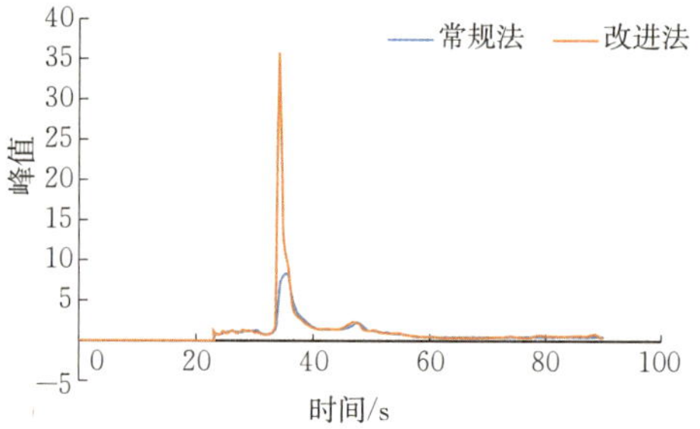

图 8.3 常规法和改进法对比

(2)偏振分析法

地下震源激发出的地震 P 波与地震 S 波都具有明显的偏振特性，而高速铁路沿线常见干扰源不具备这一特性，通过分析实时波形的偏振特性，可对震相进行捡拾，固定时窗内协方差矩阵为

$$\boldsymbol{M}=\begin{bmatrix}\mathrm{Var}(x) & \mathrm{Cov}(x,y) & \mathrm{Cov}(x,z)\\ \mathrm{Cov}(x,y) & \mathrm{Var}(y) & \mathrm{Cov}(y,z)\\ \mathrm{Cov}(x,z) & \mathrm{Cov}(y,z) & \mathrm{Var}(z)\end{bmatrix} \tag{8.10}$$

式中，x，y，z 分别代表南北、东西和垂向记录，任意两个分向的协方差计算公式为

$$\mathrm{Cov}(x,y)=\frac{1}{N}\sum_{1}^{N}[x(i)-\mu_x y(i)-\mu_y] \tag{8.11}$$

式中，固定时窗内两个分向记录的平均值是 μ_x，μ_y，方程 $\boldsymbol{MX}=\lambda\boldsymbol{X}$ 的三个特征向量对应的特征值为 λ_1，λ_2，λ_3（$\lambda_1>\lambda_2>\lambda_3$），可以用式(8.12)表示信号的偏振特性强弱：

$$F=1-\frac{\lambda_2+\lambda_3}{2\lambda_1} \tag{8.12}$$

同样，当沿线监测到的地震动信号超过偏振特性阈值，则判定有事件发生。

2. 用于艰险地区高速铁路地震预警的防误触发算法

我国高速铁路运行环境复杂，尤其是艰险地区地形地貌，自然环境比较脆弱，沿线地震台站的布设受各种地形、地貌制约，达不到常规地震监测台站观测环境相关要求。此外，高速铁路沿线可能的振动干扰来源很多，如采石爆破、重型机械施工、行车、行人等。根据地震和干扰波形特征的差异，可利用事件触发后续 3 s 时间内的波形数据提取相关特征参数，判断事件为地震还是干扰。

(1)波形记录的振动时间

地震波的传播是一个持续的过程，如果铁路沿线监测到的波形在短短几秒内结束，则一定为非地震事件。因此，将事件是否结束作为一个特征参数，可以有效减少强夯、爆破等干扰波的误报发生。

(2)波形记录是否对称

地震动的振幅有明显的对称性，而对于非振动引起的干扰波，例如牵引变电所的电磁干扰则往往在基线上下呈现出不对称的形态。波形对称度可由式(8.13)计算，其中 D_s 代表基线两侧波形与坐标轴围成面积相对较小的部分，D_l 代表基线两侧波形与坐标轴围成面积相对较大的部分，sym 即为波形的对称度。

$$\mathrm{sym}=D_s/D_l \tag{8.13}$$

当对称度小于阈值，说明该时段内的波形数据不具备上下对称的性质，因此可判识为非地震事件。应该指出的是，波形对称度方法的应用，需要在地震计振幅基线去除零线漂移后再进行判识。

(3)局部峰值分布

地震记录的峰值指的是某一时间段内振幅最大的幅值，而局部峰值指的是波形与坐标轴相交的两点间的最大振幅的绝对值。因此，在固定的某个时窗内局部峰值可能有很多个。

图 8.4(a)所示为我国大西高速铁路地震预警系统现场模拟测试数据地震记录峰值图，图 8.4(b)所示为强夯干扰峰值分布图，图 8.4(c)所示为正弦波干扰峰值分布图，图 8.4(d)所示为过车干扰峰值分布图。由图 8.4 可见，地震事件局部峰值分布与干扰波的局部峰值分布有明显差距：相较于强夯干扰及正弦波干扰而言，地震波峰值分布较为连续，而强夯干扰与正弦波干扰峰值分布非常集中，一般集中于 1，2 个分组内；相较于过车干扰而言，虽然地震峰值分布与过车干扰峰值分布非常类似，但在 2 s 时间段内峰值数上过车干扰峰值数成倍大于地震波的峰值数。

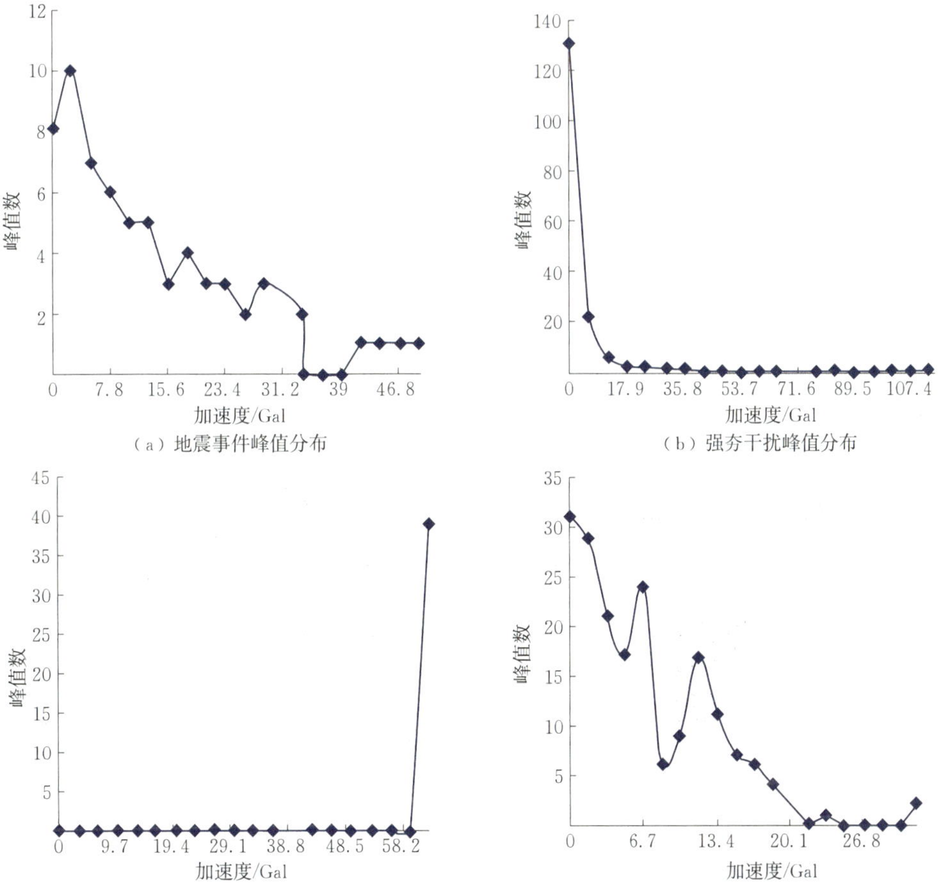

(a) 地震事件峰值分布　(b) 强夯干扰峰值分布

(c) 正弦波干扰峰值分布　(d) 过车干扰峰值分布

图 8.4　地震波与干扰波峰值分布及数目对比图

因此，可以利用局部峰值分布的疏密程度来判别事件的性质，式(8.14)代表局部峰值的分散度：

$$\text{sparse}=N_{\text{zro}}/N_{\text{total}} \tag{8.14}$$

式中　sparse——波形的分散度；

N_{zero}——子区间内没有局部峰值的组数；

N_{total}——划分的子区间总数。

同样的，局部峰值的聚合度也可以作为识别干扰的特征参数，式(8.15)代表局部峰值的聚合度：

$$\text{pration}=P_{\max}/P_{\text{total}} \tag{8.15}$$

式中　pration——聚合度；

$P_{\max}$——子区间中局部峰值分布的最大值；

P_{total}——记录的局部峰值数总和，P_{total}的大小与信号的频率有关，故P_{total}自身也是识别干扰的特征参数。

(4)波形的突变幅度

某些干扰波，如强夯等冲击型的干扰信号，往往在几个采样点的间隔内幅值会有极大的突变，有时变化幅度甚至可能远远超过系统报警的阈值。对于地震而言，首先到达台站的P波震相不会产生如此大的变化，因此波形振幅的突变也可以利用到干扰识别中，如式(8.16)所示：

$$\text{speed}=\max(\text{diff})/\text{sprate} \tag{8.16}$$

式中　speed——波形突变幅度；

max(diff)——相邻采样点间幅值差异的最大值；

sprate——采样间隔。

(5)双地震计相似性判断

我国高速铁路自建的地震监测点采用的是双地震计配置，按照相关规范要求地震计应尽量远离线路，与线路中心线距离不宜小于50 m，两个地震测井之间水平间距不宜小于40 m，基坑深度应该达到原始持力层，如图8.5所示。

图8.5　高速铁路沿线地震测井基坑

对于一般地震而言，经过一定距离的传播后到达地震监测台站，地震计之间的距离相对于几十公里的震中距而言可以忽略，因此两个地震计之间的波形具有很强的相似性。但对于干扰而言，只有发生在地震监测台附近的才可能被记录下来，多数干扰源并不具备长距离传播的能力，因此两个地震计接收到的干扰数据势必会有一定差异，利用双地震计相似性比较进行干扰识别，是地震预警技术在艰险地区高速铁路应用的一个创新。相似性是指在一段时间内，两组采集数据在时域及频域上的一致性，通过百分比来表示。最常用的相似性比较方法为皮尔逊相关系数计算法，该方法一般用于计算两个固定距离变量(固定时窗)间联系的紧密程度，具体公式为

$$r(x,y)=\frac{n\sum xy-\sum x\sum y}{\sqrt{n\sum\left|y^{2}-\overline{y}^{2}\right|}\times\sqrt{n\sum\left|x^{2}-\overline{x}^{2}\right|}} \tag{8.17}$$

式中 x,y——两组采集数据；

n——固定时窗内的采样点数；

$\overline{x},\overline{y}$——时窗内平均值；

r——相关系数。

若两组波形完全一致，则相关系数为1。理论分析认为地震发生时，两个地震计数据之间的相似性很好，而干扰波的相似性会较差。

图8.6(a)所示为我国大西高速铁路忻州西牵引变电所布设的两个地震计接收的天然地震垂向记录，对比两个地震计的记录很难发现二者在波形上的差异。图8.6(b)所示为相同监测点两个地震计接收到的同一次过车干扰的垂向记录，从图中可以明显看出干扰数据的波形差异。

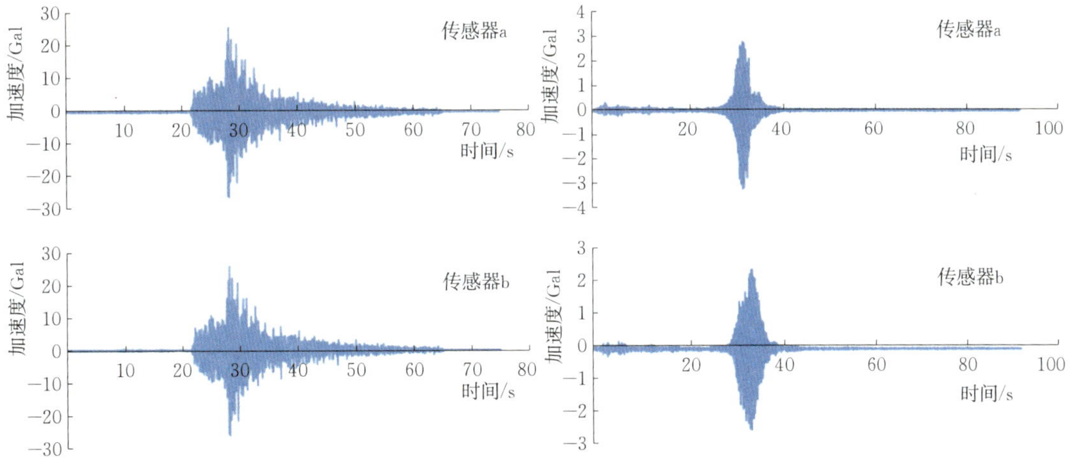

(a) 天然地震垂向分量数据对比　　(b) 过车干扰垂向分量数据对比

图8.6　高速铁路沿线天然地震与过车干扰数据波形对比

因此，可采用事件触发后2 s记录的相似性来判识触发事件的性质。图8.7所示为地震与过车干扰的波形初至前几秒相似性比较。由图8.7可知，天然地震初至后1 s的波形相似性为0.989，2 s的波形相似性为0.983，接近于1。而过车干扰数据初至后1 s的波形相似性为0.013，2 s的波形相似性为0.031，相似性极小。通过预先设定阈值，当一次触发事件的两个地震计的数据相似性达到该阈值，则认定该次事件为地震，否则判定为干扰。

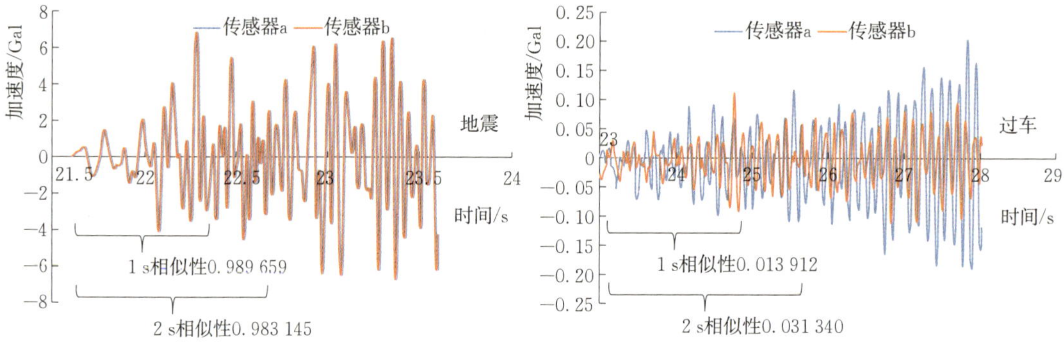

图 8.7 地震与干扰波形初至 1～2 s 相似性对比

应该注意的是，上述创新方法在应用中，必须考虑两个地震计数据延迟对相似性判识造成的影响。通过在高速铁路的实际工程运用中发现，由于两个地震计在传输过程中即使进行了对时操作，但设备间不可避免地存在几个采用点的延迟，例如大西高速铁路地震预警设备采样频率为 200 Hz，两个地震计数据在对时后也会有 0.015～0.03 s 的延迟。经统计，当两个地震计的数据出现 3 个以上采样点的时差，就会使皮尔逊相关系数公式计算结果大幅下降，从而导致算法将地震事件误判为干扰，造成地震事件的漏报，直接影响地震预警系统的可用性。

针对上述问题，可以在常规公式中引入自适应滑动时窗进行相似性的比较，具体方法为：首先定义滑动因子 k，参考高速铁路地震监测预警系统设备以 200 Hz 采样，因此令 $k=5$。两个地震计中首先触发的地震计当前采样点记为 N_{trig}，取 N_{trig} 向后 2 s 的数据（N_{trig1}，$N_{\text{trig1}}+400$）作为第一个地震计相似性计算的输入数据；对于第二个地震计，从采样点 $N_{\text{trig}}-k$ 到 $N_{\text{trig}}+k$，依次滑动获取长度为 400 个采样点的数据片段作为第二个地震计相似性比较的输入数据，分别与第一个地震计的输入数据进行计算，将 $2k+1$ 次计算结果中的最大值作为最优结果。考虑到一个地震计可以接受来自三个方向（东西 EW、南北 NS、垂向 UD）的加速度记录，因此对两个地震计三分向加速度记录均按式(8.18)进行相似性计算。

$$r(x,y)=\max\left(\frac{N\sum_{i=n}^{n+N}x_i y_i-\sum_{i=n}^{n+N}x_i\sum_{i=n}^{n+N}y_i}{\sqrt{N\sum_{i=n}^{n+N}\left|x_i^2-\overline{x}^2\right|}\times\sqrt{N\sum_{i=n}^{n+N}\left|y_i^2-\overline{y}^2\right|}}\right) \tag{8.18}$$

式中，x，y 分别为两个地震计的数据，采用事件触发后 2 s 的数据进行相似性计算，N 取 400，$\overline{x}$，$\overline{y}$ 代表时窗内两个地震计的平均值，n 的取值范围为 $N_{\text{trig}}-k$ 到 $N_{\text{trig}}+k$，取该范围内最大值作为最优相似度。

笔者收集了大西高速铁路的地震监测预警系统现场控车试验数据来测试算法可行性。数据包括天然地震震级范围在 3～7 级内的 100 组天然地震及 80 组干扰数据（干扰数据包括过车 30 组、强夯 15 组、施工爆破 15 组及电磁干扰 20 组等），进行双地震相似性判断，结果如图 8.8 所示。

图 8.8 中蓝色点代表地震，红色点代表干扰，4 张图依次为南北—东西、垂向—南北、垂向—东西、垂向—水平向合成的地震、干扰相似系数交汇图。由图 8.8 可见，地震的相似系

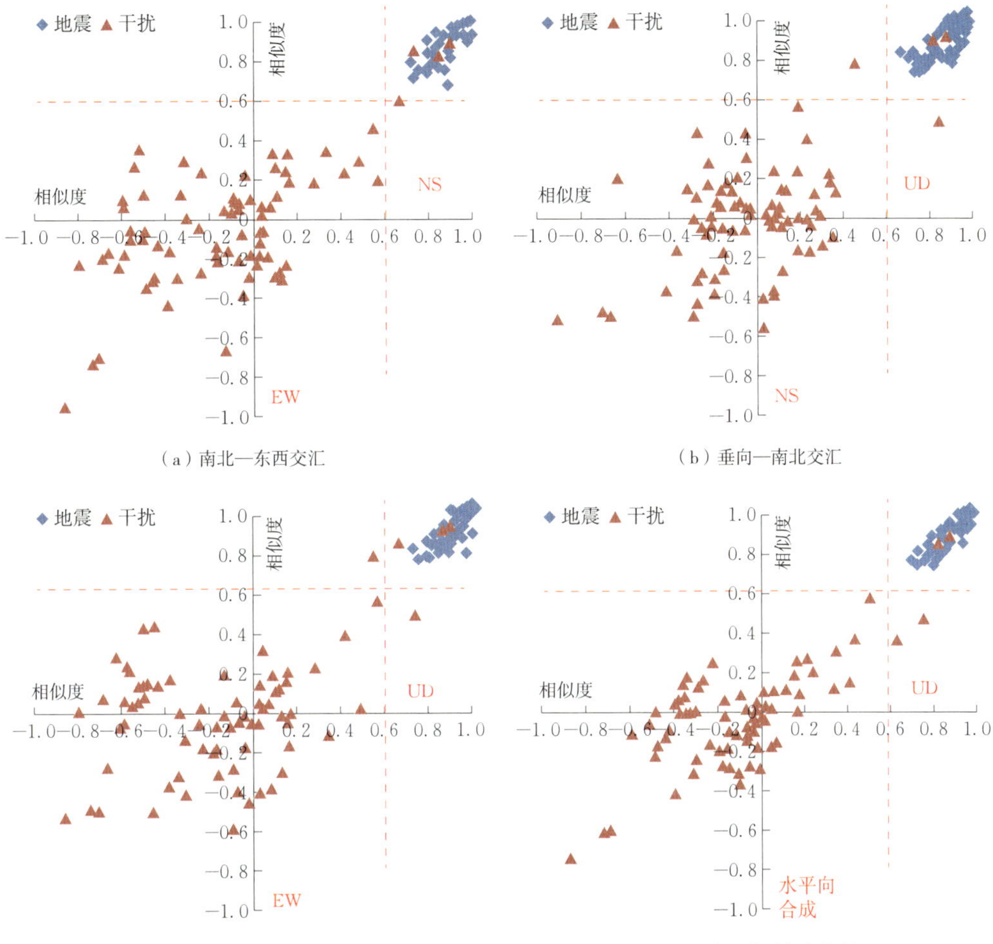

（a）南北—东西交汇 （b）垂向—南北交汇

（c）垂向—东西交汇 （d）垂向—水平向合成交汇

图 8.8 三分向地震加速度相似性交汇图

数在交汇图分布集中，三通道相似性均在 0.6 以上；干扰事件的相似性分布散乱，且三通道相似性绝大多数在 0.6 以下。在特定线路的工程应用中，通过统计本地区的已有地震及干扰源数据，可以得到更加准确的阈值设定。

3. 高速铁路地震预警震源参数估算关键技术

(1)震级估算模型

从地震成因上看，90％的地震是由构造运动产生的，构造地震往往伴随着地层的破裂和断层的错动，断层的破裂与错动越剧烈，地震的破坏性也越强，这时地震信号中所包含的周期成分也越多。基于此发展了与周期相关的震级估算算法。这一类方法根据从已发生的历史地震震相初至中获取的信号周期信息，与地震震级建立统计关系，通过建立的经验关系进行震级估算。

①τ_{pmax}估算震级

在获取了准确的震相到时后，Allen 与 Kanamori 提出用式(8.17)和式(8.18)来计算初至震相的卓越周期 $\tau_p(i)$，将 P 波震相前 2～3 s 内计算的 $\tau_{pmax}(i)$与地震震级建立统计关系：

$$\tau_{\text{pmax}}(i)=2\pi\sqrt{X_i/D_i} \tag{8.19}$$

$$\begin{cases} X_i=\alpha X_{i-1}+x_i^2 \\ D_i=\alpha D_{i-1}+\left(\dfrac{\mathrm{d}x}{\mathrm{d}t}\right)_i^2 \end{cases} \tag{8.20}$$

式中，x_i 为三分向加速度中的垂向速度分量，α 的取值为 0.99，在公式中的作用是一个平滑因子。如果地震计为加速度计，则可通过加速度记录积分求得速度记录。在震级估算前，为避免干扰信号的影响，应对竖向加速度记录做 0.075～5 Hz 的带通滤波处理。

②τ_c 估算震级

Kanamori 在式(8.19)的基础上对卓越周期计算方法做了改进，用固定的积分区间代替步步积分，得到了 τ_c 方法，具体计算公式为

$$r=\frac{\int_0^{\tau_0}\dot{u}^2(t)\mathrm{d}t}{\int_0^{\tau_0}u^2(t)\mathrm{d}t}=\frac{4\pi^2\int_0^{\infty}f^2|\hat{u}(f)|^2\mathrm{d}f}{\int_0^{\infty}|\hat{u}(f)|^2\mathrm{d}f}=4\pi^2\langle f^2\rangle \tag{8.21}$$

$$\tau_c=\frac{2\pi}{\sqrt{r}} \tag{8.22}$$

式中，$u(t)$ 为竖向位移记录，$\langle f^2\rangle$ 为位移谱关于 f^2 的平均频率，P 波触发时刻定位 0，积分区间为$(0,\tau_0)$，一般取 $\tau_0=3$ s，τ_c 代表 P 波触发后 n 秒内卓越周期的平均值。在震级估算前，首先对竖向加速度记录做 0.075～5 Hz 的带通滤波处理。

(2)震中定位模型

①石川法

设某地震台站所记录到的地震 P 波和 S 波震相到时分别为 T_p 与 T_s，如果地震 P 波和 S 波的传播速度 v_p 与 v_s 已知，震源距为 D，则有

$$\begin{cases} T_s=\dfrac{D}{v_s} \\ T_p=\dfrac{D}{v_p} \end{cases} \tag{8.23}$$

两式相减后整理可得

$$D=(T_s-T_p)\frac{v_s v_p}{v_p-v_s}$$

令 $K=\dfrac{v_s v_p}{v_p-v_s}$，其中 K 为虚波速度。可以假设有一虚拟的地震波，它传播到台站的到时为 T_s-T_p，这时震中位置一定位于以台站作为圆心，以震中距 D 为半径的圆形轨迹上，当有多个台站触发后，每个台站都可以得到一个震中位置的圆形轨道，理论上多个圆形轨道的交点就是震中位置。该方法实现过程简单，但在实际应用时需要已知虚拟地震波的传播速度，另外当台站与震中呈网内分布时定位效果较好。

②迭代方程组法

迭代方程组定位方法将地球看作半径为 R 的标准球体，地球内部任意一点震源的坐标为(x_0, y_0, z_0)，震源激发的 P 波和 S 波的传播速度分别为 v_p 与 v_s，参考石川法的推导过程，有

$$D=(T_s-T_p)\frac{v_s v_p}{v_p-v_s} \tag{8.24}$$

通过对 P 波与 S 波到时捡拾得到 T_p 和 T_s，将震相到时与地震波速度代入式(8.24)，可计算相应台站相对于震源位置的震源距 D_i，对于第 i 个台站，满足：

$$(x_0-x_i)^2+(y_0-y_i)^2+(z_0-z_i)^2=D_i^2 \tag{8.25}$$

由于监测台站的位置是固定的，在台网中选取三个台站，通过求解方程组的方法可以求得震源坐标(x_0, y_0, z_0)，当台站数量较多时，选取多组台站建立方程，将各组结果的平均值作为定位结果，可以进一步缩小定位误差，避免个别台站误差对定位结果的影响。震源位置确定后，通过地球半径 R 与震源和球心间的距离可以得到震源深度。迭代方程组方法的优点是原理简单易懂，计算效率较高，能够满足地震预警对时效性的要求；但缺点是对于地震 P 波与 S 波震相拾取的精度要求较高，特别是在台站数量较少时，如果参与计算的某一台站震相拾取不准，则会对定位结果有较大的影响。针对这一问题，有学者提出改进，例如对 P 波震相进行拾取，利用 4 个台站信息建立方程组，但是这样增加了定位台站数量，同时也引入发震时刻这一未知参数，使算法实现难度增加，同时精度也不能得到保证。

4. 高速铁路地震预警系统应急处置技术

高速铁路地震预警系统应急处置是通过地震监测牵变接口、信号接口、车载地震紧急处置装置以及牵引供电系统、列控系统、列车共同作用实现的。实现地震紧急处置的各组成部分根据地震监测预警系统的警报级别、影响范围等信息采取相应的控制策略，如图 8.9 所示。

(1)接触网断电紧急处置

高速铁路地震监测预警系统具备与牵引供电系统的接口，中心系统根据地震影响范围将断电指令发送到相应区域的牵变接口，触发牵引变电所断电，以实现地震影响范围内的接触网断电控制。

(2)行车控制紧急处置

高速铁路地震监测预警系统具备与列控系统和列车的接口，中心系统根据地震影响范围将指令发送到相应的接口装置，通过信号接口向列车运行控制系统发送信息控制列车紧急制动，通过车载地震紧急处置装置提示地震影响范围内的列车按照安全的速度运行或触发列车紧急制动。

(3)紧急处置级别

紧急处置级别根据地震警报按三级划分，由低到高分为Ⅰ级、Ⅱ级和Ⅲ级处置。Ⅰ级处置——P 波预警预测加速度峰值大于等于 40 Gal 或阈值报警实测加速度峰值大于等于 40 Gal 且小于 80 Gal。Ⅱ级处置——阈值报警实测加速度峰值大于等于 80 Gal 且小于 120 Gal。Ⅲ级处置——阈值报警实测加速度峰值大于等于 120 Gal。

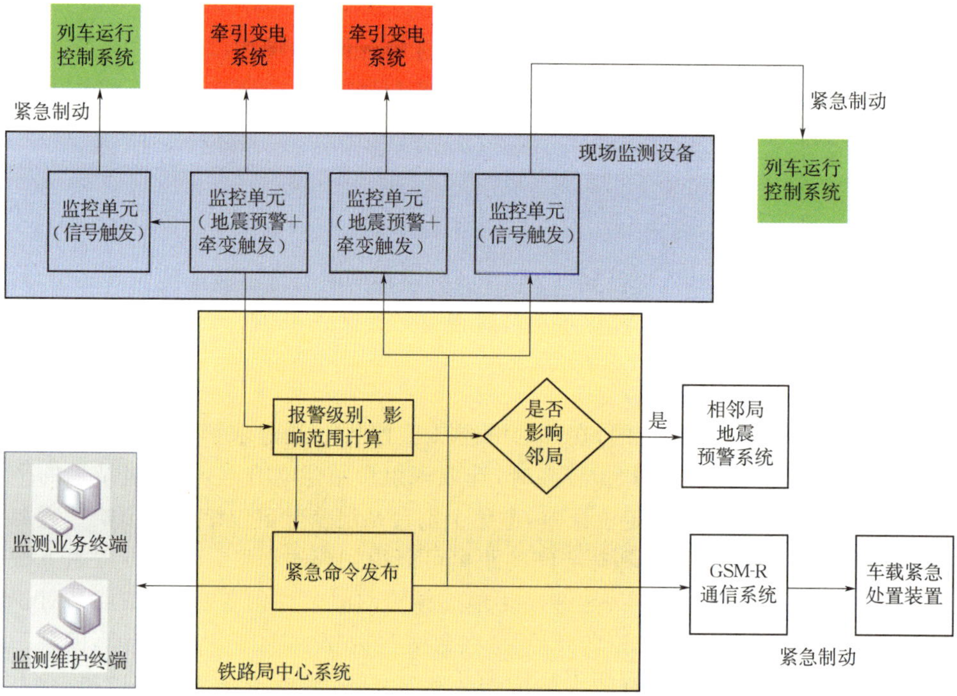

图 8.9　高速铁路地震预警系统处置流程示意图

(4)紧急处置方式

根据地震警报级别，紧急处置由低到高划分为Ⅰ级、Ⅱ级和Ⅲ级处置。Ⅰ级处置——通过车载地震装置播放语音，提示司机手动施加最大常用制动限速运行(暂定 160 km/h)。Ⅱ级处置——列车运行控制系统行车控制和车载地震装置触发列车紧急制动。Ⅲ级处置——列控系统行车控制和车载地震装置触发列车紧急制动，牵变接口触发接触网断电。

8.1.3　应用实例

2015 年至 2016 年，中国铁路总公司组织高速铁路地震预警系统在大西高速铁路高速综合试验段进行试验考核。将高速铁路地震监测预警系统中心系统设置在忻州车站；设置 5 处现场监测设备，分别位于永兴庄分区所(K171+400)、忻州西牵引变电所(K198+262)、南山分区所(K216+650)、阳曲西牵引变电所(K241+750)和欢咀村 AT 所(K251+808)；设置 2 处牵变接口，分别位于忻州西牵引变电所、阳曲西牵引变电所；设置 5 处信号接口，分别位于 2 号通信基站(K167+630)、1 号中继站(K182+567)、忻州西牵引变电所、2 号中继站(K219+912)、阳曲西牵引变电所。

2015 年 12 月 10 日在大西高速铁路试验考核期间，山西省忻州市原平市(北纬 38.7°，东经 113.0°)发生 3.2 级左右地震，震源深度 6 km，如图 8.10 所示。该次地震震中距永兴庄地震监测点 38 km，忻州西地震监测点 45 km，南山地震监测点 60 km，阳曲西地震监测点 81 km，欢咀村 AT 所监测点 92 km。

布设在大西高速铁路的高速铁路地震监测预警系统成功对本次地震进行预警，由于本次地震没有达到处置级别，系统未进行紧急处置。

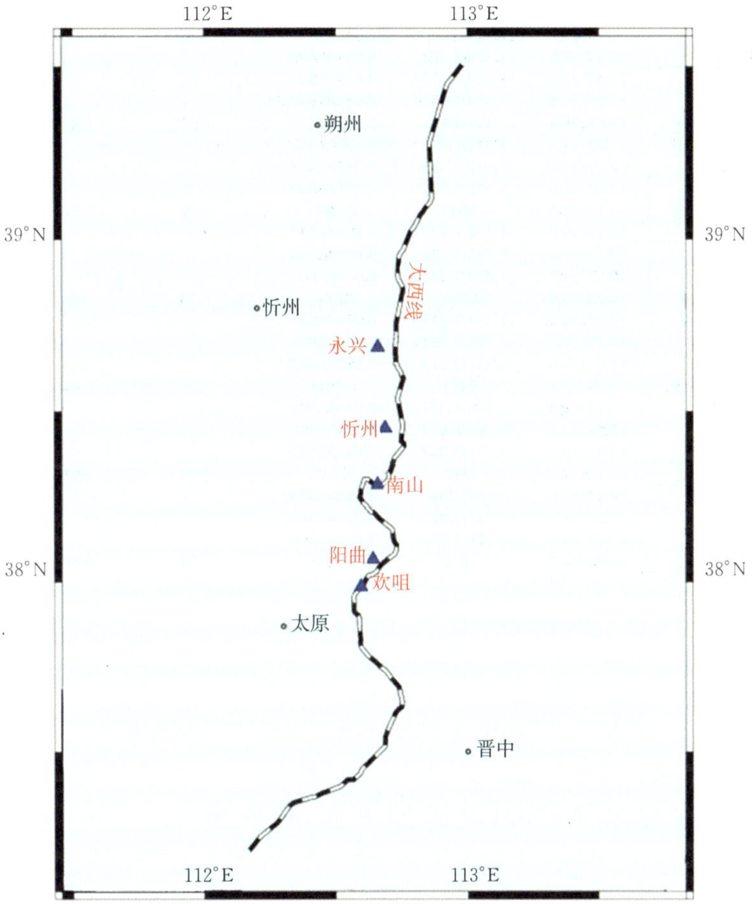
112°E
113°E
39°N
38°N
朔州
大西线
忻州
永兴
忻州
南山
阳曲
欢咀
太原
晋中

（a）

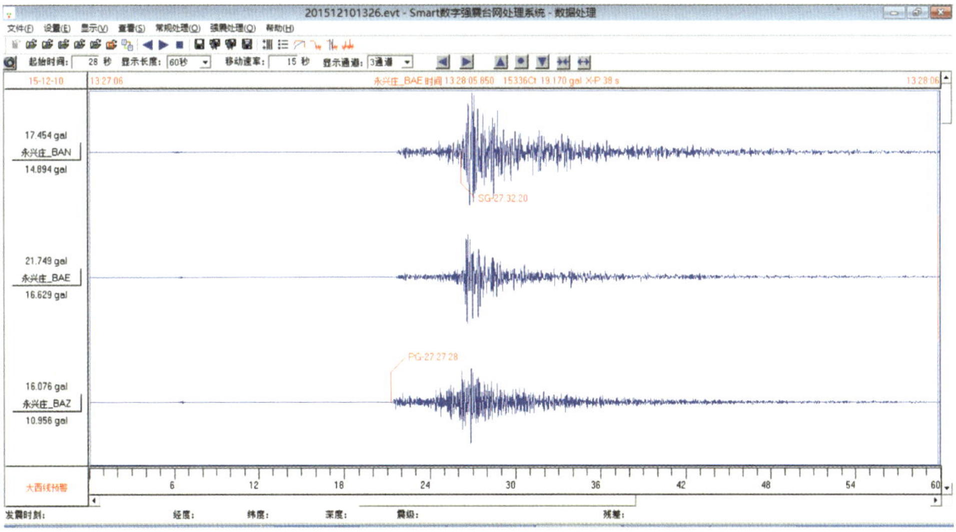
201512101326.evt - Smart数字强震台网处理系统 - 数据处理
15-12-10
13:27:06
13:28:06
17.454 gal
永兴庄_BAN
14.894 gal
21.749 gal
永兴庄_BAE
16.629 gal
16.076 gal
永兴庄_BAZ
10.956 gal
大西线预警
6
12
18
24
30
36
42
48
54
60

（b）

图 8.10

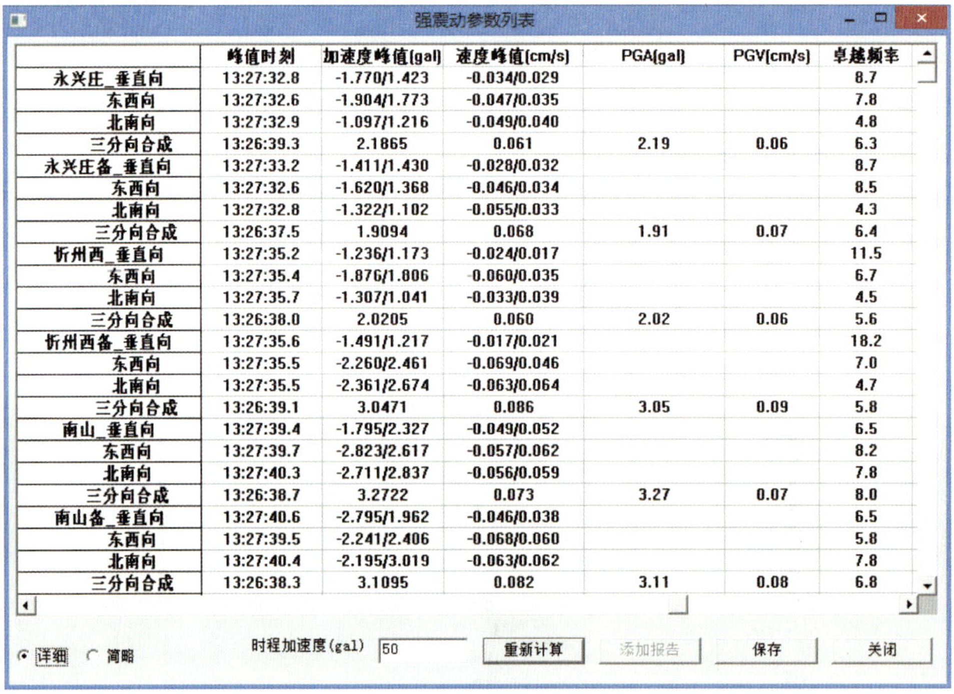
强震动参数列表

	峰值时刻	加速度峰值(gal)	速度峰值(cm/s)	PGA(gal)	PGV(cm/s)	卓越频率
永兴庄_垂直向	13:27:32.8	-1.770/1.423	-0.034/0.029			8.7
东西向	13:27:32.6	-1.904/1.773	-0.047/0.035			7.8
北南向	13:27:32.9	-1.097/1.216	-0.049/0.040			4.8
三分向合成	13:26:39.3	2.1865	0.061	2.19	0.06	6.3
永兴庄备_垂直向	13:27:33.2	-1.411/1.430	-0.028/0.032			8.7
东西向	13:27:32.6	-1.620/1.368	-0.046/0.034			8.5
北南向	13:27:32.8	-1.322/1.102	-0.055/0.033			4.3
三分向合成	13:26:37.5	1.9094	0.068	1.91	0.07	6.4
忻州西_垂直向	13:27:35.2	-1.236/1.173	-0.024/0.017			11.5
东西向	13:27:35.4	-1.876/1.806	-0.060/0.035			6.7
北南向	13:27:35.7	-1.307/1.041	-0.033/0.039			4.5
三分向合成	13:26:38.0	2.0205	0.060	2.02	0.06	5.6
忻州西备_垂直向	13:27:35.6	-1.491/1.217	-0.017/0.021			18.2
东西向	13:27:35.5	-2.260/2.461	-0.069/0.046			7.0
北南向	13:27:35.5	-2.361/2.674	-0.063/0.064			4.7
三分向合成	13:26:39.1	3.0471	0.086	3.05	0.09	5.8
南山_垂直向	13:27:39.4	-1.795/2.327	-0.049/0.052			6.5
东西向	13:27:39.7	-2.823/2.617	-0.057/0.062			8.2
北南向	13:27:40.3	-2.711/2.837	-0.056/0.059			7.8
三分向合成	13:26:38.7	3.2722	0.073	3.27	0.07	8.0
南山备_垂直向	13:27:40.6	-2.795/1.962	-0.046/0.038			6.5
东西向	13:27:39.5	-2.241/2.406	-0.068/0.060			5.8
北南向	13:27:40.4	-2.195/3.019	-0.063/0.062			7.8
三分向合成	13:26:38.3	3.1095	0.082	3.11	0.08	6.8

(c)

图 8.10　2015 年 12 月 10 日山西原平 3.2 级地震

8.2　地质灾害及线下基础设施监测预警系统

8.2.1　系统构成

地质灾害及线下基础设施监测预警系统采用中心级与现场级两级架构，中心级包括服务器、存储设备、网络设备、终端，现场级包括监测传感器、采集处理设备等。

中心系统是整个系统的核心，主要承担数据的解析、存储、评估等，以及监测终端访问，资料文档图纸存储与访问，报警短信发送，同步授时，病毒监控，内外网接口服务运行等多项任务，是整个系统正常上线使用的基础。中心系统具有可扩展性，支持新建自动化监测系统接入，同时兼容铁路沿线既有人工、自动监测系统，未来可扩展应用于其他类型的系统。

系统按其功能定位可分为感知层、传输层、应用层与中心层四层结构，如图 8.11 所示，其具体功能如下。

感知层：由地质灾害及线下基础设施监测预警系统的各种传感器组成，其主要目的为现场数据采集。

传输层：由无线传感器网络和运营商网络两层网络结构共同组成，主要负责传感器数据采集及汇总后数据上传至中心系统。

应用层：系统客户端，主要负责监测数据查看、三维可视化展示、文档资料查询等。

中心层：由服务集群和网络设备共同组成，主要负责数据的解析、入库、文档资料的存储、访问及管理等功能。

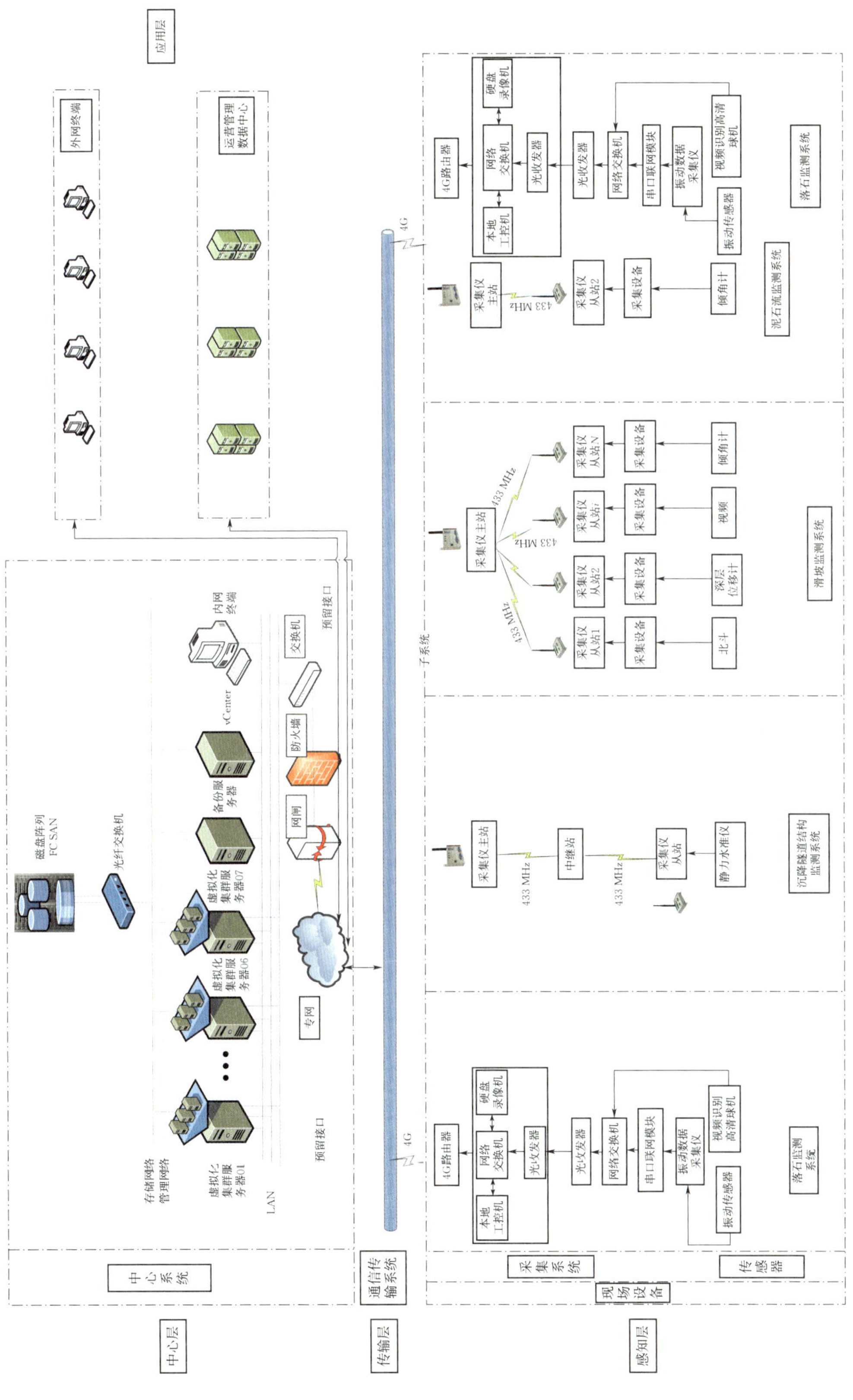

图8.11　系统总体架构图

8.2.2 关键技术

1. 监测数据预处理技术

在系统应用过程中，受降雨量、通信信号、施工干扰、列车振动、人为触碰等因素影响，导致数据采集频率变化和数据噪声产生。为减小采集频率、数据精度等带来的计算误差，确保评估结果的准确度，在评估算法实现过程中，对监测数据采用数据滤波、数据差值、数据平滑等预处理是非常有必要的。

(1)自适应数据滤波算法

数据滤波是去除噪声还原真实数据的一种数据处理技术，卡尔曼滤波算法(kalman filtering)能够在测量方差已知的情况下从一系列存在测量噪声的数据中估计动态系统的状态。

传统的卡尔曼滤波在使用过程中，必须知道物体的运动方程、驱动力函数、激励噪声与测量噪声。然而在实际使用过程中，上述参数难以准确获知，因此出现了多种方式的自适应卡尔曼滤波方法，主要包括自适应参数估计等方法。

在自适应参数估计的卡尔曼滤波算法中，选择最近的状态误差序列对未知的驱动函数、系统激励噪声、系统测量噪声进行自适应估计。

(2)等时间插值算法

由于降雨量引起系统采样频率的调整，其监测数据表现为一条时间间隔不同的曲线。为减小采样频率带来的计算误差，确保评估结果的准确度，在评估算法实现过程中，对监测数据进行时间等间距化处理是非常有必要的。

系统采用的等间距处理方法为光滑不等距插值算法，其算法原理为：光滑不等距插值是指给定 n 个等间距结点 $x_i(i=0,1,\cdots,n-1)$ 上的函数值 $y_i=f(x_i)$ 精度要求，利用阿克玛(akima)方法，在任意两个相邻的数据点之间，采用三项插值多项式来逼近。

(3)数据平滑算法

由于随机干扰的存在，采样得到的离散数据绘制的曲线多呈折线形状且上下波动幅度较大，难以反映数据的真实变化规律。为了消除或减弱这些干扰的影响，提高监测曲线的光滑度，须对采样数据进行平滑处理。

平滑法利用多项式的最小二乘逼近来对采样点实现平滑滤波，算法简单，效果较好。

2. 滑坡监测及评估技术

滑坡作为一种自然地质灾害，常常会造成巨大的生命财产损失。为减少灾害带来的严重危害，科学准确地预报是关键。滑坡变形演化的预报模型和预报判据研究是其成功预报的重要因素，也是预报的核心。滑坡从开始出现变形到最终的失稳破坏，其运动累积位移—时间曲线(ε-t 曲线)可以分为初始变形阶段、等速变形阶段和加速变形阶段。

在计算位移切线角的过程中，时间位移曲线纵横坐标量纲不同，可能导致同一滑坡变形在不同尺度下获得的位移切线角不同。为统一量纲，采用滑坡等速变形阶段的位移速率对 ε-t 曲线进行转换，确保等速阶段的切线角为 45°，并提出改进切线角判定滑坡进入加速变形阶段的时间。

ε-t 曲线转换为 T-t 曲线公式为

$$T(i)=\frac{\Delta\varepsilon(i)}{v} \tag{8.26}$$

式中 $\Delta\varepsilon(i)$——某一单位时间段(一般采用一个监测周期,如1 d、1周等)内滑坡位移的变化量;

v——等速变形阶段的位移速率;

$T(i)$——变换后与时间相同量纲的纵坐标值。

根据 T-t 曲线,可以得到改进的切线角 α_i 的表达式为

$$\alpha_i=\arctan\frac{T(i)-T(i-1)}{t_i-t_{i-1}}=\frac{\Delta T}{\Delta t} \tag{8.27}$$

式中 t_i——某一监测时刻;

ΔT——单位时间段(一般采用一个监测周期,如1 d、1周等)内 $T(i)$ 的变化量。

应力、时间及渗流等外部条件会引起岩土体某些参数的改变,因此将蠕变参数视为变量符合岩石材料的本质属性。蠕变过程中蠕变参数与改进临滑切线角的相关性如下:

三维黏弹塑性蠕变方程:

$$\begin{cases}\varepsilon_{ij}=\dfrac{\sigma_m}{3K}+\dfrac{S_{ij}}{2G_0}+\dfrac{S_{ij}}{2G_1}\left[1-\exp\left(-\dfrac{G_1}{\eta_1}t\right)\right],S_{ij}\leqslant\sigma_s\\ \varepsilon_{ij}=\dfrac{\sigma_m}{3K}+\dfrac{S_{ij}}{2G_0}+\dfrac{S_{ij}}{2G_1}\left[1-\exp\left(-\dfrac{G_1}{\eta_1}t\right)\right]+\dfrac{S_{ij}-\sigma_s}{2\eta_2}t,S_{ij}>\sigma_s\end{cases} \tag{8.28}$$

式中 K——体积模量;

G_0——瞬时变形模量;

G_1——黏弹性模量;

σ_m——球应力张量;

S_{ij}——偏应力张量;

η_1——黏弹性黏滞系数;

η_2——黏塑性黏滞系数;

σ_s——岩土体长期强度。

岩土体承受的应力一旦超过了长期强度,则将进入累进性破坏阶段,它相当于岩土体的加速变形阶段。依据三维西原模型,对变形表达式求导,得到变形速率的表达式为

$$\dot{\varepsilon}_{ij}=\left(\frac{\sigma_m}{3K}\right)'+\left(\frac{S_{ij}}{2G_0}\right)'+\frac{S_{ij}}{2G_1}\left[1-\exp\left(-\frac{G_1}{\eta_1}t\right)\right]'+\left(\frac{S_{ij}-\sigma_s}{2\eta_2}t\right)' \quad (S_{ij}>\sigma_s) \tag{8.29}$$

对于单一蠕变型滑坡来讲,K、G_0、G_1、σ_m、S_{ij} 及 σ_s 六个蠕变参数可看作固定值(常数值)。假设蠕变曲线监测单位时间为 Δt,等速变形速率为 $\dot{\varepsilon}_0$,取任意三个时间点 $t-\Delta t$,t,$t+\Delta t$,则临滑切线角 α_{max} 可表示为

$$\alpha_{max}=\arctan\frac{\dfrac{S_{ij}}{2G_1}\left\{\exp\left(-\dfrac{G_1}{\eta_1}t_{max}\right)\left[2-\exp\left(-\dfrac{G_1}{\eta_1}\Delta t\right)-\exp\left(\dfrac{G_1}{\eta_1}\Delta t\right)\right]\right\}}{\dot{\varepsilon}_0\cdot\Delta t} \quad (S_{ij}>\sigma_s) \tag{8.30}$$

由蠕变型滑坡的变形破坏过程可知,滑坡的蠕变参数 K、G_0、σ_s 由滑带的物质组成决定,G_1、η_1 在滑坡进入等速阶段基本处于稳定值。因此,等速速率 $\dot{\varepsilon}_0$ 可看作滑坡蠕变过程中

各参数的综合外在表现。

通过对典型蠕变型滑坡进行阶段划分、转换，经数据拟合(图 8.12)得到滑坡可能发生时的临滑切线角的公式为

$$\alpha_{max} = -15.10\dot{\varepsilon}_0 + 87.85 \tag{8.31}$$

式中 α_{max}——蠕变型滑坡临滑切线角；

$\dot{\varepsilon}_0$——等速变形阶段的变形速率。

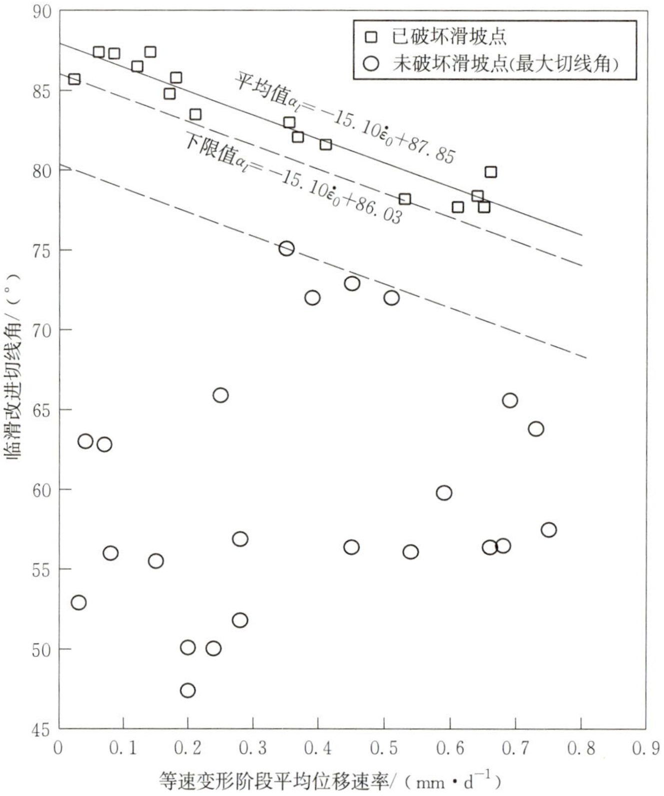

图 8.12 滑坡临滑等速变形速率与切线角分布图

依据《中华人民共和国突发事件应对法》的相关规定，将灾害监测预警等级按灾害体所处变形阶段与可能发生的概率大小划分为危险级、较危险级、较安全级及安全级，滑坡预警等级划分见表 8.1。

表 8.1 滑坡预警等级

预警等级	安全级	较安全级	较危险级	危险级
表达形式	绿色	黄色	橙色	红色
改进的切线角	$\alpha \approx 45°$	$0.9\alpha_i > \alpha > 45°$	$\alpha_i > \alpha \geqslant 0.9\alpha_i$	$\alpha \geqslant \alpha_i$
变形加速度	趋近于零	在一定幅度内振荡		骤然剧增

注：α_i 为滑坡改进临滑切线角。

3. 沉降监测及评估技术

高速铁路线下工程的沉降监测与评估按监测阶段可以划分为施工期和运营期，按监测对象可以分为路基、桥梁、隧道、过渡段等结构物的评估，按评估方法分为工后沉降预测、铺轨条件评估及线路平顺性评估。如何对监测数据进行处理、分析，对高速铁路线下工程沉降评估有着十分重要的意义。

针对运营期沉降监测，目前国内外对基础不均匀沉降下无砟轨道力学特性影响进行了相关研究，但大多将列车荷载取为一个固定的无砟轨道设计动荷载，从静力角度进行研究。实际上，列车荷载是随着无砟轨道线路不均匀沉降变化而变化的，其大小需要运用列车—无砟轨道—基础耦合动力学原理进行分析研究，统一采用固定的无砟轨道设计动荷载对不均匀沉降下无砟轨道力学特性进行研究是不合理的。另外，无砟轨道各部件动力系数并不是一个常数，静力计算不能很好地反映这一情况，与实际情况有较大差别。

在列车—基础无砟轨道耦合动力学理论基础上，考虑无砟轨道各部件间及无砟轨道与基础间接触状态非线性，建立列车—轨道三维非线性有限元耦合动力学模型，在自重荷载、轨道中长波随机不平顺、轨道短波随机不平顺、不均匀沉降荷载、无砟轨道板温度梯度荷载共同作用下，对列车—基础—无砟轨道系统耦合振动特性进行研究。

通过对车体垂向振动加速度、最大轮轨垂向力、钢轨最大应力、扣件最大拉力、CA 砂浆压应力、无砟轨道板拉应力、底座板拉应力在不均匀沉降下限值的研究得到如下结论：

(1)无砟轨道温度梯度荷载对无砟轨道各部件受力均有比较明显的影响。在研究无砟轨道线路基础不均匀沉降限值时，有必要同时考虑无砟轨道温度梯度荷载的影响。

(2)根据综合车体和板式轨道结构动力计算结果和相关规范的规定，建议 CRTS 型板式无砟轨道线路基础的不均匀沉降限值取为 10 mm/20 m。

4. 危岩落石监测及预警技术

危岩落石监测及预警技术是采用先进通信、物联网、监测预警等技术，对危岩落石开展实时监测和评估预警。信息融合监测预警方法为一种多层次、多方面的监测和处理过程，是对多源数据进行监测、结合、相关、计算和组合以达到精确的状态评估。多传感器是信息融合的加工对象，协调优化和综合处理是信息融合的核心。本方法采用落石监测频谱仪、振动监测仪、视频监测仪(含热成像)对危岩落石撞击防护网及上道情况开展实时监测预警。

(1)防护网信息融合监测方法

通过布设在防护网立柱的振动频谱仪对落石冲击事件进行识别，同时对落石冲击能量进行定性评价，从而获得防护网使用性能评价指标。

(2)落石上道信息融合监测方法

采用振动传感器＋视频(热成像)联合的方式开展监测，即：将振动传感器布设于路基表面、桥面、防护网立柱、明洞等行车限界外的结构物上，通过到达时间差原理实现对落石冲击位置采用线性定位和盖格定位(geiger)相结合的综合定位方法进行定位，同时通过计算获得落石冲击位置、落石能量等振动参数，驱动基于识别技术(deep learning)的视频仪对落石进行再次确认，并对落石事件进行报警，以及基于落石冲击能量对防护措施结构的损伤状态进行评估。

5. 泥石流监测及预警技术

泥石流的形成有地形、地质、降水三大条件。涉及这三大条件的因素在47个以上，造成泥石流预警预报非常困难。同时由于泥石流种类繁多，尚难以针对每种类型开展详细深入的研究。为此仅针对艰险复杂山区常出现的沟谷型泥石流，从泥石流启动预报模型及暴发规模大小预测模型两个方面进行阐述。

(1)沟谷型泥石流启动预报模型

基于龙溪河流域群发泥石流地形因子、陈有兰溪群发沟床启动型泥石流形成机理及预报模型的研究基础，对沟床启动型泥石流的预报模型及临界条件进行研究，获得泥石流预报模型以及临界值。

沟谷型泥石流预报模型将泥石流形成所需的地形、地质、降水条件概化为地形因子、地质因子、降水因子，其模型表达式为

$$P = RT^{0.2}/G^{0.5} \geqslant C_r \tag{8.32}$$

式中 P——预警值；

C_r——判据临界值；

T——地形因子；

G——地质因子；

R——降水因子。

(2)沟谷型泥石流暴发规模预测模型研究

根据泥石流暴发规模和 P 值关系，可以得出泥石流规模和 P 值成正比。因此，采用该泥石流预报模型，不仅可以预报泥石流的发生，还可以判断泥石流的规模。无量纲泥石流规模 S 和 P 值关系为

$$S = 0.07e^{2P} - 0.14 \tag{8.33}$$

$$S = \frac{V}{AR_0 C_v} \tag{8.34}$$

式中 S——泥石流无量纲规模因子；

V——泥石流规模，m^3。

通过对沟谷型泥石流地形、地质、降水条件三大因素的研究，得出了沟谷型泥石流启动的预警预报模型，并确定了泥石流暴发的临界条件。开展对泥石流降雨等诱发因素的监测，实时获得泥石流启动的参数条件，当阈值达到泥石流爆发临界条件时，启动泥石流预警。在此基础上，通过泥石流暴发规模的预测模型实时计算泥石流运动速度、泥水位高度、预埋厚度，对泥石流的危害程度进行评估。

8.2.3 应用实例

1. 边(滑)坡监测及评估系统应用

某黄土高填方边坡所处位置地形复杂，地貌上为黄土丘陵地貌，河谷发育，相对高差为90 m。2014年3月对A1区右侧边坡桩板墙的桩顶布设6个监测点，对坡体变形情况进行定期观测，监测周期为3 d/次。边坡变形监测从2015年2月1日开始，一直持续到2015年5月4日4时45分边坡失稳，滑塌总量为 $2.31\times10^4\ m^3$，造成坡脚房屋受损，给当地人民生

命财产造成损失。

通过对 6 个监测点实时监测，获得黄土滑坡发生的各个阶段和等速变形速率，监测预测结果见表 8.2。前 29 d 累计位移—时间曲线呈渐缓的趋势，表现为初始变形阶段特征；29～46 d 累计位移呈稳定变化；46 d 后为加速阶段。阶段划分较为明确，等速变形速率在 0.37～0.93 mm/d 范围内。

表 8.2 黄土边坡监测预测结果统计表

序号	监测点编号	等速变形阶段/d	等速变形速率/(mm·d⁻¹)	采用临滑值计算结果			真实临滑切线角/(°)
				临滑切线角/(°)	误差比/%	对应临滑时间/d	
1	P_{01}	29～46	0.928 1	73.84	2.46	81.10	75.70
2	P_{02}	29～46	0.780 2	76.07	2.27	81.71	77.84
3	P_{03}	29～46	0.795 1	75.84	6.38	83.79	81.01
4	P_{04}	29～46	0.430 0	81.36	4.54	84.29	85.23
5	P_{05}	29～46	0.554 5	79.48	10.38	90.28	88.69
6	P_{06}	29～46	0.372 2	82.23	0.64	84.93	82.76

注：误差比＝(真实临滑切线角－预测临滑切线角)/真实临滑切线角×100%。

由上述可知，采用临滑值计算获得临滑切线角范围为 73.84°～82.23°，对应第一次达到临滑切线角的时间为 81.10～90.28 d。与真实临滑切线角的误差比为 0.64%～10.38%，除 P_{05} 监测点为 10.38%外，其他各监测点均小于 6.5%，该临滑预警判据对滑坡预警预报准确性较高。

综合以上分析，采用临滑切线角下限对某黄土高填方边坡整体失稳进行了很好的预警预报，与实际情况基本相符。

2. 沉降监测及评估系统应用

北盘江特大桥为沪昆高速铁路长沙至昆明段重要工程之一，设计时速 350 km，桥梁全长 721.25 m。由于在列车荷载、温度和地基变形等影响因素下，桥梁不可避免地发生不均匀沉降，不仅使线路维修成本增加，而且有可能带来更大的安全隐患。因此，有必要对桥面变形进行长期监测，通过实时监测：一方面确保运营行车安全，为日后养护管理决策提供科学依据；另一方面，掌握该类桥型的收缩与徐变的变形特征及变化规律，为桥梁的设计和研究提供强有力的技术支撑。

监测系统采用智能传感器无线组网技术将各组静力水准仪系统进行无线组网，并开展智能监测与评价。在北盘江特大桥的下游侧共选取了 14 个测点，上游侧选取了 3 个测点，自下游标示位置引液管至上游对应测点，监测基准点设置于小里程侧桥台处。沉降监测测点布置如图 8.13 所示。

经过 2 年的监测，北盘江特大桥受温度荷载影响，桥面竖向变形最大达到近 100 mm，采用 20 m 弦正矢差评价，其高低几何偏差最大为 0.17 mm，根据《高速铁路无砟轨道线路维修规则(试行)》(铁运〔2012〕83 号)中关于线路设备维修标准的规定，该桥梁满足运营要求。

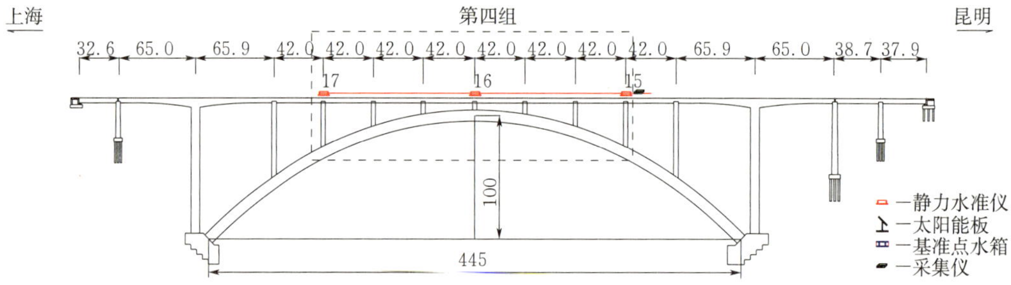

（a）上游侧测点纵向布置图

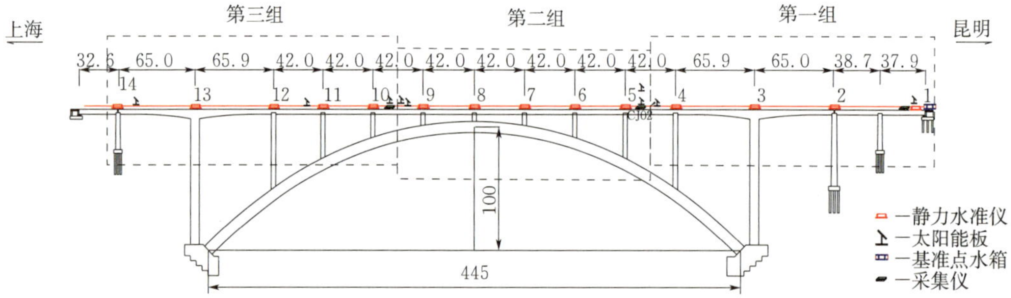

（b）下游侧测点纵向布置图

图 8.13　北盘江特大桥沉降监测测点布置图(单位:m)

9 生态保护与修复技术

生态保护与恢复是指自然演变和人类活动破坏的自然生态系统，依靠其自我调节与人工调控逐步恢复原生状态的过程。艰险地区工程建设过程中会形成工程创伤面、占用野生动物栖息地、切割野生动植物种群交流通道等产生的影响，仅靠生态系统的自我调节能力是无法恢复的，必须依靠人工干预调控、定向引导促进生态系统逐步恢复或向良性方向发展。因此，在生态环境脆弱敏感的艰险地区建设高速铁路，必须采取建设与保护并重的先进技术，落实生态优先、绿色发展的方针政策。

9.1 生态保护与恢复的目标

一般认为，生态保护与恢复是指对生态系统停止人为干扰、减轻压力负荷，依靠生态系统的自我调节能力与组织能力使其向有序的方向进行演化，或者利用生态系统的自我恢复能力，辅以人工措施，使遭到破坏的生态系统逐步恢复或向良性循环方向发展，致力于自然演变和人类活动影响下受到破坏的自然生态系统的恢复与重建工作。美国自然资源委员会于 1995 年定义生态恢复为使一个生态系统恢复到较接近于受干扰前状态的过程。国际恢复生态学定义生态恢复为研究生态整合性的恢复和管理过程的科学，包括生物多样性、生态过程和结构、区域及历史情况、可持续社会时间等广泛范围。与生态恢复并行的是生态保护，指国家根据不同区域的生态功能，明确全国生态安全保障具有重要作用的区域，指导资源合理开发与保护，制定诸如《全国生态功能区划》《关于划定并严守生态保护红线的若干意见》等规划，采用封育、建设管控等方式保护生态环境。

艰险地区建设项目生态保护与恢复是依靠人工干预调控能力，定向引导生态系统本身的组织、调节及恢复能力，对建设过程中形成的路基坡面、取弃土场、施工道路、施工营/场地等受到破坏的原生生态系统进行恢复，包括水土保持(表土剥离与保存、植被移栽、草皮剥离与保护、弃渣场选址及其综合利用)、生态本底恢复(特殊敏感地带生态恢复、弃渣场生态治理、施工便道生态恢复)、生态补偿(动物通道/水生动物增殖放流、动物生境保护)、生态监控、生态防护等内容，特别是恢复敏感区脆弱的植物群落，减小对动物日常活动、栖息地、觅食地、迁徙通道等事关生存的影响。

9.2 生态保护与恢复技术

艰险地区生态保护与恢复面临生态系统承载力低下、生态阈值模糊，垂直带谱特征显著且转换频率高，生态需水量/积温/地温等限制因子耦合，乡土植物种/苗源需求量大、表土剥离保存和水土流失防治压力剧增等关键技术难题。本节在分析其特点的基础上，对生态保护与恢复的设计原则、流程、技术进行重点阐述。

9.2.1 艰险地区生态保护与恢复的特点

1. 生态本底安全级别高、生态系统脆弱

艰险地区铁路建设或多或少要涉及国家安全战略的生态屏障，生态保护责任重大，需恢复施工创面的生态功能。如图 9.1 所示，规划的川藏铁路（成都至拉萨）穿越国家“两屏三带”生态安全战略格局中“青藏高原生态屏障”“黄土高原——川滇生态屏障”的核心区域；该区域是我国涵养水源、调节气候、保障长江及黄河中下游地区生态安全不可替代的国家生态安全屏障区，全球生物多样性高，生态系统脆弱，恢复周期长且难度极大。

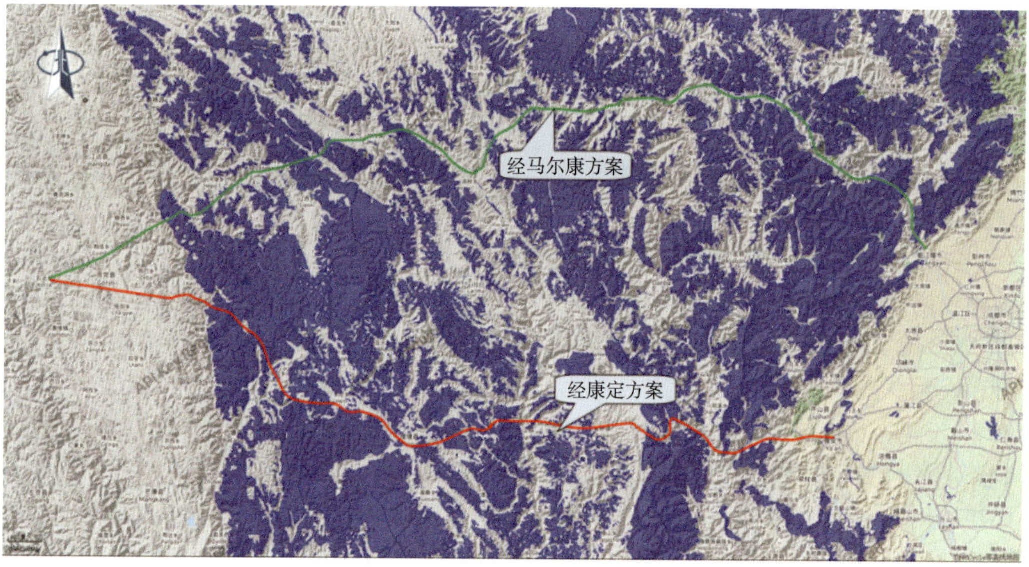

图 9.1 川藏铁路穿越生态红线划定区域（蓝色部分）

2. 线路跨度大、生态保护与恢复技术空间异质性高

规划的川藏铁路（成都至拉萨）全线长 1 800 多千米，沿途地形落差极大，海拔高程为 600～4 400 m，线路累计爬升高度达 14 000 m。海拔和坡向是区域关键的环境要素，决定着气候、土壤、生物多样性等特征，形成了明显的生态空间差异，单一、传统的技术措施无法解决生态恢复所遇到的问题，应采取诸多技术集成和创新技术。

3. 工程创面大、生态恢复材料缺乏

铁路所经区域一般具备土体破碎，坡面陡峻，表土资源贫瘠、稀缺的特点。因此，巨大工程创面生态恢复工作的限制因素为土壤基质、植物材料匮乏。

9.2.2 生态保护与恢复原则

1. 功能第一原则

维护工程安全稳定及其功能性，防止次生地质灾害、水土流失。

2. 自然优先原则

生态恢复应以依靠自然界的自我调节、恢复与组织能力为主，人工干预调控为辅，以尊重自然、顺应自然。

3. 生态与景观结合原则

以生态学理论为基础，结合铁路通过区域的自然生态、景观及社会文化特征，开展与自然环境相协调的保护和恢复。

4. 可持续发展原则

合理利用沿线乡土植物、表土等生态资源，使铁路沿线生态环境达到持续、稳定、健康发展。

9.2.3　生态保护与恢复技术设计流程

艰险地区高速铁路生态保护与生态恢复的目的是恢复敏感区脆弱生态系统、多样的自然景观和保护野生植物群落、野生动物栖息地等，需系统性处理生态恢复各个要素，包括可视范围的植物群落、动物通道、弃渣、固体废物以及不可视范围的地下水、隧道污水等。根据图 9.2 识别生态保护存在的问题，筛选保护对象，从行政区划、环境敏感区、生态保护红线、保护对象及要求等开展生态恢复工作，设计流程如图 9.3 所示。

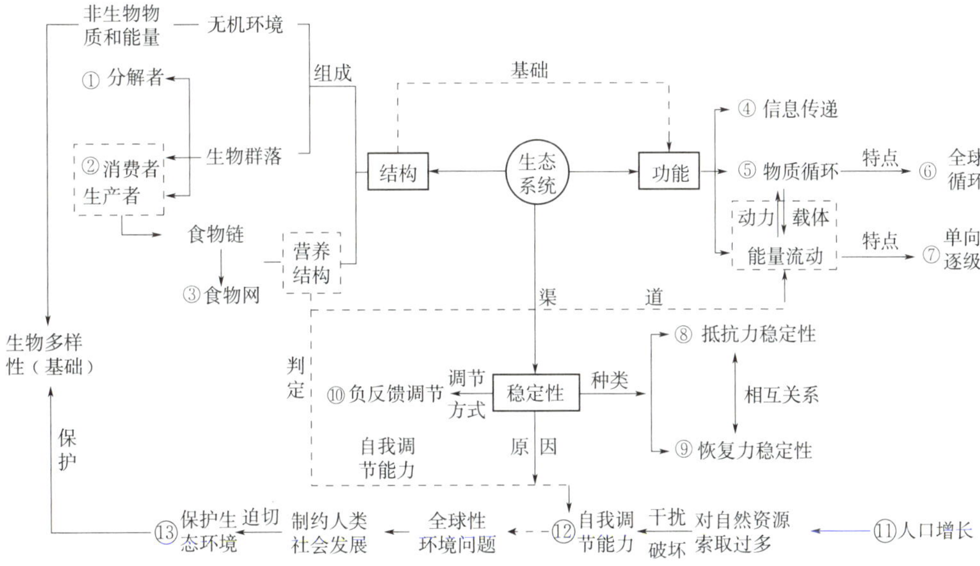

图 9.2　生态系统的系统性限制因素分析图

9.2.4　生态保护与恢复技术

1. 表土基质的保育和利用

(1)表土清理与收集方案

表土基质的保育和利用应根据不同生态系统或区段内土壤厚度、肥力特征进行表土剥离与收集，作为恢复植物的基质土壤。一般而言，中低山暖湿森林区取土厚度为 20～30 cm，河谷干旱灌草丛区取土厚度为 15～20 cm，亚高山冷湿森林灌丛区取土厚度为 20～30 cm，高山丘原高寒灌丛草甸区取土厚度为 30～40 cm。

(2)表土场堆放方案

清理与收集的表土应集中堆放，按照下述主要方法、方案进行设计，如图 9.4 所示。

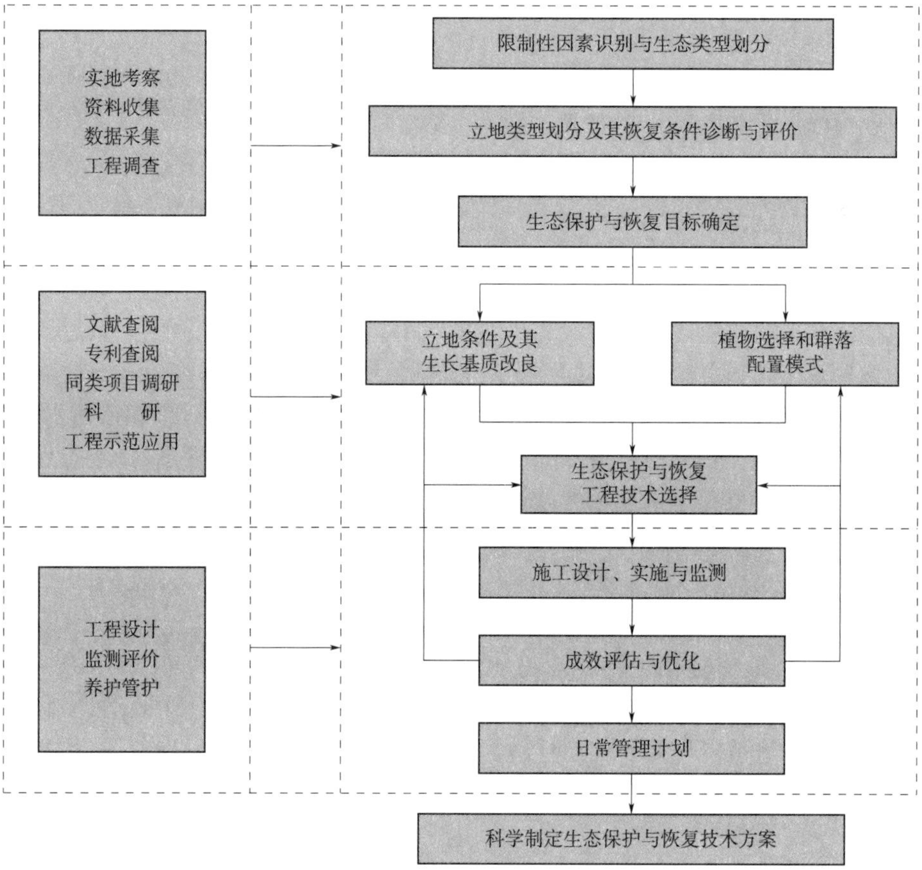

图 9.3 生态保护与恢复设计流程图

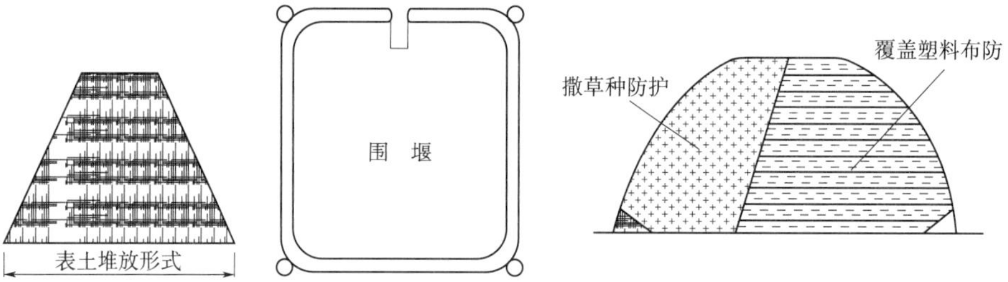

图 9.4 表土临时堆放场防护设计示意图

表土临时堆放场按上窄下宽的多边形拍实堆放，周围布置编织土袋作围堰，围堰朝向公路侧设置表土堆放场入口，宽为 3.5～4 m，方便车辆进入；围堰转角采用木棒做固定装置，防水材料固定在对应装置上，围堰外围应布设截排水沟，防止径流冲刷。

用编织袋装表土作为临时堆放场围堰防护。采用普通编织袋作为围堰用袋，用土取自被清除的土壤，编织袋围堰摆放呈梯形断面，根据表土场大小和堆放量确定围堰参数。对临时堆放区采取撒播黑麦草、紫羊茅等植物进行前期绿化防护，并覆盖塑料布或无纺布，防止雨水冲刷。

2. 深层生土基质改良利用

除尽量利用熟化程度较高的表土资源外，对于深层的生土也需充分地利用和改良，改良方法主要包括客土复垦土壤改良法、化学肥料改良法、有机物改良法、淋溶改良法、生物土壤改良法。

(1)客土复垦土壤改良

客土资源对有覆土条件的创面覆盖 50 cm 左右厚度的有生产能力的土壤进行改良，利于植物栽培。

(2)化学肥料改良

施用碳酸钙或硫酸钙、硫酸亚铁和乙二胺四乙酸，以及石灰、硫黄、石膏和硫酸来减轻金属基质毒性和调节基质酸碱度。

(3)有机物改良

污水污泥、生活垃圾、泥炭、作物秸秆等有机物覆盖于生态创面表面，可以改善地表温度、维持湿度，有利于种子的萌发及幼苗生长，而且能改善基质的有机结构，增加基质养分，促进养分转化。

(4)淋溶改良

种植植物之前，对含酸、碱、盐分及金属含量过高的生态创面进行人工灌溉，在一定程度上起到淋溶作用，可以缓解生长基质的酸碱性、盐度和金属的毒性。

(5)生物土壤改良

利用生物固氮作用，引入绿肥作物和豆科作物是弃渣地基质改良和植被恢复的另一条有效途径。在废弃地轮番种植红三叶草、白三叶草、紫花苜蓿、草木樨和长喙田菁等固氮植物，形成根瘤或茎瘤共生体系，并配合相应的工程措施(如掺入污水污泥等)以解除金属毒性，达到一定的基质改良目的。

3. 原有植被资源利用

(1)草皮移植和利用

①草皮移植和利用流程

草皮移植技术适用于多年生高原植被的移养、再植，能利用原有草皮及时恢复高原植被，防护铁路路基边坡、渣场、取弃土(渣)场、生活场/营地、施工便道及桥涵等处，施作草皮水沟，保护草场和高原生态环境。要求移植的植被根系较发达、植株较密集、固土性较好、易切块成形、便于搬运和再植。草皮移植和利用流程如图 9.5 所示。

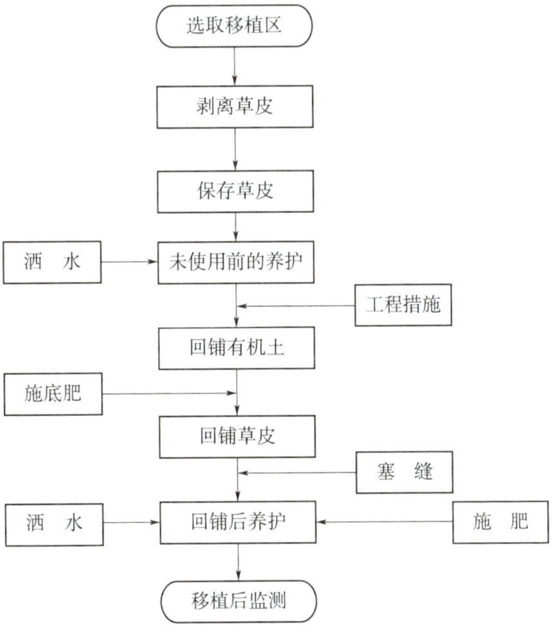

图 9.5 草皮移植和利用流程

②草皮移植和利用时机

植被的移植应尽量选在草地植物的分蘖期与结实期，一般为每年的 5～8 月之间。植被移养再植应尽量选择气候较湿润、降雨较丰富的季节，便于移养后植被的成活。

③草皮移植和利用保存

对于路基及便道的植被移养以选择两侧就近区域，分侧等量移养为宜。上层移养植被再植后，应及时清除原生植被上的腐殖土，恢复其原有的生长环境。充分考虑移养植被下原有植被的生长状况，避免因上层植被长期移养导致下层植被死亡，尽量缩短植被的养护时间，减少工程费用支出，提高植被的成活率和利用率。

草皮存放期间需进行专业养护、管理，并采取适当措施防止人员踩踏、车辆碾压、牛羊啃食等。需根据项目区气候、土壤含水量等进行适时洒水养护，尤其是堆存在最下层的草皮更需洒水养护，但冰冻季节不能浇水养护；应根据草皮的长势适当施肥。夏季光照强，需用加厚遮阳网遮盖存放的草皮，防止被晒死；冬季气候寒冷，需用透明塑料布遮盖，预防霜冻。

④回铺草皮

铁路路基边坡高度在 3 m 以内、坡度在 35°以内可直接铺贴草皮；3 m 以上需加固处理，如采用混凝土或砌石防护骨架。回铺草皮时，应尽量避免过分地伸展和撕裂。原有植被下有机土对植被的移植成活十分重要，回铺草皮时应将原有草皮下的散土回用。

对非常年地表径流地段的路基排水系统移植草皮、施作草皮水沟时，回填的有机土须人工夯填平整，水沟沟底须有一定的流水坡度，防止沟底局部积水，从而影响草皮的成活和生长。

⑤养护和监测

草皮移植后，采用土壤温湿度自动监测仪器记录土壤温度、湿度以及冻融侵蚀。采用植被调查方法监测植被成活率、群落组成。

(2)灌丛移植和利用

①剥离和移植

苗木通常选取胸径在 3 cm 以下的植株，挖掘时要保持根系和地上部分的完整性，根系较大的还需要用草绳捆绑根土，避免根系受损。灌木和藤本挖掘时也要保持根系完整，但地上部分可适当去除，减少水分散失和养分损耗。

②保存和养护

高寒灌丛植被剥离后的保存应当与其生理生态要求相适应。由于高寒灌丛植物生长密集，高度较矮，如：杜鹃灌丛的高度多在 40 cm 以下，且多分布在高丘区的阴坡地段；而香柏灌丛则分布在阳坡地段。因此，在有条件的地方，应当存放在阴坡，即使是香柏等阳坡生长的物种，存放在阴坡可提高其成活率；无条件时则应当铺设遮阳网，减少阳光辐射。剥离的灌丛苗木根系和枝条下部应埋入土中，定期浇水，进行养护。

③利用和回植

植被移植场地应和原生植被的环境条件相似，如适应性区域、地形、海拔和光照等，提高生态保护与恢复效果。

4. 坡面型创面生态恢复措施

具备坡面性质的创面恢复包括路堤边坡、路堑边坡及坡脚、堑顶、取弃土场边坡等。除上述提及的表土基质的保育和利用、深层生土基质改良利用、原有植被资源利用外，须根据边坡坡率、岩层属性、生态本底等采用不同的工程措施及恢复工艺。

(1)土质边坡生态恢复

土质边坡由于立地条件相对优越，主要采用香根草篱、铺草、植生袋、液压等传统方式，如图9.6所示。

图9.6 土质边坡生态恢复工程实例

(2)岩质边坡生态恢复

岩质边坡是艰险地区立地环境较困难的生态创面，由于不具备植物生长所需的土壤、水分和养分，需要提前营造适合植物生长的斜面环境，增加微地形营造、防护网等辅助措施后方可进行生态恢复。除喷混植生、三维植被、飘台法、阶梯法等目前运用较多的岩质边坡生态恢复技术外，艰险地区还需构建无土混合纤维喷播复绿、环保草毯、主动防护网、厚层基材喷播复绿、团粒客土喷播复绿、生态棒、创造微地形和植被混凝土护坡技术等多措施镶嵌组合的综合生态恢复技术体系。岩质边坡生态恢复工程实例如图9.7所示。

图9.7 岩质边坡生态恢复工程实例

①无土混合纤维生态恢复技术

采用天然植物料制成的高质量活化纤维加水混合，发生化学与热膨胀反应后形成的浆体作为混合种子、营养基质、土壤改良材料的载体，搅拌混合制成黏稠的浆体状混合物，通过专业喷播设备均匀喷附到作业面，快速实现岩性坡面防护和植被恢复，既能防止水土流失又能为植物群落持续提供生长所需养分。该技术对坡面平整度没有严格要求，不必覆盖或更换表土，适用于坡度 1∶1～1∶1.5 的强风化岩性边坡或者堆渣体边坡，如图 9.8 所示。

图 9.8 无土活化纤维生态恢复技术工程实例

②生态棒/厚层、团粒基材生态恢复技术

生态棒采用不可降解土工合成材料制成，一般单根直径为 10～15 cm、长度为 400 cm（根据坡面及项目情况可单独定制），棒体内充填植生基质材料（多孔性材料为主，富含有机质、无机矿物质、保水剂等）。在挂网喷播中部分整体岩石坡面采用生态棒加固和微地形营造措施，将有机质、缓释肥、复合肥、黏合剂、保水剂等配置成专用轻型基质或团粒结构人造土壤、植被混凝土等，与植壤土、植被种子按比例混合均匀后，按照设计厚度敷设，重建与恢复植物根系生长发育所需的基础层，保水、透气，稳固山体及永久恢复环境。恢复原理及工程案例如图 9.9 所示。

5. 台地/平地型创面生态恢复措施

艰险地区高速铁路经常穿越高寒、干旱、高海拔等困难生境区域，临时工程或辅助工程等可能形成与上述坡面型创面不同的台地/平地形生态创面。除具备复耕要求的工点外，其余工点生态恢复方式根据植被生长限制因子不同，应采取封育补植（含原生草皮/灌丛的回植）、播种改良（含基质改良和群落重建）、集水造林为主。

图 9.9 生态棒/厚层、团粒基材生态恢复技术工程实例

(1)回植与封育

封育补植运用在艰险地区涉及的高寒草甸、草原、荒漠及灌丛,以及原生表土、植物的移植和回植。对退化草甸除回植外,还可采取翻耕、施肥、灌溉、划破草皮、封育等措施,直接恢复退化草地的植被,保证天然草地的持续利用。

(2)种子库促萌与播种改良

艰险地区部分区域土层较薄,遭到人为影响致使植被稀疏、破坏、退化后很难在短时间再次形成土壤。恢复时使用剥离的表土,表土剥离与保存可采用种子库促萌的方式加快原生表土中植物的生长。荒漠地段植被恢复关键在于控制施工后地表的稳定。在施工后的地面铺上砾石层并适当碾压使其形成稳定的地表“砾幂”或将地表适当平整后碾压形成“结皮”,防治荒漠化,为植被恢复创造条件。草原植被恢复关键在于保存好占地范围内表层腐殖土,并进行原生灌丛和草甸剥离回植。播种采用的植物类型主要是披碱草属、羊茅属以及早熟禾属草本,其中产量和越冬率均表现良好的有老芒麦、冷地早熟禾、垂穗披碱草等。也可以使用耐寒旱的旱生禾本科紫花针茅为优势种，伴生青藏苔草、粗壮蒿草、青海黄芪、矮火绒草、多裂委陵菜等进行播种改良恢复，如图 9.10 所示。

图 9.10　高寒草原/甸实施生态恢复工程案例

(3)集水造林

集水造林主要适用于艰险地区中干旱/半干旱区域。由于该区域解决植物生长所需的水肥等限制因子，可进行大面积的造林生态恢复，恢复周期相对高寒旱区区域较短。因此，如雨水收集或秸秆覆盖、爆破整地、压砂保墒等技术可适当运用，开展对受损的原生生态系统的恢复工作，如图 9.11 所示。

图 9.11　半干旱/干旱区域生态恢复工程案例

①雨水收集或秸秆覆盖在时间和空间上对有限的降水资源进行收集再分配，或通过秸秆覆盖等方式二次分配该地区较为丰富的光、热、气、养资源的生产潜力，从而有效促进植物生长，保证生态恢复效果。

②爆破整地造林技术就是用炸药在造林地炸出一定规格的深坑，然后填入客土，种植苗木。

③秸秆及地膜覆盖造林技术可保水增温，促进幼苗的迅速生长。适宜的水分、温度、养

分有利于根系的生长、吸收、转化、积累和越冬。

④压砂保墒就是把鹅卵石以下的小石头铺盖在新栽的小树周围，相当于给土壤覆盖一层既渗水又透气的永久性薄膜。它不仅起到保温保湿、减小地表蒸发、蓄水保墒的作用，且就地取材，经济耐用。

⑤坐水返渗法是将裸根苗的根系与湿土相接触，靠根系下面湿土返渗的水分滋润苗木根系周围土壤，从而保持有效的水分供给，提高苗木成活率。

9.3 野生动物保护技术

铁路建设项目经过野生动物分布区域，不可避免地占用栖息地，或切割觅食区，或阻隔迁移通道等，对其生存、繁衍产生影响。野生动物保护技术就是分析动物分布区域的影响形式、范围和程度，采取适当的线位优化、设立适宜的动物通道、设置可行的工程措施等技术手段，尽可能保护铁路建设沿线的野生动物活动及生境。

9.3.1 野生动物保护依据和原则

根据《国家保护的有重要生态、科学、社会价值的陆生野生动物名录》《中国生物多样性保护战略与行动计划(2011－2030年)》等，艰险地区是我国珍稀野生动物生存、繁衍、栖息地的起源地，是我国生物多样性优先保护的重点区域。国家高度重视对野生动物的保护，设立了各种类型的保护区(地)，制定了法律法规和管理条例等。

按照《中华人民共和国野生动物保护法》规定，工程建设必须采取相应保护措施，减少占地、线性分割等危及野生动物生存、繁衍的危害，且以《国家重点保护野生动物名录》中一级保护动物不得死亡，二级保护动物不得影响繁殖、减少种群为保护原则。

9.3.2 野生动物保护技术路线

铁路线路走向初定后，收集区域内国家公园、自然保护区、森林公园、湿地公园、地质公园、风景名胜区等生态敏感区的总体规划及科学考察报告，以及沿线已知野生动物的相关研究报告、专著、文献等资料与沿线卫星影像图，识别铁路工程及施工道路一定范围内的野生动物种类、生态习性、栖息环境、迁移通道、分布区域和保护情况。重点关注《国家重点保护野生动物名录》中的保护动物，特别是珍稀、濒危保护动物；分析动物保护的必要性，确定保护原则及措施。具体方法分为叠图法和生态机理法。

1. 叠图法

将生态敏感区的分布范围与线路图叠加，标示出动物分布范围，核查铁路工程、施工道路、施工营地等工程位置与动物分布关系，分析工程建设和铁路运营对野生动物的影响形式、范围和程度。根据分析结果采取调整线位、优化工程形式、设立动物迁移通道等保护措施。

2. 生态机理法

结合沿线动物分布、栖息地和迁徙路线，依据工程特点及施工组织方式，分析工程建设和铁路运营对野生动物分布区域的切割、栖息地的占用比例、觅食及迁移通道的阻隔率等影响。重点分析主体工程出露地表段切割的动物分布区域比例、占用的野生动物栖息地面积、阻隔迁移通道的长度等。根据分析结果采取调整线位、优化工程形式、设立动物迁移通道等保护措施。

9.3.3 野生动物保护技术方案

1. 调整线位

铁路线路直接切割野生动物生态廊道时应调整线位，尽可能减少分割作用。

成都至兰州铁路在龙门山一带涉及国家一级保护动物大熊猫的栖息地，分别是安县的四川千佛山自然保护区和茂县的四川宝顶沟自然保护区，两保护区与周边其他大熊猫自然保护区连成一片，形成整体性保护较强的区域，也是岷山山系大熊猫分布的核心区域。其中宝顶沟自然保护区的土地岭地段是岷山大熊猫 A、B 种群交流走廊带。成兰铁路建设为保护大熊猫交流廊道，使得岷山大熊猫 A、B 种群交流不受影响，经多次专题研究、专家论证、线位比选，将线路调至此走廊 3 km 以远，推荐线路与土地岭大熊猫生态廊道关系卫片示意如图 9.12 所示。

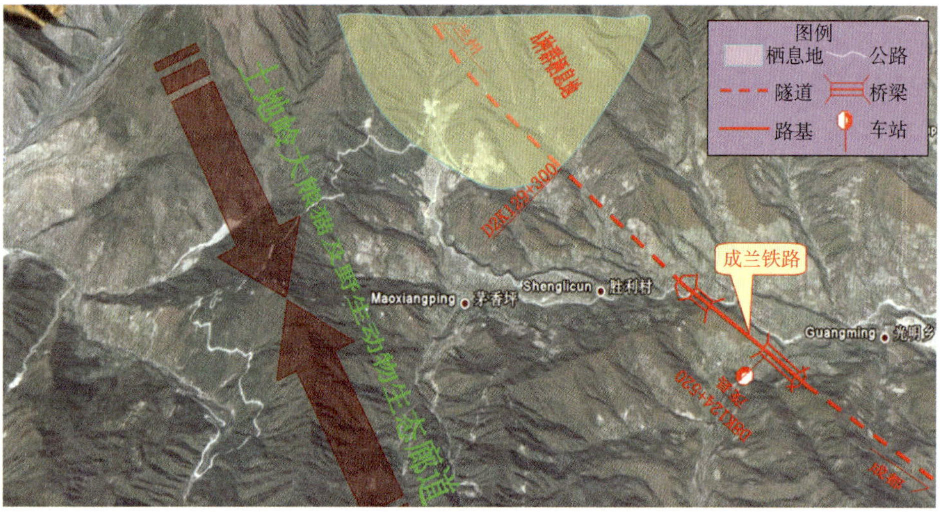

图 9.12 线路绕避野生动物生态廊道带

2. 优化主体工程形式

铁路线路尽管从分布区域外通过，最大限度地减少了分割作用，但有路基、桥梁等主体工程，仍影响野生动物的生存和活动范围，调整主体工程形式则为最佳保护措施。

成都至兰州铁路在龙门山一带穿越大熊猫栖息地时，采取隧道形式通过大熊猫栖息地，隧道洞口海拔远低于大熊猫栖息地分布海拔，如图 9.13 所示，隧道进出口远离大熊猫栖息地，占用地表面积极小，不会造成大熊猫栖息地地表植被的破坏，不会对大熊猫的季节迁移造成影响，对大熊猫的日常活动影响甚微。

3. 设立野生动物通道

铁路线路直接将野生动物分布区域进行切割，阻隔其觅食、迁移通道，又无法调整线位和优化工程形式时，则应设立野生动物通道，降低对野生动物的生存、繁殖、种群交流的危害。

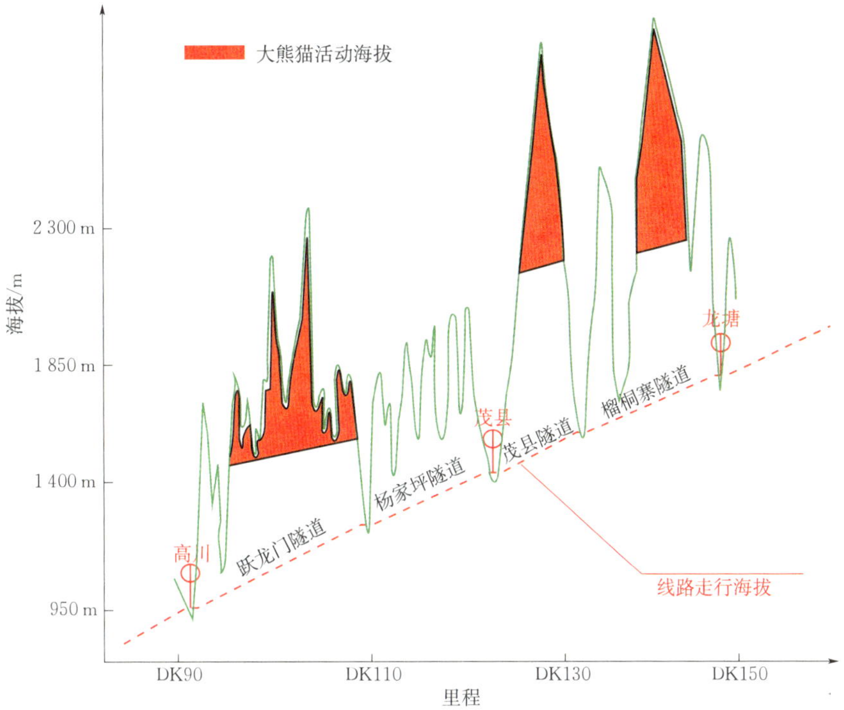

图 9.13 工程与大熊猫栖息地海拔位置关系示意图

青藏铁路格尔木至拉萨段昆仑山—唐古拉山口区段分布有高山山地动物群、高寒草原草甸动物群和沼泽湿地动物群三种不同生态类型的野生动物，如藏羚羊、藏野驴、野牦牛、白唇鹿、黑颈鹤等国家一级保护动物，藏原羚、岩羊、盘羊、棕熊、狼、猞猁、沙狐、松鼠、蛇、高原兀鹫、秃鹫、苍鹰、藏雪鸡、斑头雁、赤麻鸭等国家二级保护动物。依据建设项目所在区域的生态环境，结合野生动物的种类、数量、分布规律、生活习性等，利用铁路通过区域的地形、地貌，在野生动物迁徙、饮水、觅食活动所经过的路段或附近设置动物通道：对于适宜高山山地动物群的地段设置隧道上方通道，适宜草地动物群的地段设置桥梁下方通道，针对动物种群结构复杂的地段设置路基缓坡通道、路基桥梁缓坡复合型通道、桥梁隧道复合型通道等。项目共设置了野生动物通道 33 处，长度总计 59.84 km，占铁路线路长度的 5.1%。具体案例如下：

(1)桥梁下方通道

铁路建设恢复桥下原始生态地貌后，野生动物就可以逐渐适应、逐步自然通过。对于下方有水的桥梁，通过增加引桥高度和恢复引桥下方的生态景观，野生动物在取食、饮水时也可以自然通过，如图 9.14 所示。

(2)隧道上方通道

铁路建设恢复隧道洞口附近破坏的植被，隧道进出口增加一些必要的防护措施后，可以作为高山山地类型动物的通道，如图 9.15 所示。

(3)路基缓坡通道

在野生动物分布比较集中，又没有工程设施可利用的条件下，通过降低路基两侧边坡坡度，并在坡面种植植被，诱导野生动物通过，可以作为喜欢攀登到高处观望后再活动的动物的通道，如图 9.16 所示。

图 9.14 铁路桥梁下方野生动物通道

图 9.15 铁路隧道上方野生动物通道

图 9.16 路基缓坡野生动物通道

4. 建设声(光)屏障

铁路以桥梁形式穿越野生动物分布区域,虽然没有对分布区域进行阻隔,但铁路运营期间的声音、灯光会影响动物(如鸟类)的觅食、栖息。为减少运营期声光对野生动物的惊扰,应建设声(光)屏障。

建设中的贵南高速铁路在 DK366+950～DK369+450 和 DK372+700～DK373+600 段以桥梁形式穿越了广西都安澄江国家湿地公园保育区,工程拟在桥梁两侧采用 4 m 高遮光、降噪的声(光)屏障共计 7.36 km。

5. 设置保护(网)栅栏

对人类活动不敏感的保护动物,为保障动物安全和铁路运营安全,可在野生动物分布及活动频繁区域的地段设置防护栅栏,防止伤害野生动物和野生动物侵入危及铁路运营安全。

(1)西安至成都高速铁路穿越秦岭地区的隧道洞口上方及两侧结合落石防护设置了3~5 m高的被动防护网,防止隧道洞口附近哺乳类及兽类野生动物跌落,如图9.17所示。

图9.17 隧道洞口上方及两侧防护网

(2)西安至成都高速铁路还穿越了中国特有物种、国家一级保护动物朱鹮的分布区——陕西汉中朱鹮国家级自然保护区实验区及洋县、城固朱鹮分布区。项目结合声屏障设置了防止朱鹮撞击动车的保护网,未设置声屏障的路段设置保护栅栏共计33.01 km,如图9.18所示。

图9.18 朱鹮防撞保护(网)栅栏

(3)玉溪至磨憨铁路经过了西双版纳国家级自然保护区,保护区内有国家一级保护动物亚洲象。项目在勐养子保护区DK311~DK332、尚勇子保护区DK477~DK479和DK483~DK487设置了位于路基两侧、桥墩外沿、路桥连接处和隧道洞顶的保护栅栏43 km。

6. 辅助保护措施

铁路建设项目施工期长达3~4年,施工期间动物保护工作非常重要,需要设置相应辅助保护措施。

(1)划定施工界限,禁止越界施工和破坏征地范围外的动物生境。

(2)合理布设施工营地、施工场地,减小占用和破坏动物栖息地。

(3)合理安排施工方案,尽量不在野生动物频繁活动期施工。

(4)优化施工工艺,加强施工组织,及时清运施工弃渣、垃圾,及时处置污废水及隧道出水,防止污染野生动物栖息地的水源和植物。

(5)开展野生动物保护法律法规的宣传、教育,加强施工队伍的管理,严禁施工人员破坏植被,捕杀野生动物;在生态敏感区和临近野生动物活动范围,每隔一定距离设置野生动物保护警示牌、提示标志牌,提请关注和保护野生动物。

10 施工组织设计

艰险地区高速铁路施工组织设计，以高速铁路最新的设计规范、施工规范、检测规范为基础，以我国铁路建设技术、机械装备、构件生产、运输的能力和水平为手段，以科学组织、充分指导、合理安排建设过程中人、财、物、机等要素为目标，是高速铁路设计的重要技术文件，是《铁路基本建设项目投资管理办法》(铁总计统〔2017〕179号)所规定的主要管理制度之一，是对整个建设项目实行全面有效管理的基础。

10.1 艰险地区高速铁路施工组织设计的特点

艰险地区山高谷深、地势起伏剧烈，地质条件复杂多样，新构造运动及地震活跃，地质灾害类型多、分布广，加之气候条件复杂多变、生态系统复杂多样、生态环境脆弱敏感，建设条件极为复杂，给高速铁路的建设、施工及运营带来了巨大的挑战。

10.1.1 艰险地区环境因素对施工组织的影响

艰险地区对高速铁路施工组织设计的影响主要表现在复杂的地形地质、相对薄弱的基础设施、敏感丰富的生态环境、多变的气象条件、海拔高度等方面。各种因素对供应方案、辅助工程、施工方案、工期确定的影响是叠加、综合、交叉的，难以完全分割，如图10.1所示。

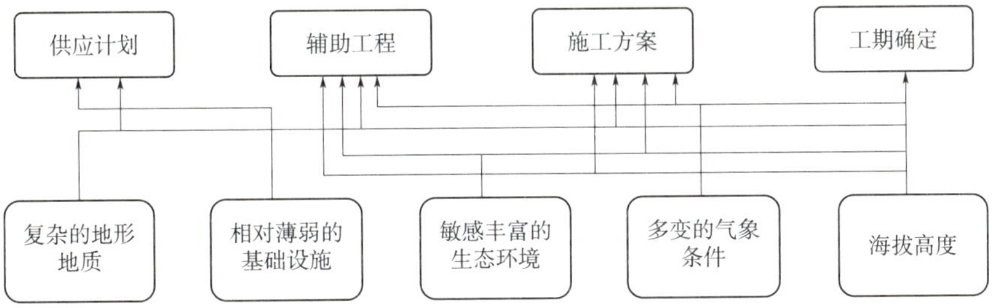

图10.1 影响因素关系图

1. 复杂的地形地质

艰险地区一般呈现山高坡陡、峰谷交错、沟壑纵横、河谷深切等特征，地形高差变化大，很大程度上加大了辅助工程建设和材料运输的难度，影响施工道路走向、建设难度以及规模，影响场站选址难度、土石方工程量大小，山地灾害频发，普遍存在崩塌、泥石流、落石、滑坡等不良地质情况，安全风险极高。

艰险地区地层岩性多变、地质构造复杂，且存在断裂发育情况，长大隧道比例较大，隧道工程工期压力大，辅助工程设计困难，部分山区还有高地温、高温热水、高地应力(岩爆与大变形)等不良地质和特殊岩土，对工程施工的机械设备要求提高，直接影响重点工程的施工方案确定及最终总工期的控制。

2. 相对薄弱的基础设施

艰险地区配套基础设施相对薄弱，公路网密度较小，道路以国道、省道、乡道、机耕道等为主，道路等级普遍不高；河流基本处于原始状态，有通航能力的水道较少；既有线也以越行站为主，鲜有运输仓储能力较大的综合车站，对材料机械运输和供应方案确定的影响较大，现场踏勘难度较大。

受地区供需关系影响，艰险地区建筑材料生产企业较少，建筑材料稀缺，项目一旦开工，当地短时间内无法满足高速铁路大批量材料供应的需求，导致在制定供应方案时，在充分调查沿线市场的基础上，还需对供需关系变化后存在的价格和供应点变化风险有足够的认识，增加了供应方案确定难度。

除此以外，粮食、蔬菜、肉类、禽、蛋、油等生活物资供应也是艰险地区较薄弱的环节，这些情况对项目参建人员及机构调遣、生活物资供应、施工材料运输等都将产生影响。

3. 敏感丰富的生态环境

我国艰险地区多为生态保护红线范围，密集分布有各类各级自然保护区、森林公园等环境敏感区，影响了新建线路的选线和辅助工程的选址。除此以外，艰险地区生态环境也较为敏感，农牧交错、土壤瘠薄、植被稀疏，项目建设过程中，受人为活动的强烈影响，区域生态退化明显，如山体林木破坏、施工涌水抽排、施工废水处理、隧道洞渣弃运。

施工组织设计应充分考虑保护区域内敏感丰富的生态环境系统。一是重视生态环境保护方案设计，应本着对生态系统不利影响最低化、对环境扰动最小的原则，结合相关领域研究成果，特别是大型辅助工程需进行环保专项方案研究。二是重视制定施工环境保护措施，尽量减少土地占用量，不占、少占基本农田，辅助工程充分考虑永临结合，项目完成后，辅助工程需复垦，还原土地原本状态。

4. 多变的气象条件

艰险地区一般气候变化明显，给施工带来很大的困难。常见的恶劣天气状况包括：

(1)季节性干湿特征明显，暴雨发生频率和强度较大。

一般山区大到暴雨降水量占全年总降水量的50%以上。如青藏高原以东的西南山区(川、渝、黔、滇)境内分布着众多河流，该地区受季风环流和复杂地理环境的影响，年降水量在1 600 mm以上。受山区地形地貌影响，一旦发生强降雨，山区汇水速度极快，容易导致洪水、滑坡、崩塌、泥石流等地质灾害，影响辅助工程的选址和安全保护，甚至造成人员伤亡。如2018年10月份发生于白玉县及江达县境内的金沙江堰塞湖，对沿线道路、住房等带来了巨大影响。

(2)山谷风作用明显，风力大，空气湍流(紊流或乱流)危害严重。

白天山坡上的空气受热程度大于河谷底层的大气，产生上升气流，谷底空气沿坡地上升形成了谷风，即下层风由谷底吹向山坡，称为谷风；到了夜间空气环流反转，山坡上部的冷空气下沉至谷底，即下层风由山坡吹向谷底，称为山风。横断山脉的山谷风具有风力大、风向复杂，并呈周期性规律，一般早晨山谷风的作用最小。山谷风的作用对谷间重点工程施工方案带来影响，如隧洞进出口工程施工以及桥梁架设工程影响较大。

(3)降雪时间长、交通安全隐患大。

山区同一地区通常一日四季，山坡降雪量大时长，常年不化。降雪初期及末期，通常安装防滑链可继续通行。进入冬季后，气温急剧降低，路面结冰难以融化，人员、材料、设备设施等资源的运输能力严重受限，影响材料供应计划的进度和工程施工方案的落实。同时，降雪也容易导致山地发生雪崩、岩石崩塌等地质灾害，阻断道路，发生人身伤亡事故和财产损失。

5. 海拔高度

若线路处于 2 000 m 以上的高海拔区域，其缺氧、低压、强紫外线等因素对施工组织设计也产生不利影响：

(1)海拔高度不同对人体机体、神经方面影响也不同，在不改变施工方案条件下，工效明显不同。随着海拔提高，办公生产生活配套设施标准也逐渐提高。

(2)海拔高度不同对机械施工效率影响主要表现在对柴油发动机、传动系统、液压系统、制动系统、电气机械等的影响。随着海拔提高，施工机具除施工效率降低外，还有困难环境下机件磨损加速引起的折旧费、检修费、维护费和安装拆卸费等不变费用的增加。

由此可知，海拔高度的变化，对辅助工程和正式工程的施工效率均有影响，在工期计划中，应充分考虑其效率的降低。

10.1.2 艰险地区高速铁路工程施工组织设计的特点

由于地形、地质、水文、气象、环保、交通、工期等条件的不同，艰险地区高速铁路在选线、路基、桥梁、隧道等工程的设计、施工方面与一般地区铁路有很大的区别。施工组织设计在现场勘察、运输方案、施工顺序、施工方法、机具配置等方面更为错综复杂。

1. 路基工程

艰险地区高速铁路路基工程与一般铁路相比，具有短路基众多且频繁过渡、陡坡路基地段长、傍山路堑、高边坡路堑较多等特点，施工难度大，施工组织相对复杂，主要表现在：路基地段分散且场地狭窄，大型机械设备较难发挥作用，施工效率低下；高边坡防护工程施工场地有限且高处作业，工程材料运输及工程施工困难，在工程实施阶段多需编制专项施工方案，制定切实有效的人员、机械配置及安全防控措施；软基多处于丘间槽谷，地质复杂，厚度分布不均匀，处理方式多样，如 CFG 桩、搅拌桩、旋喷桩、碎石桩、螺纹桩、桩网结构、堆载预压等；陡坡路堤地段存在差异沉降，应尽量利用优质填料进行填筑，需根据项目地质情况安排经济合理的调配方案或扩大调查范围选取优质填料；支挡工程施工方案种类较多，一般采用重力式路肩(堤)挡土墙、路肩(堤)桩板墙、悬臂式路肩(堤)挡土墙等措施。

山区铁路路基作业分散，施工方法多样，施工难度大，在施工组织安排中，应根据机械能力以及工点情况合理划分施工区段，并精心组织流水作业。

2. 桥梁工程

我国高速铁路桥梁以预制架设的标准跨度简支梁为主要结构形式，工厂化预制箱梁，采用轮胎式运架一体机或运架分离式设备运架箱梁。但在艰险地区，往往桥隧相连，梁场选址难度大，除采用预制运架梁，还选择采用悬灌连续梁、支架现浇梁或移动模架现浇梁和节段拼装梁等施工方法。在特别困难地段，需考虑运梁通过隧道的措施，以满足工期要求。

由于艰险地区地形起伏大，跨越山区深沟峡谷、既有高等级公路和铁路，以及山区河流时，常采用大跨 PC 梁或钢梁桥、拱桥、斜拉桥等大跨桥梁结构。受山区运输条件、场地条件的限制，这些大型桥梁通常只能采用化整为零分块浇筑或现场拼装的施工方法，施工技术复杂；通常沟谷两侧或山区河流两岸地形较陡，场地有限，材料运输困难，安装条件较差，临时工程及辅助措施工程量大，需合理安排人员机械配备并制定经济适用、安全的施工方案。

3. 隧道工程

艰险地区地形险峻，地质复杂，环境敏感，地质灾害风险高，而高速铁路具有线形顺直、曲线半径大的特点，艰险地区高速铁路隧道工程呈现出显著不同于一般地区铁路的特点：(1)隧道多、比重大，特长隧道多；(2)桥隧相连，成群分布；(3)洞口高陡、重力型不良地质发育；(4)埋深大、地质条件复杂、洞身不良地质发育；(5)特殊复杂结构多，设计施工难度大；(6)弃渣量大、渣场占地大、环保要求高。

艰险地区长隧道多，为保证施工质量和施工工期，通常机械化施工程度较高，采用多臂凿岩台车、湿喷机械手、仰拱栈桥等机械化配套施工，以充分发挥大型机械的效能；对地质条件复杂的特长隧道采用 TBM(tunnel boring machine，隧道掘进机)掘进技术进行隧道开挖时，其施工组织相对复杂；艰险地区配套基础设施相对薄弱，公路网密度较小，道路等级普遍不高，且运能有限，为满足大型机械设备进场，还应充分考虑既有公路改建工程；山区铁路山高谷深，渣场选址困难，弃渣运距长，新建弃渣便道数量大；斜井、横洞等辅助坑道多，汽车运输便道、临时电力线路、临时给水管路、混凝土搅拌站等临时工程多；地质条件复杂，极高、高风险隧道多，需合理安排工期并加强超前地质预报工作。

4. 轨道工程

高速铁路的轨道结构广泛采用无砟轨道，无砟轨道形式有板式、双块式等结构形式，板式无砟轨道又分为Ⅰ型板、Ⅱ型板、Ⅲ型板等。

无砟轨道根据结构形式，有不同的施工组织方式。艰险地区长大隧道多，其工期在一定程度上影响无砟轨道的工期，应尽可能安排平行施工，减少时间间隔，加快施工进度。

艰险地区高速铁路桥隧工程比重大，过渡段较多，不同的过渡段采用不同高度的轨道结构，以至于轨道结构多样；隧道工程由于减振需要也有采用与路基桥梁不同的轨道形式，如路基桥梁地段采用双块式无砟轨道，而隧道地段采用Ⅲ型板无砟轨道。物流组织相对一般地区难度较大。

5. 其　他

艰险地区高速铁路路基、桥梁、隧道工程变化频繁，引起工程接口增多，对施工组织的要求更高。在进行施工组织总体安排时，梳理各专业及各区段之间的接口项目与配合关系，通过合同管理、工期控制等措施，确保上序专业工程为接口项目所属专业工程及时提供施工条件，全面合理地统筹安排“一体化”施工；同时关注外部制约因素，及时推动评估评价、协议签订等工作，做好外部建设环境协调，为工程顺利实施创造条件。

10.2 施工组织现场勘察

现场勘察是编制施工组织设计的基础和重要环节，根据设计阶段分为踏勘、初测和定测，分别对应预可研阶段的概略施工组织方案意见、可研阶段的施工组织方案意见和初设阶段的施工组织设计意见。艰险地区高速铁路现场勘察更需体现其工程特点和施工组织设计要求。

10.2.1 踏 勘

预可研踏勘阶段，需要对与项目实施有关的重要因素进行一次摸底，对于艰险地区高速铁路来说，其勘察关键点有：

(1)了解与规划线路相关的公路、铁路、水运等交通情况，是否存在峭岭、深峡、陡坡等地貌，是否存在无人区等。

(2)收集区域地质资料，了解沿线岩性情况，规划当地材料供应方案。

(3)了解控制工程、重点工程的施工条件，较艰险施工条件的段落以及施工环境恶劣的特殊地区对施工的影响程度。

(4)若经过自然保护区，重点收集环保、水保等政策性文件。

10.2.2 初 测

可行性研究初测阶段开展线路经过地区的全面调查，与普速铁路相比较，其勘察关键点主要包括：

(1)自然特征：充分调查沿线地形地貌，特别是艰险地区地段的自然条件，作为辅助工程设计依据。

(2)交通运输现状：主要调查可供利用的铁路、公路、水运资源及收费情况，确定运输便道的干线和引入线关系，构建施工运输便道网络，新建便道需充分考虑艰险地区区域地质复杂性。

(3)建筑材料：调查确定当地料、厂发料以及直发料分布、供应点、质量、运输及价格情况，对于缺少砂石料厂的偏远山区或无人区应考虑自采，材料运输应充分考虑运输道路条件，满足基本通过要求。

(4)工程用水：调查沿线地表水资源分布情况，艰险地区铁路线路往往与地表水源高差较大，应结合降水量及水文资料，考虑地下水或临时供水设计。

(5)施工用电：调查沿线地方电力资源及电价标准等，艰险地区往往缺电严重，需开展临时电力设计。

(6)控制工程和重点工程的调查：调查施工场地、材料、水电等条件，特别是调查引入便道情况，需与线路高程、施工场地和材料运输规划相结合，适时新建施工便道。

(7)大型临时工程和过渡工程。

①汽车运输便道：根据沿线公路情况及与线路的位置关系，控制工程和重点工程的分布情况，地形地貌情况等确定不同标准便道的新建、改扩建、修复、维护、补偿等方案，艰险地区地段应进行适度的现场勘察选线工作。

②铁路岔线、便线、便桥：调查出岔位置、线路方案、坡度限制等。

③临时渡口、码头、栈桥等：综合考虑艰险地区河道规模和雨季水位情况，对架桥和船渡方案做技术经济比较，提出设置方案和规模。

④铺轨基地：重点调查与既有线接轨的位置和关系以及在艰险地区有限地形范围内可供布局的场地条件和可实施性，估算工程数量、建筑物拆迁数量等。

⑤制(存)梁场：根据本线桥隧工程分布情况、铺轨工期及架梁工期，通过技术经济比较，

选设场地位置及规模，关键研究艰险地区运梁过隧和孤桥、野桥梁体现浇等问题。

⑥轨道板预制场：根据现场情况、供应半径、建设总工期要求，提出设置地点及规模。

⑦混凝土集中拌和站、填料集中拌和站：关键分析艰险地区建场条件、材料运输、供应范围等问题，经技术经济比选后，提出设置的地点及规模。

10.2.3 定　　测

定测阶段勘察工作应在初测基础上补充完善以下内容：

(1)艰险地区地质复杂，高速铁路构筑物对骨料要求高，当地建筑材料应重点开展混凝土骨料试验，保证选点骨料质量的可靠性。

(2)大型临时工程的设置地点、规模、标准需确定，制(存)梁场、铺轨基地应进行平面设计并进行地质勘探，数量具有可靠性。

(3)进一步落实控制工程和重点工程的便道引入、材料运输等施工条件。

(4)山区中可能存在的重大管线需明确迁改方案。

10.2.4 施工组织调查报告

现场勘察完成后，需将收集的资料整理成施工组织调查报告，关键内容包括：

(1)自然特征。

(2)交通运输情况及有关收费标准。

(3)水源、电源、燃料供应条件及选用意见。

(4)当地建筑材料供应方案及选用意见。

(5)主要工程和控制工程的施工条件。

(6)大型临时工程和过渡工程的建设、设置方案。

(7)主要材料供应计划方案。

(8)艰险地区对工程建设有影响的重点问题说明。

10.3 材料供应方案

材料供应方案是铁路施工组织设计的组成部分之一，是编制运杂费的主要依据。材料供应方案是根据确定的运输方案、材料来源、工程分布情况、用料数量、设备品种，结合运输道路、运输工具、施工期限等进行编制。艰险地区高速铁路由于地处偏远、建筑材料稀缺，材料供应方案不仅影响工程投资，还影响项目建设的顺利进行。

编制材料供应方案需根据施工组织现场调查资料，做到科学合理，重点确定料源点和运输方案等内容。

10.3.1 料源点确定

1. 一般原则

(1)砂、石、砖、石灰等当地建筑材料一般在工程沿线，结合取样试验资料，确定合格的料源点。

(2)水泥、钢材、道砟、粉煤灰等材料一般由生产厂或能办理货运业务的铁路营业站、水运码头等作为料源点。

(3)钢轨、道岔、钢梁、接触网立柱等材料一般以生产厂作为料源点。

2. 艰险地区高速铁路项目,砂石料等料源点的确定需考虑的原则

(1)考虑隧道弃渣的可利用性。艰险地区铁路项目,隧道占比通常较高,隧道开挖弃渣方量巨大。设计时详细核实隧道弃渣的可利用情况,根据岩性质量,通过化验合格后,充分考虑作为片石和碎石的利用。

(2)合理确定制梁用砂的料源。根据《高速铁路预制后张法预应力混凝土简支梁》(TB/T 3432—2016)中第 3.2.3 条规定,细骨料应采用硬质洁净的天然河砂,细度模数为 2.6～3.2。而在艰险地区,受自然地理条件所限,符合要求的河砂往往为稀缺资源,需要远距离运输,导致运输费用一般较高。

10.3.2 运输方案

确定料源点与用料点后,如何解决两者之间的空间位置变化,即为运输方案的选择。当前常用的运输途径主要有铁路、公路、水路三种,其中铁路运输量大、运价低、安全可靠,应充分利用。选择水路航道时,应充分研究其现实可能性,包括船只利用、购置、船工来源、河道整修、通航季节等,必须逐一落实方可采用。在艰险复杂山区,公路运输通常是运输主流方式。

1. 运输路网确定

艰险地区路网较不完善,在确定运输路网时,需遵循利用既有道路与新建便道相结合的原则。确定修建数量及标准时,以满足施工运输的需要即可为原则,减少农田占用,优化投资。

2. 运输方案比选

方案比选通常以水泥、钢材等大宗材料为代表进行经济比较,合理确定其运输方向、运输道路、运输工具及经济分界点等。如遇特殊情况,水泥、钢材与其他外来材料供应厂家不同,料价不同,数量供应有限或受运输条件限制时,应分别选择可能的经路,分段列出运输方法和距离,作出技术经济比较。

3. 供应分界点

受艰险地区地方产能和运能影响,往往会有两个或两个以上的供应点,应通过计算各供应点综合运输费用(包括材料价格、装卸费、运输费)平衡点确定供应分界点。

4. 运输单价分析

在艰险复杂山区,砂石等当地材料与水泥、钢筋等主要材料运输距离往往相差很远,如当地料一般在 20 km 左右,而水泥等材料往往会达到 100 km 甚至更远,因此在确定运输单价时,应结合运输距离分别确定。

以某项目水泥供应计划为例,供应路网、供应分界点等如图 10.2 所示。

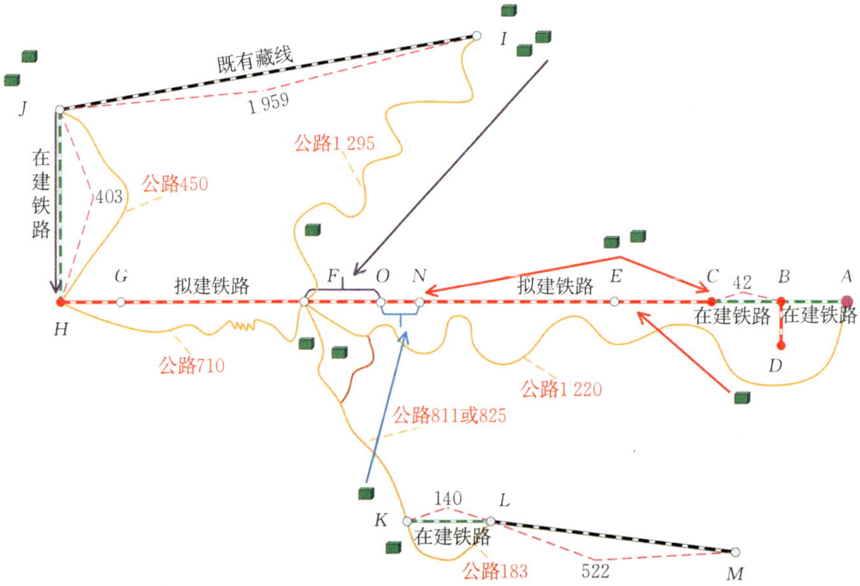

图 10.2 水泥供应计划示意图

10.4 大型临时工程

辅助工程主要包括大型临时工程、小型临时工程和正式工程施工辅助措施。大型临时工程是艰险地区高速铁路施工组织设计中一项重要内容，是为施工运输、施工动力、施工协调及工程材料的存放、加工而修筑的临时工程，其核心作用是“创造施工条件”。在设置大型临时工程时，应遵循各项正式工程在正常情况下的施工工艺、施工进度及流程，合理确定大型临时工程的规模及位置。在设置时应重点遵循以下总原则：

(1)安全、经济、合理、适用。

(2)艰险地区耕地稀缺，尽量减少土地占用量，不占、少占基本农田。

(3)以满足工程建设需要为前提，以地方现有资源为依托，节能环保，重视防灾减灾、水土保持、文物保护等工作。

(4)充分考虑永临结合，并尽量利用本线预留工程、货场、站坪及维修基地等设置大型临时工程。

(5)根据工期要求，结合工程量、供料情况、运输条件、地形条件等因素，经技术经济比选后合理确定配置方案、建设标准和规模。

(6)大型临时用地的复垦按宜农则农、宜建则建的原则进行设计。

10.4.1 汽车运输便道

在施工组织设计中，运输便道的设计是首要内容。无论是一般铁路还是艰险地区高速铁路，必须有一条贯通全线的运输道路，才能保证大量人力、建筑材料、机具设备和生活用品的供应。艰险地区高速铁路的汽车运输便道设计与一般铁路比较更为复杂和重要，由于其复杂的地形条件，直接影响了汽车运输便道设计的难度以及工程数量。

1. 设置原则

(1)汽车运输便道在铁路建成后,即失去原有的作用,除首先利用现有公路或地方原有道路改扩建利用外,应力求工程简易,节约用地及投资,不可随意提高建设标准。

(2)充分利用地形,走向合理、运距短捷、线路平顺,兼具安全性、经济性和运输便利性。

(3)在沿河道峡谷地段修建运输便道,应尽量考虑走线路同侧,避免便道在对岸而需建桥或渡船转运物资。

(4)在山区一面坡的困难地段,运输便道尽可能在铁路上方,以免施工时堵塞便道,或造成行车上的不安全。

(5)在山区冲沟地形困难地段,上、中段冲沟深且窄,跨越困难,下段沟宽而浅,便道宜走低线,但同时应考虑弃渣、泥石流及洪水等影响。

(6)干线以修建双车道为宜,但艰险地区地形狭窄,挖方和支护工程量较大,可选择修建单车道,增加错车道数量解决。

(7)应尽可能避免穿越地质不良地带和行车危险地段,在不可避免的特殊情况下,要详细研究采取专门措施,保证运输安全。

(8)应尽量避免拆迁建筑物和穿越良田,少占农田,并保护农田水利及水土保持。

(9)山区引入线宜沿山沟或山坡选线,尽可能避免在同一山坡上迂回展线,以利施工、养护和行车。

(10)运输便道若利用既有道路,且充分考虑重车对原有路面的破坏,对计划利用的等级较低公路要进行路面补强,并定期进行维护。

2. 技术标准

结合项目所在地区特点,通常便道类型可根据不同地形地貌划分为平原区便道、丘陵区便道和山岭区便道三类,或按照用途的不同,分为贯通便道、引入便道、双车道、单车道等。其技术标准,可根据运输量大小以及地形条件来选定。一般参照现行的《公路工程技术标准》(JTG B01—2014)及《公路路线设计规范》(JTG D20—2017)中四级公路标准设计。其中,新建便道的桥涵设计车辆荷载宜按汽—20级确定,软土地基上的便道应满足变形和稳定性要求。艰险地区汽车运输便道根据地形条件合理设置路基路面宽度及错车道。

10.4.2 铺轨基地

高速铁路铺轨基地主要具备长钢轨存放和道岔铺设准备等功能,常称为长钢轨铺轨基地。艰险地区高速铁路铺轨基地的选设,必须结合艰险地区地形特点与高速铁路铺轨方法,充分考虑艰险地区对高速铁路的影响因素,现场调查并选设铺轨基地方案。

1. 选设原则

(1)宜设在临近可出岔的既有车站附近,选择对运营线路干扰小,列车进出方便,引入线路短的开阔平坦处。

(2)宜设在铺轨起点,不可设置在控制工程附近。

(3)供应半径一般不宜大于200 km。

(4)联络线坡度不大于正线最大限坡,曲线半径满足通过500 m长轨运输要求,道岔不小于9号。

(5)铺轨基地场坪尽量采用平坡,困难条件下坡度不大于 2.5‰。长轨存放区股道直线段长度按不小于 520 m 控制。

(6)尽量利用荒地,少占农田。

(7)充分利用正式工程的场地和基础设施,减少大临工程数量。

2. 工程案例

某高速铁路全长约 740 正线公里,施工总工期 5.5 年。全段正线桥梁 183.7 km、隧道 395.8 km、正线铺轨 1 498 铺轨公里。

(1)现场调查选设铺轨基地

施工调查前在 1∶50 000 和 1∶10 000 军用图上筛选出基本满足设置铺轨基地条件的玉屏、羊坪、凯里、贵定、都拉营、贵阳、平坝、安顺、幺铺、红果、富源、沾益、曲靖、马龙、小哨及昆明等地区。在此基础上开展现场调查。

(2)铺轨基地方案比选

根据施工调查资料,拟定了 4 个铺轨基地设置方案,各方案具有如下优、缺点:

方案一:设 2 个铺轨基地。

根据施工调查,线路中段的贵阳—安顺间有幺铺站及云贵交界的红果—马龙间的马龙站具备设置铺轨基地条件。该方案的缺点是:其一,马龙往西距本线设计终点 80 km,往东距滇黔省界约 100 km,需跨越位于滇黔省界的控制工期的壁板坡隧道继续往东方向铺轨,影响建设总工期;其二,幺铺往西距滇黔省界约 170 km,往东单向铺轨近 400 正线公里,铺轨量 800 铺轨公里,大大超出了一般铺轨基地能力,且单向 400 正线公里的铺轨工期将严重影响建设总工期。

方案二:设 2 个铺轨基地。

贵阳—安顺间设幺铺铺轨基地,线路终点的小哨—昆明间选设一个铺轨基地。因幺铺铺轨基地缺点同方案一,故本方案失去研究价值,予以放弃。

方案三:本方案设羊坪、幺铺、马龙 3 个铺轨基地。

羊坪基地往东铺至本线设计起点铺轨长度约 38 km,往西铺轨长度约 247 km,总铺轨量约 285 km。幺铺基地往东铺轨长度约107 km,往西铺铺轨长度约 176 km,总铺轨量约 283 km。马龙基地往东铺轨长度约 100 km,往西至设计终点,铺轨长度约 80 km,总铺轨量约 180 km。本方案将全线划为贵阳以东、贵阳以西、云南省三个铺轨区段,区段划分及各区段铺轨量相对合理,对全线施工总工期方案的确定极为有利。

方案四:设 3 个铺轨基地,本方案贵州省境内铺轨基地设置同方案三。

在云南境内对马龙和昆明进行方案比选。根据施工调查,昆明端的王家营有永临结合的条件,可大量节约铺轨基地场地土石方工程、租地以及拆迁工程量,其 500 m 长钢轨由昆明焊轨基地供应,节约运输费用,与马龙铺轨基地相比,昆明南铺轨基地既节约投资,又利于环保。

根据上述铺轨基地多方案比选,推荐方案四。

10.4.3 制(存)梁场

艰险地区制(存)梁场位置选设应根据区段梁孔数量、长大隧道分布、上线条件、单向最大供梁距离和制梁规模确定。梁场场内设计主要解决该梁场建设规模(制存梁台座数量)、平面布置设计、大临配套、主要材料供应方案等问题。

1. 位置选设原则

在平原或微丘地区修建铁路，长大隧道和地形条件等制约梁场选设的因素较少，在一个相对合理的梁场区段内，以桥梁梁孔数量相对集中地段为依托，以单向最大供梁范围为控制，选择合适的地形布置即可。

在山区尤其艰险地区修建高速铁路，桥隧相连和长大隧道及隧道群较多，桥梁呈离散型分布，满足设置梁场条件的地形极为有限，梁场选设必须结合施工调查资料、桥隧工程分布、区段梁孔数量、箱梁施工方法等，合理确定区段梁场设置方案和每个梁场设置地点。在艰险地区高速铁路具体选设原则如下：

(1)梁场规模一般较平原铁路小，但也不宜小于 100 孔。

(2)梁场位置尽量靠近梁孔分布区段的“重心”，缩短综合运梁距离。

(3)梁场供梁半径一般控制在 20 km 以内，满足一天架设完成一孔箱梁，但山区铁路在困难地段梁场的供梁区段一般控制在 30～35 km 以内。

(4)运梁通道建筑限界必须满足箱梁运输通过。

(5)艰险地区箱梁运架按通过隧道考虑，通过的隧道长度尽量不超过 4 km。

(6)充分考虑技术复杂桥梁对架梁工期的控制。

(7)需考虑软弱地基路基段和长大路基段对架梁工期的影响。

(8)艰险地区零星分散桥梁较多，应做箱梁预制和现浇方案技术经济比较。

(9)具备必要的箱梁上线条件，尽量减少运梁便道工程。

(10)分离式架桥机过隧道一般需解体转场，山区铁路转场占用时间需纳入架梁总工期，梁场选设时应综合考虑。

2. 场内设计原则

制(存)梁场的场内设计主要包括梁场平面布置设计、制存梁台座设置和梁场工程数量计算。具体设计原则如下：

(1)尽量利用荒地，少占农田。

(2)尽量利用正式工程，最大限度减少拆迁与大型临时工程量，实现永临结合。

(3)根据制梁数量、架梁工期、制运架梁速度确定制(存)梁台座数量。

(4)存梁区尽量靠近正线，减少运梁便道长度。

(5)合理布置场内，料仓与混凝土拌和楼尽量集中，钢筋加工棚与制梁台座尽量集中，制梁台座与存梁台座间保证工作空间，减少施工干扰。

(6)落实制梁砂石供应点，保证水电资源供给。

图 10.3、图 10.4 所示分别为某梁场平面布置图和平面鸟瞰图。

3. 制梁台座及存梁台座计算分析

在梁场布设方案确定之后，可开展每个梁场制梁台座及存梁台座的具体数量计算，主要通过制梁数量和架梁工期计算出制梁台座和存梁台座的数量。具体规则如下：

(1)已知条件

①末孔梁完成时间：45 d(一个梁场最后一孔梁预制完成到本梁场最末一孔梁开架的时间，即每孔梁要求必须存放的时间)。

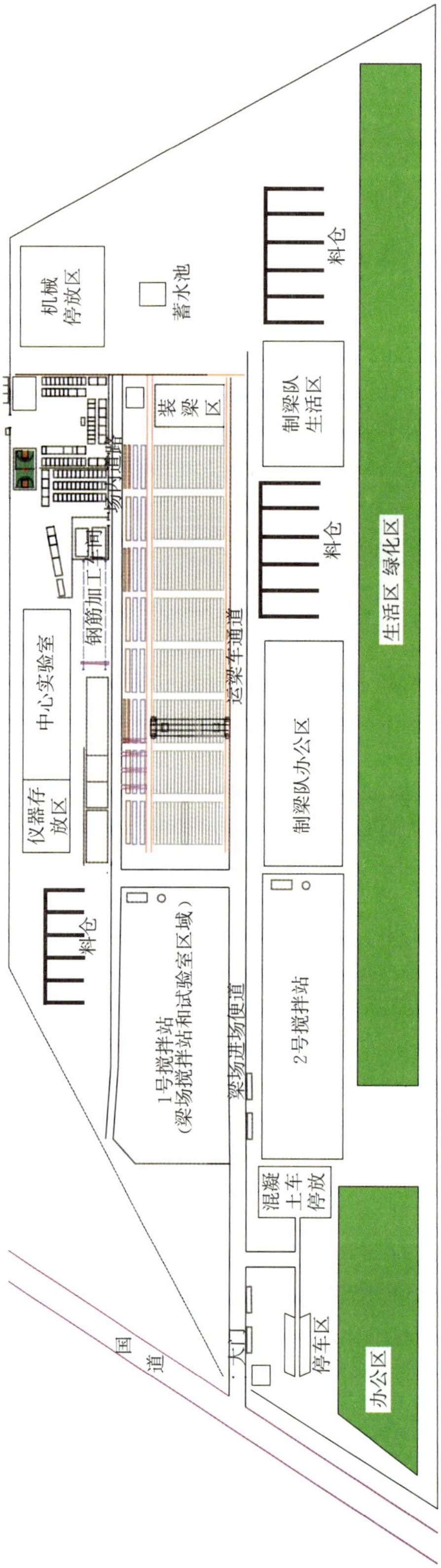

图10.3 某梁场平面布置示意图

图 10.4 某梁场平面鸟瞰图

②制梁速度:6 d/孔(在一个制梁台座上预制一孔梁的时间)。

③制梁数量:I(梁场总预制梁数量)。

④架梁总时间:T(架梁工期)。

(2)平衡等式

制梁孔数=架梁孔数

制梁速度=架梁速度

由上式得出下列关系式:

$$P/6\times(T-45)+Q=I \tag{10.1}$$

$$P/6=I/T \tag{10.2}$$

式中 P——制梁台座数;

Q——单层存梁台座数;

$P/6$——制梁速度(每天的制梁孔数);

$T-45$——每个梁场开始架梁以后实际能制梁的时间;

I/T——架梁速度。

由式(10.2)得

$$P=I/T\times 6 \tag{10.3}$$

实际设置的制梁台座数(向上取整):

$$P'=P+0.5$$

将式(10.3)代入式(10.1)得

$$[(I/T\times 6)\div 6]\times(T-45)+Q=I$$

$$[I\times(T-45)]\div T+Q=I$$

则

$$Q=I-[I\times(T-45)]\div T$$

实际设置的单层存梁台座数(向上取整):

$$Q'=Q+0.5$$

由此即可计算出制梁台座 P' 和单层存梁台座 Q' 的数量。除此以外,艰险地区应尽量减少临时工程用地,压缩梁场规模,需按双层存梁考虑,而双层存梁台座通常按单层存梁台座的 0.7 考虑。

4. 工程案例

某山区高速铁路平均架梁速度按 1.0 孔/d 计算。山区铁路通过隧道运架梁不可避免,架桥机过隧道转场暂按 7 d 考虑(小解体),则各梁场架梁工期 = 架梁工期(孔数/架梁速度) + Σ(通过隧道座数×7)。结合桥隧工点分布情况,确定梁场布设情况见表 10.1。

表 10.1 梁场布设情况表

编号	梁场名称	相应线路位置关系		预制箱梁数量/孔	供应范围			架梁总工期/d
		线路里程	位置关系		起点	讫点	供应长度/km	
1	玉屏	DK439+000	跨线居中	309	DK419+968	DK443+316	24.1	358
2	羊坪	DK466+120	右侧	243	DK447+071	DK486+228	39.2	397
3	城头	DK518+350	左侧	120	DK508+357	DK529+925	21.6	204
4	凯里	DK577+410	跨线偏右	204	DK558+327	DK593+866	35.8	316
5	青山	DK613+550	跨线偏左	202	DK601+816	DK630+005	28.7	321
6	贵定	DK644+700	跨线偏右	183	DK636+592	DK660+559	24.1	267
7	乌当	DK686+700	跨线偏左	268	DK667+838	DK698+525	30.8	366

梁场布设方案确定后,根据计算规则计算每个梁场制梁台座及存梁台座的具体数量,见表 10.2。

表 10.2 制存梁台座计算表

梁场名称	箱梁数量	架梁时间	制梁速度/(d·孔$^{-1}$)	制梁台座		单层存梁台座		双层存梁台座	
	I	T		P	P'	Q	Q'	Q	Q'
玉屏	309	358	6	5.2	6	38.8	39	27.5	28
羊坪	243	397	6	3.7	4	27.5	28	19.6	20
城头	120	204	6	3.5	4	26.5	27	18.9	19
凯里	204	316	6	3.9	4	29.1	30	20.7	21
青山	202	321	6	3.8	4	28.3	29	20.2	21
贵定	183	267	6	4.1	5	30.8	31	21.9	22
乌当	268	366	6	4.4	5	33.0	33	23.4	24

最后,确定梁场设计平面布置图,以乌当梁场为例,如图 10.5 所示。

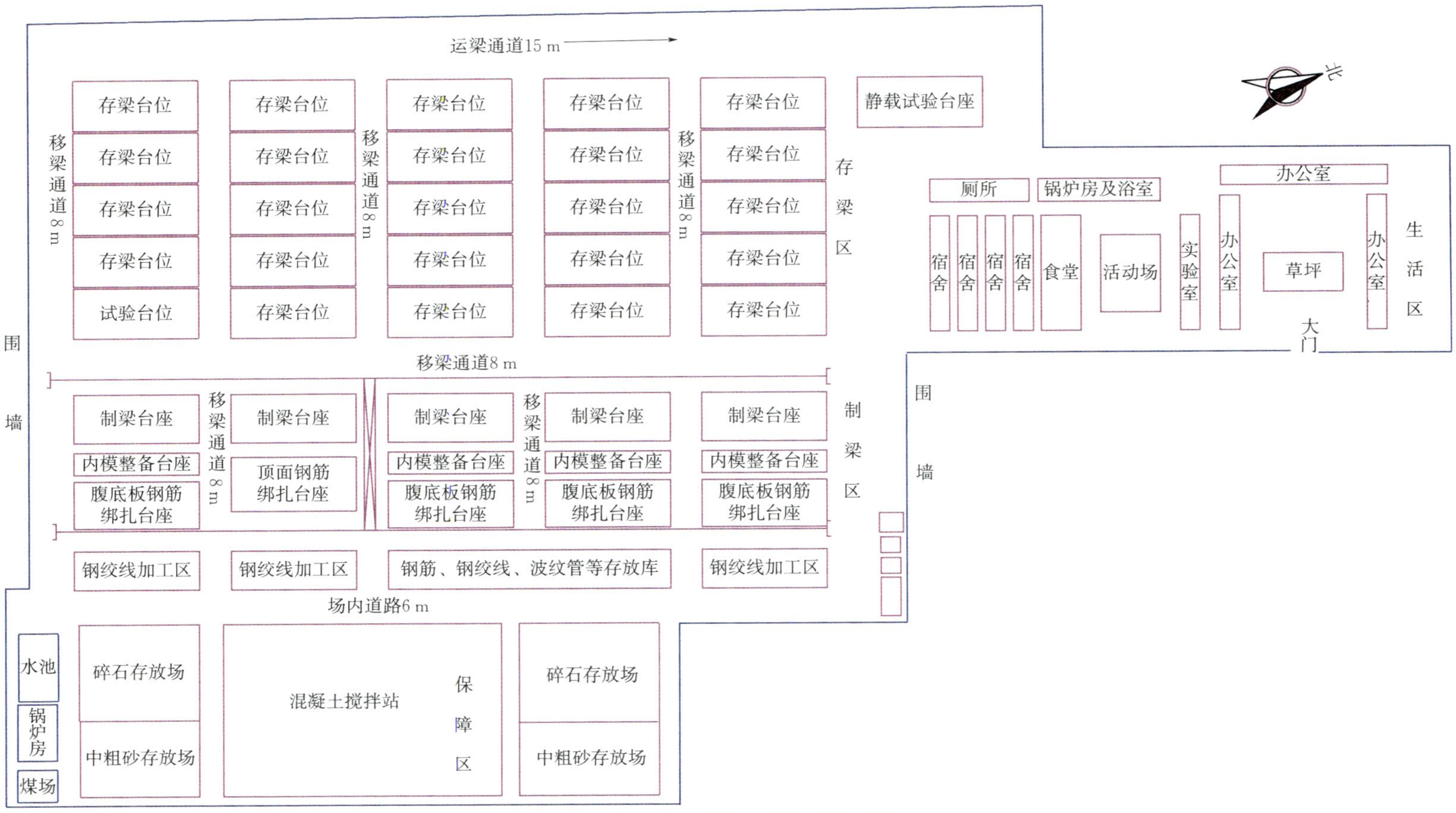

图10.5　7号乌当梁场平面布置图

注：1. 乌当梁场位于DK686+700跨线偏左，制梁268孔，设制梁台座5个，存梁台座24个，双层存梁，线路高程为1 040 m，场坪高程为1 040 m，占地约101亩。
2. 乌当梁场属云贵高原剥蚀地貌，地面高程为1 020～1 070 m。测区内缓坡上多为薄层坡残积（Q_4^{dl+el}）黏性土所覆盖，基岩部分裸露，为白垩系（K），三叠系中统关岭组（T_2g），下统安顺组（T_1a）；南明河从本段右侧绕过，其河流常年流水，地下水主要为土层中孔隙水及基岩裂隙水、岩溶水。不良地质为岩溶、顺层、泥岩风化剥落，特殊岩土为红黏土，工程地质较差。

10.4.4 轨道板(轨枕)预制场

预制场位置及规模应根据轨枕板(轨枕)的需求量、预存量、铺设施工组织、施工条件等因素,经技术经济比选确定。预制场设置遵循以下原则:

(1)尽量选设在既有道路要道附近,靠近运输"重心",以减少轨道板(轨枕)运输距离。

(2)靠近砂石料源,有满足要求的施工水源。

(3)供应范围,应结合艰险地区地形情况和运输道路交通条件,通过对运输成本、预制场建设成本等综合分析确定,供应范围不宜小于 150 km。

(4)尽量利用荒地,少占农田,减少临时占地及拆迁工程。

(5)尽量布设在地质条件较好、地形相对较平缓的坡地,避免布设在软弱地基较厚的洼地。

(6)当提前预制数量较大时,为节约山区用地,存放区可采用铁路沿线用地范围内分散存放。

10.4.5 混凝土拌和站

高速铁路混凝土供应按集中拌和考虑。混凝土拌和站的位置和规模应根据工程分布、工程量、工期要求、场地和运输条件、供应强度、拌和物使用时间要求等因素,经技术经济比选确定。混凝土拌和站设置遵循以下原则:

(1)尽量靠近运输"重心",减少综合运输距离。

(2)受艰险地区薄弱基础设施影响,拌和站的设置优先选设在长大隧道口和复杂桥梁工点附近,减少混凝土运输距离,同时受复杂地形影响,场地极其有限,拌和站规模宜因地制宜设置。

(3)需满足混凝土拌和物运输时间限制,混凝土从搅拌站卸出至浇筑地的运输时间不宜超过 60~120 min,供应半径不宜大于 15 km。

(4)尽量选择地势平坦地区建设或依山而建,需具有良好施工水源。

(5)制梁场、轨道板预制场等需单独设置混凝土拌和站。

(6)供应范围不跨施工区段。

10.5 施工方案

施工方案应按照安全可靠、技术领先、切实可行、好中选优的原则,对施工方法的选择、生产要素的配置、施工装备的选型配套等进行优化。高速铁路速度快、冲击力强,其线下及线上工程从设计到施工各方面均与普速铁路有很大的区别,同时,艰险地区复杂的地形、地质等条件,对各类工程的施工方案提出了更多样的要求。

10.5.1 路基工程

根据施工条件、工期要求、装备设备配置、环境要求、工程费用等进行综合比选确定路基工程的施工方案,主要施工方案如下:

地基处理：包括冲击碾压、换填土（砂、碎石、改良土）、砂（碎石）垫层、强夯、袋装砂井、塑料排水板、挤实砂桩、碎石桩、粉喷桩、搅拌桩、旋喷桩、CFG桩、管桩、螺杆桩、挤密桩、冲扩桩、强夯、压浆、预压土等。

路基填料：级配碎石、改良土与AB组填料、渗水土等。

支挡及边坡防护：挡墙、抗滑桩、桩板墙、锚杆（锚索）框架梁、骨架护坡等。

路基工程中路堑的开挖按地形、土质状况、路堑长度等选用适当的开挖方式和方法，如全断面开挖法、横向台阶开挖法等。

路基工程中路堤填筑：应按照"三阶段（准备、施工、验收）、四区段（填土、平整、碾压、检测）、八流程（施工准备、基底处理、分层填筑、摊铺碾压、洒水晾晒、碾压夯实、检验签证、路基整修）"的施工程序组织施工，并依据现场地形、土质、运距及机械的适合条件，选择合适的机械组合。每个区段长度由使用的机械能力、数量确定，宜大于200 m或以内构筑物为界。

艰险地区高速铁路路基工程与一般铁路相比，短路基众多且频繁过渡，陡坡路基地段长，有傍山路堑、高边坡路堑等，其施工方案也有所不同。

1. 短路基过渡段

(1)过渡段长度$L\leqslant 5\sim10$ m桥隧间极短路基，隧道口与桥台直接相连，按照现场浇筑混凝土施工。

(2)桥（隧）隧（桥）间$5\sim10\ \text{m}<L\leqslant 40$ m的较短路基，基床表层采用级配碎石掺5%水泥填筑，基床底层及以下路堤采用级配碎石掺3%水泥填筑。

(3)桥（隧）隧（桥）间$40\ \text{m}<L\leqslant 60$ m的短路基，中间部分基床表层采用级配碎石掺5%水泥填筑，中间其他部分按常规处理。

(4)桥（隧）隧（桥）之间$60\ \text{m}<L\leqslant 150$ m的较长路基，两端按常规过渡段施工，中间路基段施工方法与一般路基相同。

过渡段填料在施工过程中应分层摊铺、分层压实。采用平地机摊铺，大型压路机碾压，距结构物2 m范围以内的部位采用小型振动压实设备分层压实，压实遍数及厚度通过试验确定。

2. 陡坡路基地段

(1)高速铁路陡坡路堤地段尽量利用优质填料进行填筑，主要采用AB组填料、级配碎石掺水泥填筑或浇筑混凝土等施工方案。

(2)路肩（路堤）支挡工程一般采用重力式路肩（堤）挡土墙、路肩（堤）桩板墙、悬臂式路肩（堤）挡土墙等施工方案。

3. 傍山路堑地段

采用纵向台阶开挖法，边坡较高时，宜分级开挖；路堑较长时，可分段开挖；边坡较高的软弱、松散岩质路堑，宜分级分段开挖。

4. 高边坡路堑地段

采用分层开挖法，每层高度约5 m，不大于8 m，每层分段开挖。

5. 高边坡防护

高边坡支护采用锚杆、锚索框架梁，拱形骨架，三维植物网、植草防护等施工方案。因艰险地区地段地质较脆弱易发生滑坡、坍塌，施工场地有限且高处作业，在工程实施阶段需编制专项施工方案，制定出防控措施。

10.5.2 桥梁工程

桥梁工程施工方案应根据工程规模、工期要求、地质水文条件、现场条件、设备供应、环境条件、工程费用等进行综合比选，主要施工方案有：基础采用明挖基础、桩基础等施工方案，墩台采用滑模、爬模法等施工方案，简支箱梁采用预制梁架桥机架设法、支架现浇法、移动模架法等施工方案。

艰险地区铁路，由于地形地貌的原因，桥梁工程多呈离散式分布，集中度较低。梁部的施工方案的确定既要考虑技术可行性，也要考虑经济合理性，通常遵循以下原则：

(1)梁孔较集中，且架设径路上隧道长度小于 4 km 时，采用预制架设法。在制存梁场预制箱梁，采用轮胎式运架一体机运架箱梁。在制存梁场预制箱梁能形成规模效益，降低单孔箱梁成本，且质量易控制，施工速度快，是高速铁路箱梁施工的首选工法。

(2)桥隧相连地段和零星分散的桥梁，以移动模架和支架现浇箱梁，并优先考虑移动模架施工方案。移动模架法是将支腿支于桥墩上，不受地质条件影响和桥下地形的限制，具有重复使用、操作简便和便于标准化施工等优点，随着重复使用次数增加，施工成本将进一步降低。移动模架法可节省制存梁场费用，对环境和耕地的影响较小。但移动模架法施工一般是逐跨支模、浇筑混凝土、张拉预应力筋、逐跨成桥，施工速度慢、工期长，模架拼装、拆除一次 30～45 d，浇筑一孔箱梁 15～18 d，预应力张拉较困难。图 10.6 所示为移动模架造桥机现浇梁部现场图。

图 10.6 移动模架造桥机现浇梁部

(3)长大隧道间桥梁以及零星分布的孤桥，地形情况允许时采用支架现浇法施工。图 10.7 所示为满堂支架现浇梁部现场图。

(4)非标准跨径箱梁，且现场无条件采用现浇法，或现浇法不经济时，可采用节段拼装。即将箱梁分为数个节段预制后，在现场进行搭积木式拼接。节段拼装法优点在于各节段重量轻、尺寸小、运输方便，缺点在于工序繁杂、协调环节多、技术难度较大。

(5)艰险复杂山区高速铁路，当采用预制架设法时，箱梁将难以避免通过隧道运架。由

图 10.7 满堂支架现浇梁部

于隧道断面尺寸限制，应考虑箱梁尺寸与隧道断面尺寸之间的匹配，以确定箱梁能否安全通过隧道运架，或在不能通过时采用合理的处理措施。

①可以顺利通过时

由于隧道内净空限制，箱梁运架通过时，两侧预留安全距离通常仅有 30 cm 左右，设备走行速度缓慢，安全风险较大，因此过隧长度通常按不大于 4 km 考虑。

②不能顺利通过时

当箱梁尺寸与隧道尺寸不匹配，需要考虑以下措施：对隧道仰拱填充预留或无仰拱段扩挖；局部扩挖扩大隧道断面；预留部分翼缘板；采用低位运梁车调节翼缘板高度。当以上措施均无法满足通过隧道要求时，应改变工法。

(6)艰险地区高速铁路多桥隧相连，桥梁首孔、末孔往往处于隧道口。由于受设备外形尺寸影响，箱梁架设的施工存在一定的困难。需要隧道口有一定的作业空间，如采用导梁式架桥机，需要桥台到隧道进口距离 15 m 以上、到隧道出口距离 45 m 以上。而艰险地区高速铁路桥隧之间距离往往小于这一作业范围。因此需针对这种工况，选择运架一体机，或支架现浇等方式。如沪昆高速铁路贵州段建设中，隧道口首孔约 86 孔、末孔约 61 孔，结合桥隧间位置及地形关系，无论运架分离方式还是运架一体机首孔架梁时均需进行设备改造，并需扩大隧道洞口，施工难度大。因此，实施中对于梁底距地面在 15 m 以内的采用支架法现浇，超过 15 m 且交通不便的采用特殊桥梁设计，以便于施工组织，降低架梁工期风险。

10.5.3 隧道工程

隧道工程的施工方案根据施工条件、地质条件、隧道长度、隧道横断面、埋置深度、工期要求等因素综合选定。高速铁路隧道工程的主要施工方案有：隧道开挖采用钻爆法、掘进机(TBM)法、盾构法、沉管法、明挖法；隧道衬砌混凝土采用模板台车，拱、墙整体一次浇筑；隧道超前支护采用超前管棚法、超前小导管法、超前锚杆法、超前预注浆法；高速铁路隧道断面大，隧道出渣采用无轨运输。

艰险地区高速铁路隧道工程呈现不同于一般地区铁路的特点：隧道多、比重大，特长隧道多；埋深大、地质条件复杂、洞身不良地质发育；特殊复杂结构多，设计施工难度大。为保证工程质量和安全，确保工期要求，其施工方案相比较一般铁路要复杂和多样。

(1)通过设置横洞、平导、斜井、竖井、泄水洞等辅助坑道增加工作面来实现长隧短打，并解决施工期通风、排水等问题。

某隧道全长 18.610 km，近乎单面上坡，轨面高程为 3 702～4 199 m，双线设计时速 200 km，最大埋深约 1 100 m。进口段洞身 8 500 m 通过可溶岩地层，岩溶及岩溶水发育；出口段为非可溶岩，地下水弱发育，但存在软岩大变形。本隧道目标工期为 100 个月。

考虑岩溶及大变形风险，此隧道施工工法采用钻爆法；考虑地质条件和投资，隧道采用单洞合双线；考虑进口段岩溶水风险，并兼顾运营期间防灾救援，设置贯通平导；考虑工期、安全要求，设置"1 横洞、2 斜井"，大临工期为临电建设工期，按 18～19 个月考虑。图 10.8 所示为某隧道施工方案示意图。

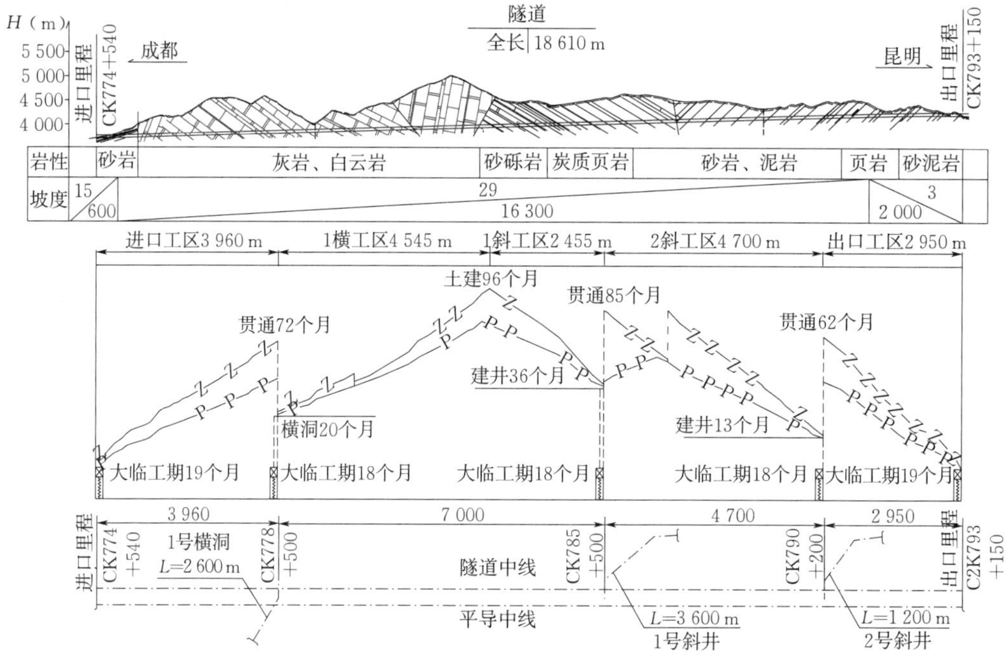

图 10.8 某隧道施工方案示意图

(2)为保障深埋长隧道的施工工期及施工安全，在艰险地区高速铁路隧道开挖过程中采用机械化施工，特别是 TBM 掘进技术因其安全且掘进速度快，已被越来越多的山区铁路施工采用。

掘进机(TBM)顾名思义是一种边挖掘边前进的机器，是用机械能破碎隧道掌子面，随即将破碎物质连续向后输出并获得预期洞形、洞线的机器。它主要由主机和相应的后配套设备组成，形成一条移动式的隧道机械化施工作业线。所有部件包括刀具、刀盘、主轴承、刀盘驱动系统、出渣系统、润滑系统、液压系统、水系统、空气系统、除尘系统、电气系统、定位导向系统、信息处理系统、地质预测系统、支护系统、吊运系统。在连续掘进和出渣的过程中，各个系统都要协调统一，任何一个环节出现故障都会造成整机停运。

①TBM 工法优点

由于深埋长隧道在克服高山峡谷等地形障碍、改善线路技术指标，缩短空间距离、提高运营效益等方面具有不可替代的作用，因此深埋长隧道不断涌现。采用传统的钻爆法施工（无条件设置辅助坑道），已不适应特长隧道的快速建成。与钻爆法相比，在相同条件下，TBM 掘进速度为常规钻爆法的 4～10 倍，具有快速、优质、安全、经济，有利于环境保护和劳动力保护等优点。加之我国从 TBM 设备和施工技术的引进国逐步转变为自主研制和施工技术的输出国，其制造水平和施工技术日趋成熟、完善，TBM 施工更加适应于长大隧道现代化快速施工的需要。尤其在艰险复杂山区，采用 TBM 掘进技术进行隧道开挖无疑是一种较为理想的选择。

目前在我国采用 TBM 施工建成的隧道有秦岭、磨沟岭、桃花铺 1 号、中天山、西秦岭等五处隧道，大瑞铁路高黎贡山隧道采用一大一小两台 TBM 目前正在施工过程中。

②适用性

艰险地区铁路隧道是否适用 TBM 工法，应根据围岩抗压强度、裂隙分布情况、用水情况等综合判断。

③施工方法与工艺

a. TBM 组装、调试

TBM 组装分为工厂组装和现场组装。TBM 工厂组装由 TBM 制造商统一安排和负责，TBM 现场组装由 TBM 制造商负责整机组装调试的技术指导。

TBM 调试需提前制定细致的调试方案，分系统进行，主要包括支撑系统、主推进系统、辅助推进系统、主驱动、后配套运输系统、通风系统、皮带输送系统等。在调试过程中，需配备抢修工具、必要的配件和备件，如液压系统密封、堵头及其他系统临时需要的管路等，同时需详细记录各系统的运行参数，与制造商提供的设计参数相比较，对不符合设计要求的项目需查找原因并采取必要的措施，以保证设备性能达到设计要求。

b. TBM 步进

TBM 步进分为洞外步进和洞内步进两种：洞外利用步进机架完成；洞内利用 TBM 撑靴支撑于已衬砌成形的洞壁，完成换步和 TBM 前进。

c. TBM 试掘进

TBM 步进进入 TBM 出发洞到达掌子面后，开始试掘进运行。TBM 试掘进期间，主要检验 TBM 的协调情况，液压系统、电器系统、辅助设备及 TBM 自带皮带机系统的工作情况，对各设备进行磨合，进一步调整各设备系统使其达到最佳状态，具备正式快速掘进的能力；通过 TBM 试掘进段施工，施工作业人员可基本熟悉设备性能，掌握设备操作、保养的技术要点，并初步总结出本工程掘进参数的选择及控制措施；理顺整个施工组织，在 TBM 连续掘进的管理体系中抓住关键线路的控制工序，为以后的稳产高产奠定基础。

d. TBM 正常掘进及工艺流程

利用超前地质预报预测前方围岩情况，超前地质预报方法以地震波反射法和超前钻探法为主。通过地质的超前预报可以较准确地掌握前方的围岩地质情况，如破碎带边缘、长度、破碎程度、裂隙水情况等，从而为下一步掘进施工措施的选择提供可供借鉴的依据。

TBM 施工集开挖、支护于一体，两者可平行作业。掘进时根据地质预报及现场对围岩的观察，确定掘进模式和掘进参数调整范围，适时调整掘进推力、撑靴压力、刀盘转速和循环进尺，在尽量保护设备的前提下实现快速掘进。在掘进过程中，操作司机应根据隧道测量导向系统显示的掘进偏差适当地进行方向调整。

掘进过程中，以超前地质预报成果为依据，结合掘进参数、出渣情况和成洞质量对掌子面围岩做出较为准确的判断，然后选择相应的掘进模式及掘进参数破岩掘进。在硬岩和软岩两种工况下，采取相应的掘进工序流程进行施工。应特别说明的是软岩地质开挖应严格按 TBM 掘进施工工艺流程进行施工，超前地质预报和超前加固围岩是决定 TBM 能否快速、顺利通过软岩地段的关键。

当主推进油缸达到最大掘进行程时，TBM 需要停机换步。换步时刀盘停止转动，放下后支撑和刀盘底护盾支撑，将撑靴慢慢收回并前移一个行程，撑靴前移到位后再次撑紧岩壁并收回后支撑和底护盾支撑，最后通过操作后配套伸缩油缸牵引后配套走行一个循环。

TBM 掘进与换步步骤如下：

- 掘进准备：撑紧撑靴，收起后支撑。
- 推进：刀盘旋转，开始掘进。
- 换步准备：掘进行程完成后，准备换步，放下后支撑。
- 换步：收回水平撑靴，前移撑靴，再撑紧水平撑靴。

TBM 在进行换步作业时，操作司机根据测量导向系统电脑屏幕显示的主机位置数据进行 TBM 姿态调整，完成对主机掘进方向和主机滚动值的调整，使 TBM 以合理的姿态工作。

e. TBM 贯通、拆卸

TBM 到达贯通面之前 50 m 范围内必须检查掘进方向并及时调整方向。为了 TBM 顺利到达，需提前在拆卸洞或贯通洞底部施工混凝土。

TBM 贯通段的掘进除要达到纠偏的目的外，还要注意最后 50 m 的掘进控制。在 TBM 到达前首先做好到达准备工作，要加强变形监测，及时与操作主司机沟通以便掘进控制。根据围岩的地质情况确定合理的掘进参数并做出书面交底，总的要求是：低速度、小推力，并做好掘进姿态的预处理工作。

TBM 抵达拆机洞后，利用拆机洞在洞内实施拆卸。拆下的 TBM 部件用机车从隧道出口运出，制作专门的平板车用于主机大件的运输。

(3)艰险地区高速铁路隧道特殊地质条件下（岩爆、高地温、软岩大变形）的施工方案。

①岩爆

在艰险地区高速铁路中，由于复杂的地形地质影响，超长深埋隧道越来越多，而对于埋深较大的超长隧道，其出现岩爆的概率也大大提高。隧道岩爆给施工现场作业人员、施工机具带来较大的损伤风险。因此，岩爆发生时，作业人员及设备均应及时躲避一段时间，待岩爆平静为止方可继续施工。岩爆产生的爆坑、超挖、垮塌以及支护后二次发生部位，均需特殊处理，甚至停工处理，严重影响施工进度。岩爆已经成为硬岩隧道勘测设计及施工组织中必须考虑的重要问题之一。

对于较强岩爆段落，应采取如下措施：

- 在开挖前在掌子面及洞壁喷洒高压水及掌子面施作超前应力释放孔，提前释放围岩应力，降低岩爆发生可能性。

• 开挖采用直眼掏槽和水压爆破工艺：一方面提高光爆效果，降低对围岩的扰动；另一方面水压爆破产生的水汽有助于软化围岩，降低围岩应力，减少岩爆事件发生。

• 开挖后采取喷射钢纤维混凝土、打设预应力锚杆、全环铺挂钢筋网、强烈岩爆段架设I16 工字钢等措施进行加强支护。

• 掌子面所有施工及管理人员佩戴安全防护用品。

• 对主要施工设备采取设置防护网、防护钢板等安全防护措施。

• 掌子面开挖台架安装钢板或防护网，或是设置移动防护棚架，防止岩块掉落飞出，有效保护人员及设备安全。

• 加强现场岩爆监测、警戒及巡回找顶，必要时及时躲避。设置专职安全人员全天候巡视警戒及监测。听到围岩内部有闷雷似的声响时，应尽快撤离人员及设备，每次岩爆发生时，作业人员及设备均应及时躲避一段时间，待岩爆平静为止。

• 加强超前地质预报和地应力测试工作，现场配备专业地质工程师，准确判识掌子面前方围岩特性，力争提前预判岩爆等级，提前采取针对性措施。

②高地温

高地温环境下，施工人员易发生中暑、脱水、胸闷、反应迟钝、乏力、疲劳，严重威胁到施工人员的健康和安全，辞工现象严重，工人更换频繁(2、3 个月全部更换一次)，劳动生产率极低；机械设备故障率增高、零件易老化、易熄火，司机受高温影响操作不灵活，导致机械设备极大降低功效；附加温度应力还可能引起衬砌混凝土结构开裂，对衬砌结构的安全及耐久性不利。

高地温隧道需采取的降温措施，包括以下几点：

• 通风降温措施：通过加强通风或增大通风口断面的方式降温。

• 制冰降温：现场建立制冰厂、储冰室，降低环境温度，提高作业人员体感舒适度。

• 喷雾、洒水车洒水降温：增设一座高压水池或采用洒水车洒水降温。

• 保障爆破安全：普通导爆索、导爆管在孔内岩温达到 50 ℃时，会出现软化、性能不稳定、哑炮等异常情况。因此采用耐 80 ℃及耐 120 ℃高温高强导爆索、导爆管，以雷管孔外激发的方式引爆。

③软岩大变形

在艰险地区高速铁路中，诸多铁路项目的长大隧道，在施工过程中均出现了不同程度的大变形现象。软岩隧道变形量大，而且位移距离也很大，一般可以达到数十厘米到数米，如果不支护或支护不当，收敛的最终趋势是隧道被完全封死。如果发生在永久衬砌构筑以前，往往表现为初期支护严重破裂、扭曲，挤出面侵入限界。软岩大变形若事先未做好施工组织及方案设计，不仅会造成巨大的经济损失，而且也会严重延误工期。

例如：某铁路家竹菁隧道由于初始高地应力的作用，初期喷锚支护发生严重变形，洞周围岩位移变形很大，拱顶下沉 80～100 cm，边墙内挤 50～60 cm，底板上鼓 50～80 cm，受高应力围岩变形挤压，钢拱架产生翘曲，初期支护喷射混凝土层开裂破碎，与钢拱架脱离，隧道大变形沿其纵向长度为 390 m，而且在之后的整治隧道围岩大变形所消耗自进式锚杆总长度约为 10 万 m。

软岩大变形隧道采取增设临时横撑、拆换拱等措施，其中拆换拱施工流程如图 10.9 所示。

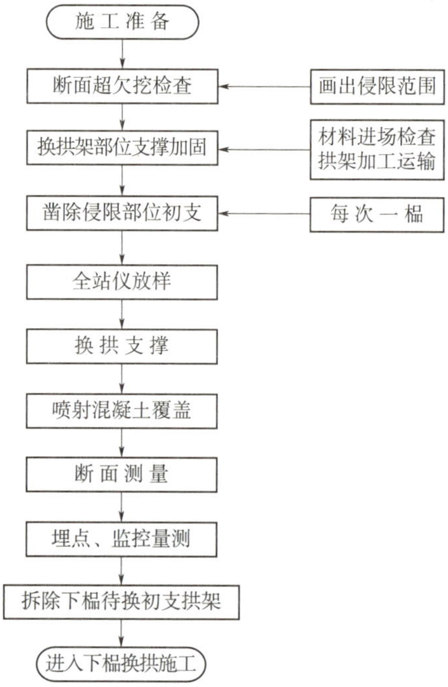

图 10.9　拆换拱施工流程

10.5.4　轨道工程

轨道工程施工方案应根据设计标准、线路长度、施工条件、质量安全及工期要求等因素综合选定。主要施工方案有：采用机械铺设钢轨，采用原位预铺、机械分段铺设道岔；单枕连续铺设法、工具轨换铺法等铺设无缝线路。

高速铁路的轨道结构广泛采用无砟轨道，也有部分采用有砟轨道，采用有砟轨道的高速铁路在大于等于 1 km 的隧道工程地段也采用无砟轨道结构。

高速铁路无砟轨道有板式、双块式等形式，板式无砟轨道又分为Ⅰ型板、Ⅱ型板、Ⅲ型板（图 10.10～图 10.12）等，各种类型均有不同的施工工艺。随着铁路技术的进度，也出现了一些特殊的道床结构形式，如聚氨酯固化道床结构。

图 10.10　CRTSⅠ型双块式（隧道段）无砟轨道施工

图 10.11　CRTSⅡ型板吊装

图 10.12 CRTSⅢ型无砟轨道

聚氨酯固化道床是一种新型轨道结构，其兼具有砟轨道和无砟轨道的优点，弹性保持能力好、累计变形稳定、养护工作量小。在艰险地区高速铁路工程中，对于高地震烈度、大跨度桥梁、变形不易控制段，采用聚氨酯固化道床是一种新的选择，如沪昆高速铁路北盘江特大桥，其主跨为 445 m 钢管混凝土拱，为提高轨道质量并减少养护量，即采用了聚氨酯固化道床。

施工方案：首先施作有砟道床，待精调完成、静态验收结果满足设计和验收规范及《聚氨酯泡沫固化道床暂行技术条件》(TJ/GW 115—2013)的相关规定后，方可进行聚氨酯固化道床浇筑施工，施工时按照施工前准备、扒砟、确定烘干及浇筑工艺、烘干及浇筑作业及保压的先后顺序进行施工。

(1)施工准备：检查道床清洁度是否满足浇筑作业要求。

(2)浇筑准备：包括固化效果检验、设备运行情况检查、固化材料性能调试、扒砟并设置导流槽、烘干工艺确定、冷却工艺确定、浇筑工艺确定等。

(3)烘干、冷却作业：烘干、冷却作业包括移动就位、烘干参数输入(出风口温度、作业时间等)、抱紧轨枕及轨道密封、烘干或冷却施工、解除抱紧密封移至下一工位等，聚氨酯固化道床烘干、冷却作业。

(4)浇筑作业：主要包括设备检查、材料预混、原材料高压循环拌制、浇筑、清理浇筑头等工序。

(5)道砟覆盖：浇筑施工中，为确保表面聚氨酯固化材料与道砟黏结为一体，现场应采取及时覆盖道砟的措施，及时覆盖后道砟离钢轨底面 8～10 cm。

(6)保压：浇筑施工中，每固化 2～3 根轨枕时，由专人指示机车司机移动机车及车辆，采用保压小车对新浇筑的固化道床进行保压；浇筑过程中用水准仪监测轨面高程，确保浇筑施工中线路高程未发生变化。

(7)回填道砟：浇筑完成后，回填固化道床的枕盒，道砟回填后基本将聚氨酯固化道床覆盖，并按照设计和验收规范要求，完成道床标准断面的整理作业。

10.6 工期确定

艰险地区高速铁路项目由于其外部环境的复杂性，总工期的确定是施工组织设计的重点，它决定了单项工程的施工方案和工期安排，而单项工程的施工方案又反过来影响项目总工期，影响总工期的单项工程即关键线路工程。对于艰险地区高速铁路而言，关键线路控制点往往是复杂长大隧道或特殊桥梁，其施工方法、进度、施工措施决定了该工程工期，在这一前提下，对铺轨、架梁、无砟道床施工、联调联试等的关键方案进行比选，通过网络计划技术确定项目总工期。

10.6.1 控制工程

确定项目总工期，着重对关键线路的控制工程、铺架等主要工程作为对象进行经济技术比较。

艰险地区高速铁路控制工程一般是：高风险隧道、4 km 以上长大隧道及其他地质特别复杂隧道，墩高超过 50 m 桥梁、主跨大于等于 80 m 特殊结构桥梁等。对控制工程需单独进行施工组织设计。

1. 隧道控制工程

编制工程概况、工程地质和水文地质条件、施工条件、辅助坑道情况、施工工区及任务划分、施工顺序和作业空间规划、各工区承担的围岩类别及数量、机械化装备配置、施工进度指标、主要施工方案和方法、劳动及作业组织方式、施工辅助措施、建设工期等，宜采用图表表示。对于不良地质或特殊地质地段，应重点说明地质情况、施工风险情况、施工技术措施及应急预案。

2. 桥梁控制工程

编制工程概况、工程地质和水文地质条件、施工条件，明确连续梁和简支梁现浇的设备配置、施工顺序和作业空间规划，劳动及作业组织方式，关键工序施工工艺及质量控制、进度指标、建设工期等。峡谷地段的高墩大跨桥应详细设计辅助设施，并重点说明施工风险情况、施工技术措施及应急预案。连续梁桥的收缩徐变、沉降观测还要充分考虑艰险地区气候多变影响。

10.6.2 铺轨架梁

铺架重点包括铺架起点的安排、铺架方向，与既有线、既有车站的接轨方案等。因高速铁路多采用无砟道床，铺道砟工作不会对基本方案有决定性的影响，故不在本书赘述。

1. 铺　　轨

线路铺轨的方向应根据轨料供应地点的位置确定。在铁路施工正常条件下，铺轨工程材料的供应点，需根据既有线的情况而定，一般只限于铁路。而艰险地区高速铁路往往离既有线较远，可能需要采用汽车运输轨料，甚至通过通航的水道，将轨料和机车车辆从供应点运至新建线路。

当线路与既有线有连接点时，若起讫点均有连接点，铺轨工作可考虑两头向中间双向进行；若两个连接点之一不在起讫点，而在线路中间，铺轨工作可能有各种不同的铺轨方向，只有考虑各种因素之后，才能作出正确的决策。在一般情况下，若工期许可，一个铺轨基地多采用单向铺轨，合理调配劳动力及材料机具等。但艰险地区高速铁路控制工程工期压力较大，留给铺轨的时间较紧张，双向或多向铺轨成为必然。铺轨方案确定后，根据铺轨进度指标和线路长度即可确定铺轨工期。

当线路与既有线无连接点时，需考虑在新建线路与既有线最接近的位置设置铺轨基地，并修建联络线与既有线、岔线和新建线路连接，受艰险地区地形限制，应增加方案比较范围，原则上在联络线和岔线上不建设临时隧道或桥梁，同时需综合考虑山区铺轨基地的选址问题。若线路与既有线相距较远，可考虑采用汽车或船舶运输并根据运输条件确定轨料尺寸与规格，但需确保方案的不得已性和唯一性。

至于站场内的站线铺轨，除一股道及两副道岔随正线铺轨进行外，可考虑在其他间隙时间内进行，一般不另计铺轨时间。

2. 架　　梁

艰险地区桥梁较多且分散，架梁工作对总工期影响较大，架梁时间约占铺架总时间的三分之二。若架梁问题解决不好，箱梁制、运、架进入关键线路，总工期将难以保障。

简支箱梁尽可能梁场预制，采用运架一体机架梁。艰险地区高速铁路隧道较多，预制箱梁运架通过隧道成为架梁方案不可回避的问题，需通过对运架梁机械设备、供梁范围内所有隧道截面尺寸等因素综合分析。桥隧相连地段和零星分散的桥梁，还可用移动模架和支架现浇箱梁；艰险地区深沟峡谷较多，应优先考虑移动模架施工方案，但其移动模架转场和摊销需做技术经济比较。架梁方案确定后，即可计算架梁时间，结合铺轨进度，尽量避免架梁时间进入关键线路。

10.6.3 总 工 期

随着控制工程和铺架工程工期的研究与确定，总工期按照网络计划施工准备→控制工程施工→架梁→沉降评估、CPⅢ测设→无砟道床施工→铺轨、精调、四电施工→站后施工调试→静态验收→动态验收→联调联试→试运行→初验、安全评估的顺序排列，找出关键线路工程，绘制总体施工组织形象进度图，提出总工期推荐意见。

艰险地区高速铁路由于特长隧道较多，其施工工期直接影响项目的总工期。而隧道的工期受地形、地质条件的影响又很大，在确定工期的时候需对关键线路的隧道工程进行技术经济比较后确定。

以西南山区高速铁路某隧道工程施工方案比选为例。

某控制工程隧道，按照合修、分修的施工方案进行了对比分析，不同辅助导坑模式下的工期见表10.3。

表10.3　某隧道不同辅助导坑模式下合修和分修工期对照表

辅助导坑模式	工期	
	合修	分修
贯通平导	61个月	57个月
贯通平导＋无轨双车道斜井	55个月	54个月
贯通平导＋主副无轨单车道斜井	53个月	52.5个月

经比较，分修方案在工期上略有优势，较合修方案节省0.5～4个月时间，其中贯通平

导＋斜井方案能缩短工期 3 个月。该斜井(长 2 040 m)所承担的正洞工区为具有高承压水的玄武岩地段，通过斜井施工，安全风险极高，考虑到该隧道地质条件的复杂性，一些不确定因素尚存，且该隧道为全线总工期的控制性工程，为降低工期风险，推荐采用分修＋贯通平导方案，土建工期为 57 个月(含施工准备 2 个月)。

因此，结合架梁工期、铺轨工期情况，本方案的施工关键线路为施工准备→隧道工程→隧道沉降观测→无砟轨道→铺设长钢轨→四电工程→联合调试。关键线路工期安排如下：

(1)施工准备总工期 6 个月，关键线路上的工期为 3 个月。

(2)隧道工程的施工总工期为 55 个月，关键线路上的长大重点隧道工期为 55 个月(某隧道分修方案：不含施工准备 2 个月)。

(3)隧道沉降观测总工期 3 个月，关键线路上工期为 3 个月。

(4)无砟轨道施工总工期 19 个月，关键线路上工期为 2.3 个月。

(5)铺设长钢轨总工期 3 个月，关键线路上工期 0.2 个月。

(6)四电工程总工期 22 个月，关键线路上工期 2 个月。

(7)联合调试总工期 6 个月，关键线路上工期 6 个月。

本方案关键线路上工期之和为 3＋55＋3＋2.3＋0.2＋2＋6＝71.5(月)。

该方案关键线路上的施工准备 3 个月、四电配套工程工期 2 个月、联合调试工期 6 个月，各工程的衔接和分类工程的工期安排均较合理，总工期亦较合适，故推荐总工期为 6 年。

附录　名词索引

“空天地”一体化地质综合勘察技术：“空天地”一体化地质综合勘察技术是指应用了卫星平台、航空平台、地面平台多视域勘察技术，并将多源异构地质信息融入三维实景综合管理平台，实行海量数据智能化处理与综合管理，具有广域覆盖、高时效、立体式特征的地质综合勘察技术，由“天”类地质勘察技术、“空”类地质勘察技术、“地”类地质勘察技术以及地质信息智能化处理与综合管理平台组成。在研究前期（踏勘、初测阶段）以“天”“空”类非接触式勘察技术为主，有针对性地解决勘察难、勘察精细度低、选线难的问题；在后续阶段（定测、补定测、施工阶段）以“地”类接触式勘察技术为主，精准查明工程地质条件，支撑工程设计。

地质信息智能化处理与综合管理平台：“空天地”一体化地质综合勘察技术获取的地质信息具有多源、海量的特征，数据繁杂、种类繁多，为加强对各类数据的智能处理、对比印证、综合分析利用、存储、共享和系统管理，科学、高效地服务于高速铁路工程勘察设计以及施工、运营，有必要研发地质信息智能化处理与综合管理平台。地质信息智能化处理与综合管理平台是指将各类地质勘察技术获得的多源异构地质信息，集成于融入了 GIS 技术、BIM 技术的数据处理软件，进行智能化处理与综合管理的信息化平台。

三网合一：高速铁路工程测量的平面、高程控制网，按施测阶段、施测目的及功能不同分为勘测控制网、施工控制网、运营维护控制网，简称“三网”。为构建和保持高速铁路轨道空间几何形位，必须建立基于同一基准的勘测、施工、运营维护的精密工程测量体系，三阶段的平面、高程控制测量采用同一测量基准，简称为“三网合一”。

自由测站边角交会测量：在任一点上架设全站仪，对布设在线路两侧的控制点进行距离、水平方向和竖直角的观测，构成边角交会网形的测量方法。

IMU/DGNSS 辅助航空摄影：利用全球导航卫星系统（global navigation satellite system）和惯性测量装置（inertial measurement unit）组合导航技术，在航空摄影的同时直接获取像片的外方位元素的摄影方法。

三维地形模型：用于表示地面起伏形态的三维模型。依据地面的测量数据或设计资料制作的三维模型，主要表达自然或人工修筑地面区域的空间位置、几何形态及外观效果。

高速铁路多源数据制图及建模：在高速铁路勘察设计中，综合运用高分辨率光学卫星影像、雷达影像、数码航空摄影、机载 LiDAR、倾斜摄影、无人机摄影、地面三维激光扫描等测量方式，进行多源数据采集和处理分析，开展制图和三维地形建模工作。

减灾选线：以规避、防范铁路全寿命周期可能发生的地质灾害为根本出发点，运用系统工程、风险管理等先进的理论、方法，注重铁路全寿命周期的工程与运营安全及地质灾害风险的识别与防控，强调从工程设计源头，做好地质灾害风险的规避、防控工作。

防灾减灾总体设计：高速铁路工程是系统工程，由多个子系统构成。为了使各系统之间既自成体系，又相互关联、相互影响，需要做好总体设计。防灾减灾总体设计是指基于铁路全寿命周期，在铁路规划选线阶段，应用风险管理和系统工程的原理，识别、评估地质灾害风险，并做好地质灾害风险规避、防控的总体设计，实现铁路防灾减灾。

桥隧间短路基：艰险地区，桥与桥、桥与隧之间、隧与隧之间存在较短的路基。由于路基与桥隧等线下基础存在变形和刚度差异，从而会造成轨道结构在路基与其他线下基础之间发生较大的刚度变化，纵向存在工程之间的刚度和变形不协调问题。一般根据短路基长度不同，采取混凝土刚性过渡、基床表层级配碎石掺5%水泥＋基床底层及以下路堤采用级配碎石掺3%水泥填筑等不同的处理措施，保证结构刚度均匀过渡。

陡坡路基支挡变形控制：对于高速铁路，变形控制是路基工程设计的主要控制因素。陡坡路基支挡结构主要承受水平荷载，变形以侧向变形为主，结构的侧向变形会引起路基发生竖向不均匀沉降，当其变形过大时将直接影响到路基的安全与稳定，因此高速铁路的陡坡路基支挡结构除了需要满足稳定性要求，还必须严格控制变形。

高墩大跨桥梁：多指墩高大于50 m或跨度大于100 m的桥梁。高速铁路技术标准高，曲线半径大，跨越山区沟谷地形时，需要桥梁结构具有更大墩高和跨度，以提高山区高速铁路的选线自由度。常用的高墩大跨桥型有大跨度梁式桥、拱桥、斜拉桥等。

桥墩延性抗剪设计：延性是指材料或者构件在初始强度没有明显退化情况下的非弹性变形能力。而桥墩抗剪延性设计是指采用该方法设计的桥墩在地震作用下，保证桥墩在承受了较大的非弹性变形时，抗剪强度没有明显下降。

桥梁减隔震支座：艰险地区多位于地震频发区，地震烈度高，桥梁抗震问题突出。山区高速铁路桥梁多应用减隔震支座减小结构地震反应，其主要工作原理是通过延长结构的自振周期或利用支座材料的塑性变形耗能。目前常用的减隔震支座有摩擦单摆支座、软钢阻尼支座、橡胶隔震支座、高阻尼橡胶支座、铅芯橡胶支座等。

高速铁路隧道群空气动力学效应：对高速铁路隧道，当两相邻洞口间距不超过50 m，列车在隧道中运行时，除存在通过单个隧道的空气动力学效应外，还存在车体压力波动次数增加、洞口微气压波产生反射和叠加等空气动力学现象。因此，将相邻隧道洞口间距不超过50 m的一组隧道定义为气动效应隧道群，高速铁路列车在气动效应隧道群中运行时产生的空气动力学效应即为高速铁路隧道群空气动力学效应。

高海拔艰险地区特长隧道防灾疏散救援：一般在海拔高度大于3 000 m且地形艰险、灾害严重的山区，对于特长隧道，为实现安全疏散救援，需要设计必要的土建设施，并设置必要的配套设备及应急预案进行保障。

工程服役状态及环境监测：针对艰险地区高寒、高地应力、活动断裂等复杂的外部环境，根据桥梁、隧道、路基等基础设施特点开展基础设施及外部环境实时监测，实现对高速铁路沿线主要结构物与周边环境变化特征的掌握，为艰险地区高速铁路服役期间全生命周期长期性能保持与安全运营提供技术支撑和保障。

基于保护对象的高铁地震预警：通过在高速铁路沿线布设监测点，利用破坏性的地震S波到达该监测点的时间慢于P波的原理，由地震P波初期微小震动快速估算后续到达的地震S波的破坏程度，并迅速发出预警信息，保障高速铁路运营安全，是一种基于保护对象的地震预警技术。

环保一票否决制：是2011年将环境保护纳入地方各级人民政府政绩考核的一项制度。只要环保指标未完成或环保工作不合格，考核结果有一张反对票，其他方面做得再好（无论指标多优秀、赞成票有多少），对履职单位和个人的年度考核、绩效考评、评优评先、绩效奖励、职务晋升等均予以否决。目前"环保一票否决"制已延伸至政策、决策、重大事项等工作中，对环境污染实施“零容忍”。

生态文明建设：是2012年党的十八大作出的一项战略决策，是中国特色社会主义事业的重要内容，是关系人民福祉、关乎民族未来的长远大计，事关“两个一百年”奋斗目标和中华民族伟大复兴中国梦的实现。在面对资源约束趋紧、环境污染严重、生态系统退化的严峻形势，必须树立尊重自然、顺应自然、保护自然的生态文明理念，形成人与自然和谐相处的思想观念，走可持续发展道路；坚持节约资源和保护环境的基本国策，坚持节约优先、保护优先、自然恢复为主的方针，着力推进绿色发展、循环发展、低碳发展，形成节约资源和保护环境的空间格局、产业结构、生产及生活方式，还自然以宁静、和谐、美丽。

参 考 文 献

[1] 环境保护部,中宣部,外交部,等.中国生物多样性保护战略与行动计划(2011—2030年)[M].北京:中国环境科学出版社,2011.

[2] 环境保护部.关于发布《中国生物多样性保护优先区域范围》的公告[EB/OL].[2015-12-31] http://www.mee.gov.cn/gkml/hbb/bgg/201601/t20160105_321061.htm.

[3] 国务院.全国主体功能区规划[M].北京:人民出版社,2015.

[4] 环境保护部.全国生态功能区规划(修编版)[EB/OL].[2015-11-23] http://www.mee.gov.cn/gkml/hbb/bgg/201511/t20151126_317777.htm.

[5] 冯涛,蒋良文,曹化平,等.高铁复杂岩溶"空天地"一体化综合勘察技术[J].铁道工程学报,2018,35(6):1-6.

[6] 冯涛,蒋良文,刘汉湖,等.川藏铁路拉萨段主要岩性光谱特征研究[C] //中国铁道学会.川藏铁路建设的挑战与对策:2016学术交流会论文集.2016:124-130.

[7] 冯涛,蒋良文,刘汉湖,等.高光谱技术在铁路沿线第四系填图中的应用:以川藏线拉萨东为例[C] //中国铁道学会.川藏铁路建设的挑战与对策:2016学术交流会论文集.2016:319-326.

[8] 王栋,蒋良文,张广泽,等.无人机三维影像技术在铁路勘察中的应用[J].铁道工程学报,2016,33(10):21-24.

[9] 王栋,邹杨,张广泽,等.无人机技术在超高位危岩勘查中的应用[J].成都理工大学学报(自然科学版),2018,45(6):754-759.

[10] 冯涛,蒋良文,张广泽,等.川藏铁路雅康段隧道水热害评估方法探讨[J].铁道工程学报,2016,33(5):11-17.

[11] 王波,李建强,冯涛,等.超深孔压静力触探在工程勘察的应用[J].铁道工程学报,2016,33(8):44-49.

[12] 中华人民共和国铁道部.铁路工程地质勘察规范:TB 10012—2007[S].北京:中国铁道出版社,2007.

[13] 李正文,贺振华.勘查技术工程学[M].北京:地质出版社,2003.

[14] 曹俊兴.跨孔地震波及电磁波层析成象研究[D].成都:成都理工大学,1996.

[15] 陈国金,曹辉,吴永栓,等.速度差对井间走时层析成像质量的影响及其改进方法[J].地球物理学报,2006,49(3):915-922.

[16] 邓世坤.克希霍夫积分偏移法在探地雷达图象处理中的应用[J].地球科学,1993(3):303-309,368.

[17] 底青云,许琨,王妙月.衰减雷达波有限元偏移[J].地球物理学报,2000,43(2):257-263.

[18] 方广有,张忠治,汪文秉.浅层地下目标时域电磁散射问题的数值模拟[J].电子科学学刊,1996(3):276-282.

[19] 何继善.频率域电法的新进展[J].地球物理学进展,2007,22(4):1250-1254.

[20] 侯杰昌.电磁波传播原理[M].武汉:武汉大学出版社,1991.

[21] 嵇艳鞠,林君,王忠.瞬变电磁接收装置对浅层探测的畸变分析与数值剔除[J].地球物理学进展,2007,22(1):262-267.

[22] 康俊佐,邢光龙,杨善德.电磁传播电阻率测井的二维全参数反演方法研究[J].地球物理学报,2006(1):275-283.

[23] 林树海,赵立英.井间电磁波层析成像中的高精度时间域正演计算[J].地球科学-中国地质大学学报,2007,32(4):469-473.

[24] 刘福平,李瑞忠,杨长春,等.非均匀电磁波在导电媒质界面反射的横向偏移[J].地球物理学报,2006,49(2):533-539.

[25] 刘立振.在噪声情况下计算电波正常场[J].物化探计算技术,1986(3):237-244.
[26] 刘立振.重建地下介质相对衰减的分布:新的成象方法[J].地球物理学报,1990,33(1):98-105.
[27] 刘四新,曾昭发.频散介质中地质雷达波传播的数值模拟[J].地球物理学报,2007,50(1):320-326.
[28] 孙卫涛,董渊.波动方程反演的全局优化方法研究[J].地球物理学进展,2007,22(3):797-803.
[29] 汤井田,任政勇,化希瑞.地球物理学中的电磁场正演与反演[J].地球物理学进展,2007,22(4):1181-1194.
[30] 王昌学,周灿灿,储昭坦,等.电性各向异性地层频率域电磁响应模拟[J].地球物理学报,2006,49(6):1873-1883.
[31] 魏宝君.井间电磁场的一维、二维联合反演方法[J].地球物理学报,2006,49(1):264-274.
[32] 吴以仁,邢凤桐.钻孔电磁波法[M].北京:地质出版社,1982.
[33] 邢光龙,杨善德,李曙光.电磁波测井资料反演中 Jacobi 矩阵的快速算法及其特性分析[J].地球物理学报,2007,50(2):642-650.
[34] 张子玲.钻孔电磁波法扩大应用后资料的处理和解释问题[J].物探与化探,1982(2):85-97.
[35] 赵国泽,陈小斌,汤吉.中国地球电磁法新进展和发展趋势[J].地球物理学进展,2007,22(4):1171-1180.
[36] 赵连锋,王卫民,姚振兴.逐次线性化衰减层析成像方法研究[J].地球物理学报,2004,47(4):691-696.
[37] 杨薇,刘四新,冯彦谦.跨孔层析成像 LSQR 算法研究[J].物探与化探,2008,32(2):199-202.
[38] 梅熙,王国祥.高速铁路坐标转换方法探讨[J].高速铁路技术,2012,3(4):6-10.
[39] 梅熙.高斯投影变形对高速铁路线路设计的影响[J].铁道工程学报,2010(10):52-57.
[40] 赖鸿斌.铁路长大隧道高程贯通误差调整方案研究[J].铁道勘察,2015(6):4-7.
[41] 赖鸿斌,卢建康,梅熙,等.铁路长大隧道线路中线偏差调整方案研究[J].高速铁路技术,2018(S1):111-115.
[42] 黄建萍,赖鸿斌.铁路长大隧道洞内平面控制测量新方法研究[J].测绘,2017,40(4):181-185.
[43] 胡志刚.北斗卫星导航系统性能评估理论与试验验证[D].武汉:武汉大学,2013.
[44] 缪志修,闵世平,黄华平,等.铁路 3 维中心线的快速生成[J].测绘与空间地理信息,2012,35(12):213-215,219.
[45] 杨锋,缪志修,林春峰,等.结合无人机和地面三维激光扫描技术获取高精度 DEM 及 DOM[J].铁道勘察,2013,39(4):27-29.
[46] 蒋勇.各种卫星影像数据在铁路勘测中的应用[J].铁道勘察,2013,39(5):16-18.
[47] 张海霞,闫正龙,王永红,等.基于稀少控制点的单片多源卫星影像联合区域网平差试验研究[J].西北大学学报(自然科学版),2016,46(4):601-605.
[48] 缪志修,黄华平,闵世平,等.结合机载和地面 LiDAR 数据的建筑物重建技术[J].测绘与空间地理信息,2015,(4):116-118.
[49] 缪志修,赵龙.机载 LiDAR 航线规划系统的设计与实现[J].黑龙江工程学院学报(自然科学版),2014,28(5):11-14.
[50] 严丽,李萌,梅熙,等.实时估计不同类型北斗卫星观测值的随机模型[J].武汉大学学报(信息科学版),2017,42(2):263-269.
[51] 周巍.北斗卫星导航系统精密定位理论方法研究与实现[D].郑州:解放军信息工程大学,2013.
[52] 严丽,梅熙,卢建康,等.北斗应用于高铁 CPⅠ控制测量的算法与试验研究[J].测绘工程,2017,26(5):29-33.
[53] 林春峰,黄华平,张智勇.基于点云数据的隧道断面线提取方法[J].铁道勘察,2015(4):4-7.
[54] 林春峰,张智勇,李纪荣.铁路勘测横断面数据处理软件设计与实现[J].铁道勘察,2015(5):4-6.

[55] 黄丁发，周乐韬，卢建康，等.GNSS卫星导航地基增强系统与位置云服务关键技术[J].西南交通大学学报，2016，51(2)：388-395.

[56] 王义.基于高分辨率卫星的影像预处理研究[J].铁道勘察，2015，41(4)：11-14.

[57] 王义，卢建康，梅熙.基于高分辨率卫星影像测制高寒无人山区铁路地形图技术研究[J].铁道勘察，2016，42(6)：4-7.

[58] 胡安文，张祖勋.对高分辨率遥感影像基于仿射变换的严格几何模型的讨论[J].武汉大学学报(信息科学版)，2006，31(2)：104-107.

[59] 何秉顺，丁留谦，孙平.三维激光扫描系统在岩体结构面识别中的应用[J].中国水利水电科学研究院学报，2007，5(1)：43-48.

[60] 霍达.基于机载LiDAR反演森林参数的研究：以内蒙古依根地区为例[D].哈尔滨：东北林业大学，2015.

[61] ZHOU Y H, WANG S H, XI M, et al. Railway Tunnel Clearance Inspection Method Based on 3D Point Cloud from Mobile Laser Scanning[D].Sensors, 2017，17(9)：2055.

[62] 中华人民共和国铁道部.高速铁路工程测量规范：TB 10601—2009[S].北京：中国铁道出版社，2010.

[63] 国家铁路局.铁路工程测量规范：TB 10101—2018[S].北京：中国铁道出版社有限公司，2019.

[64] 朱颖，姚令侃，魏永幸.复杂艰险山区铁路减灾选线理论与技术[M].北京：科学出版社，2016.

[65] 朱颖.复杂艰险山区铁路选线与总体设计论文集[M].北京：中国铁道出版社，2010.

[66] 朱颖，魏永幸.高烈度地震山区铁路综合选线原则研究[G] //朱颖.复杂艰险山区铁路选线与总体设计论文集.北京：中国铁道出版社，2010：8-16.

[67] 朱颖，魏永幸.高烈度地震山区铁路综合选线与总体设计[G] //朱颖，许佑顶.复杂艰险山区铁路(公路)工程勘察设计论文选集.北京：人民交通出版社，2012：3-11.

[68] 朱颖，魏永幸.复杂艰险山区铁路减灾选线[J].高速铁路技术，2018，9(6)：1-4.

[69] 丁彦慧，王余庆，孙进忠，等.地震崩滑预测方法及其工程应用研究[J].工程地质学报，2000，8(4)：475-480.

[70] 何铭勋.构造地质学中的赤平极射投影[M].北京：地质出版社，1979.

[71] 李忠生.国内外地震滑坡灾害研究综述[J].灾害学，2003，18(4)：64-70.

[72] 李纪汉.b值影响因素的初步研究[J].地震学刊，1987(2)：49-53.

[73] 刘丽芳，李志海，蒋长胜.云南地区地震目录最小完整性震级研究[J].地震研究，2012，35(4)：491-499.

[74] 李天池.地震与滑坡的关系及地震滑坡预测的探讨[G] //铁道部科学研究院西北研究所.滑坡文集(第二集).北京：人民铁道出版社，1979：127-142.

[75] 牟乃夏，刘文宝，王海银，等.ArcGIS 10地理信息系统教程：从初学到精通[M].北京：测绘出版社，2012：43.

[76] 毛彦龙，胡广韬，赵法锁，等.地震动触发滑坡体滑动的机理[J].西安工程学院学报，1998(4)：47-50，54.

[77] 曹化平，王科.铁路岩溶隧道工程地质选线研究[J].高速铁路技术，2011，2(1)：31-36.

[78] 生态环境部.关于生态环境领域进一步深化"放管服"改革，推动经济高质量发展的指导意见[EB/OL].[2018-8-31] http://www.mee.gov.cn/gkml/sthjbgw/sthjbwj/201808/t20180831_457389.htm.

[79] 孙捷，吴展波，郑光玉.铁路建设项目环保选线案例分析：以贵南铁路项目涉及贵州荔波世界自然遗产地缓冲区为例[J].铁路节能环保与安全卫生，2017，7(1)：5-8.

[80] 毛杰，蒋登伟，杨庆辉，等.云桂铁路典型减灾选线的探讨[J].高速铁路技术，2018(S2)：62-67.

[81] 中铁二院工程集团有限责任公司.新建贵阳至南宁铁路工程可行性研究报告[R].成都：中铁二院工程集团有限责任公司，2015.

[82] 魏永幸.无砟轨道铁路路基：技术关键、路径与措施[M].北京：人民交通出版社股份有限公司，2016.

[83] 中铁二院工程集团有限责任公司.客运专线过渡段设计关键技术研究[R].成都:中铁二院工程集团有限责任公司,2006.

[84] 中铁二院工程集团有限责任公司.客运专线两桥(隧)之间短路基合理参数试验研究[R].成都:中铁二院工程集团有限责任公司,2006.

[85] 中铁二院工程集团有限责任公司.膨胀土地区高速铁路路基关键技术研究[R].成都:中铁二院工程集团有限责任公司,2017.

[86] 中铁二院工程集团有限责任公司.高速铁路防异物入侵刚性防护网技术研究[R].成都:中铁二院工程集团有限责任公司,2009.

[87] 中铁二院工程集团有限责任公司.艰险山区陡坡路基异物入侵监测预警系统研究[R].成都:中铁二院工程集团有限责任公司,2009.

[88] 中铁二院工程集团有限责任公司.深埋多层高压富水复杂采空区高速铁路路基工程技术研究[R].成都:中铁二院工程集团有限责任公司,2009.

[89] 中铁二院工程集团有限责任公司.高速铁路陡坡路基桩板式挡墙变形控制研究[R].成都:中铁二院工程集团有限责任公司,2015.

[90] 姚裕春,魏永幸,袁碧玉.高速铁路斜坡路堤变形控制探讨[J].铁道工程学报,2014(5):16-21.

[91] 魏永幸,罗强,邱延峻.斜坡软弱地基填方工程特性及工程技术研究[J].铁道工程学报,2006,(9):10-15.

[92] 孟伟,薛元,肖朝乾,等.基于探灌结合的铁路路基岩溶分序注浆施工工法[J].高速铁路技术,2017,8(5):65-69.

[93] 陈伟志,蒋关鲁,袁泽华,等.低矮路堤下膨胀土地基现场浸水试验研究[J].岩石力学与工程学报,2014,33(8):1609-1617.

[94] 杨果林,邱明明,何旭,等.膨胀土路堑基床新型防水层振动荷载下服役性能试验研究[J].振动与冲击,2016,35(5):1-17.

[95] 中铁二院工程集团有限责任公司.复杂艰险山区高速铁路桥梁建造关键技术及应用研究[R].成都:中铁二院工程集团有限责任公司,2018.

[96] 铁道部第三勘测设计院.桥渡水文[M].北京:中国铁道出版社,1999.

[97] 中铁二院工程集团有限责任公司.改建铁路勘察设计细则[S].成都:中铁二院工程集团有限责任公司,2013.

[98] 中铁二院工程集团有限责任公司.新建铁路勘察设计细则[S].成都:中铁二院工程集团有限责任公司,2013.

[99] 鄢勇.高速铁路连续结构桥梁刚度控制限值研究[J].高速铁路技术,2018(S1):17-23.

[100] 陈克坚,李永乐,李龙,等.大跨度铁路钢桁梁斜拉桥刚度设计及取值研究[J].铁道工程学报,2014(3):66-71.

[101] 陈天地,陈思孝,张亮亮,等.空心桥墩在日照作用下的温度分布试验研究[J].高速铁路技术,2010(S1):31-35.

[102] 曾永平,陈思孝,陈克坚,等.铁路空心墩寒潮作用下温度应力场试验研究[J].桥梁建设,2011(1):48-51.

[103] Eurocode 8 Design Provisions for Earthquake Resistance of Structures—Part 2:Bridges [S].European Committee for Standardization,2005.

[104] American Association of State Highway and Tranportation Official.AASHTO:Standard Specifications for Highway Bridges[S].17 edition.Washington,D. C.: The Association General Offices,2002.

[105] 王东升,司炳君,孙治国,等.地震作用下钢筋混凝土桥墩塑性铰区抗剪强度试验[J].中国公路学报.

2011,24(2):34-41.
[106] 中铁二院工程集团有限责任公司.铁路工程结构物抗震设计标准与方法研究[R].成都:中铁二院工程集团有限责任公司,2014.
[107] 中铁二院工程集团有限责任公司.泥石流对铁路桥墩的冲击作用及综合整治技术试验专题[R].成都:中铁二院工程集团有限责任公司,2016.
[108] 弓俊青,朱晞.钢筋混凝土空心圆端墩柱截面弯曲承载力和延性的分析研究[J].土木工程学报,2001,34(2):11-16.
[109] 卢桂臣,胡雷挺.西堠门大桥液体粘滞阻尼器参数分析[J].世界桥梁,2005(2):43 45.
[110] 姚昌荣,王友彪,刘赛智.重力式桥墩在泥石流冲击作用下的响应分析[J].桥梁建设,2017,47(4):18-23.
[111] 王林峰,唐红梅,陈洪凯.泥石流区桥墩损毁机制与控制研究[J].防灾减灾工程学报,2012,32(3):353-358.
[112] 陈思孝,陈克坚,李锐.A形高墩大跨度混凝土连续刚构桥设计技术研究[J].桥梁建设,2014,44(1):63-68.
[113] 陈克坚,曾永平,袁明,等.重庆至利川铁路韩家沱长江大桥总体设计[J].桥梁建设,2012,42(6):63-67.
[114] 张亮亮,杨磊,杨转运,等.大跨混凝土箱梁温度场分析[J].土木建筑与环境工程,2011,33(1):36-42.
[115] 陈克坚,谢海清,许志艳,等.复杂艰险山区高速铁路桥梁设计创新[J].高速铁路技术,2018(S2):51-57.
[116] 张广泽,冯君,崔建宏.高速铁路隧道岩溶灾害及防治关键技术研究[J].铁道标准设计,2018,62(11):108-113.
[117] 高杨,周鑫,林本涛,等.梁山隧道穿越花岗岩富水软弱构造关键修建技术[M].成都:西南交通大学出版社,2015.
[118] 中铁二院工程集团有限责任公司.高地温深埋特长隧道修建关键技术研究报告[R].成都:中铁二院工程集团有限责任公司,2015.
[119] 中铁二院工程集团有限责任公司,西南交通大学,中铁十三局集团有限公司,等.新线建设关键技术研究:特大跨度四线隧道支护技术研究[R].成都:中铁二院工程集团有限责任公司,2012.
[120] 国家铁路局.铁路隧道设计规范:TB 10003—2016[S].北京:中国铁道出版社,2017.
[121] 刘祥.雀儿山高海拔特长公路隧道施工通风关键技术研究[D].成都:西南交通大学,2016.
[122] 杨立新,洪开荣,刘招伟,等.现代隧道施工通风技术[M].北京:人民交通出版社,2012.
[123] 中华人民共和国铁道部.铁路隧道运营通风设计规范:TB 10068—2010[S].北京:中国铁道出版社,2010.
[124] 国家铁路局.铁路隧道防灾疏散救援工程设计规范:TB 10020—2017[S].北京:中国铁道出版社,2017.
[125] 中华人民共和国铁道部.铁路工程不良地质勘察规范:TB 10027—2012[S].北京:中国铁道出版社,2012.
[126] 中华人民共和国住房和城乡建设部,中华人民共和国国家质量监督检验检疫总局.水土保持工程设计规范:GB 51018—2014[S].北京:中国计划出版社,2015.
[127] 中华人民共和国住房和城乡建设部,国家市场监督管理总局.生产建设项目水土保持技术标准:GB 50433—2018[S].北京:中国计划出版社,2018.
[128] 林本涛,巩江峰.朱砂堡二号隧道特大型岩溶空腔处理技术[J].高速铁路技术,2016,7(3):91-96.
[129] 李勇良.云桂客专营盘山隧道穿越巨型溶洞处治技术研究[J].铁道建筑技术,2016(2):57-60,74.
[130] 匡亮,陈赤坤,谭永杰,等.沟谷山区城市超厚填土铁路明洞设计[J].铁道工程学报,2013(12):51-56.

[131] 杨雄,华科,琚国全,等.超大跨度超高回填荷载明洞衬砌结构选型探讨[J].高速铁路技术,2013(3):62-67.
[132] 林华伟,刘超,柴森,等.单台P波震相拾取方法研究[J].价值工程,2016,35(30):129-130.
[133] 林华伟,邱勇,刘超,等.联合卓越周期的震级预测新方法[J].价值工程,2016,35(29):226-227.
[134] 刘超,林华伟.一种适用于高铁地震预警的多台定位算法[J].铁道工程学报,2019,36(5):6-12.
[135] 朱夏乐,彭宇,刘超,等.卓越周期与最大峰值位移估算震级比较[J].价值工程,2016,35(30):113-114.
[136] 江汶乡,于海英,赵晓芬,等.用于地震预警系统的单台站防误触发算法研究[J].自然灾害学报,2015,24(2):23-31.
[137] 宋晋东,李山有.地震预警中两种利用卓越周期估算震级方法的比较[J].地震工程与工程振动,2012,32(6):174-181.
[138] 王珣,李刚,刘勇,等.基于滑坡等速变形速率的临滑预报判据研究[J].岩土力学,2017,38(12):3670-3679.
[139] 斎藤迪孝.斜面崩壊発生時期の予知論文-6[J].The Japanese Geotechnical Society,1969:29-38.
[140] 曾裕平.重大突发性滑坡灾害预测预报研究[D].成都:成都理工大学,2009.
[141] 孙钧.岩石流变力学及其工程应用研究的若干进展[J].岩石力学与工程学报,2007,26(6):1081-1106.
[142] 阎岩,王思敬,王恩志.基于西原模型的变参数蠕变方程[J].岩土力学,2010,31(10):3025-3035.
[143] 孟河清.宝成铁路滑坡与降雨关系探讨[J].灾害学,1994,9(1):58-62.
[144] 梅其岳.天荒坪开关站滑坡的形成条件和滑动机理[J].岩石力学与工程学报,2001,20(1):25-28.
[145] 吕贵芳.鸡鸣寺滑坡的形成及监测预报[J].中国地质灾害与防治学报,1994(S1):376-383.
[146] 吴玮江,王念秦.甘肃滑坡灾害[M].兰州:兰州大学出版社,2006.
[147] 王恭先.甘肃省永靖县黄茨滑坡的滑动机理与临滑预报[J].灾害学,1997,12(3):23-27.
[148] 周志斌.大冶铁矿东采场边坡变形破坏特征及滑坡时间预报[J].中国矿业,2000(S2):79-82.
[149] 李天斌,陈明东,王兰生.滑坡实时跟踪预报[M].成都:成都科技大学出版社,1999.
[150] 矢部,満・竹森,基・坂田,和宏・西條,雅博.フィールドモニタリングにおける自動計測技術の現状と今後の展望[J].応用地質技術年報,2006,26:1-17.
[151] LIU Z B,XU W Y,SHAO J F.Gauss process based approach for application on landslide displacement analysis and prediction[J].Computer Modeling in Engineering and Sciences,2012,84(2):99-122.
[152] ZABUSKI LESLAW,SWIDZINSKI WALDEMAR,KULCZYKOWSKI MAREK, et al.Monitoring of landslides in the Brda river valley in Koronowo (Polish Lowlands)[J].Environmental earth sciences,2015,73(12):8609-8619.
[153] 王士天,詹铮,刘汉超.洒勒山高速滑坡的基本特征及动力学机制[J].地质灾害与环境保护,1990(2):66-74.
[154] STEPHEN G EVANS,GABRIELE SCARASCIA MUGNOZZA,ALEXANDER STROM,et al.Landslides from massive rock slope failure[M].Netherlands:Nato Science Series,2006.
[155] 张群.路基不均匀沉降对双块式无砟轨道的影响研究[D].成都:西南交通大学,2007.
[156] 罗琨.区域沉降对路基上CRTS-Ⅱ板式轨道的影响[D].成都:西南交通大学,2016.
[157] 肖威,郭宇,高建敏,等.高速铁路路基不均匀沉降对CRTSⅢ板式轨道受力变形的影响[J].铁道科学与工程学报,2015,12(4):724-730.
[158] 王珣,刘勇,李刚,等.基于西原模型的蠕变型滑坡预警判据及滑坡智能监测预警系统研究[J].水利水电技术,2018,49(8):29-38.
[159] 王珣,潘兆马,袁焦,等.无线智能化铁路基础设施数据采集系统的研究与应用[J].传感技术学报,2018,31(10):1604-1612.

[160] 中华人民共和国住房和城乡建设部,中华人民共和国国家质量监督检验检疫总局.建筑抗震设计规范(2016年版):GB50011—2010[S].北京:中国建筑工业出版社,2016.

[161] 中华人民共和国铁道部.高速铁路无砟轨道线路维修规则(试行):TG/GW 115—2012[S].北京:中国铁道出版社,2012.

[162] 林峰,李庶林,薛云亮,等.基于不同初值的微震源定位方法[J].岩石力学与工程学报,2010,29(5):996-1002.

[163] 王元杰,霍永金,张宗文,等.基于最小平方的微震震级与能量关系研究[J].煤矿开采,2015,20(4):104-106.

[164] ROBERT COSTANZA, RALPH D'ARGE, RUDOLF DE GROOT, et al. The value of the world's ecosystem services and natural capital[J].Nature,1997,387:253-260.

[165] 刘彬,吴福忠,张健,等.岷江干旱河谷-山地森林交错带震后生态恢复的关键科学技术问题[J].生态学报,2008,28(12):5892-5898.

[166] 孙铁军,刘素军,武菊英,等.6种禾草坡地水土保持效果的比较研究[J].水土保持学报,2008,22(3):158-162.

[167] 铁道第一勘察设计院.新建铁路青藏线格尔木至拉萨段格尔木至唐古拉山口环境影响报告书[R].兰州:铁道第一勘察设计院,2001.

[168] 中铁第一勘察设计院集团有限公司.新建铁路西安至成都客运专线环境影响报告书[R].西安:中铁第一勘察设计院集团有限公司,2009.

[169] 中国铁路总公司.铁路工程施工组织设计规范:Q/CR 9004—2018[S].北京:中国铁道出版社,2018.

[170] 中国铁路总公司.铁路大型临时工程和过渡工程设计规范:Q/CR 9149—2018[S].北京:中国铁道出版社,2018.

[171] 中国铁路总公司.高速铁路路基工程施工技术规程:Q/CR 9602—2015[S].北京:中国铁道出版社,2015.

[172] 中铁二院工程集团有限责任公司.新建高速铁路勘察细则:中铁二院技〔2013〕147号[S].成都:中铁二院工程集团有限责任公司,2013.

[173] 中国铁路总公司.聚氨酯泡沫固化道床暂行技术条件:TJ/GW 115—2013[S].北京:中国铁道出版社,2014.

[174] 中铁二院工程集团有限责任公司.新建铁路长沙至昆明客运专线玉屏至昆明段初步设计施工组织设计[R].成都:中铁二院工程集团有限责任公司,2010.

[175] 朱颖,许佑顶,林世金,等.高速铁路建造技术·设计卷[M].北京:中国铁道出版社,2015.

后　记

根据《中长期铁路网规划》，到2025年中国高速铁路将达3.8万km左右，随着“补短板”“惠民生”“交通强国”战略的推进，中国高速铁路正逐步从中东部向西部、平原向山区发展，山区高速铁路建设即将成为中国高速铁路建设主战场。

鉴于山区高速铁路建设面临的巨大挑战，在勘察设计、工程建设、运营维护等成功经验基础上，结合科技发展趋势，有必要对艰险地区高速铁路涉及的以下关键技术开展深入研究和工程实践：

1. 地质勘察

艰险地区高速铁路地形条件艰险、地质条件复杂，常规地质勘察技术难以实施，应用“空天地”一体化地质综合勘察技术可以很好地解决勘察难、勘察精细度低、选线难的问题，满足工程设计需要；但各类勘察技术的探测深度、探测精度、探测准确度，仍应伴随科学技术水平的提高而不断增强，尤其是毫米级空间分辨率卫星遥感解译技术、基于天波探测技术的超深超精航空物探技术、千米级超深定向钻探技术等新型勘察技术的创新探索，是今后“空天地”一体化地质综合勘察技术的主要研究方向。

2. 工程测绘

进一步发展北斗/GNSS星基—地基融合增强技术，构建高精度北斗/GNSS连续运行参考站(CORS)网络与精密高程基准面；进一步研究超长隧道与特大型桥梁控制测量与施工测量技术；进一步研究空间形态特征变化及形变监测技术；进一步发展空天地协同地形地貌全要素信息快速获取与智能处理技术；进一步研究实景三维空间信息系统平台建设；更好地为铁路勘测、数字化施工、列车辅助定位、运营监测等提供智能化服务。

3. 综合选线

为了更好地适应复杂艰险地形地质条件，更有利于生态环境保护及智能铁路建设的需要，综合选线方面有必要进一步深入研究：基于铁路全寿命周期的减灾选线理论与技术，基于多目标智能决策的智慧选线技术，基于虚拟地理环境、三维景观环境数字化选线系统，基于科学计算可视化的线路动力仿真分析等。

4. 路基工程

艰险地区地质条件复杂多变，可能出现既有支挡结构无法满足高速铁路设计要求的情况，需要进一步开发新型支档结构，尤其是高大支挡结构；复杂地质环境致灾机理仍然需要开展进一步研究；山地灾害具有突发性强、分布范围广和一定的隐蔽性等特点，需要加强山地灾害监测、预警，防患于未然。

5. 桥梁工程

高速铁路建设对于简支梁标准跨度和桥梁快速施工提出了更高的要求，目前我国高速铁路标准跨简支梁为24 m、32 m、40 m，需开展跨度48 m、56 m、64 m简支箱梁适用性及经济性研究，以及桥墩、箱梁节段装配式快速施工技术研究。同时需对复杂极端条件下高速铁路桥梁动力性能、安全性、长期服役性能、新材料应用等方面作进一步研究。

6. 隧道工程

目前艰险地区高速铁路隧道建造在大跨度软弱围岩、高地应力、高地温与高地热、高地震烈度与构造活跃带、越江跨河水下隧道、机械化施工等方面均取得了很大发展；但在超长大埋深山岭隧道长距离独头掘进，大变形预测及极严重大变形控制，超高水压（如 1 MPa 水压以上）条件下超大直径盾构掘进安全保障，全断面机械化智能掘进装备及技术，复杂环境条件下高性能混凝土、高可靠性防水材料研发与运用等方面还有待做进一步的研究。

7. 监测预警

艰险地区因受板块运动影响，地震频繁、震级大，构造活动强烈，导致地质灾害发育，威胁高速铁路运营安全。需开展适应广域复杂运营环境下的铁路地质灾害及线下基础设施主动安全防御与性能维护的研究，形成艰险地区高速铁路地质灾害及线下基础设施时—空、立体、协同、高效的监测体系。以运营安全和科学维护为目标，以现代监测全息、泛在、智能为要求，以结构物联网为感知基础，完成数据向知识、应用的转化，以提供专业化的空—天—地多维海量数据计算服务平台为目的，通过多层次数据加工与分析技术使决策更加科学，以适应复杂环境建设形态与养修模式的创新与改变。

8. 施工组织

艰险地区基础设施相对薄弱，建筑材料生产企业较少，建筑材料稀缺，供需关系不平衡，材料供应方案还需解决单一供应点产能和运能不足的问题，可深入研究能否建立物资集中供应基地，通过由建设单位、施工单位或材料供应单位对材料、设备和机械进行集中采购、供应等的组织模式。

受自然地理条件所限，艰险地区河砂往往较为稀缺，运输费用较高甚至会成为影响线路方案走向的决定性因素，下一步应结合工程实践，组织有关部门开展机制砂用作混凝土梁的科学研究，一旦实现，将可就近制砂，节省大量成本。

四级公路的最小圆曲线、纵坡极限是适用于艰险地区汽车运输便道的，但艰险地区汽车运输便道受地形限制，无法完全按照四级公路标准区分单双车道，某些施工便道虽然起着贯通便道的作用，但由于地形空间限制，仍按单车道设置，且因边坡处理和支挡结构的设置，其费用甚至高于双车道费用。因此，将艰险地区汽车运输便道归类为二或三种类型是远远不够的，需进一步研究道路的路面结构、路基土石方及边坡挡护、弯道加宽、错车道、排水系统、交通安全设施等几大板块，将各板块做相适应的组件拼接，最终可得出完整的便道工程数量。

我们坚信，通过上述技术创新，中国艰险地区高速铁路建设必将取得更大的突破，迎来更大的辉煌。